JN438380

동아시아,
인식과 역사적 실재

전시기(戰時期)에 대한 조명

East Asia: Perception and Historical Reality during the War 1931~1945

동아시아,
인식과 역사적 실재

전시기(戰時期)에 대한 조명

| 박상수 · 송병권 편저 |

아연출판부
고려대학교 아세아문제연구소

Table of Contents

| 차 례 |

| 표 차례 |

그림 차례

아연동북아총서 발간에 부쳐

탈냉전 이후 동아시아의 역동적 발전은 역내의 정치-외교, 경제 질서뿐만 아니라 문화, 사상, 종교 등의 제 영역에서 새로운 변화를 추동하고 있다. 이런 변화는 일국적 차원의 고찰로는 해명될 수 없는 복잡하고도 민감한 초국가적(transnational) 현상을 낳고 있다. 특히 동북아시아는 지리적 인접성, 공통의 역사-문화적 경험, 협력과 공존의 필요성 등으로부터 연유하는 초국가적 사고와 움직임이 활성화되고 있다. 이런 동북아에 대한 이해를 심화, 확대하고 새로운 해석과 전망을 제공하기 위해서는 국가별 연구나 학문 분과의 분절적 연구를 넘어 동북아시아를 분석의 단위로 삼는 다학문적·학제적 연구가 요청된다.

동북아시아 연구가 갖는 실천적 의미는 매우 중요하다. 주지하듯이 동북아시아는 세계의 어느 지역보다도 급속한 변화와 발전상을 보여 주고 있음에도 불구하고, 여전히 근대성의 문제와 냉전의 구도에 얽매여 있는 곳이다. 20세기 전반기의 제국주의 침략과 식민 경험은 오늘에도 국가적·민중적 기억을 지배하고 있다. 냉전의 산물인 남북 분단과 북한의 핵 위협은 동북아시아의 커다란 불안 요소가 되고 있다. 국가 간 역사 및 영토 분쟁 또한 동북아의 평화로운 발전에 장애로 남아 있다. 그러나 우리는 불편한 역사적 경험과 현재의 불안정이 다른 한편으로 동북아시아의 여러 구성 요소들을 상호 긴밀히 연결시키고, 그로부터 문제 해결을 위한 공통의 기반이 마련될 수 있음에 주목한다. 동북아시아는 대립과 갈등의 무대이기도 하지만 평화와 공존의 모색을 위한 토대이기도 하다. 이제 동북아 연구는 동북아가 처한 현실을 객관적으로 진단하고, 평화로운 미래를 건설하는 시대의 요청에 부응하지 않으면 안 된다.

고려대학교 아세아문제연구소(이하 아연)는 대표적인 동북아시아 지역 종합 연구소로서 학제 간 연구를 통한 동북아 지역 연구를 이끌어 왔다. 1957년 설립된 이래 아연은 구한국 외교문서와 공산권 연구 총서 및 동아시아 연구 총서, 중국 연구 총서, 한일 공동 연구 총서, 민주주의 총서 등 연구 성과의 체계적 집성을 통해 학문적 차원에서 현실을 진단하고 바람직한 미래의 방향을 전망하는 대학 연구소의 역할을 충실히 수행해 왔다. 2008년부터는 한국연구재단의 '인문 한국'(HK) 사업 해외지역학 분야의 지원 기관으로 선정되어, '동북아시아의 초국가적 공간: 사상·사회·문화·제도의 교류와 재구성'이라는 연구 어젠다를 중심으로 10년 기간의 대규모 프로젝트를 진행하고 있다. 이제 아연은 지난 50여 년 동안 축적된 연구 경험과 현재 진행 중인 '인문 한국' 사업의 성과, 각종 동북아 지역 연구 지원, 국내외 소장 학자 교류 지원 프로그램 등을 기반으로 해 〈아연동북아총서〉를 발간한다. 이 총서의 성과가 동북아 공동의 문제를 해결하고 조율하며 바람직한 미래를 모색하는 장이 될 수 있기를 기대하면서, 관심 있는 분들의 격려와 질정을 바란다.

아세아문제연구소장 이종화

머리말

이 책의 기획 의도는 격증하는 초국가적 현상과 함께 '동아시아'가 적극 환기되고 있는 현 시점에서 근대 역사 과정에서 가장 활발히 동아시아가 '호출'되던 전시기(戰時期)[1]의 아시아 인식과 실재를 검토해 봄으로써 '동아시아'의 사상적/성찰적 자원을 발굴해 보기 위한 것이다. 오늘날 '동아시아'가 초국가적(transnational) 수준의 입론을 불가피하게 요청하고 있다고 할 때, 당면한 것은 동아시아 초국가성(transnationness)을 어디서 찾을 것인가라는 '사상 과제' 이외에도 동아시아 민족국가(nation) 수준의 배타적 주권(sovereignty) 주장과 국가 간 힘의 비대칭성(unbalance)을 어떻게 인정/초극할 것인가라는 현실적 난제일 것이다. 전시기는 근대 이래 전개되어 온 (동)아시아 인식이 민간과 지식계의 담론의 영역을 넘어 일본 제국의 실제 정책과 결합해 간 시기였다. 일본 제국이 '지도'하는 동아시아의 새로운 지

1_'전시기'란 '15년 전쟁기'의 관점에 따라 1931년 만주사변으로부터 1945년 일제의 전패에 이르는 기간을 지칭하는 용어로 사용한다(Eri Hotta, *Pan-Asianism and Japan's War 1931~1945*. New York: Palgrave Macmillan, 2007 참조).

역질서 구상(가령 '동아신질서')은 사상사적으로는 19세기 중반으로부터 축적되어 온 이른바 '아시아주의' 논의의 연속이었고, 현실 국제정치에서는 서구 주도 국제질서의 전환을 추구한 것이었다. 이 책의 저자들은 콘텍스트는 분명 오늘과 다르되 전시기에 대두된 문제와 모색된 대안들이 오늘의 우리가 안고 있는 '동아시아'의 난제들을 돌파하는 데 각별한 참조가 될 수 있다는 데 주목한다.

이 책을 구성하는 각 장은 인식과 실재로 대별된다. 전반부 세 편의 글이 아시아 인식과 지역질서 구상에 천착하면서 동아시아 인식의 측면에 집중하고 있다면, 나머지 여섯 편의 글은 전시기 제국질서의 실재를 다양한 측면에서 조명한다. 양자를 모두 시야에 넣음으로써 이 책은 실재를 도외시한 인식론의 고찰이 흔히 범하곤 하는 탈맥락적 주제 몰입의 한계를 넘어서고자 한다.

먼저 박상수의 글은 근대 이래 '아시아주의'에 대한 조명을 통해 동아시아 인식의 변화상을 추적함으로써 전시기 아시아 인식을 계보, 유형, 층위(수준)의 측면에서 조명할 수 있게 이끈다. 이 글을 통해 우리는 '(동)아시아'를 상상했던 일본의 지정론, 문명론, 인종론, 맹주론 등 다양한 담론들의 대두와 상호 교직, 정부와 민간 수준의 서로 다른 입장과 상호 수렴의 과정들이 어떠한 사상사적/국제 정치적 계기를 통해 전개되는지 파악하게 된다. 이에 따르면 결국 일본의 아시아주의는 민족을 넘어(transnational) 아시아 연대를 꾀한 담론, 운동, 정책이었으되 일본의 민족국가적 이익에 매몰되어 버린, 즉 초국가적 지향과 국가적 지향의 아포리아 혹은 양면가치를 내포한 초국가적 국가주의(transnational nationalism)를 특징으로 하고 있었다.

중국 지식인의 아시아 인식은 리다자오(李大釗)를 분석한 백지운의 글을 통해 조명된다. 리다자오의 '신아시아주의'와 '연치/연방론'에 대한 새로운 접근을 통해 저자는 그의 사유가 민족주의의 질곡을 넘어 세계주의로 진화해 간 과정을 분석한다. 리다자오는 일본의 '대아시아주의'가 내포한 민족주의를 털고 각 국가의 개조와 계급적 연대에 기초한 아시아 연방을 구상하면서도, 그것을 아시아 지역주의를 넘어 세계연방으로 가는 중간 단계로 상정함으로써 세계주의적 비전을 제시했다. 그의 아시아 인식에서 주목되는 것은 중국이라는 민족국가 수준 이하의 제 '민족'의 평등한 위상뿐만 아니라 국가 수준을 넘는 아시아 연방에서도 어떠한 권력관계 없이 구성원들의 자유로운 의사에 따른 정치체의 수립을 구상했다는 점일 것이다.

전시기의 지역질서 구상은 손애리가 분석한 '동아협동체론'을 통해 검토된다. '진보적' 지식인들이 중심이 된 쇼와연구회에 의해 주창된 이 지역질서 논의는 '동아시아'의 문화적 정체성, 각 민족국가의 주권, 지도(주도)의 주체와 방식, 정치/경제 질서의 작동 방식, 동아시아와 세계(유럽)의 관계 등 초국가적 지역질서 구상에서 필수적으로 해결되어야 할 거의 모든 난제들을 불러내고 있다는 점이 주목된다. 다만 저자가 지적하고 있듯이 동아협동체론은 그것이 주장한 '협동'의 수사와 상관없이 동아시아 개발과 발전에서 일본의 주도를 전제하고 있었고 전시체제를 뒷받침하는 현실 추수의 이론으로 전락했다는 점에서 오늘의 '동아시아' 논의에 성찰적 참조 자료를 제공한다.

이상의 전시기 동아시아 인식은 제국질서, 특히 전시체제라는 현실과 밀접히 결부된 것이었다. '총력전'을 수행하고자 했던 일본 제국은 황민화 정책으로 식민지 민중을 통제했고, 서양 열강의 블록 경제화에 대응하여 중국의 점령지를 포함한 엔 블록 구축을 통해 수탈을 강화했다. 이어지는 글들은 한반도 및 만주를 둘러싼 전시기의 제국질서의 실태를 경제 블록의 동맥인 '대륙 루트'의 건설, 일본의 중국 점령지에 대한 경제정책, 조선 재계의 경제 인식, 식민지 학계의 사회과학 연구, 전시 일반 민중의 일상생활 그리고 재조 일본인 엘리트들의 식민 통치에 대한 반응 등 다양한 측면에서 조명한다.

먼저 송규진의 글은 '북선 루트'의 구축 과정과 북선 3항의 역할을 분석함으로써 조선총독부, 만주국, 만철, 관동군 등 각각의 주체가 어떤 수단을 통해 조선과 만주를 제국의 경제질서로 편입시키고자 했는지 잘 드러낸다. 부언할 필요도 없이 경제질서는 전시기 지식계의 지역질서 구상에서도 중요한 일환이었고 서구식 블록화에 반대하는 다양한 입론이 제시되어 왔다. 송규진은 제국질서를 지탱하던 서로 다른 통치 주체들이 경제질서 구축을 위해 긴밀한 상호 협력관계를 구축하고 있었음을 사실적으로 보여 준다.

일제가 영·미에 대항한 엔 블록 경제체제를 중국 본토의 점령지로 확대해 간 과정과 그 한계는 점령지인 '윤함구'에 대한 경제정책과 그 무역 관계를 분석한 박정현의 글을 통해 여실히 드러난다. 일제는 중일전쟁 윤함구에 대한 각종 경제 통제 조치를 통해 중국의 기존 대외무역 시스템을 완전히 붕괴시키고 윤함구의 대외무역을 엔 블록 내부로 제한하고자 하였다. 그러나 통제를 우회한 새로운 무역로의 등장, 일본의 정책적 실패, 서양 열강의 봉쇄 정책 등으로 윤함구를 포함한 엔 블록 내부의 경제적 유대는 단절되고 말았다. 군사적 점령과 강압적 방식에 의한 새로운 경제질서 구축의 행보는 동아시아 고유의 경제 현실과 국제적 힘의 역학관계 앞에 좌절되고 말았던 것이다.

송병권의 논문은 시국연구회를 분석하여 식민지 조선의 재계가 日(鮮)滿支 경제 블록 내의 조선 경제의 위상을 어떻게 인식하고 새롭게 전개되는 경제질서에 어떻게 반응했는지 조명하고 있다. 이에 따르면 조선 재계는 전시기 조선의 광업 발전과 북부의 '경이적' 공업화가 내포하고 있던 허구적 측면, 즉 일반적 공업 발전과는 다른 조선의 문제적 상황이 군사 목적을 위한 산업의 총동원에 의해 초래되고 있었음을 잘 인식하고 있었다. 그러나 그럼에도 불구하고 조선 재계는 조선의 공업이 결국 블록 경제 내의 군수 공업 및 자원 개발에 순응하는 방식을 통해 활로를 모색해야 한다는 전망에 서게 된다. 조선 재계가 보여 준 이러한 한계는 그것이 다수의 식민지 관료 출신에 의해 주도되면서 총독부의 경제 지배 시스템과 긴밀히 연결되어 있었기 때문이었다.

전향 후 인정식(印貞植)의 사회과학 연구를 분석한 김인수의 글도 식민지 학계가 안고 있던 한계를 분명히 보여 준다. 식민지 지식장의 지식 생산을 규정하던 구조적 조건에 주목한 이 글은 총력전기 지식 생산 체제의 권력 구조를 파고든다. 인정식이 비록 조선에 대하여 공업의 발전상을 높이 평가함으로써 식민지성을 부정했고, 비트포겔의 수력사회론의 회피를 통해 동양적 정체성론을 비켜 갔으며, 농업과 가족제도에서 만주와의 차별성을 드러냄으로써 조선이 갖춘 문명화의 조건을 역설했다고 하더라도 그것은 어디까지나 제국주의 지식권력 체계 안의 문제였다. 질문 구성의 주도권은 재조 일본 지식인 집단에게 있었고, 식민지 학계는 세련된 과학주의와 전문주의를 통해 이에 답하는 존재에 불과했다. 이것이 바로 저자가 말하는 총력전기 지식 생산 체제의 특징과 한계였다.

총력전 체제 하의 일상생활을 다룬 이송순의 논문은 특히 최저생활도 할 수 없을 정도로 내몰린 조선 민중의 삶을 조명한다. 일제는 일상의 생필품에 대해서도 강력한 통제와 내핍을 강요함으로써 민수용의 소비물자마저도 군수용으로 전환하여 활용하고자 했다. 논문은 일상적 소비를 통제하기 위한 '국민생활' 혹은 '국민문화' 논리의 형성과 전개 과정을 검토하면서, 일제가 벌인 다양한 억압적 캠페인을 함께 분석한다. 저자가 결론짓고 있듯이, '국민생활'의 각종 논리와 캠페인이 황국신민으로서의 도의와 충성을 강요해도 최저생활도 영위할 수 없는 현실에서 설득력을 가질 수 없었다. 제국질서가 전시 민중의 일상생활 속에 내면화될 가능성은 없었다고 할 것이다.

마지막으로 이형식의 글은 중앙조선협회의 활동을 통해 전시체제의 강화책을 둘러싸고 불거진 조선총독부와 재조 일본인 엘리트들의 불화를 검토한다. 논문은 제국의 정치 주체들이 단일한 존재가 아니었음을 실증적으로 분석함으로써 제국질서가 직면했던 곤경을 잘 보여 준다. 주목되는 것은 전시기 동아시아 지역질서 구상에서 논자들마다 다양한 층차를 보였던 것처럼 현실의 지배정책에 있어서도 심각한 인식상의 괴리가 있었다는 사실이다. 그러한 불일치와 불화야말로 식민 지배에 기초한 제국질서가 직면한 취약점을 말해 주는 것일지도 모른다.

이 책은 전시기 역사적 경험 속에서 '동아시아'를 조명하면서 그것이 내포한 가능성과 함께 분명한 한계들을 되묻고자 했다. 동아시아의 초국가성을 발견하고자 한 노력들은 문명/인종론과 지정학적 공동운명론의 테두리 내에서 서구에 대한 하나의 대안문명/대안질서의 추구를 전제로 하고 있었다. 이 시기 동아시아 인식 속에 서양-동양의 대립구도를 넘어 지역과 세계의 관계를 사고했다고 해도 그것은 (동)아시아 지역 수준의 논의에 의해 압도된 미미한 것이었다. 이 시기는 민족국가 간의 힘의 비대칭성이라는 현실적 난제를 해결하기 위한 사유도 활발했다. 예컨대 리다자오가 민주와 계급연합에 기초한, 어떠한 권력관계도 없는 자유롭고 평등한 아시아 연방을 구상했는가 하면, 가다 데쓰지(加田哲二)는 식민지 민족의 해방에 기초한 호혜의 동아시아 경제협동체를 주장했다. 그러나 거의 모든 논의들은 국가 간 힘의 비대칭성을 비켜 가지 못하고 일본의 지도와 중추적 역할을 전제로 한 지역질서를 구상했다. 이상과 같은 전시기 동아시아 인식의 기초는 압도적인 일본 제국질서였다. 동아시아 인식의 현실 추수와 정당화의 논리가 제국질서의 반영이었던 것과 마찬가지로 그에 대한 반발, 불화, 대안의 모색도 역시 제국의 현실로부터 온 것이었다. 이러한 역사적 경험은 앞으로 '동아시아'가 우리가 처한 현실로부터 다시 성찰적으로 모색되어야 한다는 것을 말해 준다.

2014년 5월

편저자 박상수

1장

동아시아 근대 '아시아主義' 讀法

系譜, 類型, 層位

박상수

동아시아 근대에는 '아시아주의'를 표현하는 여러 용어가 존재했다. 아시아주의, アジア主義, 亞細亞主義, 亞洲主義, 汎亞細亞主義, 大亞細亞主義, 新亞細亞主義, Pan-Asianism 등이 그것이다. 이에 대해 많은 연구들이 쏟아져 나왔지만, 논자들은 아시아주의에 다음과 같은 두 가지 특징이 있다는 점에서는 동의하고 있는 것으로 보인다. 첫째, 아시아가 지리적, 문화적, 인종적으로 무언가 일관된 공동의 것을 보유하고 있다는 믿음과 둘째, 서양의 위협에 대처하기 위한 아시아 연대의 필요성 주장이 그것이다. 그러면서도 아시아주의 단체와 논자들이 다양했던 것만큼이나 그에 대한 정의는 조금씩 차이를 보인다.

---

* 이 글은 『아세아연구』 56-4(2013)에 게재된 졸고 "동아시아 근대 '아시아主義' 讀法: 系譜, 類型, 層位"를 본서의 체제에 맞게 일부 수정한 것이다.

전후 처음으로 아시아주의 논의를 불러 낸 다케우치 요시미(竹內好)는 그것이 "객관적으로 한정된 사상이 아니라 일종의 경향성", 즉 "각각의 개성을 지닌 '사상'에 편향성으로서 부착되어 있는 것이지 독립적으로 존재하는 것이 아니다."라고 규정하면서도, "최소한도로 규정"해 보자면 그것이 "아시아 諸國의 연대(침략을 수단으로 하든 아니든 간에)를 향한 지향을 내포하고 있는 점만큼은 인정하지 않을 수 없다."라고 지적한 바 있다(竹內好 1963, 12-14; 다케우치 요시미 2004, 236-238). 후지이 쇼죠(藤井昇三)는 "아시아 제 민족·제 국가가 단결하여 구미 열강의 압박·침략에 대항하고자 하는 사상 혹은 운동"이라고 규정하면서도 특히 "일본에 의한 침략 등의 팽창주의적인 행동"은 '大아시아주의'로 불리는 경우가 많았다고 지적한다(1985, 414). 하자마 나오키(狹間直樹)는 아시아주의는 "유럽에 대한 지리적·공간적인 대항관계라는 기반 위에 유럽이 가진 부강을 장래에 달성하고자 하는 '追隨'적 노선"을 지향한 것으로 보았으며(2001, 69-70), 야마무로 신이치(山室信一)는 "아시아주의는 단순한 아시아 인식과는 달리, 항상 적대 또는 격퇴할 상대를 전제로 하고, 아시아 안을 어떠한 틀 아래서 일체화하여, 타자에 대한 저항과 투쟁을 불러일으키는 프로젝트로서의 정치적 언설"로 정의했다(2001, 580). 최근의 한 연구는 이상과 같은 선학들의 연구를 기초로 "아시아를 통합하여 그 고유의 존재 의의를 주장하고 구미와 대항하기 위해 아시아의 단결을 주장하는 사조·운동"이라고 규정한다(吉澤誠一郞 2013, 294). 요컨대, 아시아주의를 포괄적으로 정의해 보자면, "서양에 대한 대항 의식을 기저로 하고, 아시아를 일체된 공동운명체로 간주하여, 아시아 제 국가/민족의 연대와 단결을 주장하는 담론 (또는/그리고) 운동 (또는/그리고) 정책"이라고 할 수 있을 것이다.

여기서 한 가지 지적할 것은 이 아시아주의가 동아시아의 근대성과 불가분의 관계에 있다는 점이다. 중화 중심의 책봉-조공 체제 혹은 '일본형 화이질서'[1] 등 (동)아시아 인식 혹은 (동)아시아 국제질서가 근대 이전에 존재하고 있었다고 해도, '아시아주의'는 근대 서양 문명의 아시아 진출(침략)이 촉발한 반응 담론(reactive discourse)이었다는 점에서 근대의 산물이었고, 서양의 근대(성)와 불가분리의 관계에 있던 담론이었다.

동아시아의 근대와 함께 시작된 아시아주의는 제2차 세계대전의 종결에 이르기까지 다음과 같은 3시기 구분이 가능하다. 초기는 19세기라는 '역사 시기'이다. 일본에서 시작된 아시아주의는 지정론적 아시아, 문명/인종론적 아시아관의 원형과 일본 맹주론의 맹아를 낳았다. 중기는 러일전쟁으로부터 만주사변 이전까지의 시기이다. 인종/문명 담론은 더욱 강화되고 침략적 맹주론이 비등하게 되었으며 아시아주의는 일본의 공식적인 외교 정책과 결합되기 시작했다. 후기는 만주사변으로부터 패전까지의 시기이다. 전쟁 수행의 이데올로기이자 일본의 민족적 이익을 위해 활용된 아시아주의는 연대의 본질을 훼손했다는 점에서 자기 파괴의 길을 걸었다.[2]

이 글은 우선적으로 19세기로부터 1945년 패전에 이르는 전시기를 시야에 넣고 이를 연대기적으로 고찰함으로써 아시아주의 전개의 시대적 특징들을 파악해 보고자 했다. 또한 시간의 흐름에 따라 접근하면서도 논의

1_국제 시스템의 관점에서 19세기 중반의 동아시아에 ① 중국 중심의 정통적인 화이질서 ② 일본형 화이질서, ③ 근대 서양국가 체계라는 세 가지 국제질서관이 작용하고 있었다는 주장은 平石直昭(1998, 179) 참조.

2_하자마 나오키는 초기 1880~1900, 중기 1900~1928, 만기 1928~1945로 구분하고(2001, 70-74), 요시카와 유키에(吉川由紀枝)는 아시아주의 사상사를 제1기: 1868~1905 일본과 아시아 국가 간의 대등관계 시기, 제2기: 1905~1931 아시아 맹주 모색 시기, 제3기: 1931~1945 서구 자본주의 체제에 대한 도전 시기로 구분한다(Yoshikawa 2009, 14).

과정에서는 아시아주의 전개를 系譜, 類型, 層位라는 프리즘을 통해 고찰해 보고자 한다.[3]

먼저 '계보'의 측면에서 보면 아시아주의는 초기부터 地政論, 文明論, 人種論 등으로 분화되어 나타났다. 공통분모는 '공동운명체'로서의 자각이었지만, 그 공동의 것을 현실 국제정치의 지정학적 측면에서 '연맹'이나 '합방'을 통해 추구하거나, 고유의 '정신문명', '문화', 혹은 같은 황인종의 관점에서 친근한 유대감에 호소하는 등 서로 다른 지형을 지니고 있었다. 각각의 논의는 20세기 전반 동아시아 국제 환경의 격동 속에서 그 原貌를 유지하면서도 상당한 정도의 進化를 겪게 된다. 담론의 진화 과정에서 아시아주의는 다양한 '유형'을 띠고 전개되었다.[4] 이 글은 동아시아를 하나의 단위로 사고하면서도 상호 대립적 경향으로 分岐된 아시아주의 논의 지형들을 興

3_이 글에서는 동아시아 근대의 아시아주의라고 하지만 주로 일본의 아시아주의를 다룬다. 중국과 한국에서 전개된 아시아주의는 일본의 아시아주의에 대한 반응 혹은 대응(reaction)의 형태라는 점에서 동아시아 아시아주의 담론 지형에서 부차적 지위를 점했던 것으로 보인다. 한국과 중국의 아시아주의는 필요에 따라 부수적으로 언급하고자 한다.

4_아시아주의 유형 분류로는 다음 연구들이 주목된다. 먼저 미와 기미타다(三輪公忠)는 일본이 다른 아시아 지역 안보를 위해 아시아 국가들과 함께 서구에 대항해야 한다고 주장한 사람들과 아시아주의를 통해 일본의 안보를 지킬 수 있다고 생각한 사람들로 구분하였다. 미와는 전자가 일본을 아이덴티티의 측면에서 아시아의 일부로 인식한 반면, 후자는 일본이 일본 및 동아시아 국가들을 구하기 위해 지도자가 되어야 한다고 주장했다고 본다(Miwa 2007, 21-22). 또 Eri Hotta는 아시아주의자들은 오카쿠라 텐신 류의 정신문명론적 다도가(Teaist), 중국 문화 중심(Sinic)의 동종동문 주장, 그리고 일본의 지도적 역할을 강조하는 맹주론(Meishuron)으로 구분했다(Hotta 2007). 요시카와 유키에는 요시노 사쿠조(吉野作造) 등의 보편주의자(Cosmopolitan), 마쓰이 이와네(松井石根) 등의 아시아 먼로주의자(Asian Monroe Doctrine), 이시와라 간지(石原莞爾) 등의 '최종전쟁'파(Final War), 그리고 나카타니 다케요(中谷武世) 등의 제국주의적 온정주의자(Imperialistic Compassionate)로 분류하였다(2009, 10-11).

亞 대 侵亞, 平等論 대 盟主論, 초국가주의(transnationalism) 대 국가주의[민족주의](nationalism) 등 고유의 아포리아를 통해 바라보고자 한다. 또한 이 글은 아시아주의 전개의 서로 다른 '층위'에도 주목한다. 일본에서 전개된 아시아주의가 민간의 '사상 담론'에 머물지 않고, 경제력과 무력을 통한 실질적인 국제질서의 재편을 기도한 정부의 '정책'과 결합해 간 과정에도 주목한다.

이러한 접근을 통해 이 글은 서양에 대항하여 아시아의 부흥을 외친 아시아주의가 동아시아 전체의 호혜와 평등의 연대론 및 초국가적 사고와 어떻게 맞닿아 있고, 다른 한편으로 아시아 구원의 명분 아래 어떻게 역내 침략의 민족주의적 제국주의(national imperialism)로 혹은 초국가적 국가주의[초민족적 민족주의](transnational nationalism)로 나아갔는지 파악하게 해줄 것으로 기대한다.

1. 아시아주의의 기원: 19세기 지정론, 문명/인종론, 맹주론의 태동

동아시아인이 세계 지리 지식을 통해 스스로를 아시아에 살고 있음을 인식하기 시작한 것은 1602년 제작된 마테오리치의 坤輿萬國全圖[5]부터였다는 점은 주지하는 바와 같다. 세계를 5大洲로 분류한 이 지도에서 유라시아

5_주지하듯이 한국의 경우는 그 이듬해인 1603년에 이미 전해졌고, 일본의 경우는 1606년에 전해졌다(山室信一 2001, 32, 200).

는 '歐邏巴'와 '亞細亞'로 구분되어 표기되었고, 한중일의 지식계에 자국이 '아세아'에 위치하고 있음을 처음으로 인식시킨 계기였다. 이 세계지도는 흔히 '중화세계'의 상대화, 중화 중심 사고에 중대한 변화를 초래한 것으로 간주된다(山室信一 2001, 35-36). 이렇게 '아세아'는 서구인의 명명에 의해 17세기 이래 아시아 제국에 전해졌고, 처음부터 서구와 불가분의 관계를 통해 자신을 위치시키게 된다(Matsuda 2011, 45-46). 그러나 새로운 세계지도가 전하는 지리 지식의 확대가 곧바로 동아시아 지식계의 세계관에 근본적 변혁을 초래한 것은 아니었다. 지리적 단위로서의 '아시아'가 동아시아에서 회자된 것은 19세기 중반에 이르러 서구의 근대가 침략의 형태로 동아시아에 본격적인 위협을 가하기 시작하면서 부터였다.[6]

1) 지정론적 아시아

영국과 프랑스를 위시한 서양 세력이 아시아에 진출(침략)해 오면서 동아시아 각국에 상당한 위기감이 대두했지만, 이에 대처하는 초기의 방식은 국제 정치적 역학관계 위에 선 지정론의 사고였다. 서양 식민주의에 대항

6_일본의 경우 徐繼畬가 편집한 『瀛環志略』(1849)은 幕末의 일본에서 번각되어, 魏源의 『海國圖誌』(1843)와 함께 유신에 커다란 영향을 주었고, 다른 지역, 다른 문명과 대비하여 자신을 상대화하는 과정을 거치면서, 일본인의 명확한 '아세아' 인식 형성에 영향을 주었다. 다만, 19세기 '아세아' 지리 인식이 동아시아 지식계에 보편화된 것으로 보기는 어렵다. 청말 최고 지식인 중 한 명이었던 梁啓超조차도, 18세 때(1890년) 상해에서 『영환지략』을 사서 읽고 나서야, 처음으로 세계에는 "5대주와 여러 국가가 있다는 것을 알았다"고 한다(梁啓超 1989[1902], 16).

하기 위해 幕末 일본에서 제시된 터키 및 무굴제국과의 제휴론은 순수한 군사적 방어의 차원에서 일본의 존망을 사고한 것이었다(渡辺崋山 1839; 山室信一 2001, 584-585). 이 때문에 초기 지정론은 이웃 중국과의 연대 의식은커녕 오히려 중국이 서양 세력과 더불어 일본을 침략할지 모른다는 우려로 나타나기도 했다. 1786년 하야시 시헤이(林子平)의 『三國通覽圖說』에 제시된 중국 주변국인 조선, 류큐, 蝦夷(북해도)에 대한 합병론, 1857년 하시모토 사나이(橋本左內)의 '러일동맹론'(山室信一 2001, 582-583)은 바로 그러한 지정론의 문맥에서 나온 것이었다. 초기 지정론에는 서구의 진출에 따른 위기를 반드시 동아시아 내부의 연대나 제휴를 통해 대처해야 한다는 사고는 존재하지 않았다.

이후 점차 동아시아 인접국과의 제휴를 주장하게 되지만, 이 경우에도 문명 혹은 인종의 일체성[정체성]에 근거한 아시아 공동의 문명론 혹은 인종론의 사고는 거의 없이 순수 국제 정치적 역학관계에 기초한 지정론적 아시아관이 지속되었다. 예컨대, 가츠 가이슈(勝海舟, 1823~1899)는 1862년 동아시아의 지리적 인접성에 주목하여 다음과 같이 말했다.

> 우리들의 책략으로는 지금 아시아 국가 중에 유럽인들에 저항할 수 있는 자가 없다. 이는 모두 그 규모가 협소하며 그들의 원대한 책략에 미치지 못하는 까닭이다. 지금, 우리나라에서 배를 띄워 넓은 아시아 각국의 주군들을 설득하여, 縱橫聯合을 만들어 함께 해군을 성대히 하고, 유무를 이해하고 학술을 연구하지 않는다면, 그들의 유린을 피할 수 없을 것이니, 우선 최초로 이웃 국가인 朝鮮부터 이것을 설명하고, 그 다음에 支那에 이르도록 한다(山室信一 2001, 586).

1875년 메이지 신정부의 주요 인물 중 하나였던 이와쿠라 도모미(岩倉

具視, 1825~1883)는 중국이 러시아의 침략을 받는다면 그것은 일본에 심각한 위협이 될 것을 우려하면서 '脣齒輔車'의 지정학적 관점에서 중국과의 연대를 주장했다(Matsuda 2011, 47-48). 또 1880년 야마가타 아리토모(山縣有朋, 1838~1922)는 "淸國이 하루 빨리 병제 개혁에 서두르지 않으면, 결국에는 萬國이 횡행하게 될 것이다. … (그러나) 이웃 나라의 병비가 강해지면 한편으로는 기쁘면서도 한편으로는 두려운 법이다. … 만약 이웃 나라가 피폐, 쇠퇴해져 구미 각국들의 먹잇감이 되어 버리면 순치 세력인 우리도 또한 그 압박을 받을 수밖에 없다. 서로 동방에 대치하며 영원토록 친교를 유지하는 것이 가장 뛰어난 상책"이라고 지적하고 있다(山室信一 2001, 590).

이러한 지정론의 사고에서 주목되는 것은 일본이 이웃의 대국 중국과 서양 세력에 대해 양면가치적 태도를 취했다는 점이다. 즉, 중국에 대해서는 그것이 너무 강대해도, 너무 연약하여도 일본에 불리하다는 국제 정치적 역학관계에서 파악되고 있었고, 서양에 대해서는 그 침략에 대항하면서도 서양과의 원만한 관계를 유지하고 '문명개화'를 통해 서양 열강의 인정을 받고자 부심하지 않을 수 없었다.[7] 그러한 차원에서 초기 지정론적 아시아관은 무엇보다도 전략적 현실적 사고를 통해 국익을 우선 고려했다는 점에서 대체로 19세기 일본 정부의 외교정책의 정신과 궤를 같이하는 것이었고,[8] 아시아를 문명/인종적 정체성에 근거하여 '동문동종'의 공통성을 강조하는 논리를 적극 끌어안지 못하고 있었다.[9]

7_메이지 시기 극에 달한 '문명개화' 풍조와 후쿠자와 유키치(福澤諭吉)가 초기 아시아 연대론으로부터 소위 '탈아론'으로 나아간 것 등이 이러한 문맥 위에 있었음은 두말할 나위가 없다.

8_아시아 연대론의 대두 속에서도 1880년 전후 시기 청과 러시아, 청과 프랑스의 대립 국면에 대해 외교정책 면에서 일본의 중립 견지를 주장한 것에 대해서는 伊藤之雄(1994, 119-120)를 참조.

2) 문명/인종론적 아시아 = '동문동종' 담론의 태동

19세기 아시아로 진출해 온 근대의 서구인에게 아시아는 '미개'('비문명' uncivilized)의 세계로서, 근대 국가 체제의 일원이 될 수 없는, 따라서 식민화하거나 불평등 조약을 강요할 수 있는 세계였다. 이에 대항하여 아시아 각국에서 自强과 反침략을 위한 논리가 출현했는데, 그것은 한편으로 서구 문명화 전략('文明開化')과 다른 한편으로 고유의 '아시아 문명'을 발견해 내고자 하는 서로 다른 방향성을 갖고 있었다. 전자가 메이지유신 이래 일본 정부의 근대화 전략과 외교 노선에 채택되고 있었다면, 후자는 전자에 대해 비판적 논조를 유지하면서 민간 지식계에 확산되어 갔다. 아시아 공동의 문화적 유산을 발견하고자 한 문명론적 아시아주의는 하나의 '정치적 문화적 상상'(葛兆光 2002)으로서 출발했던 것이다.

문명론적 아시아주의 기원은 메이지유신 이전으로 소급된다. 서양의 침략에 대항하여 日清 혹은 日清朝 동맹을 주장한 아이자와 야스시(會澤安 즉 會澤正志齋, 1781~1867) 및 히라노 구니오미(平野國臣, 1828~1864) 등의 언설이 그것이다. 그들은 단순히 순치보거의 지정론적 관계를 넘어 '同教同俗'의 문화적 공통성에 근거하여 아시아 제휴를 주장했다.[10]

문명론적 아시아주의가 더욱 힘을 얻기 시작한 것은 아편전쟁에서 청조의 패배가 준 충격에 기인한다. 이 전쟁은 일본이 중국을 비롯한 아시아

9_일본에서 러일전쟁 이전까지 주로 歐化主義에 머물면서 아시아와 함께 서양에 대항한다는 발상이 아시아 인식에서 주류를 차지하지 못했다는 지적은 古屋哲夫(1994, 49)를 참조.

10_會澤安의 『新論』(1825)과 平野國臣의 「制蠻礎策」(1863)에 나타난 同教, 同俗 언급에 관해서는 山室信一(2001, 584)와 Saaler(2011, 49-50)를 참조.

제국과의 공동운명체로서의 인식을 강화하는 계기였다. 요코이 쇼난(横井小楠)이 주장했던 것처럼, 중국과 일본은 구미라는 공통된 침입자 앞에서, 아시아라는 같은 지역에 있으면서, 漢字라는 같은 문자를 쓰고, 儒教나 佛教라는 같은 종교를 신봉하며, 같은 풍속을 가진 데다, 더욱이 같은 利害관계, 같은 운명으로 이어져 있다는 인식도 점차 강해지고 있었다. 특히 주목되는 것은 아편전쟁 전에는 청조에 대한 경계 속에서 서양과 제휴하여 중국을 병합해야 한다고 주장했던 사토 노부히로(佐藤信淵)가 『存華挫狄論』(1848년)에서 청조와 일본은, 同州, 同文, 同教, 同俗이므로 존망을 같이 하지 않으면 안 되는 환경에 있는 순치보거의 관계라는 점에서, 공동 방어가 필요하다는 주장을 폈다는 점이다(山室信一 2001, 585-586).

메이지 이전의 문명론적 아시아 담론은 최초의 아시아주의 단체로 간주되는 振亞社(1877)와 그 후신인 興亞會(1880), 그리고 亞細亞協會(1883)의 아시아 인식에 그대로 수용된다(Zachmann 2011, 53-60). 그 창시자인 소네 도시토라(曾根俊虎)가 흥아회를 통해 무엇을 기대하고 있었는가는, 당시 중국공사 허루장(何如璋)에게 "귀국과 우리나라는 同文同種, 말하자면 양국은 이른바 輔車相依한 형세이니, 어찌 우의를 다져서 보다 친밀히 협력하고, 아시아를 진흥시킬 웅대한 염원이 없겠습니까."라고 하며 문명적 공통성에 기초하여 서양인의 침략으로부터 아시아를 지킬 것을 역설한 것에서 분명히 간취할 수 있다(山室信一 2001, 587).[11]

동종동문의 아시아문명론은 日清韓을 중심으로 아시아연방 수립을 주장했던 다루이 도키치(樽井藤吉, 1850~1922)에서도 보인다. 그는 『大同合邦

11_홍아회의 활동과 한국의 관계에 관해서는 Tikhonov(2002)와 이헌주(2009)를 참조.

論』(초고 1885년, 1893년 간행)에서 다음과 같이 말했다. "동방은 해가 뜨는 곳으로서, 화친(和親)을 주로 권장해 왔다. 그 정신은 맑고 용맹하며 그 덕은 자애롭고 인자하다. … 그 성정과 풍속이 서북의 소슬한 풍속과 다르며, 자연의 이치가 그들을 감싸고 있다." 따라서 그가 강조했던 것은 "그 땅들은 순망치한의 관계이고, 그 세력은 수레의 두 바퀴와 같으며, 심정이 마치 형제처럼 비슷하고, 의를 나눔이 친구처럼 균등하다."라고 하는 同文同種의 유대감이었다(樽井藤吉 1975 [1885]; 葛兆光 2002, 188).

이상과 같은 19세기 문명론적 접근 가운데 최고봉은 20세기로의 전환기에 활동했던 오카쿠라 덴신(岡倉天心)의 '동양 문명' 연구였다. 그에 따르면, 아시아 각 지역이 이제까지 독립하여 무관심한 채 살아 왔지만, 실제로는 그 문화에 깊은 통일성이 있다고 보고, 베다 철학, 불교, 수피즘, 도교, 유교 등의 연구와 전문적인 미술사 연구 등을 통해 중국과 인도의 양 문명이 공유하고 있는 깊은 정신적 동일성을 주장했다. 그의 연구는 19세기 아시아주의에 문명론적 기초를 확립해 주었고, 이로부터 아시아의 독립이 문화적 정체성의 확립과 불가분의 관계가 있음을 주장한 것이었다(Tankha 2011, 93-99).

문명론적 접근이 초기부터 '동종동문' 담론을 통해 인종론을 포함하고 있었다는 점은 위에서 소개한 의론들로 분명한 것이었지만, 인종론적 아시아주의가 분명한 형태로 현현한 것은 청일전쟁 후 1895년 독일 황제 빌헬름 2세가 일본을 비롯한 황색인종의 대두를 유럽에 대한 이교도들의 야만의 도전으로 간주하고, 기독교 문화의 옹호를 주장했던 이른바 '黃禍論'에 대한 반발로부터였다. 이 황화론은 대서양을 넘어 미국으로 건너가 그곳에 있는 중국인, 일본인의 이민 배척으로 구체화되었으며, 인종론적 아시아주의에 기름을 부었던 것이다.

대표적으로 고노에 아쓰마로(近衛篤麿)는 1898년 1월 1일자 『太陽』지에 「同人種同盟, 附支那問題硏究の必要」라는 논문을 발표하여 '인종전쟁사관'을 피력했다. 이 글은 유럽 각국의 언론에 그 요지가 소개되어 열렬한 논평의 대상이 되었고, 중국에서도 『蘇報』에 번역되어 실리기도 하였다. 고노에는 이 글에서 "동양의 앞날은 최후에는 인종 경쟁의 무대"가 될 것이라고 예측했다. 그 이유는 머지않아 유럽 열국에 의한 중국 분할 계획이 불가피하고, "열국끼리 동맹"하여 분할을 도모할 것이니, "즉 이들 황백 양 인종의 경쟁이 될 중국"이 될 것이기 때문이었다. "이 경쟁에서는 중국인도 일본인도 같은 백인종의 적"이라고 간주하며, 일본인만이 그 권외로 빠지는 것은 불가능하다고 하였다. 이러한 견해를 가졌던 고노에는 "모든 황인종 국가는 서둘러 동 인종 보호 방책을 구상하지 않으면 안 된다."고 주장하였다(Konoe 2011[1898], 89-92; 平石直昭 1998, 186-187).

이러한 인종론적 접근은 19세기 말 이래 동아시아 제국의 지식계에 빠르게 전파되었다. 청말 변법파인 강유위(康有爲)가 1899년에 오쿠마 시게노부(大隈重信)에게 부친 다음과 같은 서신의 내용은 그러한 분위기를 여실히 보여 준다.

> 중국과 일본은 동쪽 바다를 마주보고 있고, 풍속, 종교도 상대적으로 같으며 종족도 동일하기 때문에, 양국의 이름은 다르지만 사실은 쌍둥이라고도 할 수 있을 정도로 순치의 사이이자 형제 가족이고, 존재하려면 같이 존재하며, 장래에는 정말 합방하게 될지도 모르고, 만약 망한다고 하면 같이 망할 것이라는 점에서는, 그 장래는 흑인들과도 같은 운명인 것입니다. 러시아 말이 중국에서 방목되고, 유럽인이 황하의 중국을 쪼개서 가져가려 든다면, 약간씩 다른 세 섬밖에 없는 일본의 4천만 민중은 무엇을 가지고 이것을 막을 수 있겠습니까(康有爲 1978, 585).

청일전쟁 이래 중국 지식계에 일본 불신론이 팽배해 있었지만, 또 이 서간이 일본 망명이라는 강유위의 불우한 처지에서 나온 것이라 해도, 중국 지식인 가운데서도 중일 양국이 풍속이나 종교, 인종을 같이 하고, 순치의 관계로서, 러시아나 유럽의 침략의 위기를 앞에 둔 공통된 운명에 있다고 하며, 합방까지를 시야에 넣고 있던 제휴론이 있었다는 것을 부인할 수는 없다.[12]

3) 일본 맹주론의 맹아

이상과 같은 지정론 혹은 문명/인종론의 관점에서 서양에 대항하여 '興亞'를 기획했던 19세기의 아시아주의는 일본과 청국, 아시아 제국의 연대/연합을 사고하면서도 점차 일본의 역할을 두고 서로 다른 주장들이 제기되기 시작했다.

아시아 국가 간의 평등 연대의 사고는 동문동종의 아시아 담론에 늘 내재해 있었다. 앞서 언급한 흥아회의 입장은 차치하고라도 다루이 도키치는 『大東合邦論』에서 우선 일본과 한국이 대등하게 합동하여 大東이라는 합방을 건설하고, 그 다음 이 대동국과 청국이 合縱하며, 마지막으로 大東과 清國의 군사력으로 아시아 전역에서 백색 인종을 구축하고, 아시아 각국의 독립 위에 '아시아 황인국의 커다란 연방'을 실현할 것을 주장했다(Tarui 2011[1885], 77-83). 그러나 이러한 대등 연합을 어떻게 실현할 것인가는 구

12_한국의 경우에는 박노자(2005, 169-228) 참조.

체적으로 논의되지 못했다. 그것은 동문동종의 공동운명체로서의 '아시아'가 담론으로서의 수준을 넘어 현실의 실천 속에서 어떻게 구현될 수 있는 것인가의 문제였다. 일본의 국력 강화에 따른 류큐 합병과 갑신정변을 둘러싼 흥아회와 그 후신인 亞細亞協會 내부의 淸日 회원 간의 대립 등은 기실 아시아의 부흥을 위해 어느 나라가 지도권을 가질 것이냐는 문제를 둘러싸고 벌어진 일이었다(山室信一 2001, 588-589).[13]

또 민권 신장을 제창하던 玄洋社가 대륙 진출을 주장하는 국권론으로 전환하면서 "동양의 신흥국으로서 발흥하였던 우리나라가, 장래에 동양의 맹주가 된다는 희망을 안고 있는 이 시대에 있어 국군주의의 주창은 무엇보다 가장 때를 잘 만난 것으로, 구미인은 물론 지나, 조선조차 경멸감을 가지고 현재 우리를 대하고 있지만, 적어도 혈기 넘치는 남자라면, 어느 누구도 국군주의로 향하지 않을 자가 없을 것이다."라고 일본 맹주론을 공공연히 내세운 것은 아시아주의 내부에 침략적 제국주의가 형성되기 시작했음을 보여 준다. 이렇게 보면 도야마 미쓰루(頭山滿)와 우치다 료헤이(內田良平)를 위시로 한 현양사 회원들이, 다케다 한시(武田範之), 스즈키 덴간(鈴木天眼) 등이 조직한 天佑俠과 함께 조선 동학당에 대한 원조와, 김옥균 등을 지원하여 조선 내 청국 세력 배제를 위해 활동했던 것도 일본 맹주론의 입장에 선 것으로 해석될 수 있을 것이다(玄洋社社史編纂會 1917; Joos 2011, 61-68).

맹주론의 또 다른 맹아는 청일전쟁 당시의 우치무라 간조(內村鑑三)의 다음과 같은 주장이다. "오늘날 일본은 세계의 대국민이 되고자 한다. 이것

13_葛兆光은 중국인의 중화주의적 사고가 일본 주도의 아시아주의에 적극 동조하지 못하게 된 원인으로 본다(2002).

이 大理想이 아니면 무엇이겠는가. 이러한 우리들의 이상은 아시아에 독립과 문화를 제공할 것이다. 우리들은 아시아의 구세주로서 이 전쟁에 임하고 있다. 우리들은 이미 조선의 절반을 구하였고, 이어서 만주, 중국을 구하고, 남쪽의 베트남, 태국에 미치어, 마지막으로 인도의 성지를 유럽인의 굴레에서 해방시킴으로써, 처음으로 우리들의 목적을 달성하게 될 것이다." 이는 유럽인의 굴레뿐만 아니라 아시아적 압제와 추한 습속으로부터의 해방을 주장한 것으로, 일본만이 서양 문명에 대항할 뿐만 아니라 동양의 야만에도 대항하는 문명국임을 강조한 것이었다. 1989년 설립된 東亞同文會의 경우도 "日淸韓 삼국은 교제한 지 오래되었으며, 문화가 상통하고, 풍속과 교령이 서로 같다."고 동질성을 강조하면서도, 그 단체의 목적을 "첫째, 支那를 保全한다, 둘째 지나와 조선의 개선을 돕는다."라고 명기한 것은 중국과 조선에 대한 일본의 지도적 위치를 주장한 것이었다(스벤 사아러 2008, 138).[14]

아시아주의에 문명론적 근거를 부여하고자 노력했던 전술한 오카쿠라 덴신에게서도 맹주론의 맹아가 보인다. 그는 "일본만이 고대 중국과 인도의 예술과 관습을 보존해 왔고", "일본 문명은 역사상에서 이것들을 통일"시켜 왔다고 보았다(Tankha 2011, 98; 平石直昭 1998, 188). 여기서 그는 유럽의 정치적 문화적 굴레에서 아시아의 해방자로서 일본을 위치시키려고 했

14_조선의 경우, 19세기 말 독립신문은 동양 맹주로서의 일본의 역할을 기대한 것에서 더 나아가 청에 대한 멸시관 속에서 "일본과 협력하여 청국을 억지로라도 개명시켜 동양 형편을 보존하여야 이 세 나라가 자주 독립권을 지탱할 수 있다."고 주장함으로써 청에 대하여 연대의 형태를 취하면서도 그에 대한 침략론을 정당화하는 태도를 보여 준다(月脚達彦 2005). 그러한 차원에서 미야지마 히로시는 근대 조선에는 아시아 인식이 부재했다고 본다(宮嶋博史 2000).

던 것으로 보인다. 이러한 오카쿠라의 사고는 훗날 오카와 슈메이(大川周明)에게 계승되어, 침략적 '아시아주의'를 낳는 원류가 되었다.

2. 인종/문명 담론의 확산과 일본 맹주론의 대두: 러일전쟁으로부터 1920년대까지

러일전쟁으로부터 만주사변에 이르는 시기는 19세기 태동한 아시아주의 담론이 논의의 폭과 깊이 면에서 본격화했다는 특징을 갖는다. 그 첫 번째 전환의 계기는 러일전쟁이었고, 두 번째는 제1차 세계대전이었다.

러일전쟁은 인종 담론을 아시아주의의 주요 구성 요소로서 확립하는 결정적 계기였고, 세계대전은 아시아 문명론의 심화와 확대를 불러 왔다. 19세기까지의 아시아 인종/문명 담론이 민간 지식계에 제한된 주장에 그쳤다면, 러일전쟁과 세계대전은 아시아인의 인종적 자신감과 서구 문명에 대한 심각한 회의 속에서 민간을 넘어 정치가, 군인, 정부 관료 등에게도 확산되었다. 1920년대가 되면 아시아인들과의 인종적 문명적 친밀성, 유사성에 대한 담론이 급속히 일본과 동아시아 사회에 자리 잡았다. 또한 이 시기는 19세기에 발아했던 일본 맹주론이 지배적 담론을 형성했을 뿐만 아니라 동시에 일본의 공식 외교정책과 점진적으로 결합해 가는 과정이기도 했다. 이 과정에서 아시아 인종/문명 담론은 아시아 국가와 민족 내부의 차이, 특히 힘의 우열에 따른 아시아 내부의 침략과 피침략의 관계를 은폐하는 방향으로 나아갔다.

19세기까지의 인종론적 아시아주의가 백인종의 억압에 대한 황인종의 반응적 저항이라는 지배-저항 구도를 설정한 것이었다면, 러일전쟁에서의 일본의 승리는 일본을 비롯한 아시아인에게 획기적인 인종적 자신감을 심어 준 계기였다. 일본이라는 비백인의 국가가 19세기 이후에 처음으로 유럽의 강국을 격파했다는 것은 오랫동안 구미인들에게 억압받아 왔던 유색인, 아시아인의 해방의 가능성을 보여 주었다는 상징적 의미가 있었다.

일찍이 1908년 도쿠토미 소호(德富蘇峰)는 러일전쟁에서의 일본의 승리가 이집트, 터키, 아라비아, 특히 인도의 "인종적 활동"에 큰 자극을 주어, 백인 지배하에 있던 그들의 "자각적 정신"을 드높였다는 것에 주목하고 있다. 그는 또한 "세계에서의 백색 인종 이외의 활동"이 "20세기에서 거듭되는 요건 중 하나"가 되리라고 예측하였다(平石直昭 1998, 192). 쑨원의 경우에도 후일(1923) 일본이 러일전쟁에서 승리하는 것을 보고 "중국인과 아시아 민족들이 일본을 구세주로 우러러보는" 계기였다는 점을 언급했다(孫文 1986, 402).

자유롭고 평등한 아시아 연대를 주장하던 아시아주의자들에게도 인종적 관점은 예외 없이 보인다. 예컨대, 한국의 安重根이 「동양평화론」(1909)에서 강조한 아시아 삼국 연대론이 인종(대항)론에 기초하고 있었던 점은 부인하기 어렵다(야마무로 신이치 2010, 372-376). 일본이 획득해 왔던 식민지의 전면적인 해방을 주장한 미야자키 도텐(宮崎滔天)도 1919년 일본을 향해 "조선을 해방하고 대만을 해방하고, 더 나아가 중국 외교를 일변시켜 친선의 결실을 맺어, 다른 약소국들을 도우며 평등 조직 아래 연방을 조직하여 백인에게 대항"할 것을 호소하고 있다(上海日日新聞 1919/04/25; Szpilman 2011, 139).

백인종에 대한 극단적 반감 위에 선 인종주의적 아시아주의는 고데라 겐키치(小寺謙吉)에서 두드러진다.[15] 1차 대전 후기 새로운 '아시아주의'[16]

담론의 유행을 이끈 고데라는 오랜 연구 끝에 발표한 저작 『大亞細亞主義論』(1916)에서 아시아주의에 대한 정의를 적극 시도하면서 아시아주의의 기초로서 아시아적 아이덴티티가 필요하다는 점을 역설했다. 그는 아시아적 아이덴티티의 구성 요소로서 일본과 중국의 인종적, 민족적 공통점, 한자 공용에 기초한 문학의 유사성, 정치와 법률 측면에서 예부터 유지해 온 동일성, 종교의 공유 등을 들었다(Saaler 2011, 255-260; 스벤 사아러 2008, 146). 이는 얼핏 보면 19세기의 아시아 문명 담론의 반복으로 보이지만, 세계대전기 고데라의 아시아주의는 오랜 연구를 기초로 하고, 그간의 일본의 국제적 지위의 상승과 서양 열강의 아시아 침략 심화를 배경으로 더욱 체계적이고 논리적으로 전개되고 있다는 점이 주목된다.

고데라의 케이스로부터 우리는 인종 담론과 문명 담론이 19세기 이래 지속적으로 불가분의 표리일체를 이루고 있었다는 점을 알 수 있다. 다만, 제1차 세계대전이 문명론의 확산에 중요한 계기였다는 점에 유의할 필요가 있다. 대안 문명론이 '同文同種'의 수사를 통해 19세기에 태동할 수 있었지만, 이들 초창기의 다양한 모습을 띤 '동양 문명' 담론들은 제1차 세계대전 종전까지 힘을 얻거나 지배적이지 못했다. 황인종의 대안 문명론에는 서구가 언제나 자기 존재 주장의 준거가 되고 있었기 때문이다. 그러나 이제 세계대전의 참상을 목도하면서 서양에서조차 이른바 '문명화 사명'에 대

15_고데라의 인종주의 담론에 대한 상세한 소개는 김경일·강창일(2000)을 참조.

16_일본 맹주론을 내포한 '亞細亞旨意'가 1898년 처음 출현했고(山室信一 2001, 783), 1912년 10월 중국을 방문한 일본 국회의 의원조사단 가운데 한 명인 이부카 겐타로(井深彦太郎)가 상해의 『民立報』 제752호에 「大亞細亞主義論」을 발표하여, "'아시아'라는 것은 아시아인의 아시아 대륙이다"라고 선전했지만(葛兆光 2002, 201), '아시아주의'라는 용어의 본격적인 사용과 확산은 고데라 겐키치로부터였다고 볼 수 있다(스벤 사아러, 2008).

한 환멸이 시작되고 새로운 문명관이 출현하기 시작했다. 아시아 문명 담론은 이로부터 비로소 자립적으로 대두할 수 있었다.[17]

이른바 동서 문명 충돌관은 대전 직후의 두드러진 특징이었다. 이는 오카와 슈메이(大川周明, 1886~1957)에게서 가장 잘 드러난다. 활동가, 저술가, 인도 철학 연구자, 코란의 번역가였던 오카와는 아시아주의의 계보로 말하자면 전술한 오카쿠라의 영향을 많이 받았다는 점은 분명하다. 오카쿠라처럼 오카와도 아시아의 공통성—정신적, 도덕적, 영원한 본질—을 보았으며 그것을 서양의 문명과 대비시켰다. 그러나 중요한 차이는 오카쿠라와 달리 오카와는 평화의 가치를 믿지 않았으며 갈등과 '전쟁'을 통해 진보가 이루어질 것이라고 주장했다는 점이다. 그는 일본이야말로 '세계의 진정한 구원자'로서 서양의 식민화로부터 아시아를 해방시킬 것이며, 이것이 일본이 행해야 할 도덕적 의무로 보았다(Szpilman 1998, 43-47, 60).

1차 대전을 전후한 시기의 인종/문명 담론의 확산에서 주목되는 것은 그것이 과거처럼 서양에 대한 대항 의식 혹은 승리의 자신감을 고취한 것에 머물지 않고, 서구 문명에 대해서는 대단히 공격적이고 아시아 국가들에 대해서는 은근히 침략적 성향을 표현하게 되었다는 점이다. 황인종 및 아시아 문명 내부의 강자와 약자 간의 억압과 피억압을 은폐하거나 이를 정당화하는 방향에서 아시아주의가 논해지게 되자 그것은 어렵지 않게 일본 맹주론과 결합했다.

러일전쟁 직후 1905년 다나카 모리헤이(田中守平)가 『東亞聯盟論』에서 "동아 삼국을 연방제도로 하고, 우리 폐하를 천거하여 연방의 수장으로 받

17_중국의 '東西文化問題論爭'을 포함한 제1차 대전 전후의 문명 담론에 대해서는 石川禎浩(1994, 395-440)와 Duara(2001)를 참조.

들어 모신다."라거나, 1913년 우치다 료헤이(內田良平)가 『支那觀』에서 일본이 "아시아 각 국가를 연결하고, 그곳의 맹주가 된다."고 하는 등, 아시아 인종을 지도하여 백인종에 저항하자는 주장들이 공공연히 개시되었지만, 그것은 어떤 구체적인 방안이나 국제 정치적 역학관계에 대한 고려가 빠진 공허한 주장에 불과했다고 볼 수 있다(山室信一 2001, 609).

사실 맹주론이 글자 그대로 '지도' 역할을 하는 것이라면, 그 자체로서는 반드시 침략의 속성을 포함한 것은 아니었다고 볼 수 있다(안중근/쑨원의 대일관에서 그것의 일단을 볼 수 있다. 그들은 정의로운 일본의 지도를 요구했다). 그러나 러일전쟁과 제1차 세계대전을 거치면서 새로운 인종/문명 담론의 확산 속에서 서양의 침탈에 맞선 '흥아'의 논리를 표방하면서도 맹주론은 '侵亞'의 논리로 전환되어 갔다. 중일 대립을 표면화시키는 계기가 되었던 1915년 위안스카이(袁世凱) 정부에 대한 일본 정부의 '21개조 요구'에 대해 오카와 슈메이는 "이 요구는, 支那의 保全을 숙원으로 하기 위한 것이며, 이 조약이 일단 체결되면, 세계의 어떤 국가라 한들, 더 이상 일본과 일전을 겨룰 각오가 없다면, 지나 연안의 한 치의 땅도 빼앗을 수 없게 된다. 그러므로 조약의 정신은 명백히 아시아 復興의 요건이 될 것이다."라고 강변했다(山室信一 2001, 591).

이러한 침략적 맹주론의 근원에는 일본이 아시아 인종과 문명의 일원이면서 동시에 서구 문명을 체현한 존재라는 인식이 있었음을 주의할 필요가 있다. 듀아라(P. Duara)에 따르면 "일본은 아시아에 속해 있었기 때문에 아시아라는 영원한 신성성을 근대성에 부여할 수 있었고, 서구 문명에 정통하기 때문에 물질적 근대성을 아시아에 가져올 수 있다."고 자임했다(2001, 110). 따라서 일본 맹주론은 아시아인들이 일본인과 문화적, 인종적으로 공통점을 갖는다고 해도, 그들에게는 민족의식이나 자기 보전의 능력이 없다는 논리를 갖고 있었다. 따라서 서구에 의한 아시아의 식민화라는 위협에 직면하여 일본은 아시아인의 지도자로서 그들의 문화를 보존하면서도 근대화시켜야만 하는 것이었다.

일본 맹주론의 아시아주의는 1차 대전 전후의 여러 주장 가운데 흔히 나타나고 점차 외교정책의 방향을 논하는 '외교론'에까지 미치게 된다. 19세기 말 고노에 아쓰마로가 주장한 '동양 먼로주의'에 일본이 아시아 해방자라는 사고가 기본적으로 없었던 것과 비교하면, 러일전쟁을 거친 후 1차 대전 시기의 도쿠토미 소호(德富蘇峰)가 주장한 '아시아 먼로주의'에는 일본의 맹주적 해방자의 입장이 공공연하게 주장되기 시작했다. 도쿠토미는 이른바 '동양 자치'를 주장하면서 일본이 '擬白人'의 길을 취하지 않고 어디까지나 '황색 인종'의 입장에서 나아가려 한다면, 정진하여 "백인 이상의 자격을 갖추고" 더 나아가 동양인을 지도하여 "백인과 대등한 교제"를 하도록 만들어야 한다고 주장했다.[18]

히라이시 나오아키(平石直昭)가 분석하고 있듯이, 아시아주의가 일본 외교론으로 발전해 가는 데 있어 기타 잇키(北一輝)의 위치는 독특하다고 할 수 있다. 세계대전기까지 일본의 외교가 英日同盟을 기축으로 서양과의 '협조 노선'을 채택하면서 맹주론적 아시아주의를 적극 수용하지 못하고 있었다고 한다면, 기타는 1922년 '워싱턴 체제'의 성립 이전에 이미 영일동맹의 파기와 영국과의 전쟁을 주장했다는 점에서 위에서 언급한 아시아 먼로주의 주장과 달랐다. 즉 고노에 아쓰마로로부터 도쿠토미 소호에 이르기까

18_도쿠토미는 워싱턴 회의(1922)와 미국의 '排日移民法'(1924) 이후 더욱 강경한 태도로 전환했고, '대동아전쟁'기인 1942년 '日本文學護國會'와 '大日本言論護國會'의 회장으로서 전쟁을 위한 '정신 동원'에서 중심적 역할을 맡았다(Swale 2011, 280).

지 '동양 먼로주의'가 서양 열강의 압박으로부터 아시아를 보호한다는 방어적 태도를 취했던 것에 반해, 기타는 전 세계의 패권국이 된다는 공격적인 자세를 취하게 되었다. 이러한 기타의 패권국 주장은 오카와 슈메이와 맞닿아 있고 차후 滿洲事變과 함께 일본의 외교정책으로 현실화하게 된다(平石直昭 1998, 198-199).

물론 1차 대전 전후에도 아시아 평등 연대와 '열린 아시아주의' 담론이 暗流이자 底流로서 아시아주의의 한 맥을 잇고 있었음을 간과할 필요는 없을 것이다. 전술한 미야자키 도텐이 식민지의 전면적 해방을 주장한 것이나 요시노 사쿠조(吉野作造)가 아시아에서의 일본의 문화적 리더십을 수용하면서도 황인종 대 백인종의 문명 충돌로 나아가는 것을 반대하고 서양과의 파트너십을 강조했던 보편주의적(cosmopolitan) 아시아주의 관점이 그것이다(Yoshikawa 2009, 46-47). 또한 쑨원이 '우리의 대아시아주의'를 통해 아시아인의 평화적 연대를 주장하면서도 그 외연을 전 세계의 피압박 국가와 민족의 연대로 확장했던 것도 당시 일본의 아시아주의 주류 담론이 내포하고 있던 침략적, 패권적 경향('霸道')과는 다른 것이었다(趙軍 1997).

일본은 1차 대전을 거치면서 점차 인종/문명 담론의 확산을 자양분으로 삼아 '아시아주의'라는 이름 아래 침략적 맹주론, 곧 확장주의의 방향으로 나아갔다. 1920년대 일본 내에서 侵亞를 정당화하는 맹주론적 아시아주의는 서적, 잡지, 신문 등 언론을 통해 정치가, 군인, 관료, 민간 지식인 사이에 주류 담론으로 확실히 자리 잡았다고 판단된다. 로야마 마사미치(蠟山政道)와 같은 자유주의자들마저 1920년대 말에는 유럽적 질서에 대항해 아시아의 새로운 질서를 주장하고 그로부터 '특별한' 중일관계 담론을 통해 일본의 역할을 강조한 것은 당시 일본 맹주론의 광범한 확산을 말해 준다.[19]

침략을 정당화한 맹주론은 아시아 제 민족/국가에 큰 위협이 되었고,

이에 대한 강렬한 비판이 제기된 것도 이 시기였다. 일찍이 신채호가 '동양주의'의 인종론이 갖고 있는 은폐된 침략성을 날카롭게 비판한 것이나,[20] 리다자오(李大釗)의 '新亞細亞主義'(2006a[1917], 106-108; 2006b[1919], 269-271; 2006c[1919], 74-78), 전술한 쑨원의 '大亞細亞主義'(關偉 2000) 등이 '아시아주의의 가능성' 자체를 부정하지 않으면서도 당시 일본 아시아주의의 侵亞 의도를 격렬히 비판한 것은 모두 이 시기 일본 맹주론적 확장주의가 유행처럼 번져 가고 있던 데 대한 일본 바깥의 반응이었다.[21] 이러한 문맥에서 '아시아 민족의 공존공영'을 기치로 1926~27년에 개최된 '亞細亞民族會議'가 한중일 각국 언론의 주목을 받았음에도 아무런 성과 없이 초라하게 막을 내리게 된 것은 아시아주의가 일본 중심적, 일본 맹주적 침략론을 갖고 있었기 때문이었다(水野直樹 1994, 543).

요컨대, 1차 대전을 거치면서 일본의 아시아주의 담론은 민간 지식계의 층위를 넘어 점차 정부 관료, 군인, 정치가 등에 의해 외교론책으로 변화해 갔다. 그 전까지 일본의 외교는 국제 정치적 역학과 지정론의 연장선상에서 서구와의 관계를 국익의 차원에서 구상했기 때문에 19세기 이래 제

19_한정선(2013)을 참조. 전시에 본격화하는 로야마의 아시아 지역질서 구상은 아시아의 일체성을 더 이상 공동의 문명 혹은 문화 등에서 찾는 문화주의(culturalism)가 아니라 의식적으로 구축된 '주관적'(主体的) 프로젝트라는 정치적 관점에 기초한 것이었다. 코쉬만(V. Koschmann)은 이를 '구성된 운명'(constructed destiny)이라고 설명했다(2007,189). 또 이 글의 3절 참조.

20_신채호의 「동양주의에 대한 비평」(『대한매일신보』 1909.8.10.)에 대해서는 Kim Bongjin (2011, 191-194)을 참조.

21_리다자오의 아시아주의('신아세아주의')가 일본의 아시아주의와 달리 세계주의를 지향한 계급적 연대를 지향하면서 민족주의를 부정했음('국가'와 '애국의 단호한 부정')을 강조하고 있는 글은 이 책의 제2장 백지운의 글을 참조.

기된 청일 제휴론이나 아시아 연대와 같은 아시아주의의 기본적 담론을 적극 수용할 수 없었다. 그러나 일본 국력의 성장과 러일전쟁에서 얻은 자신감 그리고 1차 대전 후의 세계질서의 재편에 대한 일본 정부의 대응책 모색 과정에서 19세기 이래 형성된 민간의 아시아주의는 일본 외교정책의 이데올로기로서 점차 수용되기 시작했던 것으로 보인다(Saaler 2007, 7). 특히 민간의 아시아 먼로주의의 고양과 일본 맹주론의 확산은 일본 외교와 아시아주의의 결합을 용이하게 만들었다고 생각된다.[22]

3. 지역질서 구상과 초국가[민족]적 민족주의: '15년 전쟁'기

1931년 만주사변으로부터 1945년 패전에 이르기까지 '15년 전쟁' 동안 아시아주의는 일본의 '자주 외교'의 지침으로 확실하게 자리 잡았으며, 전쟁 수행의 이데올로기로 활용되었다. 만주사변, 노구교 사건, 진주만 공격 등 각 고비마다 다른 해결 방안을 도외시 한 채 전쟁의 연속으로 나아가게 되었던 것도 아시아주의가 하나의 전쟁 이데올로기서 작동하고 있었기 때문이었다고 해도 과언은 아니다(Hotta 2007, 1-2).

22_제1차 대전을 전후한 시기, 앞서 언급한 고데라와 같은 정치가 이외에도 사와야나기 마사타로(澤柳政太郎) 등의 주류 교육 관료 그리고 스기타 데이이치(杉田定一) 등의 정당 정치가 등의 '아시아주의' 제창은 일본 외교와 일본 맹주론적 아시아주의의 결합 과정을 말해 준다. 이들에 대한 기본적 정보와 그들의 주장에 대해서는 Saaler(2011, 255-269)를 참조.

하자마 나오키는 1928년 일본의 산동 출병이 국제법을 무시하고 서양 열강과의 협조 정책을 방기했다는 점에 착목하여 이 시점으로부터 아시아주의 역사의 후기(晩期)로 설정하고 있지만(狹間直樹 2001, 71), 국제연맹으로부터의 탈퇴를 통해 독자적인 아시아질서의 구축이라는 외교 노선을 분명히 하게 된 계기는 1931년의 만주사변이었다고 볼 수 있다. 물론 만주사변이 관동군의 독자 소행으로 시작되었다고 해도 일본 정부가 이를 기정사실화하고, 이에 기초하여 세계질서의 억압에 대항하여 '아시아를 해방'한다는 새로운 외교 노선을 걸을 수 있었던 것은 그 이전부터 대두한 일본 맹주론의 확산에 있었다는 점은 앞에서 서술한 바와 같다. 그러나 보다 중요한 것은 戰時期 일본의 외교가 아시아주의를 내면화할 수 있었던 요인은 그 전까지 아시아주의와 거리를 두면서 획득했던 일본의 안전과 이익을 이제 아시아주의를 통해 보장할 수 있다고 보았기 때문이었다.[23]

滿洲國의 건국은 일본의 이른바 '대륙 정책'에서 하나의 신기원이었다. 그 이전부터 주장되어 온 '滿蒙 領有' 대신 이론적으로는 하나의 '독립국가'의 형식을 띤 만주국은 '民族協和'를 표방함으로서 1차 대전 이후 중국과 식민지 민족의 강렬한 민족주의에 대한 하나의 대항 이데올로기를 제공할 수 있었다. 이를 통해 일본은 여러 민족이 '협화'하는 만주국이야말로 아시아의 제 민족들이 일본의 지도하에 협력할 수 있다는 논리를 만들어 낼 수 있었다. 그것은 나아가 일본이 아시아 국가들을 하나의 통치권 내로 포용하

23_일본 외교의 이러한 방향 전환을 1910년대, 1920년대 그리고 1930년대에 걸쳐 몇 차례 외무대신을 역임했던 아시아주의자 우치다 야스야(內田康哉)의 사례 연구를 통해 접근한 것으로는 Gates(2011), 특히 26쪽을 참조. 또한 만주사변 후 일본 외교가 아시아주의와 결합하게 된 원인을 국내 정치적 문맥과 국제 정치적 환경의 변화로 구분해 설명하는 Aydin(2008)을 참조.

면서도 그 내부에서는 외교를 인정하지 않고 내정과 같이 처리한다는 하나의 새로운 지역질서 구상이 내재되어 있었다(山室信一 1993).

이러한 만주국 건국의 논리는 이시와라 간지(石原莞爾)나 미야자키 마사요시(宮崎正義) 등의 東亞聯盟論과 그 운동에 하나의 이론적 근거가 되었다. 그들은 王道를 지도 이념으로 하여, 각 주권국가의 자유롭고 '평등한 제휴'에 의해 연맹을 결성하고, 일본을 先導로 삼아 일본 천황을 맹주로 받든다는 주장을 폈다(王屛 2004, 192). 이렇게 볼 때 이 운동은 일본 중심의 민족주의의 연장선상에 서면서도 민족주의를 넘어서려고 한 점에서 근본적 모순을 안고 있는 것이었다.[24] 이러한 모순의 간극을 파고 든 것이 친일 협력자 왕징웨이(汪精衛)와 그 이데올로그들이었지만(史桂芳 2002)[25], 그들도 자신들의 '민족을 위해' 그들을 억압하는 일제와 '함께 일해야 하는' 동일한 아포리아에 직면하지 않을 수 없었다.

東亞協同體論도 동일한 문제를 안고 있었다. 요시카와 유키에의 연구에 따르면, 주요 협동체론자의 하나인 로야마 마사미치의 경우, 그가 주장한 아시아 지역주의(regionalism)에는 다음과 같은 세 가지 어젠다가 있었다. 첫째, 중국과의 관계를 어떻게 설정할 것인가, 둘째, 아시아 지역주의에 대한 유럽 특히 미국의 의심을 어떻게 완화할 것인가, 셋째, 동아시아에서의 일본의 신질서와 구미 열강의 협력을 어떻게 조율할 것인가의 문제가 그것

24_Eri Hotta는 만주국의 수립과 함께 일본이 그 전까지의 서구의 제국주의에 대한 대응적인 반제국주의적 제국주의(reactionary anti-imperialist imperialism), 즉 서구 제국주의에 편승하면서도 역설적으로 그에 저항하는 제국주의로부터 더욱 이데올로기적 성향을 띠는 아시아주의적 제국주의(Pan-Asianist imperialism)로 변화했다고 서술했다(2007, 111-112).

25_동아연맹론의 연장선상에 있는 것으로 보이는 또 다른 친일 협력자의 아시아연합 구상은 土屋光芳(2013)을 참조.

이다. 이에 대한 로야마의 대답은 일본과 중국의 경제 유대를 강화하고, 세계 다른 지역을 배제하지 않는 열린 지역주의(open regionalism)를 추구하고, 중국에 대해 문호 개방 정책을 채택한 1922년의 9개국 조약을 개정하는 것이었다(Yoshikawa 2009, 68). 요시카와는 로야마가 패쇄적 지역주의를 거부했다는 점에 착목하여 그를 요시노 사쿠조와 같은 보편주의적(cosmopolitan) 아시아주의자로 분류하고 있지만, 로야마의 세계질서는 여러 개의 지역 단위가 유기적으로 그리고 균형 있게 결합되어 이루어지는 '수평적' 질서로 구상되었지만, 지역주의가 작동하는 지역 단위 내부의 관계는 '수직적'으로 작동하고 있었고, 제국주의적이고 패권적 세계질서를 비판하면서 등장한 지역주의는 그 자체로는 제국주의적이고 위계적이라는 비판을 면할 수 없다는 점이었다(손애리 2013 및 이 책의 글 참조).

대동아공영권 구상은 그러한 차원에서 일본 통치권 내부, 즉 지역질서 내의 각 국가 간의 관계를 보다 분명히 규정하게 된다. 1942년 다카기 소키치(高木惣吉) 대좌 지휘로 작성된 『大東亞共榮圈論』에 따르면, 지도국으로서의 일본이, '독립국'으로서의 만주국과 중화민국 등을 지도의 매개로 삼고, '독립 보호국'으로서 버마, 필리핀 등을 일본이 종주국으로서 보호한다는 식으로 지역질서 내부의 관계가 구성되었다. 공영권 내에서는 독립국 간에도 직접적 관계를 가지지 못하며, 오직 지도국에 의한 매개를 통해서 다각적 개별 관계를 가지는 것만이 허락되었다. 그것은 각국 간의 직접적 관계가 일본의 매개 없이 진행된다면, 일본의 지도적 지위를 위협할 수 있다는 이유에서였다. 즉, 독립국이기는 하지만 구미식의 주권국가가 가져야 하는 절대 주권의 원리는 부정되었던 것이다. 구미적인 개념으로서의 독립은 '민족들의 원심적 분열'을 가져 올 뿐이고, 각각 그 제자리를 찾는 것을 목적으로 하는 대동아공영권 내에서는 일본의 지도에 의한 아시아적인 '구심적 통합'이야말로 진정한 독립으로 이어지는 것이라고 주장되었다. 대동아공영권론에 이르러 아시아의 맹주론은 "皇國을 핵심으로서 일본, 만주, 지나가 강고한 결합을 근간으로 하는 大東亞의 新秩序를 건설"하는 것이 '皇國의 國是'로 지정됨으로서 국가 목표 그 자체가 되어 갔던 것이다(山室信一 2001, 611, 629).

그러한 문맥에서 '주권국가의 평등과 자유로운 연합'이라는 위험한 주장을 편 동아연맹론은 1941년 1월 일본 閣議 결정에서 "肇國의 정신에 반하고, 皇國의 주권을 어둡게 만드는 우려되는 연합국가 이론"으로 지정되어 금지 당했다. 1942년 5월에는 모든 아시아주의 단체들이 해산되고 전국 단일의 大日本興亞同盟이 결성되어, 황국 일본을 중핵으로 하는 아시아주의 단체인 大政翼贊會와 함께 제국주의 침략에 봉사하는 논리를 만들어 가게 된다(小林英夫 1998, 242).

이상에서 살펴본 바와 같이, 戰時期의 아시아주의 흐름은 '동아연맹'론, '동아협동체'론, '대동아공영권'론 등의 다양한 지형을 보여 주었고, 각 담론 내에서도 논점의 차이가 있었지만, 다음 세 가지 공통된 특징들을 도출해 볼 수 있다. 즉 첫째, 서구에 대한 대항의 '주장'에 머물지 않고 현실 속에서 대안적 '지역질서'를 구상했다는 점, 둘째, 과거의 문명/인종 담론에서 더 나아가 일본의 우월한 힘에 기초한 맹주론[지도론]을 논의의 전제로 삼았다는 점, 셋째, 어느 경우이든 초국가주의와 민족주의의 아포리아를 벗어나지 못했다는 점이다. 이 시기 정부와 민간을 막론하고 아시아주의는 담론의 차원을 넘어 현실과 적극 결부되어 '실천'[실행]의 단계로 나아갔지만, 일본의 국익에만 복무하는 대동아공영권 건설 주장에 이르러 아시아주의 '최소 규정'(다케우치 요시미)으로서의 '아시아 연대'는 그 근저에서부터 붕괴되어 버렸다.

4. 민족의 이해를 넘지 못하다

이 글은 동아시아 근대 아시아주의의 전개 과정을 초기(19세기의 태동기), 중기(러일전쟁으로부터 만주사변까지의 확산기), 그리고 후기('15년 전쟁'기의 지역질서 구상)로 나누어 연대기적으로 추적해 보면서도, 계보적 연쇄, 유형별 차이, 그리고 서로 다른 층위에 주목하여 아시아주의 논의 지형을 이해하고자 했다.

'아시아'가 단순한 지리적 개념을 넘어 국제정치의 지정학적 현실로, 문명/인종적 '프로젝트'(山室信一)로서 논해지기 시작한 것은 19세기 서양 열강의 아시아 진출(침략)로부터였다. 일본의 국제적 지위의 향상과 함께 일본 맹주론도 고개를 들었지만, 아시아주의는 서구 지향의 '문명개화' 전략이 주류였던 정부의 외교정책과 결합할 수 없었다. 19세기 아시아주의는 이후 아시아주의 전개의 원형을 제공했지만, 담론적 '상상'(葛兆光)으로서 민간 지식계의 한 부분을 차지했을 뿐이었다.

러일전쟁과 제1차 세계대전을 거치면서 아시아주의 논의 지형에는 커다란 변화가 일었다. 러일전쟁에서의 일본의 승리는 분명 메이지유신 이래의 문명화 전략의 성공이었지만, 그것은 동시에 황인종의 가능성과 힘을 증명해 준 계기였고, 이로부터 인종적 아시아 담론이 지식계를 지배하게 되었다. 세계대전은 인종 담론의 확산과 더불어 아시아 문명 담론의 고조를 불러 왔다. 파괴적 서양 문명에 대한 회의, 문명관의 상대화, 대안 문명이 다각도로 모색되었다. 1920년대에는 그 어느 때보다도 아시아의 인종/문명적 일체성 담론이 지식계를 풍미했다. 특히 일본 맹주론은 이 시점에서 인종/문명 담론으로부터 자양분을 취하면서 더욱 힘을 얻어 일본 정부의 外交論策과 결합되기 시작했다. 아시아 각국에서 아시아주의 인종/문명 담론과 맹주론이 담고 있는 침략성의 은폐에 대한 비판과 아시아 평등 연대의 주장들이 어느 때보다 강하게 제기되었던 것도 이 시기였다.

만주사변으로부터 시작되는 '15년 전쟁'은 아시아주의가 일본의 외교와 전쟁의 이데올로기로 작동한 시기였다. 서구적 세계질서를 부정한 대안적 아시아 질서('東亞新秩序') 구축을 위해 동아연맹, 동아협동체, 대동아공영권 등의 주장이 제기되었다. 아시아 지역질서 담론은 아시아와 세계 질서와의 관계, 아시아 역내 질서의 작동 방식을 둘러싸고 서로 다른 견해를 보였지만, 모두가 일본 중심, 일본 맹주론을 논의의 전제로 삼고 있었다. 최후의 대동아공영권 구상은 아시아 제 민족/국가의 '자유롭고 평등한 연대'로 해석될 수 있는 어떠한 아시아주의 담론도 어떠한 지역질서 구상도 압살해 버렸다. 일본 정부는 19세기 이래 제기되어 온 동종동문과 아시아 해방의 초국가적 담론을 통해 아시아 제국의 민족주의를 억압하고 자신의 민족주의를 정당화했던 것이다. 이 지점에서 아시아주의 담론(discourse)은 일본 제국주의의 아시아 각국에 대한 침략과 수탈이라는 부정할 수 없는 현실과는 괴리되어 버렸으나 실재(reality)를 뒤덮는 힘으로 패전까지 지속되었다.

요컨대, 동아시아 근대의 아시아주의는 민족을 넘어(transnational) 아시아 연대를 꾀한 담론, 운동, 정책이었으되 결국 민족의(national) 이해를 넘지 못한, 즉 초국가적 지향과 국가적 지향의 아포리아(aporia) 혹은 양면가치(ambivalence)를 내포한 초국가적 국가주의(transnational nationalism) 혹은 국가주의적 초국가주의(national transnationalism)를 특징으로 하고 있었다.[26]

26_아시아주의의 특징에 대해 Eri Hotta는 'transnational nationalist ideology'로 표현한다(2007, 2). 또한 다케우치 요시미는 전전의 일본 아시아주의가 팽창주의(또는 침략주의)와 완전히 겹치지 않고, 내셔널리즘(민족주의, 국가주의, 국민주의 및 국수주의)과도 완전히 겹치지 않으면서 동시에 "그것들 어떤 것과도 겹쳐지는 부분이 있다"고 언급했다(1963, 12).

참고문헌

김경일·강창일. 2000. "동아시아에서 아시아주의: 1870~1945년의 일본을 중심으로." 『역사연구』 8.

다케우치, 요시미 저, 서광덕·백지운 역. 2004. 『일본과 아시아』. 서울: 소명출판.

박노자. 2005. 『우승열패의 신화』. 서울: 한겨레출판사.

손애리. 2013. "보편주의와 경쟁하기: 1930년대와 로야마 마사미치(蠟山政道)." 고려대 아세아문제연구소 학술회의. 서울. 12월.

사아러, 스벤 저, 김종학 역. 2008. "국제관계의 변용과 내셔널 아이덴티티 형성: 1880년대~1920년대의 '아시아주의'의 창조." 『한국문화』 41.

야마무로, 신이치. 2010. "미완의 동양평화론." 이태진 편. 『영원히 타오르는 불꽃: 안중근의 하얼빈 의거와 동양평화론』. 파주: 지식산업사.

이헌주. 2009. "1880년대 전반 조선 개화지식인들의 '아시아 연대론' 인식 연구." 『동북아역사논총』 23.

한정선. 2013. "1920년대 일본의 자유주의와 총력전시기 '동아협동체'론의 기원." 고려대 아세아문제연구소 학술회의. 서울. 12월.

葛兆光. 2002. "想像的和實際的: 誰認同「亞洲」? - 關於晩淸至民初日本與中國的「亞洲主義」言說." 『臺大歷史學報』 30.

康有爲. 1978[1899]. "致大隈伯書." 蔣貴麟 編. 『萬木草堂遺稿外編』(下). 臺北: 成文出版社.

宮嶋博史. "朝鮮におけるアジア認識の不在", 石井米雄 編, 『アジアのアイデンティティー』. 山川出版社, 2000.

史桂芳. 2002. 『同文同種的騙局: 日僞東亞聯盟運動的興亡』. 北京: 社會科學文獻出版社.

『上海日日新聞』 1919.4.25.

孫文. 1986[1923]. "致犬養毅書(1923.11.15)." 『孫中山全集』 8. 北京: 中華書局.

梁啓超. 1989[1902]. "三十自述." 『飮冰室合集』(文集 11). 北京: 中華書局.

王屛. 2004. 『近代日本的亞細亞主義』. 北京: 商務印書館.

李大釗. 2006a[1917]. "大亞細亞主義." 中国李大釗研究會 編注. 『李大釗全集』 2. 北京: 人民出版社.

______. 2006b[1919]. "大亞細亞主義與新亞細亞主義." 中国李大釗研究會 編注. 『李大釗全集』 2. 北京: 人民出版社.

______. 2006c[1919]. "再論新亞細亞主義(答高承元君)." 中国李大釗研究會 編注. 『李大釗全集』

3. 北京: 人民出版社.
古屋哲夫. 1994. "アジア主義とその周辺." 古屋哲夫 編. 『近代日本のアジア認識』. 京都: 京都大学人文科学研究所.
關偉. 2000. "孫文の「大アジア主義」と日本の大アジア主義." 『人間文化學研究集錄』 9.
吉澤誠一郎. 2013. "近代中國におけるアジア主義の諸相." 松浦正孝 編. 『アジア主義は何を語るのか: 記憶·権力·価値』. 京都: ミネルヴァ書房.
渡辺崋山. 1839. 『再稿西洋事情書』.
藤井昇三. 1985. "孫文の『アジア主義』." 辛亥革命研究會 編. 『中國近現代史論集: 菊池貴晴先生追悼論集』. 東京: 汲古書院.
山室信一. 1993. 『キメラ - 満洲国の肖像』. 東京: 中央公論社.
________. 2001. 『思想課題としてのアジア: 基軸, 連鎖, 投企』. 東京: 岩波書店.
石川禎浩. 1994. "東西文明論と日中の論壇." 古屋哲夫 編. 『近代日本のアジア認識』. 京都: 京都大学人文科学研究所.
小林英夫. 1998. "東亜聯盟運動: その展開と東アジアのナショナリズム." ピーター·ドウス·小林英夫 編. 『帝国という幻想: 「大東亜共栄圏」の思想と現実』. 東京: 青木書店.
水野直樹. 1994. "一九二〇年代日本·朝鮮·中国におけるアジア認識の一断面: アジア民族会議をめぐる三国の論調." 古屋哲夫 編. 『近代日本のアジア認識』. 京都: 京都大学人文科学研究所.
月脚達彦(2005) "『獨立新聞』における『自主獨立』と『東洋』", 朴忠錫·渡辺浩 編, 『韓國·日本·「西洋」』, 慶應義塾大學出版會, 2005. (한국어 번역본: 쓰키아시 다쓰히코 지음, 최덕수 옮김, 『조선의 개화사상과 내셔널리즘』, 열린책들, 2014, 제6장)
伊藤之雄. 1994. "日清戦前の中国·朝鮮認識の形成と外交論." 古屋哲夫 編. 『近代日本のアジア認識』. 京都: 京都大学人文科学研究所.
趙軍. 1997. "「吾人之大亞細亞主義」における孫文の對日觀: 孫文と大アジア主義." 趙軍 著. 『大アジア主義と中國』. 東京: 亞紀書房.
竹內好. 1963. 『アジア主義』. 東京: 筑摩書房.
樽井藤吉. 1975[1885]. 『复刻大東合邦論』. 東京: 長陵書林.
土屋光芳. 2013. "汪精衛政權の「大亞洲主義」とその實現構想: 周化人の「亞細亞連盟(汎亞連合)」." 松浦正孝 編. 『アジア主義は何を語るのか: 記憶·権力·価値』. 京都: ミネルヴァ書房.
平石直昭. 1998. "近代日本の國際秩序關とアジア主義." 東京大學社會科學研究所 編. 『20世紀システム 1: 構想と形成』. 東京: 東京大學出版会.
玄洋社社史編纂會 編. 1917. 『玄洋社社史』. 국립중앙도서관 전자도서관 소장.
狹間直樹. 2001. "初期アジア主義についての史的考察(1) 序章 アジア主義とはなにか." 『東亜』 410.

Aydin, Cemil. 2008. "Japan's Pan-Asianism and the Legitimacy of Imperial World Order, 1931-1945." *The Asia-Pacific Journal: Japan Focus* 11. (http://www.japanfocus.org/-Cemil-Aydin/2695).

Duara, Prasenjit. 2001. "The Discourse of Civilization and Pan-Asianism." *Journal of World History* 12-1.

Gates, Rustin B. 2011. "Pan-Asianism in Prewar Japanese Foreign Affairs: The Curious Case of Uchida Yasuya." *The Journal of Japanese Studies* 37-1.

Hotta, Eri. 2007. *Pan-Asianism and Japan's War 1931-1945*. New York: Palgrave Macmillan.

Joos, Joel. 2011. "The Genyosha (1881) and Premodern Roots of Japanese Expansionism." Sven Saaler and Christopher W. A. Szpilman eds. *Pan Asianism: A Documentary History*, Vol. 1, 1850~1920. Lanham, M. D.: Rowman & Littlefield.

Kim, Bongjin. 2011. "Sin Chae'ho: 'A Critique of Easternism', 1909." Sven Saaler and Christopher W. A. Szpilman eds. *Pan Asianism: A Documentary History*, Vol. 1, 1850~1920. Lanham, M. D.: Rowman & Littlefield.

Konoe, Atsumaro. translated by Urs Matthias Zachmann. 2011[1898]. "Dojinshu Domei, Tsuketari Shina Mondai Kenkyu no Hitsuyo(An alliance of the same race and the necessity of studying the Chinese question)." *Taiyo* 24-1(1 January 1898). Sven Saaler and Christopher W. A. Szpilman eds. *Pan Asianism: A Documentary History*, Vol. 1, 1850~1920. Lanham, M. D.: Rowman & Littlefield.

Koschmann, J. Victor. 2007. "Constructing Destiny: Rōyama Masamichi and Asian Regionalism in Wartime Japan." Sven Saaler and J. Victor Koschmann eds. *Pan-Asianism in Modern Japanese History: Colonialism, Regionalism and Borders*. London: Routledge.

Matsuda, Koichiro. 2011. "The Concept of Asia before Pan-Asianism." Sven Saaler and Christopher W. A. Szpilman eds. *Pan Asianism: A Documentary History*, Vol. 1, 1850~1920. Lanham, M. D.: Rowman & Littlefield.

Miwa, Kimitada. 2007. "Pan-Asianism in Modern Japan: Nationalism, Regionalism and Universalism." Sven Saaler and J. Victor Koschmann eds. *Pan-Asianism in Modern Japanese History: Colonialism, Regionalism and Borders*. London: Routledge.

Saaler, Sven. 2007. "Pan-Asianism in Modern Japanese History: Overcoming the Nation, Creating a Region, Forging an Empire." Sven Saaler and J. Victor

Koschmann eds. *Pan-Asianism in Modern Japanese History: Colonialism, Regionalism and Borders*. London: Routledge.

_____. 2011. "Pan-Asianism during and after World War I: Kodera Kenkichi(1916), Sawayanagi Masataro(1919), and Sugita Teiichi(1920)." Sven Saaler and Christopher W. A. Szpilman eds. *Pan Asianism: A Documentary History*, Vol. 1, 1850~1920. Lanham, M. D.: Rowman & Littlefield.

Swale, Alistair. 2011. "Tokutomi Soho and the 'Asiatic Monroe Doctrine', 1917." Sven Saaler and Christopher W. A. Szpilman eds. *Pan Asianism: A Docu- mentary History*, Vol. 1, 1850~1920. Lanham, M. D.: Rowman & Littlefield.

Szpilman, W. A. Christopher. 1998. "The Dream of One Asia: Okawa Shumei and Japanese Pan-Asianism." Harald Fuess ed. *The Japanese Empire in East Asia and Its Postwar Legacy*. Munich: Iudicium Verlag.

_____. 2011. "Miyazaki Toten's Pan-Asianism, 1915~1919." Sven Saaler and Christopher W. A. Szpilman eds. *Pan Asianism: A Documentary History*, Vol. 1, 1850~1920. Lanham, M. D.: Rowman & Littlefield.

Tankha, Brij. 2011. "Okakura Tenshin: 'Asia is One', 1903." Sven Saaler and Christopher W. A. Szpilman eds. *Pan Asianism: A Documentary History*, Vol. 1, 1850~1920. Lanham, M. D.: Rowman & Littlefield.

Tarui, Tokichi. translated by Kyu Hyun Kim. 2011[1885]. "Daito Gapporon (Arguments on Behalf of the Union of the Great East)." Sven Saaler and Christopher W. A. Szpilman eds. *Pan Asianism: A Documentary History*, Vol. 1, 1850~1920. Lanham, M. D.: Rowman & Littlefield.

Tikhonov, Vladimir. 2002. "Korea's First Encounters with Pan-Asianism Ideology in the Early 1880s." *The Review of Korean Studies* 5-2.

Yoshikawa, Yukie. 2009. *Japan's Asianism, 1868~1945: Dilemmas of Japanese Modernization*. Washington D.C.: Edwin O. Reischauer Center for East Asian Studies.

Zachmann, Urs Matthias. 2011. "The Foundation Manifesto of the Koakai(Raising Asia Society) and the Ajia Kyokai(Asia Association), 1880~1883." Sven Saaler and Christopher W. A. Szpilman eds. *Pan Asianism: A Documentary History*, Vol. 1, 1850~1920. Lanham, M. D.: Rowman & Littlefield.

2장

민족국가의 개조와 아시아

리다자오(李大釗)의 '연방론' 재독

백지운

1. 다시 환기되는 아시아

중국 사상사에서 20세기는 사상의 번영기였다. 자본주의의 지구적 확장이라 할 제국주의의 엄습으로 세계라는 시야가 열렸고, 혁명의 기운이 자본주의의 중심부 유럽에서 아시아를 향해 밀려오고 있었다. 안으로 봉건체제를 극복하고 밖으로 제국주의에 대항하는 이중의 과제 앞에, 새로운 사회 건설을 위한 사상적 탐색이 어느 때보다 절박하고 또 활발했다. 민족주의는 이처럼 역동하는 20세기 사상적 물결의 한 부분이었다. 안팎의 적과 싸우는 데는 물론 자기를 새로운 근대적 주체로 탄생시키는 기획에서, 민족주의는 다른 사상들과 경쟁하거나 공조하면서 자기 역할을 했다. 그런

* 이 글은 『아세아연구』 56-4(2013)에 수록된 글을 일부 수정한 것이다.

데 한 세기가 지난 지금, 20세기에 홍성했던 사상 대부분이 역사의 무대 뒤로 물러난 가운데 오직 민족주의만이 살아남았다. 사회진화론, 인민주의, 무정부주의, 호조(互助)주의, 마르크스주의, 아시아주의 들이 차례로 역사의 뒤안길로 사라지고 심지어 사회주의마저 사상으로서 퇴색한 가운데, 눈앞에 보이는 것은 엄청나게 거대해진 민족주의다.

과거, 제국주의에 대한 약소민족의 저항 이념으로 일정한 정당성을 가졌던 민족주의가 21세기 중국이 초강대국이 된 지금도 여전히 강력하게 작동하는 상황은 역설적이다. 그뿐인가, 강력한 하드 파워의 증강이 가져 온 소프트 파워에 대한 자신감이 중국 학계를 제국(帝國) 논의로 뜨겁게 달구고 있다.[1] '왕도'(王道)에 내포된 제국적 '다원성'을 근대 민족국가 체제를 극복할 탈근대적 자원으로 끌어내려는 왕후이(汪暉)의 시도(汪暉 2011, 61-77)는 익히 알려진 바이며, 그 외에도 '문명국가' 패러다임으로 지난 시대의 '민족국가' 패러다임을 대체해야 한다거나(甘陽 2004, 35-40), '천하'라는 제국 원리로 글로벌 시대의 세계질서를 재편해야 한다는 주장들(Zhao 2006, 29-41)이 제기되고 있다. 이들의 공통점은 근대 민족국가의 틀로는 중국을 제대로 파악할 수 없기 때문에 '제국'이라는 새로운 시야가 필요하다는 것이다. 광활한 영토, 민족 구성의 복잡성, 종교적 신념 체계의 이질성(티베트, 위구르), 그리고 식민의 역사로 인한 사회 체질의 차이(대만, 홍콩, 마카오 등)들을 감안할 때, 중국을 베스트팔렌 체제 이래의 민족국가 시스템으로 볼 수 있느냐는 의문은 분명 타당한 면이 있다. 그러나 제국 담론이 등장하게

1_최근 등장한 제국 담론에 대한 상세한 소개와 분석 및 비판에 대해서는 백영서(2013) 중 에필로그 「중화제국론의 동아시아적 의미: 비판적 중국연구의 모색」 그리고 강진아(2013) 참조.

된 배경이 결국 국제사회에서 높아진 중국의 국가 위상과 무관치 않다는 점, 또 그것이 영토의 공고한 획정에 대한 내적 요구를 기반으로 '중화민족'이라는 단일성을 강조한다는 점에서, 현재의 제국 담론에 은닉한 내셔널리즘의 혐의는 불식되기 어려워 보인다. 제국 담론에 대한 비판이 이 글의 주제는 아니다. 이 글의 관심은 이처럼 제국과 민족국가의 성격이 중첩된 중국에서 민족주의가 드러나는 양상의 복잡성이며, 그것이 근대 국가 체제가 확고해지기 전인 20세기 초 중국 지식인의 '아시아'라는 지역 구상에 어떻게 작용했는가 하는 점이다.

그 동안 중국의 아시아론에서 가장 많이 거론된 것이 쑨원(孫文)의 '왕도' 사상이다. "동방의 문화는 왕도이고 서방의 문화는 패도"라는 '대아시아주의'의 한 구절에서 쑨원은 힘의 논리가 지배하는 서구 문화에 대해 감화와 설복으로 주변 민족을 다스리는 동방의 문화를 본질적으로 구분했다. 이때 '왕도'는 아시아를 아우르는 중화제국의 문화적 원리를 의미한다. 그런데 같은 시기에 쓰인 또 다른 텍스트 『삼민주의』('민족주의' 절)에서 쑨원은 혈통, 언어, 종교, 풍습의 동질성에 기반하여 자연적으로 만들어지는 민족을 (인위적으로 만들어진 국가와 대비하여) '왕도'로 설명했다(孫文 1965, 1:3). 말하자면, 쑨원의 '왕도'는 아시아 문화를 총칭하는 제국의 문화 원리인 동시에 '단일 민족'에 기반한 근대 국가의 원리라는 이중성을 지닌다. 이 같은 이중성은 쑨원의 사상에 잠복한바 민족국가와 제국, 내셔널리즘과 코즈모폴리터니즘, 중국과 아시아의 모순적 공존으로 확장된다(백지운 2012, 12-22).

20세기 초를 풍미한 일본 '아시아주의'에 대한 비판과 회유를 목적으로 했음에도, 쑨원의 아시아론은 현대 중화제국이라는 21세기 새로운 패권의 사상적 원류라는 오명에서 벗어나기 어려워 보인다. 특히 근래 중화주의에 대한 비판의 목소리가 한국 학계에서 커지면서, 중국의 민족주의 혹은 중화주의에 대한 연원과 변천을 역사적으로 고찰한 연구들이 다수 나왔다(배경한 2007; 유용태 2009; 이천석 2010). 그런데 중국 민족주의/중화주의에 대한 비판이 자칫 빠지기 쉬운 함정은 민족주의를 중국 민족성의 본질로 보는 환원주의이다. 즉, 오늘날 중국 중화주의의 기틀이 백 년 전 근대 지식인에 의해 다져졌고 그것은 또 고대로부터 내려오는 중화 관념에 연원한다는 식의 논리는, 내셔널리즘을 역사적 맥락에서 고립시켜 중국의 특수한 기질로 본질화하기 쉽다. 그럴 경우 민족주의, 국가주의, 중화주의 등이 현상하는 서로 다른 시대적 맥락의 차이가 사상됨은 물론, 개별 사상가들의 사유가 펼치는 스펙트럼에 대한 세심한 고찰이 들어설 자리가 줄어든다. 내셔널리즘을 중국의 악으로 몰아가는 것은 중국 내셔널리즘에 접근하는 바람직한 방법이 아니다. 전지구적으로 내셔널리즘은 근대가 풀지 못한 중대한 난제였다. 중국의 내셔널리즘은 중국 내부적 상황과 글로벌한 시야에서 동시에 접근되어야 한다.[2]

쑨원의 '대아시아주의'와 더불어 근대 초 아시아의 지식계를 풍미했던 일본 발 '아시아주의'에 대해 중국 발 아시아론을 발신했던 리다자오(李大釗, 1889~1927)에 대해서는 이상할 만큼 연구가 많지 않다. 국내 몇 안 되는 리다자오 연구 논문 중에서도 그의 아시아론에 주목한 것은 극히 드물다.[3] 이런 상황은 중국에서도 그리 다르지 않다. '중국 최초의 마르크스주의자'

2_이 점에서 20세기 초 중국의 내셔널리즘을 '지구적 근대'(global modernity)의 일부로 볼 것을 주장한 레베카 칼의 연구가 참고할 만하다. 그녀는 중국 내셔널리즘으로부터 국가주의로 환원되지 않는 지구적 운동의 에네르기를 강조한다. 그러나 이러한 주장은 분명 경청할 대목이 있다. 다만, 그녀의 주장은 내셔널리즘이 직면했던 일국주의와 초국주의 사이의 딜레마를 너무 쉽게 해소해 버리는 경향이 있다(Karl 2002, 3-26; Karl 1998, 1097-1114).

3_이혜경(2006)에서 리다자오의 아시아론을 일부 다룬 정도이다.

리다자오에 대해서는 방대한 양의 논문과, 전기, 연보, 사전 등이 쏟아져 나왔지만, 연구의 초점은 그의 마르크스주의의 전파와 수용에 집중되어 있다.[4] 아시아론에 대해서는 설령 다뤘다 하더라도 피상적 수준을 면치 못하거나 심지어 왜곡하는 경우도 있다. 이를테면, 리다자오의 아시아연방 및 세계연방의 주장을 우호적 국제관계의 수립이라는 평범한 수사학의 수준으로 끌어 내리거나 '조화세계'(和諧世界)라는 후진타오(胡錦濤) 시대의 슬로건과 연결시키는 관방식 해석이 있는가 하면(鄒國振 2012, 90), 그의 연방제가 분열 위험에 처한 민족의 단결을 확보하여 민족국가 기틀을 수립하기 위한 것이라는 왜곡마저 보인다(榮寧 2011, 53). 이에 비하면, 리다자오의 '연치주의'(聯治主義)가 다민족국가에서 단일한 국가제도의 필요성을 간과한 산물이라 지적한 과거의 연구(豊英思 1989, 109)가 차라리 리다자오에 대한 정직한 이해에 기반하고 있다.

리다자오의 아시아주의와 세계주의가 제대로 조명 받지 못하는 상황은 동아시아 아시아 인식의 현주소이기도 하다. 그의 아시아 구상은 러시아혁명과 1차 대전이라는 거대한 세계사적 변동 국면 중 무정부주의와 여러 원시적 형태의 사회주의의 혼효 속에 열린 초국적 '세계'의 비전이 1차 대전 전후로 머리를 든 내셔널리즘의 욕망에 잠식당하는, 모순된 시대의 산물이었다. 냉전과 함께 공고화된 일국 체제에서 리다자오의 아시아/세계주의가 제대로 평가되지 못한 것은 당연할 수 있다. 그러나 민족국가 체제에 대한 근원적 의문이 제기되고 새로운 지역 구상으로서의 '아시아'가 다시 환기되는 지금, 국가-지역(아시아)-세계에 대한 리다자오의 구상은 그것이 노출하

4_리다자오의 연구 동향에 대해서는 다음 글들을 참조했다. 米琳(1989); 李果仁 (1992); 彭學濤·龍心剛(1999); 朱志敏·李夢雲(2011).

는 문제점까지도 포함하여 동아시아의 사상적 유산으로서 진지한 검토가 요구된다.[5]

2. 민족주의와 국제주의 – 신성치 못한 제휴?

리다자오 연구의 권위자 모리스 마이스너(Maurice Meisner)는 민족주의를 중국적 사유의 본질로 보는 관점에서 리다자오를 해석했다. 이는 아래의 언급에서 단적으로 드러난다.

> 당시의 고양된 민족주의적 환경을 감안한다 해도, 이처럼 지극히 국제적인 신조의 첫 번째 중국인 지지자가 노골적 민족주의와 심지어 맹목적 애국주의 성향으로 유명한 한 젊은 지식인이었다는 것은 마르크스 강령이 겪은 근대적 운명의 역설적 특징이다(Meisner 1970, 177)

여기서 말하는 "젊은 지식인"은 물론 리다자오지만, 리다자오에 한정되는 것은 아니다. 리다자오보다 더 국제주의적 경향을 띠었던 천두슈(陳獨秀)에게서도 민족주의적 욕망을 찾아내면서 마이스너는 "중국 지식인들이 국제주의 이데올로기를 민족주의적 이유에서 채택했고 민족주의적 목적을 위해 사용했다."고 주장했다. 국제주의와 민족주의 간의 이 같은 "신성치

5_이 글은 근대 중국의 아시아 사유의 계보를 정리하고자 하는 기획의 일환이며, 백지운(2012)의 후속 작업에 속한다.

못한 제휴(unholly alliance)"(Meisner 1970, 177-178)로 인해 중국의 마르크스주의는 유럽 및 러시아의 마르크스주의 전통으로부터 근원적으로 이탈하는 운명을 겪게 되었다는 것이다(Meisner 1970, 127).

마이스너의 논지에 대한 분석에 앞서, 먼저 드는 의문은 마르크스시즘적 국제주의와 민족주의의 모순적 혼합이 과연 중국만의 특수한 현상인가 하는 것이다. 톰 네연(Tom Nairn)은 민족주의가 마르크스주의의 커다란 역사적 실패라고 말했다. 세계사적으로 근대 자본주의적 발전에서 극히 중요하고 중심적 특징인 민족주의의 전체적인 상을 내다볼 능력이 마르크스주의에게 없었다는 것이다(Nairn 1981, 329-331). 민족주의를 의지 혹은 의식의 차원에서 보았던 마이스너와 달리(Meisner 1970, 141),[6] 네연은 민족주의를 근대 세계 경제의 '불균등 발전'이라는 물질적 사실에서 보아야 한다고 생각했다. 이 차이는 매우 중요하다. 왜냐하면 민족주의를 의지나 의식의 소산으로 본 마이스너가 계급투쟁의 물적 기반을 갖추지 못한 주변부 국가에서 마르크스주의가 민족주의라는 주관적 의지에 의해 왜곡된다는 결론으로 귀결될 수밖에 없었던 반면, 민족주의가 근대 세계 경제의 '불균등 발전'이라는 엄연한 물질적 사실의 소산이라는 전제 아래 네연은 민족주의가 주변부뿐 아니라 중심부를 포함한 세계 전반의 문제(Nairn 1981, 343-345)라는 인식에 이를 수 있었기 때문이다. 물론 네연도 1차 대전 후 사회주의가 선진국보다 후진국의 민족주의와 더 효과적으로 융합된 점을 인정했다. 하지만 그것은 마르크스주의의 왜곡이 아니라 마르크스주의의 자체의 "불가피

6_마이스너는 리다자오가 계급투쟁이라는 마르크스의 유물론적 이론을 사회경제적 기반으로부터 분리시켜 의식의 요소에 집중시켰으며, 그래서 그의 마르크스주의에 민족주의적 어조가 강하게 침투하게 되었다고 주장한다.

한 실패"였다(Nairn 1981, 355).

민족주의를 둘러싼 레닌과 룩셈부르크의 논쟁은 바로 톰 네언이 말한 마르크스주의의 실패에서 출발했다. '민족자결'이라는 약소민족의 내셔널리즘을 근원적으로 부정했던 룩셈부르크에 반대하여 약소국 내셔널리즘의 건설적 측면을 인정했던 레닌은 1차 대전 발발 후 내셔널리즘의 이론을 한층 정교화해 나갔고 결과적으로 1920년대 중반 스탈린의 '일국 사회주의론'의 기초를 닦았다(Davis 1978, 54-83; 권달천 1988, 139-156). 그 과정에서 사회주의 국제주의를 표방한 제2 인터내셔널이 붕괴한 것은 주지의 사실이다. 이러한 상황을 일별하건대, 마르크스주의적 국제주의가 유독 중국에서만 민족주의로 왜곡되었다는 마이스너의 주장은 마르크스주의가 근대에 겪은 운명에 대한 세계사적 통찰을 결한 것이며, 내셔널리즘을 중국의 특유한 기질로 본질화하는 주관화의 오류를 노정한다.

그렇다면 마이스너는 리다자오의 아시아론을 어떻게 평가하는가. 리다자오의 국제주의가 민족주의적으로 왜곡되었다는 비판은 당연히 그의 아시아론에도 겨누어진다. 1919년에 발표한 「연치주의와 세계조직」이라는 글에서 리다자오는 유럽과 아메리카, 아시아 세 대륙이 각각 연방을 조직한 다음 그를 기반으로 세계연방을 만들어 장래에 인종·국가의 경계를 완전히 타파한 세계대동을 이룩하자는 주장을 한 바 있다.[7] 이에 대해 마이스너는 '아시아연방'의 제안이 트로츠키가 『대전과 인터내셔널(The War and the International)』(1915)에서 제기한 "세계합중국의 기초로서의 유럽공화합중국(a Republican United States of Europe)"에 대한 대항 의식에서 나온

7_李大釗, 「聯治主義與世界組織」(1919.2.1) 『李大釗全集』 第3卷(河北教育出版社, 1999), 154쪽. 이하 제목(연도), 권: 쪽수만 각주로 표시, 중복해서 나올 때는 본문 주로 표시한다.

것으로, 결국 세계혁명에서 아시아의 평등권을 요구한 것 외에 다름 아니라고 일축한다. 그리고 리다자오의 '신아시아주의' 또한 국제사회주의에서 산업적으로 앞서 있는 서구와 아시아의 역할을 동등하게 규정하려 한다는 점에서 민족주의적이며, 그래서 그의 신아시아론은 정통 마르크스주의 이론이나 마르크스-레닌주의적 해석에 비추어 결코 정당화될 수 없다고 비판한다(Meisner 1970, 186-188). 리다자오가 트로츠키의 영향을 받은 것은 사실이지만, 그의 아시아연방론이 '유럽공화합중국'과의 경쟁의식의 소산이라는 말이나 그렇기 때문에 민족주의적이라는 주장은 억지스럽다. 「연치주의와 세계조직」을 쓰던 1919년 2월 리다자오는 세계정세에 대해 다소 과한 낙관주의를 갖고 있었다. 세계대전의 종결 원인을 연합국의 승리가 아닌, 독일 군국주의에 대한 독일 사회주의의 승리, 민주주의와 볼셰비즘의 승리라며 환호했던[8] 그는 스위스, 캐나다, 미국 등에서의 연방제 채택 추이와 헤이그 평화회의, 국제연맹 같은 국제기구의 형성에 상당한 기대를 걸고 있었다. 즉 그는 당시 세계의 추세가 국가나 민족의 틀을 넘어 연방을 결성하는 대동주의로 나아가고 있다는 믿음으로부터,[9] 중국도 이 같은 대조류에 동참해야 한다고 호소했던 것이다. 말하자면, 1919년 초 파리강화회의의 실체가 아직 드러나지 않은 시점에서 제출된 리다자오의 아시아연방론은 세계주의에 대한 지나친 낙관주의가 문제가 될지언정 민족주의적이라 비판할 부분은 발견하기 어렵다. 게다가 "세계혁명에서 산업적으로 앞서 있는 서구와 아시아의 동등권을 요구"했기 때문에 정통 마르크스주의

8_李大釗, 「Bloshevism的勝利」(1918.10.15) 3: 105-106

9_李大釗, 「聯治主義與世界組織」(1919.2.1) 3: 149-150; 「大亞細亞主義與新亞細亞主義」(1919.2.1) 3: 146-148

및 마르크스-레닌주의로부터 일탈한 민족주의라는 비판이 과연 성립할 수 있는가. 뒤집어보면 마이스너의 이 말은 계급혁명에서 산업이 발달한 선진국과 그렇지 못한 후진국 사이에는 평등이 성립할 수 없다는 의미가 되는데, 이는 20세기 사회주의 혁명이 대부분 후진국에서 성공한 현실과 부합하지도 않을 뿐더러 그야말로 서구 중심적인 발상 아닌가.

결정적으로 마이스너가 리다자오의 국제주의로부터 민족주의의 혐의를 찾은 근거는 '프롤레타리아 민족'(proletarian nation)이라는 개념이었다. 마이스너는 이 개념이 1920년 1월에 쓴 「중국 근대 사상 변동의 원인에 대한 경제적 해석」에서 처음 제기되었고 1924년 베이징대학 강연 「인종문제」에서 '프롤레타리아 인종' 개념이 덧입혀짐으로써 한층 국수주의적으로 강화되었다고 주장한다(Meisner 1970, 188-194). 우선 「중국 근대 사상 변동의 원인에 대한 경제적 해석」 중 마이스너가 근거로 제시하는 부분을 찾아 인용해 본다.

> 그 결과, 중국의 농업 경제가 국외의 공업 경제의 압박을 당해 내지 못하고 중국의 가내 산업이 국외의 공장 산업의 압박을 당해 내지 못하며, 중국의 수공 산업이 국외의 기계 산업의 압박을 당해 내지 못한다. 국내의 산업이 압도당하는 만큼 수입은 수출을 초과하고 전국의 인민은 점점 세계의 무산계급이 되어 일체의 생활에서 곤궁하고 불안한 현상이 나타날 것이다. … 우리는 중국이 현재 세계 경제에서 실로 세계 무산계급의 위치에 있음을 알 수 있다.[10]

사실 리다자오는 이 글 어디에서도 '프롤레타리아 민족'이라는 말은 쓰

10_李大釗, 「由經濟上解釋中國近代思想變動的原因」(1920.1.1) 3: 437, 441; Maurice Meisner(1970, 144).

지 않았다. 문제가 되는 부분은 중국(인민)이 세계의 무산계급이 되어 가고 있다는 구절인데, 인용한 부분만 본다면 마이스너의 주장이 그럴듯하게 보이는 것이 사실이다. 그러나 대륙학자 황더린(黃德林)이 강하게 반박했듯, 이 글은 물론이고 동일 시기 리다자오의 다른 글을 보건대 그가 '프롤레타리아 민족'을 하나의 '이론'(theory)으로 구축했다는 마이스너의 주장은 과장이다. 중국 인민이 세계 자본주의의 압박으로 인해 선진국 인민보다 배의 고통을 겪고 있다고 말했을 때, 그때의 인민은 중국의 노동자 및 피압박 계급을 뜻하는 것이지 마이스너의 주장처럼 "외부의 적 앞에 내부의 계급 차이가 해소"(Meisner 1970, 188)된 중국 민족 전체를 뜻하는 것이라 보기 어렵다(黃德林 1992, 90-91). 무엇보다 「중국 근대 사상 변동의 원인에 대한 경제적 해석」이라는 글 전체의 맥락을 살펴보면 마이스너의 주장은 확실히 설득력이 떨어진다. 이 글은 세계 경제가 일국의 경계를 초월하여 하나로 연결되는 거대한 변동 국면에 직면하여 중국에 근본적인 사상 개혁이 필요하다는 내용을 골자로 삼고 있다. 중국 경제가 세계 자본주의의 공격을 받고 있는 지금, 과거 안정된 일국 농업 체제를 기반으로 군림해 온 공자 윤리가 뿌리째 동요하기 시작했으며, 이에 중국은 대가족주의와 공교(孔教) 윤리를 타파하고 연치주의와 자치주의로 구성된 민주 정신을 받아들이는 사상 변혁을 해야 한다는 것이다(「由經濟上解釋中國近代思想變動的原因」 3:435-441). 민족주의의 혐의는커녕 오히려 세계적 시야에서 중국의 국수주의를 비판하고 사상 해방을 주장하고 있다.

한편, 마이스너가 리다자오의 민족주의에 인종주의가 가세하면서 반서양적 배외주의가 노골화되었다고 비판한 1924년의 강연문 「인종문제」엔 확실히 문제적인 부분이 있다. 사실 이 글은 조프레(Théodore Jouffroy), 웨일(Putnam Weale, 본명은 Bertram Lenox Simpson), 고비노(Arthur de Gobineau), 꾸쟁(Victor Cousin) 등 서구 학자들의 인종론의 소개를 위주로 한다. 문제가 되는 부분은 중간에 삽입한 문구들이다. 이를테면, "인종은 이제 세계에서 계급의 문제가 되었다."거나 "백인과 유색 인종 간의 계급투쟁은 인종 투쟁과 병행할 것이다.", 심지어 러시아혁명 역시 "지배계급인 백인에 대한 유색 인종의 저항"이었다는 표현들이다.[11] 바로 이 대목을 겨냥하여 마이스너는 리다자오의 '프롤레타리아 국가' 이론에 '프롤레타리아 인종' 개념이 내포되어 있으며, 그의 본연의 국수주의가 본격적으로 드러났다고 질타했던 것이다(Meisner 1970, 192).

그런데 「인종문제」를 세심히 읽어보면, 사실 어디까지가 위에 언급한 서구 학자들의 인종 논의이고 어느 부분이 리다자오 자신의 견해인지 구분이 잘 가지 않는다. 또한 본문에서 한참 서구 학자들의 인종 논의를 요약하다가 결말에 와서 갑자기 쑨원의 삼민주의로 정리하는데, 앞뒤가 잘 들어맞지 않는다. 결말 부분을 살펴보자.

> 우리 혁명의 선봉 쑨중산 선생이 삼민주의를 제창한 (민생주의를 목적으로 하고 민족주의는 그 목적에 달하는 수단이라는 것이 삼민주의의 골간이다. 민권주의는 민생주의를 운용하는 방법이다.) 이래, 민족주의에 대한 중국 국민혁명의 운동에서의 해석은 약간 변경되었다. 아직 혁명을 하기 전(辛亥 이전), 이른바 민족주의란 한만(漢滿) 민족에 관련한 것에 불과했다. 그러나 혁명 이후(辛亥), 민족주의란 중국의 한, 만, 몽(蒙), 회(回), 장(藏) 오족(五族)을 일가(一家)로 합함을 뜻하며, 다소간 한족을 중심으로 한다는 데 불과하다. 작년 국민당 전국대표대회가 광저우에서 열렸을 때, 민족주의에 대해 또 다른 새로운 해석이 있었다. 이 해석은

11_李大釗, 「人種問題」(1924.5.13) 4: 350-351.

대외와 대내로 나뉜다. 현재 중국의 민족은 독립을 위해 어떤 다른 민족과 침략의 억압에도 저항한다. 이것이 대외이다. 동시에, 국내에서는 경제생활이 다른 민족들이 해방, 자결, 독립하려 한다. 이것이 대내이다. 국민당의 민족주의는 이러한 새로운 해석을 겪었으니, 그 의미도 더 새롭고 명료해질 것이다(「人種問題」 4:353).

리다자오가 강조하는 것은 '국민혁명' 과정에서 민족주의 해석이 변화하는 계기이다. 신해혁명 전의 한족과 만주족 간의 '인종문제'였던 민족주의가 혁명 후에 '오족 공화'로 바뀌었지만 내부에 여전히 "대내"적 문제들이 도사리고 있음을 명시하면서, 그는 '국민혁명'에서 민족주의가 새로운 해석을 필요로 함을 시사하고 있다. 쑨원의 "오족 공화"의 의미를 인정해 주면서도 "다소간 한족을 중심으로 한다."는 문제점을 은근히 짚고 있는 점, 나아가 변경의 소수민족들이 "자결", "해방", "독립"을 주장하는 내부 민족 갈등을 언급하고 있는 점이 눈에 띈다. 말하자면 리다자오는 한편으로는 쑨원의 오족 공화가 혁명 전 인종 대립의 수준을 넘어 섰다며 힘을 실어 주면서도, 다른 한편으로는 한족과 변경 민족 간의 갈등을 정시함으로써 '오족 공화'를 돌파할 필요성을 주장하고 있는 것이다.

이 같은 행간의 의미를 파악하기 위해서는 1924년이라는 시대적 배경을 살펴볼 필요가 있다. 세계사적 차원에서 1924년은 혁명이 퇴조기로 접어들던 때였다. 1차 대전을 계기로 사회주의가 애국주의화되면서 소련에서 '세계혁명론(영구혁명론)'이 철회되고 스탈린의 '일국 사회주의론'이 확립되었다. 1919년 3월에 창설된 제3 인터내셔널(코민테른)은 이 시기에 이르면 세계혁명기구라기보다 소련의 대외정책을 뒷받침하는 국가기구로 전락했다(권달천, 1988, 6-7; 김영준 1987, 97). 1923년 1월에 쓴 「평민주의」에서 제3 인터내셔널을 여전히 국제주의 운동으로 신뢰하고 있는 것[12]을 보건대, 리다자오가 이 같은 세계혁명의 변화된 흐름을 어느 정도 인식했는지는 의문이다. 세계혁명에서 일국혁명으로, 계급운동에서 민족운동으로 소비에트 혁명 이론의 중심이 옮겨 가는 정세 속에서 어떤 모순을 발견하기보다 오히려 그것을 민족주의와 세계혁명의 일체화라는 흐름으로 받아들인 것은 아닌가 생각된다. 그런 혐의는 리다자오가 쑨원의 국민혁명을 마르크스주의, 레닌주의, 세계혁명과 동일한 궤도로 보는 데서도 드러난다.[13] 적어도 민족주의에 기반한 쑨원의 '국민혁명'을 세계혁명의 거스를 수 없는 대세로 파악했을 가능성이 크다.

리다자오가 제1차 국공합작을 성사시키는 데 적극적이었던 이유도 이와 무관하지 않을 것이다. 주지하다시피 1차 국공합작은 코민테른에 의해 주도되었다. 독일에 혁명을 일으키려던 시도가 실패로 돌아가자 레닌은 중국혁명으로 눈을 돌렸다(김영준 1987, 100). 1921년 레닌은 네덜란드 출신 혁명가 마링(Henk Sneevliet, 별명 Maring)을 코민테른 대표로 중국에 파견하여 중국공산당의 결성을 도왔다. 1921년 7월 중공 1차 당대회는 마링을 비롯한 13인의 조직 대표만이 참석한 조촐한 회의였다. 공산당의 미약한 역량에 고심했던 마링은 국민당과의 통일전선을 위해 쑨원과 공산당원 양측을 설득했다. 1922년 9월 다시 중국에 온 마링은 공산당원들에게 중공 당원의 신분으로 국민당에 가입할 것을 지시했다. 이에 공산당 내 반대파를 설득하며 통일전선 수립에 가장 애쓴 사람이 바로 리다자오였다. 그는 국민당에 가입한 최초의 공산당원이었다(龔書鐸·黃興濤 1991, 54-56; 『北京瞞

12_李大釗, 「平民主義」(1923.1) 4: 163.

13_李大釗, 「中山主義的國民革命與世界革命」(1926.11) 4: 282.

報』 2011). 당시 공산당의 미약한 조직 여건에서, 리다자오는 중국을 개조할 실질적 중심 세력은 국민당일 수밖에 없다고 생각했던 것이다.[14] 한편 국공합작을 통해 국민당 내 우파를 견제하려던 쑨원은 리다자오를 적극 지지했고 리다자오 또한 쑨원의 신뢰를 기반으로 국민당 좌파의 국민혁명 노선에 지원을 아끼지 않았다.[15]

이런 맥락에서 보건대 「인종문제」를 비롯한 1924년 전후 시기 리다자오의 글을 읽을 때 국민당과의 통일전선을 의식한 전략적 의도를 세심히 읽어 줄 필요가 있다. 이런 가능성에 대해 마이스너는 국민당과의 협력은 오로지 리다자오의 민족주의적 분한과 국수주의적 경향을 정당화하는 핑계에 불과했으며 국공합작이라는 정치적 틀 속에서 국제주의는 분해되고 극렬한 민족주의가 전면화되었다고 일축했다(Meisner 1970, 189). 하지만 국민혁명의 의미를 계급혁명 및 세계혁명과 연결시키려고 한 리다자오의 노력(黃德林 1992, 88-89)은 그가 기질적으로 민족주의자였다는 것과는 다른 차원에서 사상적 곤경을 드러낸다. 당시 세계혁명의 기조가 일국주의로 바뀌는 국제적 정세와 국공합작이 요구되는 국내 정세 속에서 민족주의는 거스르기 힘든 흐름이었다. 리다자오의 사상적 곤경은 민족주의에 기반한 국민혁명을 세계혁명의 일환으로 위치 짓는 과정에서 발생했다.

리다자오가 '프롤레타리아 민족'이나 '프롤레타리아 인종' 개념을 주조한 극렬한 민족주의였다는 마이스너의 주장은 동의하기 어렵지만, 리다자오의 국제주의에 기복하는 민족주의의 흔적을 중대한 모순으로 인식한 것

14_李大釗, 「實際改造的中心勢力」(1923.5.17) 4: 233

15_1924년 1월 국민당 제1차 전국대표대회(광저우)에 리다자오는 주석단 5인 중 하나였다(龔書鐸·黃興濤 1991, 56).

은 마이스너의 탁견이다. 그러나 그 모순이 중국인에게 본질적으로 내재하는 민족주의적 경향에 기인한다고 말할 때 마이스너는 자신이 리다자오에게 가한 비난으로부터 자유로울 수 없다. 민족주의의 원인을 리다자오 개인 혹은 중국인의 기질로 환원시키는 것이야말로 '의지적'이고 '주관적'이며 심지어 인종주의를 내포할 수도 있는 서구 중심주의이기 때문이다. 네언의 말처럼 민족주의는 인류 사회가 근대라는 관문을 통과하는 과정에서 필연적으로 거쳐야 했던 난관이다(Nairn 1981. 348-349). 리다자오의 곤경은 세계혁명의 역사적·철학적 맥락 속에서 읽어야 한다. 어떤 면에서 리다자오를 비롯한 중국의 공산주의자들이 마르크스주의를 (민족주의가 아닌) 무정부주의를 통해 받아들였다는 아리프 덜릭의 주장(Dirlik 1989, 23-54)은 마이스너와 정 반대되지만 공존하는 것이기도 하다.

3. 자기 개조의 원리로서의 연방

1) '대아시아주의'에서 '데모크라시'로

근대 중국 지식인의 뿌리 깊은 민족주의적 성향이 마르크스주의의 국제주의를 민족주의로 오염시켰다는 마이스너의 주장은 리다자오의 초기 아시아 언술만 보면 아주 틀린 말은 아니다.

그러나 우리는 만약 중국이 없다면 아시아가 없으며 중국인이 자립하지 못하면

아시아가 세계에 존립할 수 없음을 끝내 인정해야 한다. 즉, 요행히 일국을 유지하여 용맹하게 아시아의 주인공이 된다 하더라도 결국은 구미 열강의 화살받이가 될 것이며 멸망의 화를 불러들일 것이다. 진실로 우리 중국이 아시아 대륙에서 그 판도가 이처럼 광활하고 종족 집단이 이처럼 번성하니 그 세력은 전 아시아 세력을 대표할 만하고 그 문명은 전 아시아 문명을 대표할 만하다. 이는 내가 자찬하는 것이 아니라 실로 온 세상이 공인하는 바이다. 그러므로 대아시아주의를 말하는 자는 마땅히 중화국가의 재조(再造)와 중화민족의 부활을 절대 관건으로 삼아야 한다.[16]

인용문은 일본 '대아시아주의'에 대한 반박이자 비판을 위해 쓰인 글의 일부이다. 중화민족의 자립을 보장하지 않는 '대아시아주의'란 어불성설임을 피력하고 있는 위 글에는, 중국이 아시아의 구심이라는 민족주의적 주장이 두드러진다. 이런 경향은 리다자오의 초기 아시아 언설에 종종 등장한다. 이보다 두 달 앞선 「신중화민족주의」에서도 "우리 중화의 크기는 거의 아시아의 전 대륙을 포괄하고 특히 우리 중화와 혈연이 없는 곳이 없으며 그 문명에 있어 우리 중화를 비조로 하지 않음이 없다."[17]라 말하고 있다.

분명 1917년의 시점에서 '민족'은 리다자오가 세계를 이해하는 중심 코드였다. 그가 볼 때 "오늘날 세계의 문제는 국가의 문제일 뿐 아니라 민족의 문제"(「新中華民族主義」 2:493)였다. 일본의 대아시아주의는 대게르만주의·대슬라브주의·대앵글로색슨주의 같은 전 세계적 민족운동의 조류의 일부로서 파악되고 있었다. 이 '세계적 민족운동'의 흐름 중 오직 일본의 '대아시아주의'에 대해서만 비판하고 있는 점이 특이하다. 그리고 그 비판을

16_李大釗, 「大亞細亞主義」(1917.4.18) 2: 663
17_李大釗, 「新中華民族主義」(1917.2.17) 2: 494

뒷받침하는 논리에 중화주의가 자리한다. 그 점에서 리다자오의 「대아시아주의」는 일본 '대아시아주의'에 대한 근원적 비판에 도달하지 못한다. 이를테면 "신중화주의가 동아시아에 발양된 후에야 대아시아주의가 세계에 빛을 발할 것이다."(「新中華民族主義」 2:494)라거나 "대아시아주의를 말하는 자는 마땅히 중화국가의 재건과 중화민족의 부활을 절대 관건으로 삼아야 한다."는 말은 '대아시아주의'의 존재 방식을 비판할 뿐 그 존립 근거를 부정하지 않는다.

그런데 「대아시아주의」에 한 가지 눈여겨볼 대목이 있다.

> 우리 국민에게 과연 대아시아주의라는 이상에 대한 각오가 있다면 마땅히 먼저 우리가 아시아에서의 책임과 지위가 있음을 깨닫고, 아시아를 우리 중국의 아시아로 여겨 신문명을 창조하고 신국가를 새로 건설하여 세계 위에 존립한 다음 서양의 문명 민족과 마주 서야 한다. … 우리가 오직 구하는 바 우리 민족의 국가가 타인의 침략과 압제를 받지 않는다면 바람도 족하고 책임도 다한 것이다. 더 나아가 그 넓은 정신에서 출발하여 아시아 제 형제국을 감화시켜 모두 독립 자치의 영역으로 나아가게 하고 타인의 학대를 면하게 하고 타인의 속박을 면하게 하는 것이다. 진실로 대아시아주의의 의미는 여기서 멈춰야 한다. 우리는 또 이 목적을 향해 매진하는 노력이 세계의 인도(人道)를 훼손하지 않고 아시아 대 국면에 유익하기를 바란다(「大亞細亞主義」 2:663-664).

최소한 리다자오의 '대아시아주의'는 중국 안으로 닫혀 있지 않다. 중국은 아시아를 향해 열려 있다. 아시아에 대한 중국의 중심적 위치에 대한 강조는 다시 아시아에 대한 책임과 지위에 대한 인식을 요청하는 것으로 되돌아온다. 더 중요한 것은 리다자오가 '대아시아주의'를 절대화하지 않고 역사적 '과도물'로 보고 있다는 것이다. 아시아 각국이 독립을 얻으면 "대아시아주의의 의미는 멈춰야 한다." 같은 글 말미에서 리다자오는 유럽과 미국이 유색 인종을 동등하게 대할 때 미래의 세계혁명과 황백 전쟁을 피할 수 있으며 "대아시아주의도 전부 역사의 지나간 환상이 될" 것이라고 말한다. 여기서 미묘하게나마 민족주의에 대한 리다자오의 곤혹이 감지된다. 궁극적으로 민족/민족주의는 지구상에서 없어져야 할 것이지만, 전 세계적으로 민족주의가 강화되는 조류 속에서 다른 거대한 민족주의로부터 자기를 보존하기 위해 전적으로 부정할 수 없는 것이다. 그러나 약소민족의 해방이 "세계혁명"과 "황백 전쟁"의 화를 피하는 "세계적 인도주의"와 통하는 시점에서 '대아시아주의'가 자기 소멸을 예고하고 있다는 점만큼은 짚어 둘 필요가 있다.

그런데 1918년 이후의 아시아 언설에 이르면 눈에 띄는 변화가 보인다. 그 중요한 매개가 러시아혁명이다. 1918년 7월 1일에 쓴 두 편의 글—「동서 문명의 근본적 차이」와 「프랑스혁명과 러시아혁명의 비교관」—은 러시아혁명과 코즈모폴리터니즘에 대한 낭만적 기대로 가득하다. 「동서 문명의 근본적 차이」에서 리다자오는 키플링(Rudyard Kipling)의 시 「동양과 서양의 발라드」(The Ballad of East and West, 1889)를 인용하면서, 러시아를 동양과 서양을 만나게 해줄 제3의 문명으로 예찬한다.

> 그러나 두 명의 위대한 사람이 비록 지구 양끝에서 왔다 해도 서로 마주보고 서면 동서의 경계는 사라지고 종족·혈통의 구분도 사라진다. 우리 청년이여, 각자 "두 명의 위대한 사람"이 되어 종족 근성의 편견을 힘껏 제거하고 과학적 정신으로 진리를 탐구하고 역동적인 기술과 산업에 종사하라.[18]

18_李大釗, 「東西文明根本之差異」(1918.7.1) 3: 46-47.

앞서 리다자오가 '대아시아주의'를 근본적으로 부정하지 못한 이유가 언제 엄습할지 모를 황백의 대결 때문이었다면, 이제 그 우려는 러시아혁명에 의해 불식된다. 러시아혁명은 동과 서, 양쪽의 종족과 혈통의 경계를 무너뜨릴, 인류 문명의 새로운 서광이기 때문이다. 이러한 관점은 「프랑스혁명과 러시아혁명의 비교관」에서 더 명확하게 나타난다. 이 글에 따르면 프랑스혁명과 러시아혁명의 차이는 '애국'과 '애인'(愛人)의 차이이자 '국가주의'와 '세계주의'의 차이, 나아가 '전쟁'과 '평화', '19세기'와 '20세기'의 차이이다.[19] 이러한 차이가 왜 생기는지에 대해 리다자오는 깊이 분석하진 않는다. 러시아가 "유럽과 아시아가 만나는 곳에 있"기 때문에 "동서 문명을 겸한 특징을 창조할 수 있다."는 모호한 논리 속에서 러시아혁명은 국경과 종족의 차이를 넘는 동과 서의 조우라는 추상적인 코즈모폴리터니즘 차원에서 이해되고 있다. 중요한 것은 바로 이 대목에서 세계를 읽는 코드가 민족에서 세계주의로 이행한다는 사실이다. 러시아혁명은 리다자오에게 "오늘의 세계의 문제는 국가의 문제일 뿐 아니라 민족의 문제"라는 1년 전의 인식에서 벗어나, 이제까지 유보적으로 견지해 온 '민족'을 넘어설 계기를 제공해 준 것이다.

이로부터 바로 두 주 뒤에 발표한 「대..주의의 실패와 데모크라시의 승리」와 다시 석 달 뒤에 나온 「볼셰비즘의 승리」에 이르면 '민족'은 물러나고 '데모크라시'가 전면에 등장한다. 먼저 1차 대전에 대한 분석부터 달라졌다. 「신중화민족주의」에서 1차 대전의 주요 원인을 민족 갈등에서 찾았던 리다자오는 「대..주의의 실패와 데모크라시의 승리」에서는 "1914년 세

19_李大釗, 「法俄革命之比較觀」(1918.7.1) 3: 56.

계 전화의 발발"이 "대..주의와 데모크라시의 충돌"이라는 세계 양대 정신의 충돌에서 비롯한다고 명시한다.[20] 그에 따르면 '대..주의'와 '데모크라시'의 차이는 힘의 균형에 관한 것이다. 자기의 영역을 키워 타인의 영역을 범하려는 '대..주의'가 "힘의 독점"이라면 '데모크라시'는 "힘의 병립"이다. 전자가 "전제"(專制)라면, 후자는 "민주", "민치", "평권주의"이다. 물론 여기서 '데모크라시'는 '대..주의'에 의한 대항 개념으로 소극적으로 정의되고 있지만, 1년 전까지 유보적으로나마 견지되었던 '대아시아주의'가 '데모크라시'에 반(反)하는 '대..주의'로 완전히 부정되는 점은 분명 주목을 요한다.

그런데 「볼셰비즘의 승리」에 이르면 "데모크라시"는 '볼셰비즘', '세계주의'라는 적극적 내용을 획득한다. 1차 대전 종결의 진짜 원인이 "인도주의의 승리이자 평화 사상의 승리, 정의의 승리이자 자유의 승리, 민주주의의 승리, 사회주의의 승리, 볼셰비즘의 승리, 붉은 깃발의 승리, 세계 노동계급의 승리, 20세기 신사조의 승리"(「Bolshevism的勝利」 3:105)라고 말하는 것으로 보아 리다자오가 볼셰비즘에 대해 명료한 계급적 인식을 갖고 있었는지는 확실치 않다. "이번 전쟁의 참 원인은 본래 국가의 경계를 타파하기 위해 일어난 것"이라거나 "유럽연방민주국을 만들어 세계연방의 기초"를 세우는 것이 볼셰비키의 사상이라는(「Bolshevism的勝利」 3:106-107) 대목에서 보건대, '데모크라시'와 '볼셰비즘'은 농후한 세계주의적 열정 속에서 수용되고 있음을 알 수 있다.

그렇다면 리다자오의 세계주의는 어디에서 온 것일까. 마이스너가 "천년지복주의적 경향"(chiliastic proclivities)이라고 간단히 처리해 버린 데 대

20_李大釗, 「Pan...ism之失敗與Democracy之勝利」(1918.7.15) 3: 87.

해, 덜릭은 마이스너의 이 같은 해석이 혁명에 대한 리다자오의 잠재된 지적 자원을 간과한다고 비판했다. 덜릭에 따르면 일본 유학 시절(1913~1916)부터 리다자오는 이미 가와카미 하지메(河上肇)로부터 혁명 사상을 접했고, 톨스토이나 크로포트킨 그리고 중국사회당의 장캉후(江亢虎) 등으로부터 아나키즘과 초보적 사회주의 사상을 흡수했다. 또한 초기 리다자오의 글에서 아나키스트 류스페이(劉師培)나 당대의 아나키스트 잡지 『노동(勞動)』의 영향도 배제할 수 없다(Dirlik 1989, 25-27). 그 외에도, 리다자오가 와세다에서 '천황기관설'의 창시자이자 자유민권법학의 대표 오노 아즈사(小野梓), 사회민주당의 창설 멤버이자 종교적 사회주의자였던 아베 이소오(安部磯雄) 들의 학풍을 접했을 가능성(森正夫 1987, 74-76), 그리고 그보다 앞선 시기에 이미 천황 암살 미수 혐의로 처형된 고토쿠 슈스이(幸德秋水)를 알았을 가능성[21] 등이 여러 학자들에 의해 제기된 바 있다. 이러한 연구들은 리다자오가 인도주의·사회주의·무정부주의 들을 기반으로 하여 러시아혁명을 코즈모폴리턴적 혁명 사상으로 받아들였으리라는 추정을 가능케 한다. 이 과정에서 이제껏 당위로 남아 있던 대아시아주의는 세계주의를 흠뻑 머금은 '데모크라시' 뒤로 밀려난다.

21_劉民山에 따르면, 리다자오가 주도한 북양정법회(北洋政法學會) 편집부 집필로 알려진 「'支那分割之運命'駁議」에서 고토쿠 슈스이를 "루소, 석가와 함께 인류 최대의 구세주"라 적고 있다. 그는 이 구절을 리다자오가 직접 썼거나 최소한 그의 손을 거쳐 나왔을 것이라고 주장한다(劉民山 1995, 253-261; 李大釗, 「'支那分割之運命'駁議」(1912.12) 1: 535).

2) '연치'와 '신아시아'

1919년 이후 리다자오의 '데모크라시'는 '연치'(聯治)와 '연방' 개념에 의해 정교화된다. 1917년 초 리다자오에게 세계를 읽는 키워드가 민족주의였다면 러시아혁명 직후인 1918년부터는 코즈모폴리턴적 색채가 짙은 '데모크라시'로 대체되었고 그것이 1919년 이후 '연방'과 결합하면서 독자적인 개념 틀을 구축하게 된 것이다.[22]

'연방' 혹은 '연치' 개념이 처음 체계적으로 제출된 글은 「연치주의와 세계조직」(1919.2.1.)이다. 이 글의 서두는 "수년 이래 우리나라 사람이 제일 두려워하는 것 두 가지가 민주주의와 연치주의다."라는 말로 시작된다. 우선 '데모크라시'가 '민주주의'로 번역되는 것과 더불어 '연치주의'와 '민주주의'가 상호불가분의 관계로 연결되는 지점에 주목하자. 이 글에 따르면 '연치'의 근본정신은 '개성의 해방'이다. '개성의 해방'은 개인뿐 아니라 지방, 민족, 국가에도 해당한다. 각 개인은 물론, 지방, 민족, 국가에는 "타인의 침략을 용인치 않는" "개성"이 존재하는데 그 개성을 존중하는 것이 바로 '연치'이다. 물론 '연치'가 '개성'만을 강조하는 것은 아니다. 개인, 지방, 민족, 국가에는 개성뿐 아니라 '공성'(共性)도 존재한다. '연치주의'는 이 "공성

22_리다자오의 '연방론'의 구상은 1910년대에 시작하여 1920년대에 고조에 올랐던 '연성자치(聯省自治)론'과 무관하지 않아 보인다. 당시 중국의 연방론자들은 윌슨의 민족자결을 중앙에 대한 지방의 자결로 확대 해석하여 연방정부로의 이행을 세계적 추세로 보고 있었다. '연성자치'는 현실에서는 실패했지만 당시 정치인, 군벌, 지식인 각계에서 상당한 호응을 얻었으며 그에 대한 논쟁 또한 뜨거웠다(윤세철 1978, 96-97; 김세호 2010, 136). 그러나 본문에서 후술하겠지만 리다자오의 연방론은 일반적 의미에서의 지방자치의 차원을 넘어 소수민족의 자결권이라는 민감한 문제를 건드리고 있다는 점에서 당시의 연성자치론보다 더 급진적이다.

을 완성하여 평등한 조직을 결성함으로써 호조(互助)라는 목적"에 도달하게 한다. 이 점에서 '연치주의'는 (사람들이 걱정하는 것처럼) 분열을 야기하는 것이 아니라 "대동단결이라는 큰 길을 향"하는 사상이다.[23] 즉, '연치'는 '개성 해방'과 '대동단결'이라는 모순적으로 보이는 양자를 하나로 매개하는 개념이다.

'연치'에 대한 사유가 구축되는 배경에는 1차 대전 이후 세계정세에 대한 관찰을 빼놓을 수 없다. 윌슨의 24개조나 일본의 산둥성 점령에 대한 파리강화회의의 구체적인 내용이 아직 중국에 알려지지 않은 상황에서, 리다자오는 파리강화회의나 헤이그 중재재판, 그리고 국제연맹 같은 국제기구에 대해 "세계연방의 초보적 조직"이라는 장밋빛 환상에 젖어 있었다. 또한 대전 종결 후 유럽과 미 대륙에서 추진된 연방제 역시 리다자오의 연방제 구상에 큰 영향을 미쳤다. 오스트리아, 헝가리 연방을 비롯하여 독일, 뉴질랜드, 영국, 스위스, 미국들이 연방제를 수립해 가는 국제적 추세는 리다자오로 하여금 "현재의 세계가 이미 연방의 세계에 이르렀고 장래의 연방은 또한 세계의 연방이 될 것이라" 확신케 했던 것이다(「聯治主義與世界組織」 3:152-153).

다만 이 단계의 연방제 구상에서 리다자오가 볼셰비즘적 국제주의와 자유주의 진영의 국제주의 간의 차이를 깊이 인식하고 있었던 것 같지는 않다. 물론 「볼셰비즘의 승리」에서 "사회주의에 장애가 되는 국가 경계를 타파하고 자본가가 이익을 독점하는 생산제도를 타파"하려는 볼셰비즘의 세계주의와 자국의 부르주아 계급의 이익을 추구하는 자본주의 국가들의

23_李大釗, 「聯治主義與世界組織」(1919.2.1) 3: 150-151.

세계주의를 구별하고 있기는 하다(「Bloshevism的勝利」 3:106-107). 그러나 그러면서도 유럽과 북미 대륙에서의 국제 대동맹의 흐름에 대해 "장래 세계의 연방 역시 반드시 이번 국제 대동맹의 허물을 벗고 진화될 것"(「聯治主義與世界組織」 3:153)이라는 낙관에 젖어 있다. 이로 보건대, 파리강화회의의 실체가 드러나기 전인 1919년 초의 시점에서 리다자오는 무산계급 연대에 기초한 사회주의 연방과 서구 자본주의 진영의 '연방'(federal), '국가연합'(confederal) 및 국제기구 사이의 차이를 명료하게 인식하지 못한 채 '연방'을 어렴풋하게 세계주의의 추세로 감지하는 단계에 있었던 듯하다. 이 부분은 1923년 「평민주의」에 이르러 대폭 수정된다.

아무튼 이 같은 정세 인식 아래, 리다자오는 중국이 '연치주의'와 '민주주의'라는 새로운 시대적 조류에 발맞추어 나갈 것을 주장한다.

> 이로 보건대 연치주의는 분열의 종자가 아닐 뿐 아니라 복잡해지고 확장되는 이질적·잡종적인 생활관계에 적응하는 새로운 조직이다. 다소의 국가와 민족 간에는 감정, 기호, 언어, 종교 등이 다른 까닭에 다년간 수차례 분쟁이 있어 왔다. 일단 연치주의를 시행하면 구시대의 구원(仇怨)과 혐오는 모두 사라져 종결될 것이다. 영국인과 프랑스인을 보라. 몇 세기의 깊은 원한이 영국의 정치가가 캐나다인을 끌어와 연치를 창조하고 지방자치권을 확립하자 … 두 민족이 편안무사해지고 격렬하던 충돌도 바로 사라졌다. … 우리 중국은 공화로 개조한 이래 남북의 충돌이 끊이지 않았다. 각성이 중앙에 복종하지 않고 저 몽골과 티베트 변경에서도 자주 아니면 자치를 주장했다. 내가 보건대 연치주의를 행하지 않으면 신중국을 개조하지 못한다(「聯治主義與世界組織」 3:151-152).

정세 인식상의 한계에도 불구하고 '연치'에 대한 리다자오의 발상은 지금 보아도 상당히 급진적이다. 서로 다른 신념, 문화, 기호를 지닌 이질적·

잡종적 종족이 섞여 사는 복잡한 생활의 일상성을 민족국가라는 조직이 감당할 수 없다는 인식을 이미 백 년 전에 하고 있었던 것이다. 특히 여기서 말하는 "이질적·잡종적인 생활관계"가 중국 내 첨예한 민족 갈등의 현장인 몽골과 티베트를 겨냥하고 있다는 점이 중요하다. 몽골, 티베트 등 변경 문제를 '연치'가 아니고서는 풀 수 없다는 인식은 당시의 '오족 공화'보다 분명한 발 앞선 개념이다. 그러나 '연방'이라는 개념을 다른 곳에선 쓰고 있으면서도 유독 중국에 대해서는 '연치'라는 완화된 개념을 택한 점, 그리고 궁극적으로 '연치'가 "신중국의 개조"라는 민족국가적 틀에 제약되어 있는 상황("연치주의를 행하지 않으면 신중국을 개조하지 못한다.")은 당시 리다자오가 열광했던 세계주의가 중국 문제에 있어서만큼은 어딘가 절제되고 있음을 보여 준다. 이 부분 또한 「평민주의」에 오면 크게 달라진다.

주목할 것은 연치 혹은 연방에 대한 구상 속에서 '대아시아주의'를 대체하는 새로운 아시아 구상, 즉 아시아연방이 등장한다는 것이다. 아시아연방은 세계대동으로 가는 중간 단계로 배치된다.

> 내 추측에 의하면, 이 세계연방이 진행되는 과정은 바로 이와 같을 것이다. 1) 토지가 광대하고 다양한 민족으로 이루어진 각 국가들이 먼저 스스로를 연방으로 바꾼다. 2) 미 대륙 각국은 전미 연방을 이루고 유럽 각국은 전 유럽 연방을 만들고 아시아 각국은 전아시아 연방을 만든다. 3) 미국, 유럽, 아시아 세 주가 모여 세계연방을 이룬다. 4) 세계 인류가 모여 하나의 인류연합을 만들어 종족 경계, 국가 경계를 완전히 타파한다. 이것이 우리 인류 전체가 간절히 바라는 세계대동이다!(「聯治主義與世界組織」 3:154).

여기서 말하는 아시아 연방이 바로 '대아시아주의'의 껍질을 깨고 나온 '신아시아'이다. 세계대동이라는 궁극적 단계를 향하는 '신아시아'는 인종

대결을 전제한 협소한 지역주의로서의 '대아시아주의'와 확실히 구별된다. '대아시아주의'가 "세계조직을 파괴하는 종자"[24]라면 '신아시아주의'는 "친소(親疎) 차별"을 초월한 "세계주의에 순응하는" 아시아주의이다.[25] '신아시아주의'를 '대아시아주의'와 확연하게 차별화하는 계기는 '연방'이라는 세계주의의 비전이다. '대아시아주의'가 민족주의에 대항하기 위한 민족주의의 불가피한 유보였다면, '신아시아주의'는 그것을 계급적 연대라는 세계주의에 의해 털어 버릴 수 있었다. 이 같은 세계주의의 이념으로부터 '국가'와 '애국'은 놀랄 만큼 단호하게 부정된다.

> 우리는 일본의 노동계급, 평민, 청년을 사랑하며, 자국과 타국의 노동계급, 평민, 청년을 사랑하듯 성심과 간절함을 갖고 있다. 우리는 국가에 사랑할 만한 도리가 있다고 믿지 않는다. 우리는 애국을 위해 사람의 생명을 죽이고 남의 토지를 빼앗는 것은 강도의 행위이자 인도와 이성에 반하는 행위라 생각한다.[26]

'신아시아주의'에서 또 하나 중요한 지점은 개별 국가의 '개조'를 강조한다는 것이다. 이를테면, '대아시아주의'가 중일연맹에 기초하기 때문에 전 아시아의 민족 해방에 기반한 근본적 개조를 이룩할 수 없다는 비판(「大亞細亞主義與新亞細亞主義」 3:148)이나, 세계가 이미 서로 복잡하게 얽혀 있기 때문에 "아시아 단 한 나라에서 군국주의가 시행되면 중국의 민주정치도 안녕하지 못할 것"(「聯治主義與世界組織」 3:154)이라는 말에는 개별 국가의 자결과 민주가 보장되지 않으면 지역연방이 불가능하다는 인식이 담겨

24_李大釗, 「大亞細亞主義與新亞細亞主義」(1919.2.1) 3: 147.
25_李大釗, 「再論新亞細亞主義」(1919.11.1) 3: 356-357.
26_李大釗, 「亞細亞青年的光明運動」(1920.8.15) 3: 521.

있다. 그런가 하면 "연치주의를 행하지 않으면 신중국을 개조하지 못한다."(「聯治主義與世界組織」 3:152)는 말은 역방향에서 지역연방과 국가개조의 관계에 접근한다. 즉, '연치/연방'이 가능하기 위해서는 개별 국가들의 자기 개조가 필요하지만, 반대로 국가의 개조는 연치주의라는 초국적 이념이 없이는 불가능한 것이다. 리다자오에게 '연치주의'와 '민주주의'가 상호의존적으로 공존하는 이유도 여기에 있다.

3) 국가의 개조와 연방

1923년 1월에 나온 「평민주의」는 리다자오의 사상의 중대한 결산이다. 「대..주의와 데모크라시」와 「연치주의와 세계조직」을 수정하여 합친 이 글은 앞 단계에서 정립한 민주주의와 연치주의의 관계를 한층 정교하게 이론화하고 있다. 가장 두드러진 변화는 '민주주의'로 번역되던 '데모크라시'가 '평민주의'로 재번역된 점이다. '평민주의'의 번역어에 대해 장황하게 설명을 붙이고 있지만,[27] 진짜 이유는 서구의 '민주주의'와 구별하기 위한 것으로 보인다. 그렇다면 리다자오는 서구 민주주의의 어떤 점을 경계한 것일까. 그것은 권력이라는 국가의 본성이었다. 리다자오에게 '데모크라시'는 권력이 분산되는, 아니 권력이 완전히 없어지는 정치체(政治體)였다. 그러나 현존하는 서구의 민주주의에는 권력이 어떤 형태로든 남아 있다. 그

27_'민주주의'라는 역어는 군주정치·귀족정치와 구별되는 '민중정치'라는 점에서 정치적 타당성을 갖지만, 경제, 예술, 문학을 비롯한 사회생활의 제 측면을 충분히 담지 못한다는 점에서 이유로 제외된다(「平民主義」 4: 149).

러한 권력은 종종 "다수정치"(government by majority)라는 이름으로 정당화된다.

> 윌슨 씨의 말은 오늘날 자유국가의 평민정치가 아직 원만한 경지에 이르지 못했음을 반증하며, 이로써 진정한 평민정치의 기초는 다수의 힘(强力)에 있다고 단정할 수 없음을 알려 준다. 평민정치를 다시 "힘의 법칙" 아래 둔다면, 거기서 드러나는 정치적 현상은 밀(John Stuart Mill)의 말처럼 될 것이다. "민주라 해도 권력을 조종하는 국민과 권력을 당하는 국민은 실로 같지 않다. 자치라는 것은 나로 나를 다스리는 것이 아니라, 한 사람이 나머지에게 다스림을 받는 것이다. 이른바 민(民)의 호오(好惡)는 국가의 호오와 통하는 것이 아니라 최대 다수의 호오인 것이다. 또한 이른바 최대 다수라는 것도 최대 다수가 아니라 실제로는 적은 수인데, 지배를 받는 자가 많다고 여기는 것이다. 이로 보건대 민과 민의(民意) 사이에는 서로 위협하는 제도가 있다."(「平民主義」 4:155).

다수의 이름으로 지배와 예속, 즉 권력관계가 존재하는 한 민주주의는 전제정치와 근본적으로 다르지 않다. '평민주의'는 그러한 권력이 근본적으로 존재하지 않는 새로운 개념의 정치체이다.

> 토마스 마사리크(T. G. Masaryk)[28]가 말하기를, "'평민주의'의 정치적 사회적 목적은 예속과 통치의 관계를 폐지하는 데 있다. '평민주의'라는 말의 본래 의미는 '인민의 통치'(people's rule)이다. 그러나 현대 '평민주의'의 목적은 전적으로 통치에 있지 않고 인민에 있으며, 인민을 위한 인민에 의한 집행이다. 이러한 국가

28_Tomáš Garrigue Masaryk(1850~1937). 초대 체코슬로바키아 대통령. 원래 오스트리아 헝가리 제국을 민주적 연방국가로 개혁하기 위해 노력했으나 결국은 연합국의 도움에 의지하여 전제 군주제를 폐지했다.

조직의 신개념·신계획을 어떻게 실행할 것인가. 이는 권력의 문제일 뿐 아니라 행정 기술의 난제이다." 이 몇 마디가 현대 평민정치를 해석하는 말로서 그 핵심을 잘 설명한다(「平民主義」 4:152).

여기서 국가의 기능이 "통치"가 아닌 "행정"으로 수정되는 대목에 주의하자. 리다자오는 국가권력의 정당성을 근원적으로 부정하는 것만이 압제를 원천적으로 차단하는 방법이라 생각했다. 그러기 위해서는 국가의 기능을 집행 혹은 행정이라는 기술의 차원으로 축소해야 했다. 즉, 국가가 어떤 정치체를 띠든 권력이 특정인에 집중되는 것을 피할 수 없기 때문에 결국 국가의 기능 자체를 최대한으로 축소해야 한다는 것이다. 이러한 생각은 아래 인용문에서 한층 명확하게 드러난다.

현대의 '평민주의'는 이미 '인민의, 인민을 위한, 인민에 의한 정치'(government of the people, for the people, by the people)가 아니라, '인민의, 인민을 위한, 인민에 의한 행정'(administration of the people, for the people, by the people)이다. 사람에 대한 통치가 결코 아닌, 사물에 대한 관리이다. 우리가 만약 "평민주의"를 실현하고자 한다면 어떻게 권력을 얻을까 연구할 것이 아니라 어떻게 사물을 관리하는 기술을 배울까 연구해야 한다(「平民主義」 4:156).

국가 기능을 행정의 차원으로 최소화하는 지점에서 앞 단계에서 모호하게 제시되었던 '국가 개조'의 내용이 한결 분명해진다. 국가 개조의 핵심은 국가로부터 권력의 가능성을 원천적으로 차단하는 것이다. 심지어 리다자오는 "인민의 통치"라는 수사에 대해서도 의심을 거두지 않는다. 이를테면 헌법과 법률은 "다수인의 합치된 힘"이며 그 점에서 미합중국 대통령의 힘은 과거 러시아 황제의 힘과 전적으로 구별된다는 윌슨의 주장에 대해서도, 과연 그것이 진정한 인민의 힘인지를 묻는다(「平民主義」 4:153). 여기서 "자유 인가"(自由認可, free consent)라는 개념이 등장한다. 리다자오가 볼 때 "진정한 인민의 힘"의 여부를 입증하는 기준이 바로 "자유 인가"이다.

> 만약 이러한 힘이 피치자가 '자유 인가'를 표한 이후에 발생한 것이라면, 이 힘은 다수인의 합치된 힘이 아니라 다수인과 소수인이 함께 만든 국민의 공의(公意)이다. 이러한 위대한 힘은 실로 인민 전체의 '자유 인가'로 갖춰진 힘이며, 인민 전체의 '자유 인가'는 결코 이러한 위대한 힘이 압제한 결과가 아니다. 내가 전에 말했지만, '다수정치'가 반드시 원만한 '평민주의'의 정치는 아니다. 그러나 '자유정치'(free government)는 진정으로 '평민주의' 정신과 일치한다. '자유정치'의 핵심은 다수가 소수를 강제하는 데 있지 않고, 어떤 문제가 발생했을 때 자유롭고 공평한 태도로 충분한 토론과 상세한 논의를 하여 공동의 인가를 구하는 데 있다(「平民主義」 4:154).

덧붙여 리다자오는 '자유 인가'가 제아무리 자발적이라 해도 그것이 권력에 대한 두려움에서 나왔다면 진정한 '자유 인가'가 아님을 분명히 한다. 힘의 논리에 굴복해 스스로를 희생하거나 절제하는 것은 진정한 "심복"(心服)이 아니라는 것이다. "심복"은 결코 모든 인민의 의견이 같아지는 것을 의미하지 않는다. 토론을 통해 "공동의 인가를 구한다."는 말은 의견의 불일치를 전제한다. 리다자오는 "다수인의 합치된 힘"보다 "다수인과 소수인이 함께 만든 공의"를 더 신뢰했다. "다수인의 합치된 힘"에는 다른 의견을 가진 소수에 대한 배제와 억압이 내포되어 있지만, "다수인과 소수인이 함께 만든 공의"란 다른 의견을 가진 소수를 인정하고 존중하는 것이다.

'자유 인가'의 논리로부터 리다자오의 연방론 또한 한층 명료해진다. 「평민주의」의 상당 부분이 「연치주의와 세계조직」을 수정한 것인데, 그 수정한 부분이 매우 의미심장하다. 가장 먼저 눈에 띄는 것이 '연치주의'와 '민주주의'를 각각 '연방주의'와 '평민주의'로 바꾼 것이다. 「연치주의와 세계조직」에서 서구에 대해서 '연방'이라는 말을 쓰면서도 중국(그리고 러시아)에 대해서는 굳이 '연치'라는 말을 썼다면, 「평민주의」에서 '연치'는 완전히 사라진다. 특히 중요한 것은 몽골과 티베트 등 소수민족에 대해서도 '연방'이라는 명확한 제안을 하고 있다는 사실이다. 「연치주의와 세계조직」에서 몽골·티베트 변경 문제에 관해 "연치주의를 행하지 않으면 신중국을 개조하지 못한다."고 말한 부분은 「평민주의」에 오면 "연방주의가 아니면 신연합을 조성할 수 없다."(「平民主義」 4:160)로 바뀐다. '연방'이라는 분명한 개념을 쓸 뿐 아니라 "신중국" 을 "신연합"으로 대체함으로써 민족국가적 틀을 의식적으로 흩뜨리고 있는 것이다. 어찌 보면 이는 당연한 귀결이다. 연방이라는 것이 이미 "신중국"이라는 민족국가적 단일 정체성의 내파(內破)를 시도하는 것이기 때문이다.

미묘하지만 간과해선 안 될 또 한 가지는 '연방'에 탈퇴의 자유가 암시되어 있다는 점이다.

> 러시아와 같은 연방 공화는 러시아 각 부(部)와 각 족(族) 노동자의 자유연합이다. 이는 영국, 스위스의 연방과 확연히 다르다. 러시아의 연방 소비에트 공화는 러시아 각부의 노농(勞農) 조직으로 결성된 사회 공화로서, 소비에트로 연합한 각 부분의 노농이 상호 분리하고자 해도 아무도 그들을 막지 않는다. 그러나 영국의 연방은 여전히 힘에 의해 유지된다. 영국과 아프리카, 아시아, 오스트레일리아 인민 및 보어인의 관계는 아직도 다소 압제의 관계이다. 아일랜드 자치운동을 보더라도 신페인(Shin Fein) 당 또한 수많은 분투의 노력을 기울여서야 영국의 반족쇄 상태에서 벗어날 수 있었다. 영국의 자본가가 아직도 장담하길, 우리에게는 연방이 있으니 바로 만방 연합이라 한다. 그러나 언제든 그 연방의 인민이 브리튼

의 압제에서 벗어나고자 한다면, 브리튼의 중산층 사회는 무력을 써서라도 그들을 토벌할 것이다(「平民主義」 4:160).

소비에트 연방에 대한 과도한 믿음이 지금 시점에서 보면 작지 않은 흠이지만, 연방에 자유로운 탈퇴 가능성을 명시한 대목은 중요하다. 중국을 직접 거론하지 않고 러시아를 들어 빗댄 이유는 이 발언이 가져 올 국내의 파장을 고려한 것이라 생각된다. 그럼에도 탈퇴의 자유의 여부는 자유주의 진영의 연방과 리다자오가 추구하는 연방을 결정적으로 가른다.[29] 그리고 연방 탈퇴의 자유는 앞서 '평민주의'의 핵심 요소였던 '자유 인가'와도 통한다. 이 대목에서 우리는 리다자오의 연방과 국가에 관통하는 핵심적 사유를 발견하게 된다. 권력이 원천적으로 차단된 행정기구로서 국가가 구성원들의 "자유 인가"에 의해 운영되어야 하는 것과 마찬가지로, 연방 또한 권력관계가 아닌, 구성원들의 자유로운 동의를 기반으로 구성되어야 한다. 즉, 어떤 형태의 권력도 원천적으로 거부하는 '평민주의'의 이념이 국가와 연방을 관통하는 새로운 정치체의 원리인 것이다.

여기서 리다자오의 '연방'과 쑨원의 '오족 공화'의 차별성이 한결 두드러진다. '연방'의 가장 중요한 전제는 국가의 자기 개조이다. 그리고 그 개조의 핵심은 권력의 원천적 차단이다. 개별 국가 차원에서 지배와 압제를

29_「연치주의와 세계조직」과 「평민주의」 사이의 또 다른 중요한 차이는 후자에서 서구의 연방 및 국제기구에 대한 환상이 사라졌다는 점이다. 전자에서 서구 각국의 연방제와 국제기구들을 '세계연방의 초보'적 단계로 보았던 낙관주의는 후자에서는 완전히 삭제된다. 또한 전자에서 서구 자유주의적 연방과 볼셰비즘적 연방 개념이 뒤섞여 있었다면 후자에서는 '중산계급의 국제주의 운동'과 '노동계급의 국제주의 운동'을 명확하게 구별한다(「聯治主義與世界組織」 3: 153; 「平民主義」 4: 162-163).

원천적으로 거부하는 '평민주의(데모크라시)'를 구현하지 못한다면 자유로운 연합체로서의 연방의 형성은 근본적으로 불가하다. 당시 중국 내부에 비등한 연성자치 논쟁과 더불어 특히 몽골, 티베트 등 첨예한 변경 이슈를 감안할 때 이런 주장은 상당히 급진적이다. 직접적으로 명시하진 않았지만, 리다자오가 말한 '소수에 대한 다수의 압제'는 소수민족에 대한 한족의 압제로 풀이될 수 있는 여지가 다분하다. 소수민족에 대한 어떤 압제도 없는, 오로지 자유로운 동의에 의해 형성되는 연방의 설립이 리다자오가 추구하는 중국 개조의 핵심이었다. '신아시아주의', 즉 아시아연방은 이러한 중국의 개조가 전제될 때 가능한 것이었다.

4. '연방론'의 비운과 여운

아이러니컬하게도 리다자오의 연방론이 고조에 오르던 1923년은 세계혁명의 흐름에서 세계주의가 포기되고 일국주의로 퇴조하던 시기였다. 또한 중국 내부에서도 국공합작이라는 요구에 직면하여 리다자오는 쑨원과 어떤 식으로든 연합하지 않으면 안 되었다. 1920년대 중반 리다자오의 글에는 쑨원의 국민혁명을 지지해야 하는 현실적 당위를 세계혁명 및 연방론으로 연결시키려는 고투가 담겨 있다.

> 중국 국민혁명의 영도자 쑨중산 선생이 우리에게 남긴 〈건국대강〉에서 말하길, "세째가 민족이다. 고로 국내의 약소민족을 정부는 마땅히 육성하고 자치자결하게 해야 한다. …" 〈중국국민당 제1차 전국 대표대회선언〉에서 말하길, "… 국민

당은 감히 정중히 선언하여, 중국 내 각 민족의 자결권을 승인하고 제국주의와 군벌에 반대하는 혁명이 승리한 후에는 자유통일적인(각 민족이 자유롭게 연합한) 중화민국을 만들어야 한다."고 하셨다. 중화민국과 몽골 민족의 결합은 이 몇 마디로 지도리를 삼는다.[30]

쑨원이 말한 "각 민족의 자결권"이란 리다자오의 '연방'에 못 미치는 것이었으며, 자유 탈퇴의 가능성은 당연히 없었을 것이다. 리다자오는 한편으로 쑨원을 지지하면서도 "자유통일적인"이라는 말에 "각 민족이 자유롭게 연합한"이라는 주석을 닮으로써 국민혁명론에 연방론의 구상을 밀어 넣는다. 이러한 예는 앞서의 「인종문제」에서도 보인다. "민생주의를 목적으로 하고 민족주의는 그 목적에 달하는 수단이라는 것이 삼민주의의 골간이다."(「人種問題」 4:353)라는 보충 설명을 통해 리다자오는 쑨원의 삼민주의에서 민족주의를 의식적으로 부차적 지위로 밀어 낸 것이다. 특히, 민족주의를 내부와 외부로 이원화하여 민족국가의 단일성을 파열시키는 지점은 재삼 주목을 요한다.

작년 국민당 전국대표대회가 광저우에서 열렸을 때, 민족주의에 대해 또 새로운 해석이 있었다. 이 해석은 대외와 대내로 나뉜다. 현재 중국의 민족은 독립을 위해 기타 어떤 민족과 침략의 압박에도 저항한다. 이것이 대외이다. 동시에, 국내에서는 경제생활이 다른 민족들이 해방, 자결, 독립하려 한다. 이것이 대내이다. 국민당의 민족주의는 이러한 새로운 해석을 겪었으니, 그 의미도 더 새롭고 명료해질 것이다(「人種問題」 4:353).

30_李大釗, 「蒙古民族的解放運動」(1925.3) 4: 578.

중국을 서구 제국주의에 대항하는 약소민족으로 규정하는 순간 중국의 혁명운동에는 필연적으로 민족주의가 전면화된다. 그러면 내부의 차이는 은폐되고 동일성만이 강조된다. 이것이 비서구 국가들이 근대라는 관문을 통하면서 노정한 민족주의의 양면성이다. 그러나 리다자오는 소수민족이라는 민족의 '내부'를 전경화함으로써 일치단결을 앞세우는 국민혁명의 민족주의를 안으로부터 균열한다. 리다자오에게 '연방'은 반제라는 진보성과 그 명분으로 내부의 구성원을 억압하는 보수성이 야누스의 얼굴처럼 공존하는 민족주의의 자기모순을 내파하는 무기였다.

그러나 안팎으로부터 다시 쇄도하는 민족주의의 물결에 휘말려 리다자오의 '연방'론은 아쉽게도 더 이상 진전하지 못한다. 1926년 쑨원 국민혁명의 원류인 삼합회·가로회 같은 배외적 민족주의가 마르크스주의 레닌주의와 뒤섞여 세계혁명의 일부로 재구성되는 혼란한 장면들이 리다자오의 글에서 연출되는 것은[31] 그 전략적 의미를 감안한다 해도 안타까운 일이다. 그러나 민족자결을 둘러싼 레닌과 룩셈부르크의 논쟁, 영구 혁명에 대한 스탈린과 트로츠키의 투쟁을 거쳐 1920년대 중반 세계혁명의 주조는 이미 일국주의/민족주의로 기울고 있었다. 그러한 정세 속에서 중국의 국민혁명은 현실적으로뿐 아니라 이념적으로도 정당성을 확보하고 있었다. 리다자오가 잠시나마 열었던 '연방'의 비전은 이렇게 역사의 소용돌이 속에 잠기고 만다.

1927년 4월 6일, 소련 공사관에 은신해 있던 리다자오는 펑톈(奉天) 군벌 장쭤린(張作霖)의 군대에 체포되었고 같은 달 28일 처형된다. 39세의 젊

31_李大釗, 「中山主義的國民革命與世界革命」(1926.11) 4: 682-684; 「孫中山先生在中國民族革命史上之位置」(1926.3.12) 4: 643-650.

은 나이에 간 리다자오에 대해 후대의 사람들은 그가 더 살았더라면 중국 공산주의에 더 많은 기여를 했으리라는 아쉬움을 금치 못했다. 역사에서 가정은 무의미하겠지만, 당시의 정세 속에서 그의 연방론이 과연 어떤 돌파구를 찾을 수 있었을지 의문이 드는 것도 사실이다. 그러나 그럼에도 불구하고 리다자오의 연방론은 오늘날 민족국가의 유효성과 정당성에 끊임없이 의문이 제기되고 그 보완이자 대안으로 지역주의의 구상이 곳곳에서 제출되는 지금, 우리에게 더없이 소중한 사상 유산이다. 쑨원의 '왕도'가 자아의 확장일 뿐 자아의 개조를 요하지 않는 데 반해, 리다자오의 '연방'은 자아에 대한 근원적 개조를 요청함으로써 지탱되는 것이었다. 그의 연방론은 국가와 권력에 대한 근본적인 성찰에 기반하지 않는 지역주의는 결국 패권으로 귀결될 수밖에 없다는 사실을 우리에게 일깨워 준다. 과거 일본의 아시아주의나 지금 중국의 제국 담론에서 느끼는 불안의 원인 또한 여기 있는 게 아닐까. 민족국가에 대한 반성은 민족주의만이 아닌, 근대 국가 및 권력에 대한 근본적인 성찰에서 출발하지 않으면 안 된다. 중국의 개조와 아시아의 개조, 나아가 세계의 개조를 향해 리다자오가 남겼던 울림을 진지하게 재검토해야 할 때이다.

참고문헌

中國國民黨中央黨史史料編纂委員會 編. 1965.『國父全集 第一冊』. 臺北: 行政院.

Meisner, Maurice. 1970. *Li Ta-Chao and the Origins of Chinese Marxism*. New York: Atheneum.

Davis, B Horace. 1978. *Toward a Marxist Theory of Nationalism*. New York & London: Monthly Review Press.

윤세철. 1978. "中國에 있어서의 聯省自治論."『역사교육』23.

Nairn, Tom. 1981. *The Break-Up of Britain*. London: Verso.

김영준, 1987.『마르크스 레닌주의와 민족주의』. 서울: 아세아문화사.

森正夫 저·韓一德·劉多田 역. 1987. "李大釗在早稻田大學."『齊魯學刊』1987年 第1期.

권달천. 1988. "一國社會主義의 性格에 관한 考察."『인문논총』33.

Dirlik, Arif. 1989. *The Origins of Chinese Communism*. New York: Oxford University Press.

米琳. 1989. "李大釗硏究的回顧與展望."『黨校硏究信息』1989年 第87期.

豊英思. 1989. "李大釗民族思想述略."『西北民族硏究』1989年 第2期.

龔書鐸·黃興濤. 1991. "孫中山與李大釗."『史學月刊』1991年 第2期.

黃德林. 1992. "1924年後李大釗沒有放棄國際主義."『華東師範大學學報』1992年 第6期.

李果仁. 1992. "十年來李大釗硏究評術."『歷史敎學』1992年 第2期.

劉民山. 1995. "李大釗與幸德秋水."『近代史硏究』1995年 第4期.

Karl, E Rebecca. 1998. "Creating Asia: China in the World at the Beginning of the Twentieth Century." *The American Historical Review* 103-4.

朱文通 외 편. 1999.『李大釗全集』第1-4卷, 石家庄: 河北敎育出版社.

彭學濤·龍心剛. 1999. "近五年來李大釗硏究綜術."『黨史硏究與敎學』1999年 第4期.

Karl, E Rebecca. 2002. *Staging the World: Chinese Nationalism at the Turn of the Twentieth Century*. Durham & London: Duke University Press.

甘陽. 2004. "從'民族-國家'走向'文明-國家'."『書城』2월호.

Zhao, Ting Yang. 2006. "Rethinking Empire from a Chinese Concept 'All-under-Heaven(Tian-xia, 天下)'." *Social Identities* 12-1.

이혜경. 2006. "근대 중국의 탈중화주의."『오늘의 동양사상』15.

배경한. 2007.『쑨원과 한국-중화주의와 사대주의의 교차』. 서울: 한울.

유용태. 2009. "근대 중국의 민족제국주의와 단일민족론."『동북아역사논총』23.

이천석. 2010. "중화민족론의 성격과 전개과정." 『아태연구』 17-3.
김세호. 2010. "'중국통일추의(中國統一芻議)'(1927)의 재검토 - 진형명(陳炯明)의 '연성자치논(聯省自治論)'의 성격." 『중국근현대사연구』 46.
汪暉 저·송인재 역. 2011. 『아시아는 세계다』. 서울: 글항아리.
朱志敏·李夢雲. 2011. "2004年以來李大釗硏究述評." 『教學與研究』 2011年 第7期.
榮寧. 2011. "論李大釗的民族觀." 『廊坊師範學院學報』 第27卷 第3期.
謝謝. 2011. "馬林 : 推動國共合作儼然共産國際大使." 『北京瞞報』(2011.7.15).
鄒國振. 2012. "試論李大釗的新亞細亞主義." 『湖南行政學院學報』 2012年 4期.
백지운. 2012. "근대 중국 아시아 인식의 문제성 - 동아시아 평화공존을 위한 사상자원의 모색." 『중국현대문학』 63.
백영서. 2013. 『핵심현장에서 다시 동아시아를 묻다』. 파주: 창비.
강진아. 2013. "역사적 관점에서 본 중국의 개혁개방." 세교연구소 공개심포지엄. 서울. 10월.

3장

'동아'를 호출하는 세 가지 경로

중·일전쟁기 쇼와연구회의 '동아협동체'론을 중심으로

손애리

중일전쟁이 장기전으로 진입하자, 1938년 11월 3일 고노에 후미마로(近衛文麿) 수상은 "동아의 영원한 안정을 확보할 신질서 건설"을 주창하는 내용의 '동아신질서' 성명을 발표한다. 성명의 골자는 중국의 국민정부에게 용공·항일 정책을 포기하고 대일 협력으로 전환할 것을 호소하는 것이었다. 이어 12월 22일에는 "선린우호, 공동방공, 경제제휴"라는 3원칙을 명시한 3차 고노에 성명이 발표되었다. 이들 성명은 "국민정부를 상대하지 않는다."는 같은 해 1월 강경노선 성명을 대폭 수정한 것으로써 일방적인 침략에서 일중 제휴로의 정책 전환과 화평의 신호로 받아 들여졌고, 이를 계기로 대아시아주의, 경제블록론, '동아연맹'론, '동아협동체'론 등 다양 논

* 이 글은 『동아시아문화연구』 52(2012)에 게재된 졸고 "'동아'를 호출하는 세 가지 경로 -중·일전쟁기 쇼와연구회의 '동아협동체'론을 중심으로"를 일부 수정한 것이다.

의가 등장했다.[1]

이 중에서 '동아협동체'론은 미키 기요시(三木清), 오자키 호쓰미(尾崎秀実), 로야마 마사미치(蠟山政道), 가다 데쓰지(加田哲二) 등 쇼와연구회[2]의 진보적 지식인들이 중심이 되어 주창한 것으로, 트랜스내셔널한 광역권을 통한 새로운 동아시아 지역질서의 형성을 주 내용으로 하였다. 그러나 "일본의 대륙 침략 행위의 이데올로기적 장치에 불과했다."[3]거나, 현실적으로 일본 정치를 변화시키지 못하고 "'대동아공영권'이라는 환상적 사상에 흡수되어 버린 자기 기만적 표현" 혹은 "일부 양심적 지식인들의 지적 놀이"(橋川文三 1970, 364 · 359)라는 비판적 평가를 받았다.

동아협동체의 핵심적 논자의 한 명인 오자키 호쓰미 또한 동아협동체는 중일전쟁의 역사적 산물임을 명확히 밝히고 있다. 동아협동체는 전쟁

1_요네타니 마사후미(2010). 이 중에서 '동아연맹'론과 '동아협동체'론은 일본 제국주의의의 자기비판을 포함해 중일 제휴를 제시했다는 점에서 본격적인 검토를 요한다. 이 글에서 다루지는 못하지만, 이시와라 간지(石原莞爾)가 제창한 '동아연맹'론은 일본·중국·만주로 구성된 광역적 지역기구를 주창했고, 연맹 구성국들의 주권을 존중하고 연맹 가입·탈퇴의 자유를 보장하는 등 국가연합의 성격을 보였다. 식민지 대만과 조선의 자치 가능성을 시사했기 때문에 조선의 전향 지식인들도 참여했다.

2_바바 슈이치의 연구에 따르면, 쇼와연구회는 사상의 경향과 경력에 따라 다음 네 그룹으로 나뉜다. 첫째, 전기 신인회(新人會)로부터 사회민주주의의적 경향을 거쳐 쇼와연구회로 흘러온 그룹(로야마 마사미치 등). 둘째, 공산당 및 그 지도하에 있는 여러 문화단체에 속해 있다가 이들 조직이 탄압받아 괴멸되기 1, 2년 전에 조직을 떠나 쇼와연구회에 참가한 그룹(미키 기요시 등). 셋째, 어떤 의미에서든 마르크스주의의 영향을 받았다고 생각되는 대학 관계자 및 저널리스트 그룹(자유주의 좌파). 넷째, 혁신 관료 그룹(고토 류노스케, 아리마 요리야스 등). 馬場修一, 「1930年代における日本知識人の動向」, 『社會科學紀要』 124집(東大教養學部, 1969, 124); 이시다 다케시(2003, 191-192)에서 재인용. 쇼와연구회에 대해서는 酒井三郎(1979) 참조.

3_宮川透, 『三木清』(東大出版會, 1970, 116); 高橋久志(1981, 50)에서 재인용.

초기 난징 함락(37년 12월)과 쉬저우 전투(38년 5월) 이전에는 현실적인 과제로 대두되지 않았고, 전쟁이 교착 상태에 빠진 1939년이 되어서야 본격적으로 논의되었기 때문이다. 또한 장제스와 마오쩌둥뿐 아니라, 심지어 친일 정부를 수립한 왕징웨이(汪精衛)와 타오시성(陶希聖)까지도 동아협동체론에 대해 의심의 눈길을 보내고 반박 성명을 냈다.[4] 침략하면서 연대를 호소하는 동아협동체론에서 진정성을 발견하기란 거의 불가능했을 것이다. 그렇다면 동아협동체론은 전쟁 교착기를 타개하려는 일본 제국주의의 언설로 이해하면 충분하며 더 이상 논의의 대상으로 삼을 필요가 없는 것일까.

이 글은 동아협동체론이 갖고 있는 한계를 명확히 인식하면서도 동시에 동아협동체론이 전제로 삼고 있는 '동아'(=동아시아)라는 지역적 개념에 주목하고자 한다. 이는 동아협동체론이 현재의 동아시아 담론과 어떤 점에서 연속적이고 불연속적인지를 탐색하기 위한 시론적 시도이기도 하다. 이를 위해 우선 전쟁의 교착 상태에서 "일본의 새로운 출로"가 왜 '동아'를 단위로 한 지역주의의 형태로 나타났는지, 그리고 동아협동체론자들이 전제하는 '동아'의 의미가 무엇이었는지를 다차원적으로 검토할 필요가 있다. 오자키의 말처럼 "자본주의 본래의 요구대로 구미 자본주의 국가와 동일한 지반에서 중국을 재분할하는 것"이 더 수월한 방법이었음에도 불구하고 굳이 중국과의 합작을 통해 '동아'를 단위로 하는 지역주의를 채택했는지를 검토할 필요가 있다. 이를 통해 '동아'가 일정한 정체성을 가진 하나의 단위로 설정되는 근거가 무엇이었는지를 확인할 수 있을 것이다. 즉 현실 정치

4_東亞硏究所 編, 『抗日政權の東亞新秩序論批判(復刻板)』(龍溪書舍, 1999, 127-133); 石井知章(2010, 162-163)에서 재인용.

에 대한 대응으로 동아협동체론이 제출되었다 하더라도, 이들이 전제하고 있던 '동아'에 대한 정체성과 전망을 추출해 내는 작업이 가능하다.

'동아협동체'는 도달해야 할 목표로 나타나기도 했고, 현실의 필연적 추세로 제시되기도 했다. 즉 논자들이 갖고 있는 '동아'는 지리적·역사적·문화적 정체성을 통해 서양·유럽·앵글로 색슨과 대립되는 하나의 고정된 단위로 인식되거나, 자본주의 세계의 경제 블록화 추세에 대응하고 이를 극복하기 위해 구성되어야 할 현실의 정치적 운동으로 이해되었다. 이 과정에서 '동아'의 정체성을 구성하는 요소들이 경쟁적으로 제시되고 창안되었다. 동양의 전통문화, 지역적 운명공동체 의식, 경제적 협동 등이 그 사례이다. 이들 요소는 일반적으로 공유되었지만 논자에 따라서 특정 요소가 더 강조되거나 간과되면서 동아협동체론의 차이로 이어졌다.[5]

이와 같은 작업은 동시에 1930년대라는 위기에 대한 학계의 대응을 지식사회학적 측면에서 재검토하는 일이다. 근대의 초극으로서 유럽적 근대의 비판과 세계사의 재구성, 세계의 다원적 재편성으로서의 '광역권' 개념의 구성, 또 동양 사회에 관한 역사학적·사회학적 분석 등이 동아협동체론을 둘러싸고 진행되었다. 고야스 노부쿠니(子安宣邦)는 당시의 이와 같은 인문·사회 과학 전반에 걸친 '동아' 논의를 '이론적인 동아시아 체험'이라 부르는데, 이는 분명 부(負)의 유산으로 검토를 요하는 과제이다(子安宣邦 2003, 88).

기존의 동아협동체 논의는 미키 기요시나 오자키 호쓰미와 같은 개별

5_동아협동체론 연구는 '동아'의 의미와 함께 '협동체'의 의미가 규명될 필요가 있다. 네이션을 넘어서 구상된 정치체의 형식이 '협동체'라면, 이것이 기존의 국가나 제국과 어떻게 다른지, 다민족의 차이를 어떻게 해소하고 연대와 혁신을 실천하고자 했는지 검토되어야 한다. 이석원은 로야마 마사미치와 신메이 마사미치(新明正道)를 중심으로 당시 사회과학자들의 협동체주의에 대해 시론적으로 검토한 바 있다. 이석원(2011, 263-277)을 참조.

사상가에 초점을 맞추어 진행되었다.[6] 이 글에서는 동아협동체를 개별 민족과 국가를 넘어선 트랜스내셔널한 지역주의 운동으로 간주하고, 이것을 정당화하고 또 이것에 도달하기 위해 당시 논자들이 제시한 '동아'에 대한 관념과 이상을 경제적·정치적·문화적 측면으로 나누어 설명해 보고자 한다.[7] 또한 제국주의 언설의 기만성을 폭로하는 손쉬운 방식보다는 식민지와 제국을 동시에 재편한다는 이중의 과제 앞에서 이들이 대면한 자가당착의 상황을 드러냄으로써, '동아(시아)' 담론이 의도와 상관없이 안고 가야 하는 근본적 한계 상황과 모순을 확인하고자 한다.

6_현재 진행되는 동아시아공동체론의 모델은 주로 유럽의 사례를 전거로 삼고 있지만, 1930년대 이미 일본 주도로 '동아시아공동체' 논의가 주도되고 있었다는 사실을 기억할 필요가 있다. 대동아공영권이라는 태평양전쟁 수행의 이데올로기로 봉사하는 것으로 귀결되었다는 이유로, 그 역사적 실험은 반세기가 훨씬 지난 지금에도 여전히 봉인되어 있다. 무엇보다도 동아시아 특히 동북아시아에서 탈식민은 여전히 진행 중이기 때문에 그 봉인을 풀기에는 아직 시기상조라고 할지 모른다. 이 때문에 동아협동체론 연구는 개별 학자에 대한 연구를 제외하고는 한국뿐 아니라 일본에서도 많지 않다. 위에서 언급한 1970년대 하시카와 분조(橋川文三)의 비판적 평가가 대표적으로 언급된다. 이후 1990년 후반에 들어 일본의 전전과 전후를 연속적으로 해석하는 빅터 코슈만과 나카노 도시오 등의 총력전체제 연구 그룹에 의해 1930년대가 재해석되면서, 이와 함께 동아협동체가 연구되기 시작됐다. 특히 1997년 요네타니 마사후미(米谷匡史)가 동아협동체를 '전시 변혁'이라는 관점에서 재해석하면서, 이후 연구가 조금씩 진행되고 있다. 한국에서는 일본의 동아협동체론에 영향을 받아 조선의 활로를 모색한 서인식, 인정식, 김명식 등에 대한 연구가 나와 있다. 山之內靖 外(1995); 米谷匡史(1997); 米谷匡史(1998); 趙寬子(2003); 이진경(2006); 차승기(2007); 洪宗郁(2010) 참조.

7_이를 위해 이하 본론에서는 미키 기요시와 로야마 마사미치, 가다 데쓰지를 중심으로 논의를 전개한다. 이들 모두 동아협동체의 정치·경제적 필연성과 문화적 통일성을 논하고 있지만, 논자에 따라 강조점과 뉘앙스를 달리하고 있다. 이들의 공통점과 차이점을 비교하는 작업은 동아협동체를 입체적으로 검토할 수 있는 하나의 방법이 될 것이다. 한편 이들 세 명을 선택한 것은 동아협동체론이 생성·발전하는 시기에 양적으로나 질적으로 가장 활발하고 심도 있는 저술 활동을 펼친 대표적 논객이기 때문이다. 당시 동아협동체론과 관련된 논저 목록은 荒川幾男(1963, 203-207) 참조.

이는 현재 '동아시아 공동체'를 둘러싸고 벌어지는 다양한 층위의 담론들, 곧 동아시아의 문화적 정체성, 경제 협력의 범위와 수준, 공동체 성원과 비성원의 경계 등과 관련해 시사점을 줄 것이다. 작금의 동아시아 공동체론의 계보를 거슬러 올라가 만나게 되는 동아시아론이 침략주의의 한 형태로 등장한 '불쾌한' 동아시아 공동체론이라 하더라도 지난 세기에 이 지역에서 벌어진 실험과 구상을 참조하는 것은 반드시 거쳐야 할 과정이 될 것이다.

1. 동아협동체와 '동아'

1) 동양의 통일과 동아 사상의 원리: 미키 기요시와 동아 문화의 재창조

미키 기요시(三木清, 1897~1945)는 동아협동체론의 사상적 기초를 제공한 인물이다. 교토제국대학을 졸업하고 독일에 유학한 후 호세이대학 교수를 하면서, 마르크스주의 철학자로서 활동하다 검거되었고 옥중에서 전향하였다. 중일전쟁의 문화사적 의의를 논한 미키의 글이 쇼와연구회의 눈에 띄었고, 이후 문화연구회의 위원장을 맡으면서 쇼와연구회 활동에 적극 참여하게 된다. 그가 1938년 6월에 발표한 「현대 일본에서 세계사의 의의」와 「지식계급에게 부쳐」는 동양의 통일과 자본주의 모순의 해결을 위해 지식계급이 적극적인 역할을 할 것을 제기한 것이었다. 이후 1939년 1월과 9월 문화연구회의 논의를 대표 집필한 「신일본의 사상원리」와 「협동주의의 철학적 기초」는 동아협동체의 철학이 집약적으로 정리되어 있다(함동주

2000, 344-345).

미키는 현대 일본의 문제를 진단하면서 세계사의 입장에서 파악할 것을 요청했다(三木清, 「現代新日本における世界史の意義」, 2007a, 316).[8] 일본의 특수성이나 동양의 특수성을 해석하는 데 그치는 한, 일본의 행동 원리가 되는데 불충분하다고 보았기 때문이다. 특수와 개별이 아닌 보편과 세계성을 향한 욕망은 서구적 근대주의 비판과 함께 1930년대 일본 지식인 사회를 추동하는 힘이었다. 지금까지의 세계사는 온전한 의미의 세계사가 아니며, 랑케가 말한 '세계사'는 '유럽주의'에 국한되었다는 것은 교토학파를 위시해 1930년대 일본 지식인들의 공통된 인식이었다. 교토학파의 영향을 받은 미키 또한 이를 "종래 '세계 문화'라고 생각된 것은 서양 문화였으며 '세계사'라고 한 것은 서양 문화의 역사"였음을 명확히 하고, 유럽주의의 극복을 제창하였다(三木清, 「東洋文化と西洋文化」, 2007, 195).[9] '동양'이라는 말에 대해서도 쓰다 소키치의 주장을 받아 들여, "일본과 지나와 인도를 포함하는 동양이 과연 서양과 같이 하나의 세계이고 하나의 문화를 지니는 것인가는 깊이 생각해 보지 않고, 비서양이라고 하는 것을 동양이라는 말로 표현한 것에 지나지 않았다."며, '동양'에 내재된 오리엔탈리즘을 비판한다(三木清, 「日本の現實」, 1967, 449-450).

유럽주의에 대한 비판은 소위 제1차 세계대전의 결말에 따라 서양학자들 사이에서도 나타났다. 슈펭글러의 '서구의 몰락'이 대표적 예이다. 슈펭글러가 이 문제에 대해 문화는 각 지역마다 다르다는 개별성을 전제한 문화형태학으로 나아간 반면, 미키는 '세계상의 통일된 의식'의 필요성을 주

8_초출은 『改造』 1938년 6월호.

9_초출은 『アジア問題講座』 제10권, 1939년 9월호.

장한다. 또한 서양 문화, 동양 문화의 이분법은 추상적인 구분에 지나지 않기 때문에 세계사의 발전은 서양 문화가 몰락하고 대신 동양 문화가 번영하는 단순한 방식이 될 수 없다고 보았다. 서양 문화의 몰락이란 "서양 문화 자체의 몰락이 아니라 근대적 문화, 즉 자유주의적, 개인주의적 문화의 몰락에 불과"하며, 이런 근대적 문화를 대체할 새로운 문화가 서양에서도 곧 형성될 것이라고 보았다. 무엇보다 강조되어야 하는 것은 "서양 문화를 세계 문화로 생각하는 유럽주의가 틀린 것처럼 동양 문화를 단순히 세계 문화로 생각하는 동양주의도 틀렸다."는 사실이다(三木清, 「東洋文化と西洋文化」, 2007a, 195).

세계사가 온전히 세계 전체를 온전히 재현하지 못하는 상태에서 '세계의 통일'은 어떻게 가능한가? 역사적으로 동양은 서양이 그리스 문화와 기독교 이래 하나의 내면적 통일을 갖는 세계를 형성한 것과 같은 의미의 통일적 세계를 형성하지 못했다.[10] 곧 세계의 반인 서양은 통일되어 있었지만 나머지 반인 동양은 통일되지 못했기 때문에 세계가 마치 서양으로만 이루어진 것으로 착각되었던 것이 지금까지의 상황이었다. 따라서 불완전한 상태에 있던 동양을 통일시킴으로써 "세계는 진정으로 세계적이 될" 수 있다. 이로써 "동양이 형성되는 날이 진정한 의미에서 세계사가 형성되는 날"이라는 말이 가능해진다.

그렇다면 동아의 통일, 동양의 형성은 어떻게 가능한가? 미키에 따르면 동양이라는 '일반'은 중국이나 일본과 같은 '특수'와 '특수'가 결부되는 것을 통해 형성되는데, 여기서 결정적 역할을 하는 것이 바로 문화이다. "독립된

10_津田左右吉, 「文化史における東洋の特殊性」, 『岩波講座 東洋思潮』(岩波書店, 1936). 三木清(1967, 317)에서 재인용.

인간과 인간을 결합시키는 것이 문화"인 것처럼, "독립된 민족과 민족을 결합시키는 것"도 문화에 의해 가능하다고 보았다(三木清, 「文化の力」, 2007a, 239).[11] 미키가 민족을 넘어선 동아협동체 결합의 기초로 제안하는 것은 "피처럼 비합리적인 것이 아닌" 동양 문화의 전통이다. 동아의 문화적 전통은 황색 인종으로서 관개 농업을 위주로 생활해 왔다는 공통점이 있지만, 미키가 새로운 동아 문화 창조의 요체로 가장 주목하는 것은 '동양적 휴머니즘'이라고 부르는 것이다. 서양의 봉건시대는 휴머니즘과 거리가 멀었고 근대에 들어서야 자유주의·개인주의·합리주의의 근대적 경향 속에서 휴머니즘이 등장한 반면 동양은 봉건적 사회 내부에서부터 휴머니즘이 발달했다는 특징을 갖는다(三木清, 「新日本の思想原理」, 2007a, 68).[12]

미키는 당시 독일의 사회학자 퇴니스의 용어를 차용하여, 서양의 휴머니즘은 게젤샤프트적인 것으로, 동양의 휴머니즘은 게마인샤프트적인 것으로 진단한다. 그리고 유럽적 근대주의를 극복하고 동아의 민족주의를 넘어서는 퇴니스의 용어를 차용하여, 서양의 휴머니즘은 게젤샤프트적인 것으로, 동양의 휴머니즘은 게마협동체의 문화적 기반으로 게마인샤프트적인 문화가 더 유리하기 때문에 동양의 전통적 휴머니즘이 동아협동체의 기반이 되어야 한다고 보았다. 문제는 게마인샤프트적 '동양 문화'는 봉건성을 여전히 간직하고 있다는 사실이다. 즉 동아협동체의 사상이 동양 문화의 전통을 존중해야 하지만, '동양주의'에 그쳐서는 안 되는 이유이다. 이를 위해 미키는 이중의 혁신을 제안한다.

11_초출은 『改造』 1940년 1월호.

12_초출은 1939년 1월.

오늘날 '혁신'이라는 것은 이중의 의미를 지녀야 한다. 그것은 한편으로 현재 상상하는 것보다 많이 잔존하고 있는 봉건적인 것을 청산하여 근대적으로 변모해야 하며 동시에 다른 한편 근대주의를 초월한 새로운 원리로 비약적으로 발전해야 한다(三木清, 「全體と個人」, 1967, 276-277).

즉 동아협동체는 게마인샤프트적인 전통적인 동양 문화를 기반으로 삼지만, 그것은 근대성 강화와 근대성 극복이라는 이중의 혁신을 필요로 한다. 이와 같은 이중 혁신론은 중국 문제를 바라보는 시각에도 마찬가지로 적용된다.

동아의 통일은 봉건적인 것을 존속시키거나 봉건적인 것으로 돌아감으로써 달성될 수 있는 것이 아니다. 오히려 중국의 근대화는 동아의 통일에 전제이며 일본은 중국의 근대화를 도와주어야 한다. 중국이 근대화되는 것과 동시에 근대 자본주의의 폐해를 벗어난 새로운 문화로 나아가는 것이 필요하다(三木清, 「新日本の思想原理」, 2007a, 65).[13]

제국주의에 의한 식민지화와 자본주의화 아래서 반(半)봉건성이 온존되고 있는 아시아 사회의 해방을 위해서는 근대화와 함께 자본주의를 넘어

13_동아협동체론은 중국의 민족주의에 대한 재평가 속에서 등장했다고 말할 수 있다. 미키는 중국의 민족주의를 모든 전쟁이 불러일으키는 일반적인 속성으로 이해하는 것을 넘어서, 근대 국가 발전 과정에 수반되는 것으로 이해했으며, 그런 한에서 역사적 필연성과 진보적 의의를 갖는다고 평가했다. 만약 중국의 근대화가 일본의 근대화보다 지연되었다는 사실을 간과하고 중국의 민족주의를 인정하지 않는다면 대등한 관계의 동아협동체는 불가능해진다. 곧 미키는 중국의 근대화와 독립이야말로 동양 통일의 전제이며 동아협동체의 전제라고 보았다. 三木清, 「東亞思想の根據」(2007a, 15-16) 참조.

서는 변혁이 동시에 수행되어야 한다는 것이다. 이는 강좌파 마르크스주의의 아시아 인식과 관련된 것이기도 하다. 요컨대 동아의 기초는 게마인샤프트적인 동양 문화의 전통에서 마련되지만, 그것이 갖고 있는 봉건성을 탈각시키는 것이 관건이다. 즉 전통적인 동양 문화를 "근대화하는 것과 함께 근대주의의 폐해에 함몰되는 것 없이 근대주의를 넘어서"는 것이 동아의 과제가 된다.

동아의 사상은 근대적인 추상적 세계주의를 부정하면서 봉건성을 탈각한 게마인샤프트 문화 위에서 창조되지만, 미키에 따르면 동시에 그 속에 새로운 세계주의를 내재해야 한다. 르네상스 시대에 중세적 세계주의를 극복하고 나타난 이탈리아의 국민문화가 자기 안에 세계적 원리를 담지하고 있었던 것처럼 말이다.

> 근대 세계는 중세의 카톨릭적 문화의 교회적 세계주의가 국민문화로 분할, 형성됨으로써 시작되었다. 중세적 세계주의의 비판으로 나타난 국민주의는 동시에 자기 속에 세계적 원리를 포함하였다. 자유주의, 개인주의, 합리주의 등이 그것이다. 그와 같은 원리 위에 선 근대주의는 그 발전 과정에서 추상적인 세계주의에 빠졌으며, 이 추상적인 세계주의가 비판되고 있는 것이 현대이다. 오늘날 민족주의 내지 국민주의는 근대적 세계주의에 대한 비판이라는 의의를 가지며 이 추상적 세계주의를 극복하는 계기로서 중요성을 갖는다. 그렇지만 오늘날의 세계는 이미 단순한 민족주의에 머물 수 없으며 근대적 세계주의의 극복은 한 민족을 초월한 보다 큰 단위로 세계가 분할·형성되는 것으로 나타나야 한다. 동아협동체는 이와 같은 세계 신질서의 지표가 되어야 한다(三木清, 「新日本の思想原理」, 2007, 67).

미키는 "세계주의의 승리"를 말하지만 그렇다고 세계주의를 곧장 찬동하는 것은 아니다. 그는 세계주의를 지역적 차원에서 분리시켰다. 자칫하면 세계 정복주의가 될 수 있다는 우려 때문이다. 여기서 '세계적'이라는 말은 문화의 일정한 성질을 의미하며, 어떤 범위의 지역에서 실현되든 그 지역의 크기와 상관없이 세계적이 될 수 있음을 의미한다고 말한다.

따라서 동아협동체의 사상이 유럽주의=세계사, 동양주의=세계사처럼 "세계의 통일적 이념을 방기하고" 지역주의에 국한된다면, "반동적 의미밖에 갖지 못한다." 그는 '동아'라는 말이 지역적인 것을 나타내며 동아협동체가 현실적으로는 일본, '만주' 중국을 가리킨다는 사실을 인정하지만, 그것 때문에 "지역적 분리주의, 지역적 폐쇄주의, 지역적 편의주의 혹은 단순한 지리적 숙명론 혹은 풍토주의"로 나아가서 동아가 가진 세계사적 의미를 자각하지 못하는 것을 가장 두려워했다(三木清, 「東亞思想の根據」, 2007, 13-14).[14]

2) 지역이라는 운명공동체: 로야마 마사미치와 지역주의

로야마 마사미치(蠟山政道, 1895~1980)는 근대 일본의 행정학과 국제정치학의 개척자로서, 일찍부터 '국제 행정'에 관심을 보였다. 동아협동체에 대한 그의 다수의 논고에서 알 수 있듯이 그는 쇼와연구회의 핵심적인 동아협동체 이론가였으며, 협동체론을 통해 근대정치학에서 현대정치학으로의 전환의 계기를 마련했다고 평가받고 있다(平野敬和 2010, 73). 또 아시아 통합과 관련해 로야마는 넓은 의미에서 범아시아주의자로 분류될 수도 있겠지만, 문화주의적 색채를 탈각한 과학적인 합리주의자로 더 많이 평가된

14_지리적 숙명론은 로야마 마사미치, 풍토주의는 와쓰지 데쓰로(和辻哲郎)를 겨냥한 말이다.

다(Koschmann 2007, 186).

로야마의 동아협동체 구상은 만주사변과 유럽 정세의 급박한 전개를 배경으로 하고 있다. 로야마는 만주 문제의 특수성을 말하면서도 이를 국제연맹과 함께 해결해야 한다는 신념을 가졌다. 일본이 국제연맹과 정면으로 대치하고 연맹에서 탈퇴하자, 로야마는 "대파국에 직면할 위험"을 경고하며, 일본 외교와 국제연맹을 매개하는 지역적 평화기구의 설립을 제창했다. 이처럼 애초에 로야마가 구상한 지역주의는 국제연맹 등 통일적인 국제질서에 기능적으로 통합된 개념이었으며, 지역적 평화기구를 지탱하는 원리였다(蠟山政道,「世界の變局と日本の世界政策」, 1938, 102).

그러나 이후 중국과의 전면 전쟁이 시작되자 중국의 내셔널리즘의 저항과 서구 제국주의의 위력을 재인식하게 된다. 이 단계에서 그는 기존의 국제질서 시스템에 대한 기대를 잃어버리고 일본을 주도로 한 세계질서의 전환이라는 방향으로 논의의 축을 이동한다. 세계질서에서 만주 문제의 특수성을 강조하고자 제창되었던 지역주의는 점차 현행 국제질서의 보편성을 원칙적으로 비판하고 세계질서 자체를 재편하는 원리로 바뀌어 갔다(사카이 데쓰야 2010, 176).

> 연맹기구는 19세기에 이르러 극점에 달한 근대 국가의 주권 개념과 민족자결주의를 명목으로 하는 일민족 일국가의 이론으로 구성되어 있다. 거기서는 동양을 동양으로 인식하는 지역주의는 배제되었다. 서양이 세계적으로 보편화하고, 동양 나라들도 그 보편적 시스템 속에 수용시키려는 것이 제네바 국제연맹기구이다(蠟山政道,「東亞協同體の理論」, 1941, 6).

이미 제국주의화하여 세계 각지를 블록화한 서양이 동양에 대해서는 서구적 주권국가와 민족주의에 의한 분립을 유도하면서 동양의 지역적 통일을 인정하지 않는 것에 대한 비판이다. 그렇게 된 원인은 서구적 이론이 보편성을 갖는다는 신념과 함께 동양이 "동양으로 결합하는 것보다도 민족적으로 분립하는 것"을 이익이라고 여기기 때문이다.

신념과 이익, 두 가지 차원에서 작동하는 서구주의의 극복은 동양을 잔여와 결핍으로 인식하는 것을 거부하는 데에서 출발한다. 동양 스스로 자신들에게 내재한 세계성을 자각하는 것, 동시에 세계가 동양을 서양의 나머지 혹은 미완성의 서양으로 보는 것이 아니라 동양을 동양 자체로 인식하는 하는 것이 필요하다. 즉 미키와 마찬가지로 로야마에게 동양의 각성은 오리엔탈리즘 비판으로부터 출발하며, 이는 동양의 통일로 나아가는 계기를 마련해 주었다.

동양의 각성과 통일은 구체적인 세계사의 진행 속에서 생겨난 것이지만, 이전에도 이와 유사한 움직임은 있었다. 예컨대 일본 건국 시대의 '八紘一宇'의 신념, 메이지 시대 오카쿠라 텐신처럼 '동양은 하나다'라는 선언이나 중국에서 쑨원이 제창한 '대아세아주의'론 등이 있었다. 이에 대해 로야마는 이들은 소수자의 직관과 개인적 반성에 그치며, 실질적이고 제도화되지 못했다고 지적한다. 무엇보다 여기에는 '서양에 대한' 동양의 각성이 빠져 있으며, 세계가 동양을 동양으로 인식하는 계기가 빠져 있다(蠟山政道, 「東亞協同體の理論」, 1941, 5).

종래에 동양의 통일을 방해하는 것은 "문화질서의 결여"였지만 중국의 강한 그러나 '잘못된' 내셔널리즘 때문에 동아 문제의 본질은 미키가 말하는 "문화나 사상"으로는 더 이상 구현될 수 없고 "전쟁과 정치"의 형태로 구현되어야 한다고 로야마는 말한다. 중일전쟁은 이것을 잘 보여 준다. 일본의 내셔널리즘이 대륙으로 발전하면서 중국의 내셔널리즘을 자극하고, 중국은 이를

"근시안적으로" 서양 사상의 하나인 마르크스주의를 따라 자본주의적 제국주의로 규정하고, 스스로는 서구 내셔널리즘을 진보의 원리로 받아 들여 "서구 제국주의의 원조 아래 일본과 충돌"하는 비극이 시작되었다는 것이 로야마의 중일전쟁에 대한 인식이다(蠟山政道, 「東亞協同體の理論」, 1941, 10-15).

중국의 '오인'과 달리 로야마에게 일본의 대륙 진출과 동아협동체의 발생적 근거는 "서구 자본주의가 지배하는 세계질서의 혼란에서 자기를 방위하고, 자기 발전을 보장하려는 신질서 건설의 기도였다."라고, 곧 서구 제국주의의 방식이 아니라 "방위 또는 개발을 위한 지역주의"라고 주장되었다. 이 '지역주의'는 로야마의 동아협동체론의 핵심인데, 그는 지역주의야말로 "동양을 통일로 이끄는 내재적 원리"라고 보았다(蠟山政道, 「東亞協同體と帝國主義」, 1941, 188).

로야마가 지역주의를 통해 실현하고자 하는 것은 '지역협동체'의 건설이다. 서구 제국주의가 현재 추구하는 블록 경제는 어느 정도 성숙한 경제권을 기초로 세계 경제의 유통 흐름에서 이탈해 블록을 형성하는 것이라면, 지역협동체는 "국방 경제 및 이와 밀접히 관련된 경제개발계획을 수반한 지역 협동경제"를 지향한다. 로야마는 이것의 이론적 특징을 아래 5가지로 요약한다(蠟山政道, 「東亞新秩序の建設原理-特に地域性原理に就いて」, 1941, 27-32). 첫째, 동아지역 협동체는 하나의 신체제를 갖는 정치적 지역이어야 한다. 둘째, 동아지역 협동체는 각 민족 문화의 이질성을 존중하며, 통일적으로 창조적인 발전을 이뤄야 한다. 셋째, 동아지역 협동체는 자연과 문화의 기능적 연관을 갖는 새로운 행정구역과 자치 정부를 건설해야 한다. 넷째, 지역협동체의 경제체제는 일종의 공동 경제이며, 제국주의 경제가 아니다. 다섯째, 지역협동체 이론은 결코 아우타르키(자급자족경제)나 블록 경제가 아니다.

로야마는 지역협동체를 문자 그대로 해석하여, 자연지리적 차원이 강조되는 것을 경계하는 것과 함께 "아시아는 하나다."라는 서사시처럼 추상적인 의미에서 동아를 통일체로 간주하는 것도 경계한다. 지역협동체가 되기 위해서는 '자연적인 항상 요소'나 '문화적 통일' 이상의 것이 존재해야 한다고 보았다.

> 동양이라는 '지역'은 자연적·지리적 의미에서는 지구가 생성된 천지개벽 때부터 오늘날까지 항상적으로 존재했으며, 문화적 의미에서도 시인의 말처럼 통일체로 간주할 수 없다. 지역협동체로라고 말하기 위해서는 자연적 항상 요소나 문화적 통일 이외의 뭔가가 존재해야 한다. … 동양이 지역협동체가 되는 동인은 우선 그 정신과 심의에 있다. 그 민족의 지역적 운명(Raumschickal) 의식에서 발생한다. 민족의 존재를 지배하는 운명이 특정 지역과 결합되어 있다는 의식에서 생겨나야 한다(蠟山政道, 「東亞協同體の理論」, 1941, 26-27).

이처럼 로야마에게 지역협동체의 동인은 민족의 존재를 지배하는 운명이 특정 지역과 결합되어 있다는 지역에 대한 운명 의식이다. 그는 미국 역사가 프레드릭 터너의 '프론티어' 개념을 설명하면서, '동아'라는 지역은 '프런티어'가 미국사에서 갖는 의미 이상의 큰 운명적 역할을 일본뿐 아니라 서구의 (반)식민지 상태에 있는 동아의 모든 민족들에게 부여한다고 말한다(蠟山政道, 「東亞協同體の理論的構造」, 1941, 157-158). 그런데 여기서 '운명'이란 의식적 차원에 머물지 않는다. 만약 그렇다면 '자연적인 항상 요소'나 '문화적 통일'과 크게 다르지 않을 것이다. 지역적 운명 의식을 산출하는 운동으로 이어져야 한다.

> 동양이 지역적 운명협동체라는 의미는 '정치적'이다. 그것은 동양 문화의 구조가 동아라는 일정한 지역이라는 항상적 조건에 의존하는 것이 아니라, 민족의 운명

에 대한 의식화로서의 사명의식, 곧 정치운동이 이것을 창조한다는 의미이다(蠟山政道, 「東亞協同體の理論」, 1941, 28).

'동아'라는 지역적 운명 의식은 동양 민족의 생존과 향상이 특정 지역과 관련되어 있다는 '생활 본능'으로부터 출발하지만, 이로부터 문화의 통일과 질서를 조정하는 정치운동이 가능해지며 더 나아가 이런 운명적 협동 의식을 기초로 했을 때에만 '합리적 개발'이 가능하다. 요컨대 본래 문화적 통일성을 결여했던 동아에서 지역주의적 협동체는 동양 문화의 구조가 지역적 일체성을 갖는다는 상수적 조건에 의존할 수 없으며, 동아 지역 민족들의 공존·공영의 운명을 의식화하는 사명의식과 정치운동에 의해 창조되는 형태를 취해야 한다는 것이다.

그런데 왜 특정 지역(일본, "만주", 중국)만이 동아협동체가 되는가라는 질문이 가능하다. 이는 동시대의 동아협동체 논객이자 인기 사회학자였던 다카다 야스마(高田保馬)에게서 제기되었다. 이에 대해 로야마는 단지 "지리적 관점에서라면, 연해주나 남양도 동아협동체의 지역적 범위에 들어가"지만, "정의 결합을 계기로 한 운명적 협동"을 고려한다면 동아협동체의 구성원이 될 수 없다고 말한다. 인종적 유사성으로부터는 "민족의 방위"라는 정치적 반향은 생겨나지 않는다고 생각했기 때문이다(蠟山政道, 「東亞協同體の理論的構造」, 1941, 160-161).

3) '호혜'에 기반한 경제협동체: 가다 데쓰지와 신식민지주의 구상

가다 데쓰지(加田哲二, 1895~1964)는 게이오기주쿠대학 이재과(慶應義塾

大學 理財科)를 1919년에 졸업하고, 베를린대학에서 사회학과 독일경제사상사를 공부했다. 귀국 후 모교에서 교편을 잡고 식민정책학 강좌를 담당하면서 다수의 저작을 출판했으며, 쇼와연구회에서는 '동아블럭경제연구회' 분과에서 활약했다. 가다의 동아협동체론은 '동아경제협동체'로 불리는 것에서 알 수 있듯이 경제 영역을 중심으로 구상되었고 '현실주의자'로 평가된다(高橋久志 1981, 74).

가다는 동아시아에서 새로운 지역주의로 일본과 중국의 충돌을 해결하고, 양자의 제휴를 실현하기 위해 쌍방의 내셔널리즘을 초극할 것을 제창했다는 점에서 미키나 로야마와 크게 다르지 않다. 특징적인 것은 구미 제국주의에 대해 비판적 언설을 전개하면서 동시에 일본 제국주의에 대해서도 일정한 범위에서 수정·변경을 요청하고, 동아 민족들의 자립과 발전의 촉진을 요청했다는 사실이다(石井知章 2010, 138-139). 이로부터 기존 제국주의에 의한 영토 지배와는 다른 새로운 식민 정책과 민족 정책을 주창하는 것으로 나아갔다.

가다는 동아협동체론이 당시의 논단에서 압도적 세력을 점하고 있지만 여전히 이론적으로는 형성 과정에 있으며 겨우 맹아가 보이기 시작한 정도라고 평가하면서 다양한 논의들을 크게 두 가지로 분류한다. 동아협동체의 현실적 기초 특히 현실의 정치경제 동향을 근간으로 삼는 논의와 하나의 뮈토스이자 유토피아로 간주하는 이상주의적 입장이다(加田哲二, 「序文」, 1939, 1-2). 그는 동아협동체론이 동아에서 하나의 이상으로 자리를 잡아 가는 것은 바람직하지만 동아와 세계사의 필연적 귀결로서는 이해되지 못하고 있음을 비판하고, 자신의 임무는 이 이상을 현실적 기초 위에서 설명하는 것이라고 했다(加田哲二, 「東亞協同體論への序說」, 1939, 7).

동아협동체가 근거하는 현실적 기초란 동양의 상황이 새로운 국제관계를 요청한다는 사실이다. 영제국은 세계 육지 면적의 25%를, 세계 인구의 25%를 차지하는 거대 경제권이며, 무엇보다 1932년 오타와 회의 이래 영국 본국과 속영, 식민지 사이에서 파운드 스털링 블록을 형성하여 세계 경제의 대부분을 지배하고 있다. 미국도 국내의 거대 시장뿐 아니라 중남미 아메리카를 포괄해 거대한 달러 블록을 형성하고, 먼로주의에 의해 유럽으로부터의 불간섭을 유지하고 있다. 이처럼 영미 등의 서구 열강은 1930년대 경제 불황의 여파로 생겨난 블록 경제로 나아갔으며, 이로부터 이익을 얻고 세계 경제의 대부분을 지배하고 있기에 굳이 새로운 국제관계를 요구하지 않는다(加田哲二, 「東亞經濟協同體論」, 1939, 119-121).[15]

한편 이와 같은 체제에 대한 비판은 독일과 이탈리아 등 유럽 내부로부터 나오기 시작했다. 독일은 국제연맹으로부터 탈퇴하고, 제정 시대 대독일주의를 계승하면서 새로운 대외 활동 이론으로 '민족사회주의'를 채택했다. 가다는 이를 "민족의 피의 순결과 민족의 생존의 기초로서의 영역"을 요구하는 이론으로 설명했다. 이는 과학적인 것이 아니라 민족의 피에 대한 '신앙'이자 '신화'이며, 독일의 오스트리아 병합은 이것에 기초해 행해졌다고 비판한다. 이탈리아도 독일과 마찬가지로 대이탈리아를 제창하고, 로마제국에 대한 동경 속에서 에티오피아 등을 병합했는데, 이 또한 민족주의에 기반했다는 점에서 비판한다. 이들의 행동은 앵글로 색슨 지배체제의 타파 운동인 점에서 동감할 수는 있지만, 일본이 동아를 구상하는 방식은 이들의 방식과 달라야 한다고 말한다(加田哲二, 「東亞協同體論への序說」, 1939, 11-12).

가다는 동아협동체는 세계적 추세인 블록 경제와 다를 뿐 아니라, 이에

15_세계의 모든 나라들이 협동체를 구성할 필연적 이유는 없다고 간주한 점에서 가다에게 동아협동체는 보편적인 질서로 상정되지 않음을 알 수 있다.

반발해 국제연맹을 함께 탈퇴한 독일이나 이탈리아의 '민족주의' 방식과도 다르다는 것을 일관되게 주장했다. 그 차이는 "피의 문제로도 문화의 이론으로도 해결할 수 없는" 현실이 동아에 존재한다는 사실에서 비롯된다. 즉 동아의 전 지역이 일본을 제외하고는 식민지, 반식민지 상태에 놓여 있다는 현실이 동아 문제의 핵심이라는 것이다. 이 문제에 대한 현실적 인식이 전제되지 않는 한, 서양에 의한 동양의 정치경제적 예속은 불가피하며 동아협동체의 현실적 의의는 생겨나지 않는다고 보았다(加田哲二, 「東亞協同體論への序說」, 1939, 13).

가다의 이런 현실 인식에도 불구하고, 일본 또한 조선과 대만을 식민지로, 만주를 반식민지로 갖고 있다는 사실로 인해 그의 말은 다른 동아협동체론자들과 마찬가지로 설득력을 갖기 어려웠다. 이에 대해 가다는 개국당시 50~60년간 구미 식민지로서 고투 경험을 가지고 있으며, 동아의 일부에 구미와 똑같은 정책을 채용했음을 시인한다. 그러나 이제는 "구미와 함께 동서의 반식민지적 지위를 유지해 가는 것은 더 이상 이익도 이상도 국시도 아니다. 세계의 진운과 자국의 발전을 위해서는 동아의 반식민지 지위를 타파해야 한다."고 말한다(加田哲二, 「序文」, 1939, 5-6). 블록 경제는 종래 식민지 또는 반식민지적 상태를 블록의 기본 요소로 삼는다는 점에서 (반)식민지의 해방은 불가능하며 거꾸로 더욱 강화시킨다. 때문에 가다에게 블록 경제와 동아협동체는 식민지의 해방이 실현되느냐 아니냐를 결정하는 가장 중요한 분기점이 된다(石井知章 2010, 138-139).

「블록 경제에서 경제협동체로의 진전」이라는 글에서 블록 경제와 차별적인 고차원의 구성체를 이루기 위해서 다음과 같은 점이 고려되어야 한다고 제안한다(加田哲二, 「ブロック經濟より協同體論への進展」, 1939, 112-113). 첫째, 협동체의 기초로서 경제는 새로운 원칙 아래서 행해져야 한다. 무엇

보다 자본주의에 일정한 '시정'을 가할 필요가 있으며, 사리 우선의 자본주의적 정신을 '전체적 협동주의'로 전환시켜야 한다. 둘째, 경제협동체는 블록 경제처럼 식민지 관계를 모든 영역의 경제적 상호관계의 기본적 원리로 당연시되어서는 안 되며, 그 시정이 확약되어야 한다. 셋째, 경제협동체에서도 중추 국가는 존재할 수 있다. 만약 중심 세력이 존재하지 않는다면 그 결성이 불가능하기 때문이다. 현재 블록 경제의 중추 국가는 경제 이외의 다른 영역에 대해서도 명령하고 지배하지만, 경제협동체에서의 중추 국가는 다른 영역에 대해서는 명령하지 않는다. 넷째, 경제협동체에서는 협동체 전체의 이해가 우선적으로 고찰된다. 중추 국가도 다른 영역이 발전해 중추 국가 수준에 도달하기까지 지도의 임무를 가지며, 여기서 중추 국가의 이기주의는 엄격히 억제되어야 한다. 다섯째, 경제협동체의 구성은 호혜적 관계에 기반해야 한다. 자원, 투자, 무역, 생산에서 협동체 전체의 이익에서 산출된 계획이 이루어져야 한다. 여섯째, 이상과 같은 목적을 위해 경제협동체는 전면적 계획성을 가질 필요가 있다. 요약하면, 가다에게 동아협동체란 경제적 기능을 중심원리로 하는 경제협동체이며 미키가 말처럼 게젤샤프트의 장점을 흡수한 게마인샤프트가 아니라, 이익사회적 결합으로서의 게젤샤프트에 가깝다.

가다가 일본 내에서도 추진세력을 갖고 있는 블록 경제에 대해서 위와 같이 비판하고, 더군다나 (반)식민지의 독립을 시사하면서까지 새로운 길을 모색하고자 한 이유는 무엇이었을까. 실제로 블록 경제적 결합은 기존의 식민지, 반식민지 관계를 좀 더 긴밀히 하는 것으로 가능했기 때문에 당시 가장 용이한 방법이었다. 그러나 식민정책학의 대가였던 가다가 보기에 1930년대 후반 세계자본주의 발달 단계는 식민지, 반식민지를 기반으로 삼는 블록 경제로 지탱, 발전될 수 있는 성질의 것이 아니었다. "호혜관계

의 경제협동체가 하나의 이념으로 발생하는 것은 우연이 아니라 오히려 당대의 요구에 부응"(加田哲二, 「ブロック經濟より協同體論への進展」, 1939, 115)하는 것이라는 말은 가다가 동아협동체를 추구해야 할 이상이라기보다 현실의 필연적 귀결로서 이해하고 있음을 잘 보여 준다.

> 여기에 협동체의 사상이 있다. 협동체에서는 구성자는 호혜적·쌍무적 관계 속의 일원이다. 거기서는 식민지 또는 반식민지 관계로부터의 해방이 있다. 식민지 또는 반식민지 관계로서의 지배, 피지배의 관계가 근절된다. 거기서 지도, 피지도의 관계는 있다. 이것은 협동체 구성원의 정치경제적 발전 단계의 차이에 기초한 것이며, 협동을 위해 필요한 것이며, 착취 관계에 의한 식민지 또는 반식민지 관계는 아니다. 일본은 그 정치경제적 발전 관계에서, 우선 동아의 방위자이며, 그 지도자로서의 지위를 점해야 하는 것은 당연하다. 현실적인 정치경제 관계상에서, 협동체를 이들의 부정 위에 구성하려고 하는 것은 허망하다. 그것이 인도주의의 입장에서 주장된다면, 하나의 센티멘탈리즘에 불과하다(加田哲二, 「東亞協同體論への序說」, 1939, 6-7).

이처럼 가다에게는 우선 제국주의의 식민지, 반식민지로부터의 '해방'이 지지된다. 동아협동체 내부의 개별 국가들은 정치적으로 자유롭고 평등한 위치에서 호혜적 관계를 맺는 것으로 상정된다. 그러나 '정치경제적 발전 단계'에 따라 지도와 피지도의 관계는 존재한다. 경제적 '강제'가 정치적 '강압'을 대신하는 포스트제국주의 시대를 예견한 것이다.

가다는 식민지의 영토 확장을 통한 수탈 경제가 아니라, 지역 개발을 통한 실질적인 영향권의 확보를 추구하는 개발 경제를 지향했다는 점에서, 이전과 다른 새로운 식민 정책(=신식민지주의)을 구상했다고 할 수 있다. 민족자결을 용인하고 독립국가들의 호혜에 기반한 경제적 협동의 구상은 인도적 차원과 상관없이 막다른 골목에 다다른 제국주의 국가가 찾아낸 현실적 출로였던 것이다.

2. '동아'를 말하는 자리: 세계주의, 지역주의 그리고 신식민지주의

로야마는 당시 쏟아져 나온 동아협동체론들이 이론 구성이나 실제적 내용에서 강조점과 뉘앙스의 차이가 있어 동아협동체의 이론적 구조가 일관되지 못하다고 하면서, 그 원인으로 다음 세 가지를 들고 있다. 첫째, 동아의 지역성에 대한 고찰의 차이, 둘째, 민족 또는 민족주의 문제의 처리에 대한 차이, 셋째, 문화가 동아협동체에서 점하는 역할에 대한 차이이다(蠟山政道, 「東亞協同體の理論的構造」, 1941, 153-154).

미키와 로야마, 가다는 각각 문화와 사상, 국제정치학, 경제적 동아협동체를 구상했지만, 세계의 블록 경제화 추세와 중일전쟁의 장기화 속에서 "아시아로의 회귀"라는 당시 흐름 위에 서 있었다. 또한 서구 제국주의식 (반)식민지 상태에 있는 동아시아를 민족주의의 초극이라는 과제를 통해 결집시킨다는 공통점을 갖고 있었다. 이들 세 명은 로야마가 말한 위 세 가지 문제를 중심으로 동아협동체를 전개하면서도 그 강조점과 지향점을 달리했다. 예컨대 동아의 지역성에 대한 고찰에서는 그 배후에 세계적 질서에서 동아협동체의 지위, 세계적 질서 그 자체에 대한 견해의 차이가 잠재되어 있다. 민족에 대해서는 동아에서 일본 민족의 지위, 동아 민족 상호 간의 관계에 대해 의견의 불일치가 있다. 문화와 관련해서는 문화가 협동체에서 점하는 역할, 문화의 특수성과 보편성 문제 등에서 의견을 달리했다.

미키는 전통의 동아 문화에 근거한 새로운 동아 문화의 창조를 통해 동아의 공통성을 마련하고, 동시에 그 안에 세계성을 담지하는 것을 꿈꿨다. 곧 동아의 문화와 사상은 개별의 민족적인 것과 추상의 세계적인 것을 동시에 담아내는 '보편'이 되기를 기대했다. 한편 로야마에게 지역은 자연적 요소이면서도 문화적 세계와 밀접히 관련되어 있고, 민족 또한 생물학적 존재일 뿐 아니라 일정한 문화 의식에서 자각되었다. 곧 문화는 독립적으로 동아협동체의 구성 요소가 되는 것이 아니라, 지역·민족과의 관련 속에서 설명된다는 점에서 로야마에게 부수적인 것으로 간주되었다. 따라서 로야마는 동아의 문화 요소와 사상 문제를 그 자체로 설명하는 미키에 대해 비판적인 평가를 내린다. 가다 또한 "추상적으로 동아협동체의 근거로서의 사상의 세계성을 주장하기보다도, 지역성에 의한 협동체의 필연적 구성을 주장하는 쪽이 이론으로서의 가치가 있다."고 하여, 미키의 것과 같은 이념적 혹은 이상주의적 입장을 처음부터 반대했다(加田哲二, 「序文」, 1939, 3). 미키가 "동양 문화의 반성적 전개를 출발점으로 삼아 세계적인 것으로 나아가고자" 했다면, 로야마와 가다는 동아는 민족국가와 지역의 매개 없이 세계적인 것으로 나아가기 어렵다고 보았다(蠟山政道, 「東亞協同體の理論的構造」, 1941, 167). 곧 미키가 동아와 동아의 문화가 그 자체로 세계성을 구현할 것을 요구했다면, 로야마와 가다는 민족국가와 지역, 세계를 동심원적인 위계를 가진 세계로 설정했던 것이다.

가다는 식민지 인민의 민족 독립 사상을 존중했고, 토착자본의 건전한 발전을 제안했으며, 특히 동아협동체는 "근접 지대 주변국에 대해 독립국가로서의 주권을 승인"해야 함을 주장했다. 그러나 이것을 도덕적 선함의 차원으로 돌릴 수는 없다. 국가 간 예속관계에 기반한 과거의 식민지 정책이 경제활동에 더 이상 유리하지 않다는 식민정책학자로서의 그의 입장은 문화와 정치의 영역을 떠난 것이다. 이는 1960년대 이후 등장한 제3세계 개발론이 갖고 있던 신식민지주의에 대한 선진적인 구상이라고 말할 수 있을 것이다. 가다는 국방 지역 설정과 경제 산업 개발을 목표로 했다는 점에서 로야마와 매우 비슷하지만, 동아협동체에 대해 사상적이거나 운명적인 수사를 거부하면서 철저하게 경제적 이익에 근거해 사고했다는 점에서 로야마와 차별적이다. 동아협동체는 "동아에 속하는 각국의 개성을 말살해 일본에 봉사케 하는 것이 아니며, 또 일본 자신을 망하게 해서 인을 이루(려)는 것도 아니"(加田哲二, 「東亞經濟協同體の政策」, 1939, 66)라는 말은 '운명 의식'과 정치운동을 통해 동아를 구성하려는 로야마와는 또 다른 현실주의자의 면모를 잘 보여 주었다.

마지막으로 지역주의에 대한 미키의 생각을 살펴보면, 가다와 로야마와 달리 미키는 '동아'협동체라는 이름에도 불구하고 협동체가 '지역주의'로 수렴되는 것을 반대했다. 그 이유는 첫째, 동아 문화라고 해도 서양 문화를 섭취한 세계적인 것이어야 하기 때문이다. 둘째, 그는 지역적 차원 이상으로 시간적 차원을 중시했기 때문이다. 시간적 차원을 고려하지 않으면 동아 문화는 봉건주의로 역전되어 버리고, 세계 현실에서 가장 중요한 자본주의의 문제를 놓쳐 버릴 뿐 아니라 동양 내부의 차이를 무시하게 된다. 셋째, 동아협동체론이 중일전쟁을 계기로 나타났다고 해도 사상으로서는 세계적 보편성을 가져야 하기 때문이다. 넷째, 동아협동체의 사상 원리는 동아라는 지역을 단위로 실현되는 것이지만 그에 앞서 우선 국내에서 먼저 실현되어야 하기 때문이다. 국민협동체에 의한 일국적 혁신이 없는 동아의 건설은 요원한 일이라고 보았다(三木清, 「文化の力」, 2007a, 241-242). 이와 같은 이유로 미키는 동아협동체를 지역주의로 가두는 것에 반대했다.

3. 질문되어야 하는 것들

동아협동체론은 "다민족이 자주·협동하는 사회적 광역권"을 구상한 의사(疑似) 해방적 언설이었지만, 제창자들 사이에서도 "일본을 맹주로 아시아 해방을 변증하는 기만적인 것"으로 의심받았다. 전쟁을 하면서 연대를 요청하는 언설에서 진정성을 발견하기란 거의 불가능하다. 이때 판단의 밑거름이 되어 줄 수 있는 요소들이 몇 가지 있다. 동아협동체를 제안하는 일본의 사회과학자와 관료들은 과연 어디에 서서 말했는지, 누구를 향해 말했는지, 과연 응답을 기대하고 있었는지 등을 좀 더 면밀히 검토한다면, 동아협동체의 '논리' 뿐 아니라 '심정'에 접근할 수 있을 것이다.

이는 간단히 말하면 동아협동체론에서 일본이 동아의 다른 나라들과 어떤 관계에 놓이는 것으로 상정되었는가라는 문제이다. '협동'이 제창되었음에도 불구하고, 실은 일본 주도의 개발과 발전이 전제되었다고 할 수 있다. 미키처럼 "일본의 지도에 의해 성립된 동아협동체 속으로 일본이 들어가는 한 일본 자신도 이 협동체의 원리에 따라야 한다."(三木清, 「新日本の思想原理」, 2007a, 70)며 동아협동체에서 일본의 주도성을 경계한 사람도 있었지만, 대다수의 논자들은 일본의 지도적 지위를 주장했다. 예컨대 가다는 일본은 정치경제적 발전에서 동아의 방위자이자 지도자이며, 이를 부정하는 것은 감상주의에 지나지 않는다고 보았다. 로야마는 "필연적으로 자국의 안전과 동시에 중국의 보전을 요구하지 않으면 안 되는 운명을 짊어진" 일본이 동아의 안정 세력으로서 동아에 대한 특별한 관계를 맺어야 한다고 생각했다(蠟山政道, 「支那事變の背景と東亞政局の安定点」, 1938, 186).

현실의 문제는 그 운명의 자각이 노골적인 침략주의를 포장하는 정치적 수사로 동원되는 일이 더 많았다는 사실이다. 메이지기 계몽사상가들은 문명과 계몽의 이름으로 동아시아에 일본 세력의 확대를 정당화했고(후쿠자와 유키치), 다이쇼기의 자유민권론자들은 일본의 식민지·반식민지에서 민족자결의 요구에 응답하면서 식민지 자치와 독립을 제기했으나 신식민지주의적 논리로 귀결되면서 제국의 강화를 돕는 결과를 낳았다(요시노 사쿠조, 야나이하라 다다오).[16] 이 글에서 다룬 중일전쟁기의 (전향) 사회주의자 및 자유주의적 사회과학자들도 서구 근대주의와 자본주의의 초극을 주창하며 '동아협동체'를 제안하였으나, 전시체제를 뒷받침하는 현실추수주의 이론으로 전락하고 말았다.

그러나 애초에 이들이 '동아'를 호출한 동기는 일본만이 (반)식민지 상태에 있지 않기 때문에 서구 제국주의로부터 아시아를 '지켜내야' 한다는 자의식이었다는 점을 상기할 필요가 있다. 그것은 또한 당시 세계 정세에서 독일과 이탈리아를 위시해 유럽 내부로부터 이루어지고 있는 수정 노선이 갖는 한계를 넘어서 '신원리'를 창조할 수 있다는 '자신감'이기도 했고, 일본이 동아시아를 지키고 세계와 다이렉트로 대면하고 소통해야 한다는 전도된 '사명감'이기도 했다. 그런 점에서 질문되어야 하는 것은 연대의 수사가 갖는 진정성뿐만이 아니라, 공동의 적(서양)으로부터 '우리(동양)'를 지켜내면서도 동시에 '우리' 위에 군림하지 않을 수 있는 방법이 가능한가라는 정치인류학적 물음이어야 할 것이다.

16_요네타니 마사후미(2004, 85) 참조.

참고문헌

김경일. 2011.『제국의 시대와 동아시아 연대』. 창비.

박상수. 2010. "한국발 '동아시아론'의 인식론 검토."『동아시아, 인식지평과 실천공간』. 아연출판부.

사카이 데쓰야, 장인성 옮김. 2010[2007].『근대 일본의 국제질서론』. 연암서가.

오구마 에이지, 조현설 옮김. 2003『일본단일민족신화의 기원』.

요네타니 마사후미, 조경희 옮김. 2010[2006].『아시아/일본』. 그린비.

이석원. 2010. "위기의 사회과학 - 전간기(戰間期) 일본에서의 협동체주의와 지역주의."『역사문제연구』23.

이시다 다케시, 한영혜 옮김. 2003[1984].『일본의 사회과학』. 소화.

이진경. 2006. "식민지 인민은 말할 수 없는가: '동아신질서론'과 조선의 지식인."『사회와 역사』71.

임성모. 2011 "대동아공영권 구상에서의 '지역'과 '세계'." 이내영·이신화 엮음.『동북아 지역질서의 형성과 전개』. 아연출판부.

조관자. 2010. "'사회과학·혁명논쟁'의 네트워크: 일본자본주의논쟁(1927~1937)을 中心으로."『한림일본학』.

차승기. 2007. "추상과 과잉 - 중일전쟁기 제국/식민지의 사상연쇄와 담론정치학."『상허학보』.

함동주. 2000. "미키 기요시의 동아협동체론과 민족문제."『인문과학』30.

加田哲二. 1939.『東亞協同體論』. 日本青年外交協會出版部.

________. 1939.『現代の植民政策』. 慶應書房.

________. 1940.『植民政策』. ダイヤモンド社.

高橋久志. 1981. "東亞協同體論." 三輪公忠 編.『日本の一九三〇年代』. 彩光社.

高田保馬. 1939.『東亞民族論』. 岩波書店.

宮崎正義. 1938.『東亞聯盟論』. 改造社.

橋川文三. 1970. "東亞新秩序の神話." 橋川文三, 松本三之介 編,『近代日本政治思想史II』. 有裵閣.

道場親新. 2010. "20世紀 社會學の課題と'東亞'-新明正道にとっての總力戰." 石井知章·小林英夫·米谷匡史 編.『1930年代のアジア社會論』. 社會評論社.

道場親新. 2004. "近代社會の危機と再組織 - 新明正道の'東亞協同體'論."『社會學年誌』45号.

蠟山政道. 1941.『東亞と世界: 新秩序への論策』. 改造社.

________. 1938.『世界の變局と日本の世界政策』. 巖松堂書店.
米谷匡史. 2010. "尾崎秀實の'東亞協同體'批判."『1930年代のアジア社會論』. 社會評論社.
米谷匡史. 1998. "三木清の世界史の哲學."『批評空間』 II-19.
米谷匡史. 1997. "戰時期日本の社會思想 - 現代化と戰時變革."『思想』 12월호.
尾崎秀實, 米谷匡史 編. 2004.『尾崎秀實時評集』. 平凡社.
山之內靖, Victor Koschmann, 成田龍一 編, 1995.『總力戰と現代化』. 栢書房.
三木清. 1967.『三木清全集』. 岩波書店.
________. 2007.『三木清批評選集-東亞協同體の哲學』. 書肆心水.
________. 內田弘 編. 2007.『三木清 東亞協同體論集』. こぶし書房.
新明正道. 1939.『東亞協同體の理想』. 日本青年外交協會出版部.
石井知章. 2010. "加田哲二の東亞協同體論."『1930年代のアジア社會論』. 社會評論社.
小林英夫. 1998. "東亞聯盟運動 -その展開と東アジアのナショナリズム-."『帝國という幻想』. 青木書店.
趙景達. 2011. "韓國併合の論理とその歸結-アジア主義と同化主義の行方."『朝鮮史研究會論文集』4.
趙寛子. 2003. "植民地帝國日本と'東亞協同體'."『朝鮮史研究會論文集』41.
子安宣邦. 2003.『アジアはどう語られてきたか: 近代日本のオリエンタリズム』. 藤原書店.
秋定嘉和. 2001. "社會科學者の戰時下のアシア論 -平野義太郎を中心に." 古屋哲夫 編.『近代日本のアジア認識』. 綠陰書房.
平野敬和. 2010. "蠟山政道と戰時變革の思想."『1930年代のアジア社會論』. 社會評論社.
洪宗郁. 2011.『戰時期朝鮮の轉向者たち-帝國/植民地の統合と亀裂』. 有志舍.
荒川幾男. 1963. "近代の超克."『近代日本思想論爭』. 青木書店.

Doak, Kevin M. 2007. "The concept of ethnic nationlity and its role in Pan-Asianism in Imperial Japan." Saaler, Sven. and Koschmann, J. Victor., ed. *Pan-Asianism in modern Japanese history: colonialism, regionalism and borders*. London: Routledge.
Han, Jung-Sun. 2005. "Rationalizing the Orient: The 'East Asia Cooperative Community' in Prewar Japan." *Monumenta Nipponica* 60-4.
Hotta, Eri. 2007. "The China War and Its Pan-Asianism Rescue." *Pan-Asianism and Japan's War 1931~1945*. Palgrave macmillan.
Koschmann, J. Victor. 2007. "Constructing destinity: Rōyama Masamichi and Asian regionalism in wartime Japan." Saaler, Sven. and Koschmann, J. Victor., ed. *Pan-Asianism in modern Japanese history: colonialism, regionalism and borders*. London: Routledge.

Sakai, Naoki. 2009. "Imperial Nationalism and the Comparative Perspective." *Positions* 17-1.

_______. 1999. "Ethnicity and species: On the philosophy of the multi-ethnic state in Japanese imperialism." *Radical Philosophy* 95.

4장

일제의 대륙 침략기 '북선 루트'와 '북선 3항'

송규진

세계 경제공황 이후 각국은 공황 타개책으로 자국의 생산품을 사용하도록 하기 위해 무역을 통제하면서 관세 장벽을 높이거나 특정 상품의 수입을 금지하여 자국의 생산품을 사용하도록 하는 강제적 조치를 취했다. 경제공황과 무역 통제로 이전까지 구축했던 국가 간 경제협력이 무색해지고 세계 경제질서가 위기에 봉착하면서 세계는 이른바 지역별 경제 블록으로 분열되었다(송규진 2010). 이런 상황에서 일본 관동군은 봉천(奉天) 근처의 철도를 폭파한 뒤 이를 구실로 봉천을 비롯한 만주의 주요 도시를 차례로 점령했다. 관동군은 1932년 3월 만주국을 설립한 뒤 일만(日滿) 양국의 일체 불가분 관계를 강조했다(小林英夫 1975). 이를 경제적으로 실현하기 위

* 이 글은 『한국사연구』 163(2013)에 게재된 졸고 "일제의 대륙침략기 북선 루트·북선 3항"을 일부 수정한 것이다.

해 양국 경제가 상호 의존관계에 있다는 '일만 경제블록론'이 제기되었다. 또한 한반도 및 남만주 일부에 한했던 일본의 '대륙 경영'이 확대되면서 일본과 결합된 '대륙 경제'에 대해서도 활발히 논의되었다. '일만 경제블록론'은 '일만중 경제블록론'으로 확대되었는데 특히 중일전쟁 이후에 華北(화북), 몽골 및 화중(華中)에 친일 정권이 수립되면서 경제블록론은 더욱 강조되었다(作田莊一 1936; 日滿支經濟懇談會事務局 編 1939; 木村增太郎 1940).

경제 블록 내의 지역을 상호 연결하는 '루트'는 경제 블록을 유지하는 데 핵심적인 역할을 담당한다. '루트'는 통로, 경로 혹은 유통로를 의미하므로 블록이 형성되지 않고 하나의 국민경제 단위이거나 블록 범위가 극히 좁은 경우, 일반적으로 교통 문제를 다룰 때 언급된다. 그런데 블록이 상당히 넓어 그 안에 여러 개의 국민경제를 포함하는 경우 '루트'는 일반 상품 수출과 같은 의미에서 해외 교통 문제나 외국 항로 문제뿐만 아니라 블록 내의 정치·경제·사회·문화 등 복합적인 문제까지 함축한다(鈴木武雄 1942, 125-129). 특히 블록 경제를 구축하거나 확대하는 계기가 되었던 만주사변이나 중일전쟁 등에서 루트는 더욱 중시되었는데 전쟁의 승패를 결정하는 데에 보급 교통선이 중요한 역할을 담당했기 때문이다(鈴木武雄 1942, 156-158).

일제의 대륙 침략기에 엔 블록에서 조선 경제의 역할을 중시하는 '대륙 루트론'이 등장했다. '대륙 루트'는 대한해협으로부터 부산을 거쳐, 경부, 경의, 안봉선을 경유하여 만주국 각지를 연결하는 '안봉 루트', 조선 서해안의 다사도, 진남포, 해주, 인천, 군산, 목포, 부산 등으로부터 황해를 건너 남만주 혹은 화북에 이르는 '황해 루트', 니가타, 쓰루가에서 동해를 횡단하여 나진, 청진, 웅기 등 '북선 3항'을 거쳐 길회선(길림~회령), 경도선(신경~도문)을 경유하여 동북만주와 연락하는 '북선 루트'로 분류할 수 있다.

관동군이 실질적으로 지배했던 만주국은 만주산업 5개년계획을 수립하여 남만주 지역을 공업화함으로써 엔 블록 내에서 우위를 확보하기 위해 노력했다(小林英夫 1975, 66-78). 이로 인해 조선 공업 제품을 만주국으로 수출하고자 했던 조선의 산업정책 관계자는 만주국 상품과 조선 상품의 경쟁과 충돌을 우려하는 한편, 서로 공생관계에 있다는 것을 강조하며 남만주 지역과 관련 있는 '안봉 루트'와 '황해 루트'보다는 북만(北滿) 지역과 관련 있는 '북선 루트'를 중시했다. 특히 중일전쟁 발발 이후 '황해 루트' 뿐만 아니라 '안봉 루트'도 중국과 교류하는 통로로 활용되면서 대만주국과의 교류에서 가장 주목을 받은 것이 '북선 루트'였다(鈴木正文 1938; 송규진, 2012).

스스키 다케오(鈴木武雄)가 '대륙 루트'로서 조선의 역할을 중시하고 '대륙 루트'를 설명하는 과정에서 '북선 3항'을 정리한 것을 제외하면 지금까지 '북선 루트'와 '북선 3항'을 본격적으로 분석한 연구는 찾아보기 어렵다. 정재정이 일제의 간선철도망 형성 과정을 다루면서 '북선 루트'를 간단하게 설명하고 있을 뿐이다(정재정 1999, 158-163). 정재정은 일제하 수탈 '루트'로 조선철도가 담당했던 역할을 집중적으로 분석함으로써 학계에 크게 기여했다. 다만 그의 연구는 조선 경제에 국한되어 있다는 점에서 연구 범위를 확장시켜야 한다고 생각한다. 최근 정재정은 경성(서울)을 중심으로 한 동북아의 철도를 분석함으로써 연구 범위를 확장하려는 시도를 하고 있는데, 이는 이 글을 작성하는 데 많은 시사점을 주었다(정재정 2013). '북선 루트'가 일본과 조선, 만주를 연결하는 통로임을 고려할 때 조선뿐만 아니라 만주까지 고려해야 종합적인 평가가 가능할 것이다.[1] 본 연구는 '만주 경제'를

1_'북선 루트'는 일본의 대소련 정책을 위한 정치·외교적인 측면에서 중요하게 다루어졌는데 만주에 물자를 안정적으로 보급하기 위한 경제적인 목적도 있었다. 북철은 東淸철도, 東支鐵

장악하기 위해 일제가 '북선 루트'를 정비하면서 북철과 경합하는 과정을 살필 것이다.[2] 또한 만주 경제가 북철권과 만철권으로 분할된 이후 북철권과 만철권의 경쟁 과정에서 '북선 루트'와 '북선 3항'이 어떤 역할을 했는지를 분석하고자 한다. 이를 통해 총독부와 만주국, 만철, 관동군이 상호 긴밀하게 협력하면서 제국질서를 유지하고자 했다는 것을 입증할 것이다.[3]

1. '북선 루트'·'북선 3항'과 북철

1) '북선 루트'·'북선 3항'의 개발과 협력

'북선 루트'는 일제가 만주사변을 일으킨 이후 크게 주목을 받았다. 그런데 일제가 '북선 루트'의 중요성을 인식하게 된 계기는 러일전쟁이다. 1905년 8월에 일본 육군은 러일전쟁을 수행하는 데 필요한 군수품을 수송

道, 東省鐵道, 中東鐵道, 北滿鐵道 등 다양한 명칭으로 불리어졌다. 저자는 남만주철도와 대비하기 위해 북철로 명기할 것이다.

2_북철에 대해서는 그 동안 많은 연구가 있으나 저자는 다음의 연구에서 도움을 받았음을 밝혀 둔다. 이에 대해서는 김지환(2004); 김지환(2013a); 최덕규(2004); 최덕규(2008); 이완종(2005)을 참조.

3_최근 제국질서 내 다양한 지역·세력 간 갈등을 구명하는 연구가 나오고 있다. 이는 제국질서 내 존재한 다양성을 구분하지 않고 일제로 통칭했던 연구 경향에 대한 반성이기도 하다. 저자는 대륙 침략을 위해서 제국질서 내 다양한 지역·세력 간 협력이 지속되었음을 밝히고자 하며 갈등의 양상을 밝히는 것은 다른 연구자들의 몫으로 돌리고자 한다.

하기 위해 청진~회령 사이 및 청진~나남 사이에 경편 철도를 임시로 부설했다. 철도가 부설되자 군수품과 군인뿐 아니라 일반 여객화물도 철도로 운송되었다(清津商工會議所 1944, 85-86). 1906년에 일본 육군은 주요 작전지역을 북만주로 하고 부수 작전지역을 함경도에서 길림성 동북부 및 남부 연해주 지역에 걸친 우수리 지역으로 설정하는 대로육군작전계획(對露陸軍作戰計劃)을 세웠다. 이를 실행하기 위해 일본 육군은 길림에서 장춘(長春)까지 철도를 부설하여 돈화(敦化), 국자가(局子街), 혼춘(琿春)으로 연결하고 이를 나진, 웅기까지 이어지도록 하고자 했다(모리야마 시게노리 1994, 224-225). 이즈음 일반 일본인도 청진으로 이주하기 시작했는데 이들은 일본과 교통연락망을 완비할 경우 청진 상권을 동북만주까지 확대할 수 있다고 판단하여 철도 부설을 위해 적극적으로 로비했다.[4]

만주 문제에 대해 일본과 러시아가 상대의 세력권을 인정하는 합의를 위한 제1차 러일협약이 체결(1907년 7월)된 이후인 1908년에 일본 육군은 북부조선으로부터 길림까지 철도를 부설하는 것이 일본제국 정책상 중요하다고 판단하고 국자가~혼춘~회령 지역을 답사하기 위해 조사원들을 파견했다. 조사원들은 이 지역에 철도를 부설할 경우 북철이 지닌 군사전략적 효과를 감소시키는 데 기여할 수 있다고 보고했다. 러시아가 북철을 이용하여 하얼빈(合爾濱)에 병력을 집결시킬 경우, 일본은 청진~회령~길림~장춘(만주국 수립 이후 신경) 노선을 활용하여 병력을 파견함으로써 러시아군을 위협할 수 있다는 것이다(김지환 2013b, 341).

만주에 대한 열강의 관심이 고조되는 상황에서 일본은 중국과 1909년

4_「日人의 我國拓殖條項」, 『皇城新聞』 1906.5.1.(한국역사정보시스템[http://www.koreanhistory.or.kr/]의 원문 제공에 의한 것임. 이하 신문 자료의 출처는 동일함).

9월에 「간도에 관한 청일협약」(이른바 '간도협약')을 체결했다(국회도서관 1975, 251-252). 이 협약으로 일본은 간도를 청국의 영토로 인정하는 대신 만주의 철도 이권을 보장받게 되었다. '간도협약'에 대해 우려감을 표시한 러시아 외상 이즈볼스키(Aleksandr Petrovich Izvokki)는 주러 일본대사 혼노 이치로(本野一郎)에게 "내가 철도라고 하는 것은 안봉선이 아니라 길림에서 조선 국경에 이르는 노선을 말한다."며 간도협약 제6조에 규정된 길장선 연장이 러시아에 군사적으로 위협이 된다며 항의했다(外務省 1963, 358).

러일전쟁 직후에 구상한 '선만일체'와 '두만강경략' 및 '동해중심론'을 실현하기 위해 일제는 주변국의 시선을 의식하면서도 만주철도와 조선철도를 연결하는 길회선 부설을 계획했다. 총독부는 먼저 북부조선에 철도를 부설하기로 결정했는데 1913년 3월에 제31회 제국의회에서 1914년 이후 5개년간의 계속 사업으로 원산~영흥 및 청진~회령 노선 부설 공사를 허가받았다(龜岡榮吉·砂田辰一 1927, 54-55). 북부조선에 거주하는 일본인들도 자신들의 경제적 이익을 위해 철도 부설에 적극 협력했다. 청진일본인상업회의소는 1913년 3월에 제국의회에서 조선철도 건설 및 개량 공사비 총액 6,560만 원에 함경선 설비에 따른 2,910만 원(기존 함경선 건설비 1,200만 원)을 추가하도록 결정하는 데 일조했다(清津商工會議所 1944, 85-92).

1914년 6월에 총독부 철도국은 청진건설사무소를 설치하여 철도 부설 공사를 개시했고 1915년 9월에 웅진건설사무소를 설치했다(龜岡榮吉·砂田辰一 1927, 55). 그런데 함경선(원산~회령) 본선 공사를 착수할 때 제1차 세계대전이 발발하면서 물가 및 임금이 앙등하자 용지 매수에 예상보다 많은 금액이 들어가게 되었고 청부업자와 계약단가를 개정해야 하는 등 공사가 어려움에 봉착했다(清津商工會議所 1944, 85-93). 그러자 총독부는 조선인뿐만 아니라 중국인 쿨리를 작업 인부로 모집하여 공사를 계속 이어갔다.[5]

1916년 2월 조선총독 데라우치 마사타케(寺內正毅)는 총리대신 오쿠마 시게노부(大隈重信)에게 길회선을 시급히 부설해야 한다고 청원하면서 일본이 만주에서 만철을 보유하여 남만주 경제를 장악하고 있으나 북만주에도 주요 시장이 있기 때문에 북부조선을 통과하여 북만주에 이르는 철도 부설이 필요하다고 역설했다(김지환 2013b, 342). 1916년에 총독부는 북부조선에서 철도 부설 사업을 계속 추진했다(朝鮮總督府鐵道局 2004, 244-249).

총독부는 1921년 9월에 주요 관료와 실업가가 참여한 조선산업조사위원회를 개최했다. 이 위원회는 철도망의 확충과 개량에 관한 답신을 바탕으로 조선철도 확충을 건의했는데 그 가운데는 함경선 건설도 포함되었다(정재정 2007, 99). 1923년 관동 대지진으로 인한 긴축재정으로 예산이 크게 삭감되었지만(龜岡榮吉·砂田辰一 1927, 56), 1926년 3월에 제국의회에 조선철도의 보급을 촉진하는 건의안이 제출되었다. 도쿄에서는 조선철도촉진기성회가 설치되어 관련 인사를 대상으로 치열한 로비 활동을 전개했다. 제국철도협회가 조선철도망 조사, 철도 경영 개선책, 철도 보급 및 촉진을 위해 수립한 '조선철도 12년계획'은 1927년 3월에 제국의회에서 통과되어 곧바로 실행되었다. 이는 조선에 이권을 가진 인맥을 최대한 동원하여 제국의회에 로비를 벌인 결과였다(鮮文會 1986, 75-77). 마침내 1928년 9월 1일에 함경선을 전통(全通)하여 경원선(1914년 9월 개통)과 연결했다(清津商工會議所 1934, 35). 이와 함께 만주에서 길돈선(길림~돈화)이 완공되자 일제가 구상한 길회선이 대부분 개통되었다(고바야시 히데오 2004, 87). 일제는 함경선 부설을 통해 함경남북도 지방의 석탄과 삼림을 개발하고 해산물을 반출

5_「清會鐵道 근황」, 『每日申報』 1915.3.22.

하여 연료난과 식량난을 해결했다. 또 함경선을 만주철도와 연결하여 만주 내륙과 시베리아 진출을 원활하게 하는 한편 청진·나남·웅기 등을 통해 일본과 최단거리의 운송로를 확보할 수 있었다(龜岡榮吉·砂田辰一 1927, 1-8). 함경선은 군사적·경제적으로 경부·경의 철도에 버금가는 제2의 종관 간선 철도로 평가할 수 있다(정재정 2007, 145).

그럼에도 길회선이 완전 개통되지 않아 여전히 불편한 점이 많았다. 만주사변 직후 관동군사령부는 조선군사령부에 조선군의 지원을 요청했고 조선군사령부는 참모본부의 허가를 받지 않은 상황에서 제20사단 혼성 제39여단의 만주 파견을 명령했다(서민교 2002, 215). 이들은 작전을 수행한 뒤 조선으로 귀환했다. 당시 군용열차의 경우 갈아타지 않고 직접 가는 것이 일반적이었는데 이들이 귀환할 때 사용한 철도 노선은 철도 폭이 서로 달라 회령에서 함경선으로 환승할 수밖에 없었기 때문에 길회선의 완전 개통에 대한 필요성을 통감했다고 한다(사카모토 유이치 2006, 27). 관동군은 길회선을 접속하는 '북선 항만'을 중시하면서 만주의 교통망 장악을 목표로 한 계획을 수립했다(加藤圭木 2010, 41).

1932년 4월에 혼조 시게루(本庄繁) 관동군 사령관과 우치다 고사이(內田康哉) 만철 총재 사이에 「철도, 항만, 하천의 위탁경영 및 신설에 관한 협정」이 체결되었고 같은 해 8월에 「만주국 정부의 철도, 항만, 수로, 항공로 등의 관리 및 선로의 부설, 관리에 관한 협약」이 체결되었다(高橋泰隆 1995, 346-347). 만주국은 1932년 12월 길돈선을 돈화 동 71km까지 확장하기로 하고 이와 함께 북으로 지선을 부설하기로 결정했다(김지환 2005, 273). 이때 조선철도와 만주철도가 회령에서 접속하는 것보다는 두만강 연안인 도문으로 우회전하여 남양에서 만나는 게 더 유리하다는 주장이 제기되었다. 이 문제를 둘러싸고 총독부, 만철, 관동군 등이 의견을 개진했지만 결국 남양에서 만나는 것으로 결정되었다(정재정 2007, 161-162). '북선 3항'과 북부 조선 철도의 만철 위탁경영을 위해 만철과 총독부가 협의했다.[6] 1933년 6월에 만철은 나진건설사무소를 설치한 후 공사에 착수했고, 1933년 8월에 돈도선를 개통하고 종래 회령을 종단역으로 설정했던 길회선을 신경~길림~돈화-조양천(朝陽川)~연길(延吉)~도문으로 연결되는 경도선(신경~도문)으로 개칭했다(정재정 2007, 106). 10월에는 웅라선(웅진~나진)을 개통했으며 같은 달에 도문과 남양을 잇는 도문 강교(江橋)를 가설한 뒤 청진~신경 간 직통 열차를 개통하여 조선철도와 만주철도를 연결했다(朝鮮總督府鐵道局, 2004, 109-111). 11월 1일에는 웅진~신경 간 국제 열차를 처음으로 운행할 수 있었다(鈴木武雄 1942, 171). 한반도의 북부 지역과 만주의 중앙 및 동북 지역을 연락하는 간선이 형성된 것이다.

1934년 3월에 만철은 총독부의 요청을 받아들여 경도선의 조양천에서 분기하여 개산둔(開山屯)에 이르는 철도를 표준궤로 개착하거나 새로 부설하고 이를 두만강 건너까지 연장하여 상삼봉에서 만나게 했다(정재정 2007, 107). 그리하여 두만강변의 만주철도와 조선철도는 도문~남양, 개산둔~상삼봉의 두 곳에서 접속하게 되었다. 1934년 12월 1일에는 웅기~경성 간 직통 열차가 개시되었다(鈴木武雄 1942, 169-170).

일제는 '북선 3항'의 경영과 관련하여 만철, 철도부에 속하는 기관으로 할 것, 완전히 독립된 총재 직속의 기관으로 할 것, 만주국 철로총국에 속하는 기관으로 할 것 등 3가지 방안을 모색했다.[7] 만철은 처음에는 항만관리권, 세관뿐만 아니라 경찰권까지 위임할 것을 요구했으나 총독부는 행정

6_「北鮮三港과 鐵道 委任經營 打合 村上理事 來城」, 『每日申報』 1933.5.9.

7_「北鮮三港移管問 題への考究」 1~3, 『北鮮日報』 1933.5.2.-5.5.

권은 절대 양보할 수 없다는 입장을 분명히 했다.[8] 만철은 1933년 4월부터 5개년계획으로 웅진항 건설 제1기 공사를 착수했고 제2기 5개년계획, 제3기 4개년계획으로 거대한 항만을 완성하고자 했다(鈴木武雄 1942, 171). 이와 함께 북선철도를 국제 간선으로 활용하기 위해 청진·웅기 2항 경영도 만철에 위탁하는 방침을 결정했다(朝鮮總督府鐵道局 2004, 110-111). 이를 위해 1933년 9월 28일에 칙령 제258호 「조선총독의 관리에 속하는 철도 일부 업무의 위탁에 관한 건」을 공포한 뒤 10월 1일부터 '북선철도'의 만철 위탁경영을 단행했다. 함경선을 20년 동안 만철이 경영한다는 것으로 조선총독부가 개량비와 지선 건설비를 부담하되, 만철은 위탁기간 동안 위탁철도 투자액의 4%(1936년 이후에는 2.2%)를 조선총독부에 납부해야 한다는 것이 그 주요 내용이다. 총독부도 1936년 4월 30일 칙령 제60호 「조선총독이 관리하는 관유재산의 대부 또는 사용에 관한 건」을 발포하고 청진 및 웅기의 부두 경영을 만철에 무료로 대부하면서 '북선 3항'을 만철이 경영하도록 허락했다.[9] 만철은 북부조선 철도 위탁경영을 위해 청진에 북선철도관리국을 설치하여 함경북도 일원의 조선철도를 직접 경영했는데 1936년 10월에는 북선철도사무소로 개칭하고 이를 나진으로 이전했다(鮮文會 1986, 83). 이는 북부조선 동북만주의 철도를 동일하게 관리하게 하여 조선과 만주국의 협력 체제를 확고히 다지려는 방안이었다.

만철이 나진항 경영을 우선시하자 청진은 청진~남양 사이의 철도 경영을 총독부에 환원할 것을 요구했다.[10] 이런 요구로 '북선철도'의 일부 환원

8_「北鮮三港の行政權委任」, 『大阪每日新聞 朝鮮版』 1933.5.13.

9_『朝鮮總督府官報』 1936.4.30.

10_「北鮮鐵道委任 經營에 不滿」, 『每日申報』 1936.9.1.

이 결정되자 만철은 나진 경유의 철도 운임을 인하하기로 결정했다.[11] 총독부는 1940년 4월부터 다시 청진~남양 사이의 철도를 경영했는데 이후 청진은 청진 발 대만주국 화물 운임을 만철 경영 당시와 동일하게 하고 나진·웅진과 같은 비율의 운임을 받아 3항이 차별이 없도록 로비하여 총독부의 특례를 이끌어 냈다(清津商工會議所 1944, 247-248).[12]

당시 자유항 제도를 실시했던 대련(大連)은 '북선 3항'보다 유리한 위치에 있었고 만철은 '북선 3항'을 자유항으로 지정하여 총독부의 관할로부터 완전히 독립하여 통관 문제를 해소하자는 의견을 제시하기도 했다.[13] 그러나 이러한 논의는 다음과 같은 반대 의견으로 실시되지 못했다. 대련은 단순히 중앙종관선의 종단항일 뿐만 아니라 화북 무역의 중요한 중계항이기 때문에 일본 혹은 조선 상품이 대련을 거쳐 만주의 오지나 화북으로 가기 위해 자유항 제도가 필요하지만 '북선 3항'은 소련 무역의 중계항이 아니기 때문에 자유항 제도가 필요하지 않다. 또 자유항 제도를 실시하여 통관상의 문제를 단순화해도 '북선 3항'은 만주국뿐만 아니라 일본의 각 항구에 큰 영향을 주기 때문에 일본의 각 항구에서 문제를 제기할 가능성이 있다(鈴木武雄 1942, 225-226).

그런데 동북만주와 북부조선의 물자 교류를 좀 더 원활하게 해야 할 필요성이 제기되면서 조선에 만주국 세관을 설치하기로 합의했고 경도선 열차도 '북선 3항'까지 직통으로 운전하기로 결정했다.[14] 이를 위해 1935년 5

11_「北鮮三港 運賃撤廢 滿鐵羅津 集注策?」, 『每日新報』 1940.3.28.

12_이 때 상삼봉~수성, 회령~신계림도 함께 조선총독부에 환원되었다. 이는 총독부가 북부조선 지방의 공업과 자원 개발이 크게 진전됨으로써 철도와 항만을 직접 경영할 필요성을 느꼈기 때문이다(朝鮮總督府鐵道局 2004, 112-113).

13_「北鮮三港의 自由港問題」, 『每日申報』 1937.4.25.

월에 「도문강 국경을 통과하는 열차 직통 운전 및 세관 수속 간첩(簡捷)에 관한 협정」[15]을 체결하여 세관 수속을 간단하게 했다. 1937년 8월에는 법률 제67호 「관세법, 관세정률법 및 가치장법 등의 조선에 관한 특례에 관한 건 중 개정」[16]을 발포하여 보세지역으로 반입하는 화물 수용을 6개월까지 유예할 수 있는 편의를 제공했다. '북선 루트'가 정비되면서 만주와 조선 간의 세관 사무는 더욱 간소화해졌고 관세도 점차 폐지되는 방향으로 나아갔다. 만주국이 재정상 관세 수입에 크게 의존했기 때문에 관세 인하를 진행하기가 쉽지 않았지만 관세율이 계속 인하될 것은 이미 예견되었다(澁谷禮治 1939, 5). 실제 만주국의 관세율은 인하되었을 뿐만 아니라 일부 품목의 경우에는 관세 자체가 철폐되기도 했다. 이러한 만주국의 관세율 인하와 철폐에 대응하여 조선총독부도 '국경 관세 특례'를 확대하여 만주국 물자에 대한 수입세를 일부 철폐했다(송규진 2001, 172 -174). 1943년 1월 1일부터 조선과 만주국 국경의 세관 소재지 내에서는 수송품의 세관 수속을 간소화하기로 결정했다(朝鮮東亞貿易株式會社 總務課 1943.2, 13). 또한 1943년 3월 15일부터 '경제개발의 촉진'을 위해 국경 하천 시설의 수력 발전 설비를 비롯한 건설 공사용품에 대해서는 조선과 만주국 국경을 통과할 때 관세법을 적용하지 않기로 결정했다(朝鮮東亞貿易株式會社 總務課, 1943.3, 23). 총독부는 1944년 5월 칙령 제321호「관세정률법 제3조의 2 규정에 의한 수입세의 면제 등에 관한 건」[17]을 발포했다. 이 법령으로 만주국에서 생

14_「朝鮮內滿洲國稅關設置 來月中條約締結 京圖線列車는 北鮮三港까지 直通運轉하야 從來不便除去」, 『每日申報』 1935.2.15.

15_『朝鮮總督府官報』 1935.5.28.

16_『朝鮮總督府官報』 1937.8.17.

17_『朝鮮總督府官報』 1944.5.19.

산된 모든 제품에 대해 수입세가 전면 면제되었다.

이와 같이 '북선 루트'가 정비되고 관세가 철폐되면서 만주에서의 수송 루트는 크게 변화했다. 대련을 중심으로 이루어졌던 수송 체제가 위축된 반면 만철을 경유해서 조선철도로 수송하는 루트와 북부 만주의 물자를 조선 북부 항구로 수송하고 거기서 동해를 거쳐 일본으로 보내는 루트가 중시되었다(고바야시 히데오 2004, 209). 일제가 '북선 루트'를 정비하여 한반도 북부 지역과 만주 및 일본의 중심 지역으로 화물과 여객을 더욱 많이 실어 나를 수 있게 되면서 한반도는 일제의 대륙 침략기에 대륙 병참기지로서 주어진 역할을 더욱 충실히 수행하게 되었다.

2) 북철과 만철·'북선 루트'의 경쟁

일제가 코민테른의 세계혁명 사상과 그 수단을 세계에 전파하기 위한 특수 통로라고 이해했던 시베리아철도는 중국의 변경을 둘러싸고 '일만 블록'과 인접하고 있는 소련 블록의 중요한 블록 루트, 즉 대륙 루트라고 할 수 있다.[18] 제정 러시아는 시베리아철도의 한 구간인 북철을 통해 만주로 남하하여 요동반도를 출구로 하려 했지만 러일전쟁에 의해 좌절되자 북철을 기반으로 만주에 대한 영향력을 행사했다.

18_시베리아철도는 크게 3개의 간선으로 구성되었는데, 첫째는 시베리아로부터 극동을 경과하여 블라디보스토크에 이르는 루트인 동방간선, 두 번째는 시베리아로부터 외몽골, 내몽골을 경유하여 張家口로부터 북경, 천진 지방에 이르는 루트인 중앙간선, 세 번째는 소련 중앙아시아로부터 신강성에 들어가 迪化, 哈密을 거쳐 감숙성의 肅州, 甘州에서 蘭州에 이르는 남방간선이다(鈴木武雄 1942, 142-155).

시베리아철도는 1891년에 러시아가 첼리아빈스크에서 블라디보스토크에 이르는 시베리아철도를 기공함으로써 개발되었다. 이때 영국은 북경에서 봉천에 이르는 경봉선을 착공하는 등 동아시아에서 철도를 매개로 한 열강의 세력 다툼이 전개되었다(이노우에 유이치 2005). 러시아는 처음에 시베리아철도의 종단항으로 원산을 상정하고 원산과 블라디보스토크를 잇는 함경선과 이로부터 서울에 이르는 경원선의 부설을 계획했다(정재정 2005, 242). 그런데 청일전쟁 이후 일본이 획득한 요동반도 조차권을 독일, 프랑스와 함께 삼국 간섭을 통해 막은 러시아는 만주를 통과하는 시베리아철도 부설을 구상했다. 니콜라이 2세의 대관식에 청국의 실세 이홍장이 사절단을 이끌고 참석했을 때 러시아의 뷔테는 러시아와 청국 간에 방어 동맹을 체결하고 이홍장 개인에게 300만 루블의 리베이트를 지급하는 대신 만주 관통 철도 부설권을 요구했다. 이때 뷔테는 만주철도에서 황해 부근의 특정 항구까지 연결하는 지선 부설권도 요구했지만 이홍장은 이를 거절했다. 하지만 1896년 6월에 이홍장은 일본이 침공할 경우 상대국을 서로 원조한다는 조건으로 길림성, 흑룡강성을 통과하여 블라디보스토크에 이르는 철도 부설을 승인했다(이완종 2005, 195-197).

당시 러시아는 시베리아철도를 연장하여 조선철도와 연결하려 한 듯하다. 이는 프랑스의 피브릴르 회사가 단독으로는 경제적 이익을 낼 수 없다고 예상하면서도 경의선을 부설한 것을 통해 추측할 수 있다. 프랑스 차관으로 건설되던 시베리아철도와 경의선을 연결하여 두 철도의 경제적 이익을 증대할 뿐 아니라 동아시아와 한반도로 세력을 뻗치려 했던 러시아의 야심도 한 요인으로 작용했다(정재정 2005, 2450).

1898년 3월에 독일이 교주만을 조차하자 러시아는 청국과 체결한 동맹조약을 명분으로 1898년 12월에 자국 함대를 여순에 입항시키고 1899

년 3월에 대련을 25년간 조차하는 한편, 하얼빈(哈爾濱)과 여순을 연결하는 남만주철도 부설권을 획득했다(이완종 2005, 200-201).[19] 1900년에 의화단 사건이 발생하자 러시아는 북철 연변 수비병 배치를 빌미로 군대를 파견했다. 이후 중국 동북 지역은 사실상 러시아의 세력권이 되었고, 만주를 '이익권'으로 생각한 일본과 충돌하지 않을 수 없었다. 러일전쟁 이후 포츠머스에서 체결된 러일강화조약 제6조에서 러시아는 장춘으로부터 여순에 이르는 철도 및 기타 일체의 지선, 그리고 이 지방에서 철도에 부속된 모든 권리, 특권 및 재산, 탄광을 일본에 양도하는 데 합의했다. 1906년 6월에 일본 정부는 철도 및 부대사업을 경영하기 위한 회사 설립에 관한 칙령을 반포했으며 11월에 창립총회를 열어 만철을 창립했다(김지환 2013b, 338).[20]

만철이 창립된 이후 북만주의 화물을 블라디보스토크항을 통해 수출하고자 하는 북철과 대련항으로 흡수하려는 만철 사이에 화물 쟁탈전이 치열하게 전개되었다. 북철(당시에는 동청철도) 이사회는 만철과의 경쟁에서 우위를 확보하기 위해 운임 할인을 통해 물동량을 북철로 흡수하려는 정책을 적극 입안했다. 북철 이사회는 다음과 같은 원칙을 세웠다. ① 북철 운임정책의 근본적인 목적은 러시아 제품을 북만주로 유도하여 만주 시장을 장악하는 데 있다. ② 외국 제품, 특히 일본 제품의 북만주 유입을 적극 저지한다. ③ 북만주에서 생산 공업의 발달을 조장한다. ④ 러시아의 공업 발전을

19_이로 인해 러시아 주도로 경의선을 부설해야 할 필요성과 긴급성은 현저히 감소했다. 그러자 피브릴르 회사는 경의선 부설권을 일본에 매각하려 했으나 까다로운 조건 때문에 일본이 거절하고 피르릴르 회사는 이를 한국 정부에 반환했다(朝鮮鐵道史編纂委員會 1937, 103-104).

20_자본금 2억 엔 가운데 1억 엔은 일본 정부가 현물 출자했고 나머지 1억 엔은 중국인과 일본인이 출자하기로 했지만 중국인을 배제하고 단행된 주식 모집으로 자금 조달이 불투명했다. 런던에서 모집된 사채로 만철 탄생이 가능했다(고바야시 히데오 2004, 32).

위해 만주, 몽골로부터 원료품의 공급을 쉽게 하도록 한다. ⑤ 만주 상품의 수출은 북철-블라디보스토크 노선을 경유할 수 있도록 노력한다(南滿洲鐵道株式會社 1928, 413-414).[21]

1909년 12월에 미국 국무장관 녹스는 일본뿐만 아니라 러시아에도 '만주철도 중립화 방안'을 제안했다. 이는 남만주와 북만주를 각자의 세력권으로 확보하고 있던 일본과 러시아를 축출하고 달러 외교를 통해 미국이 만주철도를 관할하려는 목적으로 추진된 것이다. 따라서 이 제안은 일본과 러시아 양 국가로부터 외면당했다(최문형 2004, 406-407). 이때 러시아는 '만주철도 중립화 방안'을 받아들일 경우 미국이 추진 중인 금주와 아이훈(愛琿)을 잇는 금애철도가 부설되면서 몽골 동부에서 적재되는 북철의 화물뿐만 아니라 국제우편 및 여객운송도 새로운 노선에 빼앗길 가능성이 높다고 판단했다(최덕규 2008, 231).

북철 철도 측은 북만주 물자를 블라디보스토크로 집중시키는 정책을 강력히 추진했으며 이를 위해 수차례 운임을 인하했다 1920년 1월에 북철 측은 운임율을 개정하여 하얼빈-블라디보스토크 사이의 콩, 두박(豆粕), 밀의 운임을 일률적으로 인하했다. 그러자 1921년 5월에 만철은 장춘-대련 간의 콩, 두박, 밀의 운임에 대해 34.2%의 대폭적인 할인을 단행했으며 이후에도 양자의 경쟁은 치열하게 전개되었다. 1926년의 경우 대련과 블라디보스토크 사이의 물동량을 살펴보면 대련이 55%, 블라디보스토크가 45%를 차지했다(町田耘民 1926, 3). 당시 동북 지역에서는 조차지의 반환과

21_일본은 만철을 통해 만주에서 세력 확장을 꾀했고, 북철을 견제하기 위해 부심했다. 과거 20여 년 동안 일본의 만몽 정책은 완전히 대러시아 정책이었으며 핵심은 바로 북철과 블라디보스토크에 있었다(東洋協會特別調査部 1931, 4).

불평등조약의 폐기를 주장하는 시위가 연일 계속되었으며 이와 같은 상황에서 1924년 5월에 동북교통위원회가 설립되었다. 동북교통위원회는 북철과 남만주철도를 견제하기 위해 철도 병행선 부설을 시도했다(김지환 2008, 110-111). 이와 같은 철도 부설운동의 결과 만철과 관동군 관할하의 철도 운송량은 1928년과 비교하면 1931년에 300만 톤 감소되었고, 만철의 이윤도 1930년에는 전년대비 3분의 1이 감소했으며, 만철은 1931년에 2,000명의 종업원을 해고해야만 했다. 이와 같은 철도 문제가 만주사변의 한 요인으로 작용했다(吾孫子豊 1942, 141-142).

한편 러시아혁명 이후 소련은 제정 러시아가 침략으로 획득한 일체의 특권을 포기할 의사를 표방한 뒤 1920년 9월에 제2차 카라한 선언을 발표하면서 북철에 대한 중국과 소련 간 회담의 필요성을 밝혔다. 이후 협상이 진행되었고 1924년 5월에 중국과 소련은 북철의 경제외적 특권, 다시 말해 제국주의적 침략성을 내포한 군사, 정치적 특권을 포기하고 이를 중국에 반환한다는 것을 골자로 한 중소협정을 체결했다(김지환 2013a, 283-284). 이 협정 결과 북철(당시에는 중동철도) 이사회가 구성되었고 중국은 이사장을 포함하여 5명, 소련은 부이사장을 포함하여 5명을 임명했다. 그런데 1929년 7월에 무력행사를 통해 북철을 회수하고자 하는 중국인들이 일으킨 '중동로 사건'이 발생했다(송한용 2001, 128). 일본은 소련이 장악한 북철이 만몽에서 자신의 세력 범위를 확대하는 데 주요한 장애물이라고 인식하면서도 중국의 철도 이권 회수 운동이 만철에 대해 부정적 영향을 줄 것을 우려해 "일본 정부와 소련 정부는 중국이 남만주철도와 중동철도를 회수하는 데 공동으로 반대한다."는 내용에 합의했다(김지환 2013a, 289).

일본은 북철 획득을 획책하고 만철과 대련으로 연결되는 종래의 1선 1항 주의에서 길회선과 나진으로 연결되는 노선을 신설하여 두 개의 간선으로 설정하고 2선 2항 주의로 전환했다. 일본 군부는 국방상의 관점에서 대련보다는 북부조선의 나진을 선정하여 만주와 일본을 최단거리로 연결해야 한다고 주장했다. 다시 말하면 '북선 루트'와 '북선 3항'을 통해 북철과의 경합에서 우위를 확보하고자 한 것이다. 또한 만몽(滿蒙)의 화물을 나진에 집중시켜 블라디보스토크에 대항함으로써 전시에 일본이 경제적 우위를 보장해야 한다는 입장을 밝혔다. 특히 육군성 내의 일부 '나진론자'들은 웅기는 소련의 연해주 및 혼춘과 맞닿아 있어 유사시 적의 위협에 노출될 우려가 있다는 것을 이유로 종단항으로 부적합하다고 지적하면서 나진을 종단항으로 결정해야 하며 나진-회령 사이에 직통 철도를 부설해야 한다고 주장했다(김지환 2005, 277).[22] 결국 돈도선 개통을 통해 길회선이 완성되고, 1932년 5월에 나진이 종단항으로 결정되자 만주국 철로총국은 나진이 블라디보스토크를 압도할 것으로 예상했다(朝鮮殖産銀行調査課 1933, 29).[23]

일본은 북철에 대한 소련의 권리를 인정한다는 외교적 몸짓도 잊지 않았다. 만주 침략을 단행하면서 치치하얼(齊齊哈爾) 점령 다음날 주소련 대사 히로타 고키(廣田弘毅)는 소련의 인민외교위원 리트비노트(Maksim Maksmovich Litvinov)를 방문하여 일본군은 북철에 대한 소련의 이권을 존중할 것이라는 뜻을 전했다(兪辛淳 1994, 161). 1932년 12월에 소련이 북철을 만철에 매각한다는 설이 유포되면서 길회선의 全通으로 북만주에서 북철의

22_총독부는 1932년 2월 현지조사반을 조사하여 조사한 결과 大呑吐港 건설에 나진이 가장 적당하다는 공식적 입장을 표명했다(朝鮮總督府鐵道局 2004, 109).

23_田中義一은 1926년에 "길회선이 완성된 이후에는 회령을 거쳐 시베리아 철도와 연결할 수 있다. 사람이든 화물이든 모두 우리 영토를 거치지 않으면 안 되며 따라서 동양의 교통 대동맥을 장악하게 된 것이다. … 길회선은 북철과 평행선이기 때문에 북철과 블라디보스토크는 심각한 영향을 받게 된다."고 주장했다(김지환 2005, 280-281).

경제적 효과가 하락했다는 보도가 나왔다(朝鮮殖産銀行調査課 1933, 56). 실제로 1933년 5월에 소련 외무인민위원회는 히로타 고키를 통해 북철의 매각 의사를 만주국에 전달했다. 6월부터 만주국과 소련의 협상이 시작되었는데 소련은 8월의 6차 회의를 전후하여 양도 가격을 2억 5,000만 루블(일본 엔으로 환산하면 3억 5,000만 엔)에서 2억 루블로 인하할 의향을 전달하는 등 적극적인 자세를 취했다. 총 57차에 걸친 회의를 한 후인 1935년 3월에 소련은 북철을 완전히 만주국에 양도했다(馬場秀夫·黑田乙吉·澤村幸夫 1933, 82-87).[24]

소련이 북철을 매각한 배경에는 일본 및 만주국 사이에서 분쟁의 소지가 될 가능성이 있다고 보는 정치, 외교적 이유뿐만 아니라 경제적 이유가 있었다. 만철과의 경합뿐만 아니라 '북선 루트'의 정비로 북철이 경쟁력을 상실한 것도 매각의 한 요인으로 작용했다.[25] 그런데 이는 중국의 영향력과 권리를 고려하지 않은 독단적인 조치였으며 매각과 관련해서는 협약 체결 당사국에 한정한다는 북철에 관한 협약을 위반한 것이었다(김영숙 2006, 320-321).

24_1934년 9월 철도가격 1억 4,000만 엔, 종업원 퇴직수당 3,000만 엔의 합계 1억 7,000만 엔을 만주국 정부가 지불하기로 하고 지불 방법은 3분의 1을 현금, 나머지 3분의 2를 현물로 하기로 교섭이 타결되었다(고바야시 히데오 2004, 171).

25_기존 연구는 주로 정치, 외교적 이유로 설명하고 있다. 그런데 아사다 마사후미(麻田雅文)는 북철의 매각 원인이 유럽 전선에서 독일과 대립하고 있던 소련의 입장에서 동방에서의 긴장완화라는 정치, 군사적 목적과 더불어 북철의 경영 악화를 매각의 주요한 원인으로 들고 있다(麻田雅文 2012, 73). 최근 김지환은 경제적 요인이 결정적이었다는 관점을 제시했다. 다만 그는 '북선 루트'는 크게 주목하지 않았다(김지환 2013b, 336-338).

2. 만주 경제권 통합과 '북선 루트'·'북선 3항'

1) 만철권의 북철권 통합과 '북선 루트'·'북선 3항'의 동북만주 지배

만주 경제는 이른바 북철권과 만철권으로 양분되었는데 이는 기후·지질 기타 자연적 요인에 의한 것도 있지만 북철과 만철의 대립이라는 요인이 더 크게 작용했다. 남만주의 주요 항구가 이른바 '남만주 3항'(대련, 영구, 안동)인데 그 중에도 대련이 대표 항구였고, 북만주의 대표 항구는 블라디보스토크라 할 수 있다. 따라서 물자 유통의 대동맥은 만철을 주체로 한 남북 동맥과 북철을 주체로 한 동서 동맥으로 분류할 수 있다. 대체로 북만주의 물자는 북철에 합류하고 남만주의 물자는 남철에 합류했기 때문에 북만주에서의 남북 유통로는 결국 동서 동맥인 북철선의 배양선이고 남만주에서의 동서 유통로는 결국 남북 동맥인 남철선의 배양선이었다. 그 배양선 가운데 가장 중요한 것으로 북만주에서는 북철 남부선 및 송화강 수운(水運), 남만주에서는 길회선의 신경~돈화 간, 평제선(平齊線), 길봉선(吉奉線), 봉산선(奉山線)을 꼽을 수 있다(鈴木武雄 1942, 177-178). 북만주의 경제권은 북철 및 송화강을 중심으로 하고 있다. 북만주 지방은 제정 러시아의 태평양 진출의 유일한 수단이었던 북철이 부설되면서 본격적으로 농업이 개발되었고 더욱이 블라디보스토크를 종점으로 한 북철을 근간으로 남만주의 만철과 대항했다(鈴木武雄, 1942, 183).

만주국 수립 이후 관동군사령부와 만주국은 철도 노선을 계속 증설하기로 합의했다(外務省, 1965, 219). 이는 길회선뿐만 아니라 만주 지역에서 일본 자본에 의한 철도망의 구축과 유통망의 장악을 의미하며 북철의 기능이 무력해졌다는 것을 의미한다(町田耘民, 1926, 3). 북철 주변의 새로운 노선과 함께 만주국 철로총국은 빈북선(하얼빈~北安) 운임 인하, 하얼빈 일대에서 남만주 및 북부조선으로 보내는 특산물에 대한 해항 특정 운임, 제북선(치치하얼~북안)으로 남만주로 운송하는 특산물에 대한 특정 운임, 북부조선 발 염간어의 할인 운임 등을 통해 북철을 곤경에 빠뜨렸다(鈴木武雄, 1942, 179).

북철 측도 원료 운임을 표방하는 화물 흡수책, 비밀 할인, 또는 남방 화물에 대한 할인 등으로 맞불을 놓았다. 보통 운임보다도 저율인 원료 운임을 적용하고 하얼빈, 일면파(一面坡)의 제유소·제분공장에 보낼 경우 원료 운임 할인 효과가 있었는데 공식적으로는 특혜를 부여하지 않은 것으로 했다. 이러한 방법은 만주사변 이전에는 공개적으로 이루어졌지만 만주국 수립 이후에는 북철관리국장의 재량권이라는 명목으로 비밀리에 실행했다(鈴木武雄, 1942, 185). 그럼에도 〈표 4-1〉을 보면 북철의 화물운송량은 1929년까지 증가하는 추세였지만 1930년부터는 감소했고 특히 만주사변 이후에는 수출입 화물이 급감했다.

길회선의 전통으로 인해 블라디보스토크를 중심으로 하는 북철권의 지위는 더욱 떨어졌다. 길회선은 대련이나 블라디보스토크를 경유하는 노선에 비해 운송거리에서 우위를 확보했다. 〈표 4-2〉를 보면 기륭(基隆)과 대련을 제외하고는 일본의 각항과 부산 출발 나진까지의 운임이 대련은 말할 것도 없고 블라디보스토크에 비해서도 저렴했다(김지환 2013b, 348). 1931년 4월 북철이 소련인 174명을 포함하여 총 386명의 노동자를 해고하자, 이들은 매일 철도국 앞에서 수십, 수백 명씩 모여 구제금 지급을 요구하는 시위를 벌였다. 이와 같은 상황에서 북철은 모든 노동자들에게 1개월의 무급 휴가를 주어 부족한 예산을 절감하고자 안간힘을 썼다. 그럼에도 1934

표 4-1 | 북철 화물 운송 상황

	본국 화물		수출화물		수입화물		합계	
	수량(천 톤)	지수	수량(천 톤)	지수	수량(천 톤)	지수	수량(천 톤)	지수
1920	480	100	978	100	215	100	1,673	100
1921	447	93	1,318	135	301	140	2,066	123
1922	755	157	1,380	141	348	162	2,483	148
1923	749	156	1,648	169	407	189	2,804	168
1924	716	149	1,883	193	428	199	3,027	181
1925	712	148	2,242	229	432	201	3,386	202
1926	1,191	248	2,528	258	414	193	4,133	247
1927	1,594	332	2,767	283	539	251	4,900	293
1928	2,145	447	2,687	275	617	287	5,449	326
1929	2,306	480	2,787	285	512	238	5,605	335
1930	1,788	373	2,026	207	400	186	4,214	252
1931	1,355	282	2,359	241	197	92	3,911	234
1932	1,144	238	1,651	169	193	90	2,988	179
1933	1,254	261	851	87	185	86	2,290	137
1934	1,355	282	627	64	105	49	2,087	125

출전: 和田耕作 1937, 10-11

년 8월분 예산으로 수입 177만 6,000위안(元), 지출 111만 7,500위안을 책정했던 북철의 실제 수입은 126만 8,000위안, 지출 153만 2,000위안으로 적자를 기록하여 8월달 직공 임금조차 지불할 수 없었다(김지환 2013b, 354).

그러자 북철의 매각을 두고 벌이는 협상에서 일본은 유리한 고지를 점하게 되었다. 일본 군부는 길회선의 개통으로 북철의 경제적 가치가 급격히 하락한 상황에서 철도 매입을 서두를 필요가 없다고 주장했다. 심지어는 북철 매각 교섭 무용론도 광범위하게 유포되었다. 특히 길회선 전 구간의 개통으로 나진, 웅기, 청진 등 '북선 3항'과의 연락 개통이 가능하게 되었고 납빈선(拉法~하얼빈)이 완성되면서 북철의 경제적 가치 상실로 북철 매입이 필요 없게 되었다는 것이다(김지환 2013b, 348). 1935년 3월에 북철이 만주국에 접수된 이후 소련 종업원이 철수하면서 하얼빈의 러시아 상인과 기타 외국 상인이 큰 타격을 받았다. 자본금 5,000엔 이상을 소유했던

표 4-2 | 대련 기준 블라디보스토크와 나진 출발의 운임지수

		대련	블라디보스토크	나진
니가타	톤당 운임(엔)	2.37	1.60	1.58
	지수	100	68	67
시모노세키	톤당 운임(엔)	1.78	1.70	1.69
	지수	100	96	95
오사카	톤당 운임(엔)	2.06	2.12	1.96
	지수	100	103	95
오타루	톤당 운임(엔)	2.62	2.12	1.77
	지수	100	81	68
나가사키	톤당 운임(엔)	1.65	1.84	1.83
	지수	100	112	111
기륭	톤당 운임(엔)	2.06	2.57	2.55
	지수	100	125	124
부산	톤당 운임(엔)	1.65	1.71	1.52
	지수	100	104	92

출전: 鐵路總局, 1933, 37

외국 상인은 대부분 폐쇄를 단행했다.[26]

이후에도 만주 경제를 통합하기 위한 철도 부설이 계속되었다. 1937년 1월에 도가선(도문~佳木斯)이 개통하고 7월에 영업을 개시하면서 북만주 유통 경로에 일대 전기가 마련되었다(鈴木武雄 1942, 172-173). 도가선이 일부 영업을 개시할 때 이미 '북선 3항'에 좋은 영향을 끼치고 있다는 평가가 이어졌다.[27] 북철을 인수한 뒤 삼나수(三裸樹)의 철교로 만철선을 주체로 하는 구(舊)남북 동맥은 대련으로부터 흑하(黑河)까지 종관하여 남북 대간선이 되었다. 이로써 대립하던 남만주와 북만주가 통합될 수 있었다. 길회선을 주체로 하는 신(新)동서 동맥의 의의는 대항의 목표인 구(舊)북철을 지배하는 것에 의해 약화되었다. 이런 상황에서 도가선이 개통되어 남북

26_「在哈露,外人商の 閉鎖店五十軒突破」, 『哈爾賓日日新聞』 1935.8.8.

27_「圖佳線工事完了 假營業을 開始 北鮮三港에 好影響」, 『每日申報』 1936.11.18.

동맥의 역할을 담당했다. 이로 인해 '북선 3항'은 동북만 경제의 해항으로서 역할이 강화되었고 '북선 루트'도 일본 및 조선과 만주와의 결합을 더욱 공고히 했다. 이 도가선을 북부조선철도, 함경선 및 경원선과 연결하여 경성 및 인천까지 연장하면 대륙에서 남북 동맥이 될 것이 더욱 명확해졌다. 이 선과 흑하, 하얼빈, 신경, 대련을 연결하는 것이 2대 남북선이 되었는데 더 자세히 나누면 홍안, 열하, 금주 각 성을 경제 지역으로 하여 백온선(白溫線), 평제선(平齊線) 중 백성자(白城子)~정가둔(鄭家屯) 사이, 정대선(鄭大線) 및 금승선(錦承線), 엽봉선(葉峰線)을 동맥으로 하여 호로도를 해항으로 하나씩 남북 동맥으로 나눌 수 있다. 도가선이 개통되자 '북선 루트' 및 도가선을 경유하여 일본 및 조선 물자가 직접 유입됨으로써 송화강 수운으로 만주 경제를 장악했던 하얼빈의 지위는 영향력을 크게 상실했다(鈴木武雄 1942, 176-181). 만주 경제의 통합과 함께 '북선 루트'·'북선 3항'은 동북만주를 지배할 수 있는 위치를 확보하게 된 것이다.

2) '북선 3항'의 경쟁과 협력

길회선을 개통하는 과정에서 길회선의 종단항 설정을 두고 이른바 '북선 3항'인 청진, 나진, 웅기 사이의 경합이 치열했다.[28] 특히 청진은 길회선 종단항이 되기 위해 사활을 걸고 로비했다. 1926년 청진상공회의소는 『길회철도의 종단항에 대한 소견』이라는 작은 책자를 작성하여 조선 및 만주

28_'북선 3항'은 시기별로 차이가 있었다. 1910년대까지는 원산, 성진, 청진을 의미했고, 1920년대에는 청진, 성진, 웅기, 1930년대에는 청진, 나진, 웅기를 지칭하는 것으로 인식되었다.

에 배포하고 청진항의 중요성을 강조했다. 처음에는 청진이 종단항이 될 것이라는 분위기가 조성되지만 나진 역시 종단항이 되기 위해 끈질기게 로비하면서 좀처럼 종단항을 확정짓지 못했다. 하지만 대체로 청진으로 결정될 것이라는 전망이 우세했다. 특히 청진의 종단항 설비비를 만철이 지출한다는 것이 알려지면서 기대감이 고무되었다. 그런데 1932년 5월 10일 일본 정부가 '일만 교통'을 정비하기로 하면서 우치다 고사이 만철 총재에게 나진을 종단항으로 확정하도록 지시했고, 8월에 우가키 가즈시게(宇垣一成) 조선총독은 나진을 종단항으로 한다고 공표했다. 청진은 부민대회를 개최하는 등 대책을 협의했으나 결과를 되돌릴 수는 없었다(송규진 2013, 338).

'북선 3항'은 상권을 동북만주로 확대하기 위해 철도 부설운동을 강력하게 추진하는 과정에서 길회선의 종단항 경쟁을 둘러싸고 경쟁을 벌이긴 했지만, 한편으로는 상호협력을 통해 함경선과 길회선을 개통하는 데 일조했다. 처음에는 식민권력자에 의해 항로 개설이 추진되었는데, '북선 3항'이 앞장서서 대대적인 항로 개설운동을 전개했다. 일본 정부가 재정상 어려움을 겪은 시기에도 로비를 통해 북부조선 항구와 서일본 항구 간 직통 명령 항로를 지정받을 수 있었다. 그런데 종단항 문제와 발착(發着) 기점 경쟁에서 '북선 3항', 특히 청진과 나진이 치열하게 경쟁했는데 도시 규모가 작은 나진이 모두 승리했다. 이는 조선의 내적 상황에 기인했기보다 일본군이 나진을 중시했기 때문이었다. 나진 개발 방침을 둘러싸고 1932년 6월에 총독부와 만철이 협의했지만 지방단체가 나진의 시가지 계획을 담당했고 이 계획은 총독부와 만철이 협의하여 결정했다(加藤圭木 2010, 42). 1936년에는 나진요새사령부, 1940년에는 나진중포병대대가 설치되었기 때문에 군사적으로 중요한 지역이 되었다(宮田節子 編·解說 1989, 22-23).

지역 간 경쟁은 한편으로는 일제 당국자들의 우려를 자아냈기 때문에 지역 현안을 함께 논의하는 모습을 보이기 위한 노력도 있었다. 만철의 철도사무소가 청진에서 나진으로 이전할 때 청진부민은 이전 축하회를 개최했다.[29] 북선 세관이 인천으로부터 독립하여 나진에 본관을 설치할 때에도 청진은 반대하지 않았다. 특히 성진도 '북선 3항'과 함께 참여하기 위해 성진에서 개최된 함북상공연합회총회에서 '북선 4항 항만연구회'를 출범하여 '북선 4항'의 협력을 강조했다(鈴木武雄 1942, 208-209). 또한 총독부 철도국장을 역임한 후 만철 부총재이자 만주국 철도총국장으로 활동했던 오무라 다쿠이치(大村卓一)는 동북만의 물자를 '북선 3항'에서 탄토할 것이기 때문에 나진항이 발전한다고 해도 청진과 웅기, 양항이 퇴보할 것이라는 논의는 기우에 지나지 않는다고 일축하고 만철에서는 '북선 3항'을 모두 중시한다는 점을 역설했다.[30]

'북선 3항'은 길회선과 항로 문제가 해결되면서 신경과 하얼빈에 이르는 거리를 계산할 때 대련보다도 훨씬 유리한 이점을 가지고 있었다. 오사카를 기점으로 쓰루가로부터 해로로 청진 혹은 나진으로 간 뒤 길회선을 타고 신경에 이르는 거리를 대련 경유와 비교하면 660km 내지 730km가 단축되었으며 화물 수송시간도 약 20시간이 단축되었다고 한다(中村玄濤 1936, 125). 〈표 4-3〉은 일본의 각 항구에서 신경, 하얼빈까지 대련, 나진을 경유할 경우를 비교한 것이다. 일본 북부지방 항구는 말할 것도 없고, 남부의 항구도 나진 경유가 훨씬 가까웠음을 알 수 있다.

하얼빈을 중심으로 납빈선을 경유하여 경도선으로 나진을 비롯한 '북선 3항'에 이르는 거리만 해도 만철을 경유하여 대련에 이르는 거리보다

29_「鐵道事務所城津移轉 祝賀開催準備」, 『每日申報』 1933.9.28.

30_「北滿開發에 對한 北鮮三港使命重大」, 『每日申報』 1936.11.18.

표 4-3 | 일본의 주요 항과 신경, 하얼빈과 대련, 나진 경유 거리 비교표(1932)

	신경			하얼빈		
	대련 경유	나진 경유	거리 차	대련 경유	나진 경유	거리 차
마이즈루	2,318	1,578	740	2,558	1,633	925
쓰루가	2,362	1,566	796	2,602	1,621	981
후시키	2,615	1,576	1,039	2,855	1,631	1,224
니가타	2,676	1,576	1,100	2,916	1,631	1,285
아오모리	3,004	1,609	1,395	3,244	1,664	1,580
시모노세키	1,849	1,630	219	2,089	1,685	404
고베	2,322	2,076	246	2,562	2,131	431
오사카	2,335	2,097	238	2,575	2,152	423
도쿄	2,958	2,534	424	3,198	2,589	609
오타루	3,149	1,570	1,579	3,389	1,625	1,764
나가사키	1,780	1,911	-131	2,020	1,966	54
나고야	2,654	2,434	220	2,894	2,489	405

출전: 정재정 2007, 116

200km 정도 짧았기 때문에 북만주에서 일본에 이르는 거리는 '북선 3항'을 경유하는 것이 대련 경유보다 절반 정도로 단축할 수 있다고 평가되었다. 대련이 이전과 같이 발전하기는 어렵다는 비관론도 제기되었지만 당시 만주일보의 한 기자는 대련이 적어도 10년 이내까지는 번영을 계속할 것이라고 낙관했다.[31] 대련과 비교하면 '북선 3항'은 항만 설비가 불충분했고 중계 운임이 비쌌으며 거래 기관이 정비되지 않았기 때문이다. 1936년 2월에 만주국 철로총국은 만주국철도 운임의 일원화에 의한 '해항 발착 운임' 제도를 실시했다.[32] 이 제도는 만주국의 동부 및 북부 지역의 화물 대부분을 '북선 3항'으로 유입하는 계기로 작용했다(朝鮮貿易協會 1936, 2-3). 이때

31_川島生, 「北鮮三港を觀る」, 『滿洲日報』 1934.5.27.

32_1933년 3월 만주국 철로총국 창립 시는 四地帶制였는데, 國線 운송화물의 적부가 만주국 산업 경제에 중요한 문제였기 때문에 이를 개정하여 특정 특약의 할인 운임을 설정한 것이다(朝鮮貿易協會 1936, 13).

표 4-4 | 북만주 발 곡물 종자류 신구 운임 비교표(1차량 1톤당)

	대련				'북선 3항'			
	구운임(엔)	신운임(엔)	인하액(엔)	비율(%)	구운임(엔)	신운임(엔)	인하액(엔)	비율(%)
하얼빈	22.16	20.96	1.20	5.4	20.92	20.24	0.68	3.3
해륜(海倫)	30.17	27.00	3.17	10.5	28.84	24.79	4.05	14.0
북안(北安)	31.93	28.30	3.63	11.4	32.55	26.09	6.46	19.8
흑하	42.93	30.72	12.21	28.4	43.55	28.51	15.04	34.5
치치하얼	26.71	27.19	- 0.48	- 1.8	32.49	26.93	5.56	17.1
만주리(滿州里)	50.88	32.46	18.42	36.2	54.40	31.56	22.84	42.0
목단강	34.93	30.32	4.61	13.2	12.64	11.59	1.05	8.3
밀산					22.48	18.84	3.64	16.2
가목사(佳木斯)					23.46	19.54	3.92	16.7

출전: 朝鮮貿易協會 1936, 18

* 대련과 목단강의 신운임은 남목단강까지의 운임임

'북선 3항'은 특정 운임으로 대련보다 운임이 1톤당 1.8엔 정도 저렴한 혜택을 받았다.[33]

이와 같이 운임을 낮추었어도 조선무역협회는 이 정도로는 대련과의 차이를 극복할 수 없고 개정 이후에도 불리하기 때문에 북선철도, 철로총국, 만철사선을 통한 공통의 원거리 체감제를 비롯한 더 많은 특혜를 보장해야 한다고 주장했다(朝鮮貿易協會 1936, 24-29). 북부조선 통과 화물은 국경을 통과할 때 통관했는데 수송 도중에 쓸데없이 화물을 싣고 내리거나 수송일수가 지체될 뿐만 아니라 화물 파손, 화물 분실 등 불편이 많았다. 출발지나 도착지에서 통관하는 것이 가장 좋긴 하지만 '북선 3항'과 같은 중계지에서 통관하는 것이 필요하다는 주장이 제기되면서 일만 연락 화물의 통관을 위해 1936년 7월 1일부터 청진 및 웅기, 11월 1일부터 나진에

33_「北鮮三港에 대한 特定運賃改正 滿洲鐵路總局에서 發表」, 『每日申報』 1936.2.1.

만주국 도문세관판사처(圖們稅關辦事處)를 개설하여 '북선 3항'을 통과한 만주국 수출입에 대한 통관 사무를 개시했다(朝鮮貿易協會 1936, 37-38).

여객과 마찬가지로 화물도 이용이 편리해야 하지만 상거래상 원하는 날짜에 확실하게 도착하는 것이 가장 중요했다. 특히 물가변동이 격심할 때 수송일수를 지키지 못해 계약을 이행하지 못하면 큰 손실을 초래할 수 있었다. 그런데 이 점에서 '북선 3항'은 부산 경유뿐만 아니라 대련 경유보다도 열악하다는 평가를 받았다. 이를 해결하기 위해 우수 선박 배치와 정기항로의 신설, 선박의 빈번한 왕래가 필요했다. 거리가 비슷한 부산 경유가 3일(도쿄~신경), 거리가 훨씬 먼 대련 경유가 4일이 소요된 반면 '북선 3항'은 비바람이 비교적 심한 날씨가 많아 발착시간이 극히 불확실하여 대부분 평균 5일이 소요되었다. 동해 횡단시간은 쓰루가~북부조선 간 39시간, 니가타~북부조선 간 43시간을 요했다. 여객은 대부분 승선시간 때문에 요금은 비싸지만 승선시간이 짧은 부산을 경유하여 신경으로 가는 코스를 선택했다고 한다. 특히 '북선 3항' 측은 부산 경유 도쿄~신경 사이의 승선시간이 48시간으로 단축되면 부산을 경유할 가능성이 더욱 많아지면서 '북선 3항'이 타격을 받을 것이 우려되었다(朝鮮貿易協會 1936, 44-47).

중일전쟁 발발 뒤에는 부산~신의주를 통과한 안봉 루트의 중계화물이 전년에 비해 6% 감소한 반면 '북선 3항'을 통과한 '북선 루트'의 중계화물은 60%나 증가했다. 이를 통해 '북선 루트'의 중요성이 더욱 증가했음을 알 수 있다.[34] 1938년 2월에 개최된 시국대책준비위원회에서도 '북선 3항' 문제를 심도 있게 논의했다.[35] 또한 동해를 횡단하여 나진을 거쳐 신경에 이

34_「半島通過貿易 北鮮三港이 大飛躍」, 『每日申報』 1938.1.28.

35 「時局對策準備委員會 所管事項을 協議 總督府 各局에서」, 『每日申報』 1938.2.11.

르는 코스를 관동군이 요구한 것에 대해 총독부는 경부선과 경의선에 타격을 줄 것으로 예상하면서도 국방상 부득이 하다고 인정하고 '북선 3항' 확장에 주력하기로 결정했다.[36] 관동군은 동북만주와 일본의 교류를 촉진하기 위해 '북선 3항'을 개발하는 데 적극적이었으며 만철, 만주국, 총독부가 참여하는 협의회를 수시로 개최했다.[37]

'북선 3항'에 물자가 집중되자 체화(滯貨) 문제도 발생했다.[38] 이에 대해서도 만주국, 관동군, 총독부는 서로 협력관계를 유지했다. 1939년 5월에 만철북선철도사무국이 주최한 '북선 3항' 수입화물 운송에 관한 협의회가 개최되는 등 '북선 3항'의 화물 체류 문제를 해결하려는 노력이 대표적이다. 이 회의에서 체화 상황을 해결하기 위한 여러 가지 의견이 제시되었는데 '북선 3항'의 하역 능력을 명시하여 이를 국제운수주식회사에 통고하게 하고 이 회사의 하역 능력에 맞추기로 결정했다(朝鮮鐵道協會 1939, 68). 태평양전쟁 이후에는 미군의 폭격과 잠수함 공격으로 부산을 통과하여 봉천에 이르는 '안봉 루트'와 '황해 루트'가 그 기능을 크게 상실하게 되었다. 그러자 '북선 루트'와 '북선 3항'은 더욱 중시될 수밖에 없었다.

36 「日本海橫斷(日滿間의 距離短縮)은 京釜京義線에 打擊甚大」, 『每日申報』 1938.2.17.

37 「東北滿洲對裏日本 交通의 革新과 北鮮三港의 開發協議 關東軍主催로 三月下旬新京서 開催 本府에서 局課長等十餘名派遣」, 『每日申報』 1938.3.16.; 「新京의 鮮滿打合會」, 『每日新報』 1938.10.8.

38 「北鮮三港의 滯貨一掃懇談會」, 『每日新報』 1939.5.20.

3. 경제협력 네트워크를 통한 조선 물자 수탈

일제의 대륙 침략기에 '북선 루트'는 만주와 일본을 연결하는 교통 동맥으로 조선 물자를 수탈하는 역할을 담당했다. 만주철도를 조선철도와 접속하여 '북선 3항'에 이르게 하고 '북선 3항'에서 출발하는 선박이 동해를 횡단하여 일본의 여러 항구에 도달하도록 하는 것이 '북선 루트'의 핵심적인 통로였다.

일제는 대륙 침략을 구상한 단계에서 이미 '북선 루트'의 중요성을 인식했다. 러일전쟁이 발발하자 일본 육군은 전쟁을 수행하는 데 필요한 군수품 수송을 위해 북부조선 지역에 경편 철도를 임시로 부설했으며 1906년에는 대로육군작전계획을 세워 길림에서 장춘까지 철도를 부설하고 나진, 웅기까지 도달하도록 하고자 했다. 이를 위해 만주 지역으로 조사원들을 파견했는데, 이들은 철도를 부설하면 북철의 군사전략적 효과를 감소시킬 것이라고 보고했다. 1909년 9월에 일본은 '간도협약'을 통해 간도 영유권을 포기하는 대신 철도 부설권을 획득했다. 그런데 러시아가 강력히 항의하면서 길회선 부설은 일시적으로 미루어졌다. '한국 병합' 이후 총독부는 먼저 길회선의 북부조선 부분을 착공하는 데 주력했는데 1928년에 함경선을 완공했다.

만주사변 이후 관동군은 대련과 병행하여 길회선과 접속하는 '북선 3항'을 중시하고 2대 해항주의에 의해 만주 교통을 장악한다는 계획을 세우고 실행에 옮겼다. 이 과정에서 총독부, 만철, 관동군은 수시로 회합하여 정책을 결정했다. 만철은 나진항을 위탁경영했는데 1933년 9월에는 청진항과 ·웅기항도 위탁경영할 수 있게 되었다. 1936년 10월에 만철은 북부조선 철도의 위탁경영을 위해 '북선철도관리국'을 설치했다. '북선 3항'을 대련과 같이 자유항으로 지정하자는 주장은 실현되지 못했지만 조선과 만주 간에 관세율을 낮춤으로써 만주국과의 교류에서 자유항과 같은 기능을 하도록 했다. 1944년 5월에는 조선과 만주국 관세가 철폐됨으로써 '북선 3항'은 물류기지로서 더 큰 역할을 수행하게 되었다.

일제가 만주 경제를 둘러싼 북철과 벌인 경쟁이 '북선 루트'를 중시했던 이유 중의 하나였다. 러시아는 1898년에 북철의 중간 거점인 하얼빈과 여순을 연결하는 남만주철도 부설권을 획득했지만 일본이 러일전쟁 이후 이를 탈취하고 만철을 세웠다. 그리하여 북철 측과 만철은 만주 경제를 양분하며 치열한 경쟁을 벌렸다. 만주 지역에서 철도 이권 회수 운동이 전개되자 중국은 1924년 5월에 동북교통위원회를 설립하고 철도 병행선 건설에 착수하면서 만철의 영업이윤이 급격하게 줄어들었다. 이는 만주사변의 경제적 요인으로 작동했다. 만주사변 당시 일제는 치이하얼 점령 다음날 북철에 대한 소련의 권리를 인정한다는 외교적 입장을 취했다.

북철과 만철이 경쟁하면서 만주 경제는 북철권과 만철권으로 양분되었다. 남만주의 주요 항구는 이른바 '남만주 3항' 중에서도 대련이 대표 항구였고, 북만주의 대표 항구는 블라디보스토크였다. 북철의 종단항인 블라디보스토크와 만철의 종단항인 대련은 1926년의 경우 물동량이 45% 대 55%일 정도로 치열하게 경쟁했다. 그런데 북철의 화물 수송량은 만주사변 이후 급감했고 길회선이 全通한 1934년의 경우 직공 임금조차 지불할 수 없을 정도로 경영난이 심각해졌다. 이는 '북선 루트'가 더 큰 경쟁 대상으로 부각되었기 때문이었다. 일본에서 나진을 통하는 출발 운임이 대련은 말할 것도 없고 블라디보스토크에 비해서도 저렴한 점이 중요한 요인이었다.

북철의 수익률이 떨어지자 일본과 만주국과 분쟁을 피한다는 정책을 수립한 소련은 북철을 만주국에 매각하기로 결정했다. 1935년 3월에 만주국이 북철을 매입한 이후 북철은 만주 국선으로 편입되었다. 이는 만주 경제가 통합되었음을 의미한다. 이런 상황에서 도가선이 개통되면서 남북 동맥으로 역할을 담당하게 되자 '북선 루트' 및 도가선을 경유하여 일본 및 조선 물자가 직접 유입되었다. 이제 하얼빈의 영향력은 상당히 위축되었고 북만주가 '북선 루트'의 배후지가 되었다. '북선 루트'와 '북선 3항'은 만주 및 조선, 일본을 결합하는 엔 블록의 핵심적인 유통로가 되었다.

길회선을 개통하는 과정에서 '북선 3항'은 종단항이 되기 위해 치열한 경합을 벌이기도 했다. 청진은 처음에는 사활을 건 로비로 종단항이 될 거라는 기대감을 가졌으며, 항로의 발착 기점 경쟁에서도 인구수와 경제 규모가 다른 항에 비해 훨씬 컸기 때문에 낙관했다. 그런데 일본 육군의 적극적인 후원을 받은 나진이 종단항으로 결정되었다. 한편 당시에는 '북선 3항' 사이에 치열한 경쟁도 있었지만 지역 현안을 해결하기 위한 '북선 3항'의 협력이 강조되었다.

'북선 3항'이 꾸준히 발전했지만 대련과 비교하면 여전히 불충분한 점이 있었고 이 문제를 해결하기 위해 1936년 2월에 만주국 철로총국은 만주국철도 운임의 일원화에 의한 '해항 발착 운임' 제도를 실시했다. 이 제도로 운임이 저렴해졌지만 조선무역협회는 이 정도로는 대련과의 차이를 극복할 수 없고 여전히 불리하기 때문에 '북선 루트' 경유 화물에 대해서 거리가 늘어남에 따라 운임을 낮추는 원거리 체감제 실시를 비롯한 더 많은 특혜를 보장해야 한다고 주장했다. 총독부는 '북선 3항'에서 통관 사무를 개시하는 등 물자 교류를 원활하게 하도록 했다. 1939년 5월에 만철북선철도사무국이 주최한 '북선 3항' 수입 화물 운송에 관한 협의회가 개최될 정도로 만주국과 총독부는 서로 협력하는 모습을 보였다.

요컨대 일제 내 본국과 식민지, 또 본국 안의 각 성과 군부, 만주국과 조선 간에 갈등이 있었으며 '북선 3항' 간에도 지역 이익을 위한 치열한 경쟁이 있었다. 그럼에도 일제의 대륙 침략 과정에서 '북선 루트'와 '북선 3항'을 통한 경제협력 네트워크는 일제 패망 직전까지 유지되었다.

참고문헌

『皇城新聞』『每日申報』『北鮮日報』『大阪每日新聞 朝鮮版』『哈爾賓日日新聞』『滿洲日報』『朝鮮總督府官報』

국회도서관. 1975.『間島領有權關係拔萃文書』.

南滿洲鐵道株式會社 編. 1928.『北滿洲と東支鐵道 』上. 東京: 南滿洲鐵道株式會社.

鮮文會. 1986.『朝鮮交通史』. 東京: 三信圖書有限會社.

外務省 編. 1963.『日本外交文書』明治 42年. 東京: 外務省.

日滿支經濟懇談會事務局 編. 1939.『日滿支經濟懇談會報告書 -昭和十三年十一月. 東京. 名古屋. 大阪. 廣島. 門司及び新京に於ける懇談會速記蒐錄- 』. 東京: 日滿中央協會.

朝鮮東亞貿易柱式會社 總務課. 1943.2.『朝鮮貿易』2.

朝鮮東亞貿易柱式會社 總務課. 1943.3.『朝鮮貿易』3.

朝鮮貿易協會. 1936.『北鮮三港及裏日本諸港と滿洲との關係』.

朝鮮殖産銀行調査課. 1933.『敦圖線及其終端港』.

朝鮮鐵道史編纂委員會. 1937.『朝鮮鐵道史』.

朝鮮鐵道協會. 1939.「鐵道ニユース」『朝鮮鐵道協會會誌』18-7.

朝鮮總督府鐵道局 編. 2004.『朝鮮鐵道四十年略史』. 東京: 大空社.

鐵路總局. 1933.『敦化圖們間鐵道の完成と日滿關係』. 奉天: 鐵路總局.

清津商工會議所 編. 1934.『清津と後方商勢圈』.

清津商工會議所 編. 1944.『清津商工會議所史』.

和田耕作. 1937.「東支鐵道運賃政策と北滿市場」『滿鐵調査月報』17-1. 大連: 南滿鐵道株式會社.

고바야시 히데오. 임성모 역. 2004.『만철 -일본제국의 싱크탱크- 』. 산처럼.

김영숙. 2006. "중동철도 매각 문제와 동아시아 외교관계." 『일본학보』68.

김지환. 2004. "제정 러시아의 제국주의와 동방정책의 역사적 고찰 -동청(東淸)철도를 둘러싼 중러 관계의 변화를 중심으로-." 『중국학보』50.

김지환. 2005. "間島協約과 日本의 吉會鐵道 부설." 『중국사연구』34.

김지환. 2008. "만철과 동북교통위원회." 『중국근현대사연구』40.

김지환. 2013a. "中東鐵道 매각과 中日蘇 外交關係." 『중앙사론』37.

김지환. 2013b. "中國 東北地域 상품유통망의 변화와 東淸鐵道의 매각." 『역사학보』217.

모리야마 시게노리. 김세민역. 1994.『근대한일관계사연구』. 현음사.

사카모토 유이치. "식민지기 조선철도에 있어서 군사수송." 『한국민족문화연구』22.

서민교. 2002. "만주사변기 조선주둔 일본군의 역할과 활동." 『한국민족운동사연구』 32.
송규진. 2001. 『日帝下의 朝鮮貿易 硏究』. 고려대학교 민족문화연구원.
송규진. 2010. "세계 경제공황 전후 '엔블록경제회의'와 조선의 對 '엔블록' 무역." 『역사와 담론』 56.
송규진. 2012. "조선의 '북방권' 무역을 통한 경제협력 네트워크 강화과정." 『史叢』 76. 역사연구소.
송한용. 2001. "중동로사건에 대한 일본의 대응과 영향." 『호서사학』 31.
兪辛淳. 신승하외 역. 1994. 『만주사변기의 중일 외교사』. 고려원.
이노우에 유이치. 석화정·박양신 역. 2005. 『동아시아 철도 국제관계사: 영일동맹의 성립과 변질 과정』. 지식산업사.
이완종. 2005. "러시아의 극동진출과 중-러 국경획정과정 연구." 『동북아역사논총』 4.
정재정. 1999. 『일제침략과 한국철도』. 서울대 출판부.
정재정. 2005. "역사적 관점에서 본 남북한 철도연결의 국제적 성격." 『동방학지』 129.
정재정. 2007. "조선총독부철도국장 大村卓一과 朝滿鐵道連結政策." 『역사교육』 104.
정재정. 2013. "일제하 동북아시아의 철도교통과 경성." 『서울학연구』 52.
최덕규. 2004. "러시아의 대만주정책과 동청철도(1894~1904)." 『만주연구』 1.
최덕규. 2008. "제국주의 열강의 만주정책과 간도협약(1905~1910)." 『역사문화연구 31.
최문형. 2004. 『국제관계로 본 러일전쟁과 일본의 한국 병합』. 지식산업사.
加藤圭木. 2010. "植民地期朝鮮における'市街地計劃' -咸鏡北道羅津を中心に-." 『朝鮮學報』 217.
高橋泰隆. 1995. 『日本植民地鐵道史論: 臺灣, 朝鮮, 滿州, 華北, 華中鐵道の經營史的硏究』. 東京: 日本經濟評論社.
宮田 節子 編·解說. 1989. 『朝鮮軍概要史』. 東京: 不二出版.
龜岡榮吉·砂田辰一. 1927. 『咸鏡線』. 朝鮮拓殖資料調査會.
鈴木正文. 1938. 『朝鮮經濟の現段階』. 帝國地方行政學會朝鮮本部.
馬場秀夫·黑田乙吉·澤村幸夫. 1933. 『支那滿洲を繞る諸問題』. 大阪: 大阪每日新聞社東亞調査會.
麻田雅文. 2012. 『中東鐵道經營史』. 名古屋: 名古屋大學出版部.
木村增太郞. 1940. 『日滿支經濟の基礎知識』. 東京: 大阪屋書店.
澁谷禮治. 1939. "朝鮮貿易と近狀と其の助長發展策." 『朝鮮貿易協會通報』 34.
小林英夫. 1975. 『大東亞共榮圈」の形成と崩壞』. 東京: 御茶の水書房.
小林英夫. 1996. 『滿鐵:知の集團の誕生と死』. 東京: 吉川弘文館.
鈴木武雄. 1942. 『朝鮮經濟の新構想』. 東洋經濟新報社.
吾孫子豊. 1942. 『支那鐵道史』. 東京: 生活社.
作田莊一. 1936. 『經濟統制と日滿支關係』. 東京: 巖松堂書店.
町田耘民. 1926. 『滿蒙の鐵道戰』. 民衆時論社.

지도 4-1 | 북부조선의 철도 노선도(1945년)

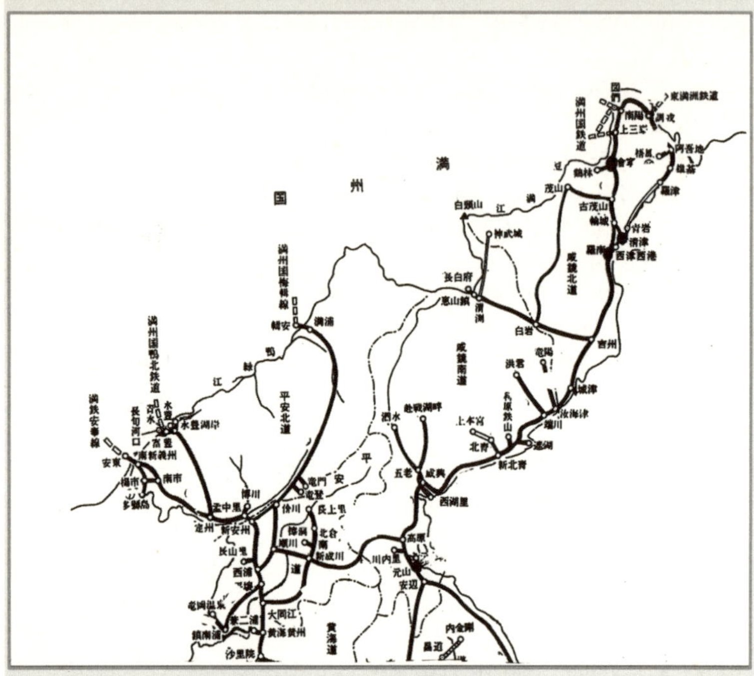

출전: 鮮文會(1986, 3)에 의거하여 재작성.

지도 4-2 | 만주 지역의 철도 노선도(1945년)

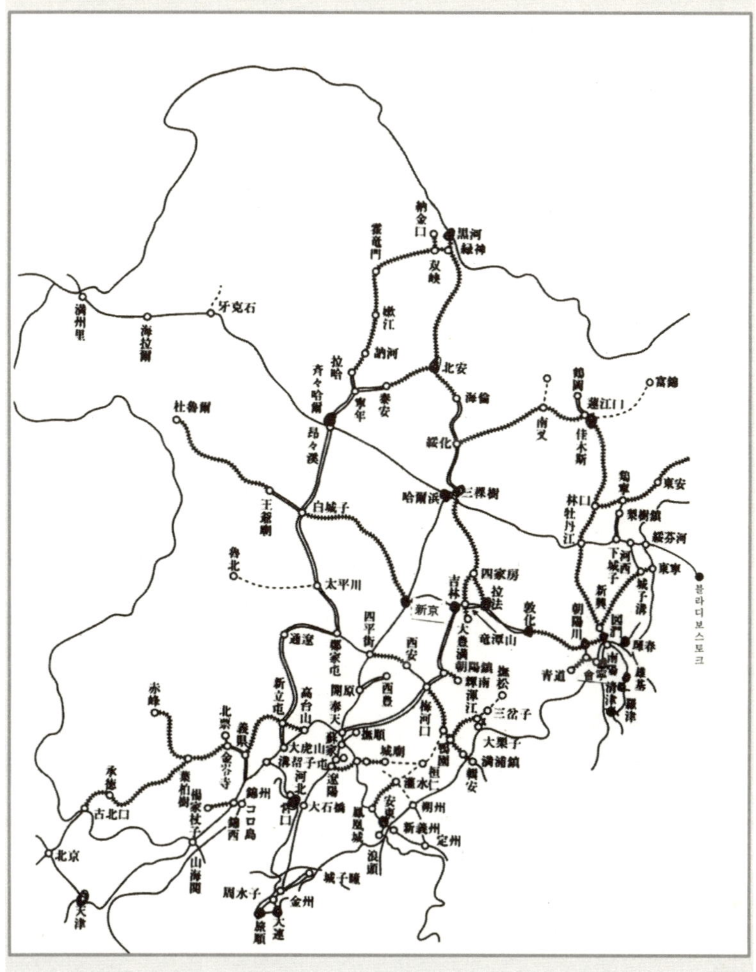

출전: 小林英夫(1996, 3)에 의거하여 재작성.

5장

중일전쟁 시기 일본 점령지역(淪陷區) 대외무역과 무역 네트워크의 변화

박정현

1937년 중일전쟁이 발발하자 일본은 전쟁이 단기간에 끝날 것으로 예상했다. 하지만 1938년 10월 광저우(廣州)와 우한(武漢)을 점령한 뒤, 전쟁이 소강상태를 보이고 예상 밖으로 길어지자, 중국인 협력자를 동원하여 점령지에 협력 정권을 수립했다. 당시 일본은 중국 연해 중요 도시를 점령하여 중국 경제의 80% 이상을 장악했다. 이 시기 중국 경제를 이해하기 위해서는 전시경제에 대한 이해와 함께 윤함구의 경제 상황에 대한 이해가 필요하다. 중일전쟁에서 일본은 중국의 물자를 획득하여 일본을 중심으로 한 엔 블록[1] 경제권을 확대·강화하여 영·미에 대항하는 독자적인 경제권 건설을

* 이 글은 『역사와 담론』 58(2011)에 게재된 내용을 약간의 수정을 거쳐 전재한 것이다.

1_경제공황 이후 일본은 일본을 중심으로 조선·타이완·관동주와 만주국을 연결하는 배타적인 경제권을 설정하고 일본 엔을 기축통화로 하여 구상무역·수입통제·외환관리를 통해 역

꿈꾸었다. 그래서 중일전쟁은 한편으로는 경제 전쟁 성격을 띠어 중·일 간 화폐 전쟁과 물자 쟁탈전의 형태로 나타났다. 물자 쟁탈전은 대외무역과 직접 관련이 있었다. 따라서 윤함구의 대외무역 연구는 중일전쟁 시기 중국 경제를 이해하고 일본의 윤함구 경제정책을 이해하는 데 중요하다.

중일전쟁 시기 윤함구(淪陷區, 일본 점령지역) 연구는 왕징웨이(汪精衛) 정부의 경제정책과, 일본의 경제 통제정책, 물자 쟁탈정책, 통화정책, 윤함구와 국통구(國統區, 국민정부 통치지역)의 관계를 주로 다루고 있다.[2] 무역의 경우 상하이(上海) 대외무역에 대한 연구는 많이 있지만, 윤함구 대외무역의 변화에 대해서는 자료의 제한으로 연구가 별로 많지 않다.[3] 중일전쟁 시기 연구는 일본의 중국 침략에 초점을 맞추어 연구가 진행되어 왔기 때문에 경제적 측면의 연구는 아직 미진하다. 특히 대외무역 연구는 통계자료가 부정확하고 누락된 부분이 많아 더욱 어렵다.

1938~1941년 사이 중국 해관 업무는 일본의 방해에도 불구하고 계속 유지되었고, 상하이의 해관 통계총처에서는 여전히 윤함구와 국통구를 포함한 중국 전체 무역 통계 보고서를 작성했다. 윤함구 대외무역을 연구하

내 자원과 시장에 대한 배타적 지배를 강화하고 지배지역 내 국가에 대한 예속성을 강화했다.

2_王瑩先·徐永昭(1996); 黃美眞(1999); 王昭榮(2002); 彭安玉(2005); 李占才·江明(2005); 杜秀娟(2006); 齊春風(2003); 齊春風(2008). 자세한 내용은 鄭起東(2008) 참조. 일본 쪽에서는 중일전쟁 시기 대동아공영권론과 관련해서 일본의 화베이·화중 지역에 대한 통화정책, 물자 통제정책에 관한 연구가 있다. 대표적으로 淺田喬二 編(1981); 岩武照彦(1990); 小林英夫(2006) 등을 들 수 있다.

3_상하이 대외무역에 관한 연구는 上海社會科學院經濟研究所·上海市國際貿易學會學術委員會 編(1989); 張賽群(2005a); 張賽群(2005b)가 대표적이다. 윤함구 대외무역에 관해서는 鄭友揆(1984)의 연구에 잘 정리되어 있다. 鄭友揆는 해관 「무역월보」를 바탕으로 윤함구 무역 상황을 정리해서 개괄적으로 이해하는 데 도움을 준다.

는 데는 『구중국해관사료(中國舊海關史料, 1859~1948)』(2001)가 유용하다.[4] 이 자료는 중국 해관의 공식 통계자료로 중국 대외무역 연구에서 가장 신뢰성 있는 자료이다. 중일전쟁 시기 대외무역 통계는 누락된 부분이 많지만, 그 가운데 1940년 해관 무역 통계가 비교적 상세히 기술되어 이 시기 대외무역을 살펴보는 데 도움이 된다. 태평양전쟁이 발발한 뒤, 일본군은 점령지역의 해관과 상하이 해관 총세무사서를 장악했다. 해관 행정 사무를 일본인이 통제하면서 무역 통계자료는 편찬되지 못했고, 일본 점령 당국이 편제한 비밀 참고자료만 편찬되었다(鄭友揆 1984, 157). 태평양전쟁 이후 무역 통계자료는 화폐 단위도 법폐(法幣), 연은권(聯銀券), 중저권(中儲券), 미국 달러 등 여러 종류로 기재되어 있어 이것을 각각 물가상승률과 연동해서 추산하는 것도 어려운 작업이다. 중일전쟁이 끝나고 해관 기능이 회복된 뒤인 1946년 해관 대외무역 보고에 1941~1945년 대외무역을 개괄했는데, 이 무역 보고가 태평양전쟁 시기 윤함구 대외무역을 이해하는 데 도움이 된다.

일본은 윤함구를 일본·만주·조선과 연결하는 엔 블록 경제권으로 통합하려고 시도했다. 일본은 이러한 목적을 달성하기 위해 윤함구에서 화폐 통일과 물자 통제를 실시했다. 이에 따라 대외무역의 대상과 수출입 구조도 변화되었다. 이 글에서는 중일전쟁 시기 윤함구 대외무역을 개괄적으로 이해하고, 일본의 중국 점령지 경제정책이 윤함구 대외무역을 어떻게 변화시켰는지 살펴볼 것이다. 아울러 일본의 중국에 대한 경제적 의도가 어떻게 좌절되었는지도 살펴보려고 한다.

4_이 자료에 관해서는 송규진 외(2010)을 참조.

1. 윤함구 대외무역의 추이

중일전쟁 이후 중국은 국민정부가 지배하는 국통구와 일본 점령지역인 윤함구로 나누어졌다. 상하이의 경우 1941년 태평양전쟁 발발 이전까지 공공 조계와 프랑스 조계는 일본이 점령하지 않아 '고립(孤立)된 섬'으로 남아 있었다.[5] 이들 지역은 엄격한 통제가 이루어지지 않아 필요에 따라 서로 물자를 교류하고 인구가 이동해서 분명하게 구분하는 것은 불가능했다. 윤함구 대외무역은 태평양전쟁을 기준으로 두 시기로 구분될 수 있다. 1938~1941년 사이 일본은 중국 점령지역에 협력 정권을 수립하고 엔 블록 경제권으로 통합시키기 위해 중국 대외무역을 통제했다. 1942년 태평양전쟁 이후에는 엔 블록 국가 외 다른 국가와 윤함구의 무역을 단절시키고, 일본과 엔 블록 국가가 윤함구 무역을 독점하여 윤함구 대외무역 구조가 근본적으로 변화했다.

중일전쟁에서 일본의 목표는 중국의 군수용 물자를 최대한 일본으로 이출하는 것이었다. 일본은 이를 달성하기 위해 물자 통제정책을 실시하여 면화·양식·석탄 등 군수용 물자를 엄격히 통제했다(上海社會科學院經濟研究所·上海市國際貿易學會學術委員會 編(이하 上海社會科學院 編으로 약칭) 1989, 3). 중일전쟁과 일본의 점령지에 대한 통제정책은 대외무역에 큰 변화를 가져왔다. 중일전쟁으로 인한 교통선의 파괴와 일본군의 점령으로 중국 대외무역은 크게 위축되었다. 1937년 1~7월 사이 매월 평균 무역액은 국폐(國幣) 1억 8,970만 위안(元)이었는데, 전쟁 발발 이후 8~12월 사이에는 매월 평

5_상하이는 상대적으로 자율성이 있었지만, 일본의 영향력이 매우 커서 각종 통계자료에는 윤함구에 포함시켜 집계했다.

균 무역액이 1억 위안도 안 되었다. 하지만 1938년 2월부터 무역액이 다시 증가 시작했다(許滌新 1940, 246).[6] 1939년에는 무역액이 더욱 큰 폭으로 증가했다. 1939년 중국의 수입액은 13억 3,365만 위안으로 1938년의 8억 8,620만 위안보다 4억 4,745만 위안 증가했다. 수출의 경우 1938년 7억 6,300만 위안에서 1939년 10억 2,700만 위안으로 증가했다(〈표 5-1〉 참조). 수출 증가는 1939년 중국 법폐의 환율이 절반으로 떨어졌기 때문이다. 중국 수출상품 가격은 법폐로 계산했기 때문에 상대적으로 수출액이 증가한 것처럼 보인 것이다. 하지만 1939년 중국 수출 상품량은 1938년보다 크게 감소했다.

수입 방면에서는 액수와 수량 모두 증가했다. 수입은 1939년에는 1938년에 비해 50.5% 증가했고, 1940년에는 1939년에 비해 52.0% 증가하여 매년 50% 이상 증가했다(〈표 5-1〉 참조). 이러한 증가는 중국 대외 구매력이 팽창했던 것이 아니라 전쟁으로 공업 시설이 파괴되었기 때문이다. 상하이 조계 내 공장들은 피해를 면했지만, 상하이와 주변 지역의 중국인 공장 가운데 52%가 파괴되었고, 창장 하류 우시(無錫)·난징(南京)의 중국인 자본 공장은 피해가 더 커서 64~80%가 파괴되었다. 중국에 투자한 외국인도 마찬가지로 큰 피해를 입었다. 전쟁 전 외국인이 중국에 투자한 액수가 35억 달러였는데, 전쟁으로 인한 손실이 8억 달러에 달했다(鄭友揆 1984, 145). 전쟁으로 중국 내 산업 생산이 위축되었고, 이것이 더 많은 수입을 초래하게 되었다. 생산을 위한 수입 증가가 아니었기 때문에 수입대금은 법폐 외환기금에서 충당했다(卞奇譯 1940, 247). 이러한 상황이 지속되

6_1938년 4월 외환 통제정책이 실시되어 일시적으로 위축되었다가 6월부터 다시 증가하기 시작했다.

표 5-1 | 1937~1942년 중국 대외무역액(단위: 국폐 1,000위안)

	수출	수입	수출입액	무역수지
1937	838,256	953,386	1,791,642	- 115,130
1938	762,641	886,200	1,648,841	- 123,559
1939	1,027,247	1,333,654	2,360,900	- 306,407
1940	1,970,121	2,027,143	3,997,264	- 57,022
1941	2,901,340	2,400,361	5,301,701	+ 500,979
1942	1,497,640	651,065	2,148,705	+ 846,575

출처: 辦公廳 編(2001), 각 년 판.
주: 1942년 통계는 중국 해관에서 작성한 것으로 비교적 신뢰성이 있고, 태평양전쟁 이전과 비교하기 위해 작성.

면서 법폐 가치가 계속 하락하게 되었다.

1940년, 1941년에도 수출입은 계속 증가했다. 수입의 경우 1940년, 1941년 각각 전년보다 52%, 18.4% 증가했고, 수출의 경우 1940년, 1941년 각각 전년보다 91.8%, 47.3% 증가했다. 그러나 태평양전쟁 이후 수출입액은 급감했다. 1942년 수입총액은 국폐 6억 5,100만 위안(1금 단위 = 국폐 2.707위안)으로 1941년의 24억 2,000만 위안에 비해 73.1% 감소했다. 1942년 수출액은 국폐 14억 9,900만 위안으로 1941년 29억 1,100만 위안에 비해 48.5% 하락하여 수입보다는 하락 폭이 적었다(〈표 5-1〉 참조). 하지만 1942년 물가 급등을 고려하면, 1942년 수출액 하락률은 이보다 훨씬 컸다(中國第二歷史檔案館 中國海關總署辦公廳 編(이하 辦公廳 編으로 약칭) 2001, 143: 164).[7]

7_우한의 경우 1941년에 비해 1942년 2배 이상 물가가 상승했다. 1936년을 1로 했을 때, 1942년 상하이의 도매물가지수는 34.53, 화베이는 5.99, 탕산(唐山)은 6.43이었다. 지역에 따라 정도의 차이는 있었지만, 태평양전쟁 이후 물가는 급등 추세를 보였다(譚文熙 1994, 315~316).

표 5-2 | 고시가와 시가(市價) 환율(국폐 100위안과 교환되는 달러)

	1937	1938	1939	1940	1941
고시 환율	29.305	30.000	30.000	30.000	30.000
시가 환율	29.305	21.011	11.277	6.043	5.300

출처: 上海社會科學院 編(1989, 27).

무역수지는 1938, 1939년에는 적자가 확대되었지만, 1940년에는 적자가 5,702만 위안으로 감소했고, 1941년에는 5억 위안의 흑자를 기록했다(〈표 5-1〉 참조). 대외무역 통계상의 수치는 전쟁에도 불구하고 무역이 확대되고 무역수지가 개선되는 모습을 보이고 있다. 하지만 이 수치는 국폐로 환산한 액수이다. 국폐는 환율 변동이 심했기 때문에 시가 환율을 고려한 미 달러로 환산하면 수출액은 실제보다 과장되었다는 것을 알 수 있다.

1938~1941년 사이 해관의 무역 통계에 수출액은 국폐로 표시했고, 수입액은 해관 금 단위(金單位)로 표시했다. 국민당 정부에서 고시한 공식 환율은 1939년 이후 국폐 100위안에 30달러로 고정되었다. 하지만 암시장에서 교환되는 시가 환율은 계속 하락하여 1938년 국폐 100위안에 21.011달러에서 1941년에는 5.3달러로 하락했다(〈표 5-2〉 참조). 따라서 국폐로 표시된 수출입액은 환율 하락을 고려해서 다시 계산해야 정확한 수출입 상황을 알 수 있다.[8]

시가 환율로 계산하여 수출입액을 미 달러로 다시 산정하면 〈표 5-3〉, 〈그림 5-1〉과 같이 1938~1941년 사이 수입액은 급증했고 수출액은 계속 감소했다는 사실을 알 수 있다. 무역수지는 흑자가 아니라 오히려 적자가

8_금 단위의 달러 환산율은 1937년 1금 단위 = 0.66555달러, 1938년 0.67896달러, 1939년 0.75007달러, 1940년·1941년 0.67725달러였다.

표 5-3 | 1938~1941년 중국 대외무역액(단위: 1,000달러)

	수출	수입	무역수지
1937	245,651	279,390	-33,739
1938	160,239	263,938	-103,699
1939	115,843	406,984	-291,141
1940	119,055	511,469	-392,414
1941	153,771	605,487	-451,716

출처: 辦公廳 編(2001), 각 년 판.
주: 수출은 법폐를 시가 환율로 계산한 액수

그림 5-1 | 1937~1941년 중국 대외무역액

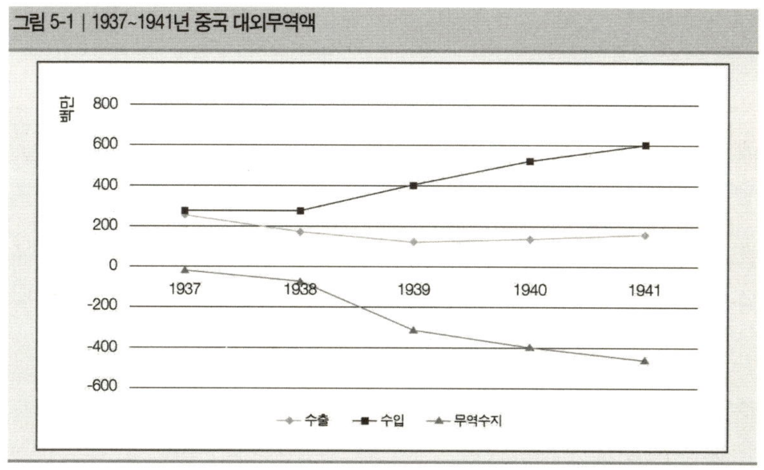

급속히 확대되었다. 1937~1941년 중국 전체의 수입액은 배 이상 증가하여 1937년 2억 7,938만 달러에서 1941년 6억 548만 달러로 증가했다. 반면 수출액은 1937년 2억 4,565만 달러에서 1941년 1억 5,377만 달러로 감소했다. 같은 시기 무역적자는 1937년 3,373만 달러에서에서 1941년 4억 5,171만 달러로 증가했다. 이는 전쟁의 영향으로 군수물자와 일용 생활품이 부족하여 수입은 큰 폭으로 증가하고, 공장의 파괴와 이전으로 수출

표 5-4 | 중국 각 해관 함락 시기

해관 명	함락 시기	해관 명	함락 시기
화베이(華北)		화중(華中)	
친황다오(秦皇島)	1937년 7월	상하이(上海)	1937년 11월
텐진(天津)	1937년 8월	쑤저우(蘇州)	1937년 12월
롱커우(龍口)	1938년 2월	항저우(杭州)	1937년 12월
옌타이(煙臺)	1938년 2월	닝뽀(寧波)	1940년 4월
웨이하이웨이(威海衛)	1938년 3월	화난(華南)	
칭다오(靑島)	1938년 1월	샤먼(廈門)	1938년 5월
양쯔(揚子)강 하류		선터우(汕頭)	1939년 6월
한커우(漢口)	1938년 10월	광저우(廣州)	1938년 10월
위에저우(岳州)	1938년 11월	지우룽(九龍)	1941년 12월
지우장(九江)	1938년 7월	장먼(江門)	1939년 3월
우후(蕪湖)	1937년 12월	산수이(三水)	1938년 10월
난징(南京)	1937년 12월	치옹저우(瓊州)	1939년 2월
쩐장(鎭江)	1937년 12월		

출처: 辦公廳 編(2001,146: 332-333).

은 감소했기 때문이다.

윤함구와 국통구의 무역 비중은 동남 연해의 주요 항구가 윤함구에 들어가 윤함구의 비중이 절대적으로 높았다. 일본은 중일전쟁이 발발한 뒤 1년 내에 화베이와 화중·화난의 주요 항구를 점령했다. 일본이 각 해관을 점령한 시기는 〈표 5-4〉와 같다.

1938년 윤함구의 수출은 중국 전체에서 62.4%를 차지했는데, 매년 비중이 늘어나 1941년에는 87.1%를 차지했다. 수입도 비슷한 비중을 차지하여 1938년 66.8%에서 1939년 87.9%로 늘어났다가, 1941년 77.5%로 줄어들었다. 무역적자는 윤함구가 중국 전체 평균의 81.6%를 차지했다

표 5-5 | 윤함구·국통구 수출입액 비율(단위: %)

	수출		수입		무역적자 (단위:1,000달러)		무역적자	
	윤함구	국통구	윤함구	국통구	윤함구	국통구	윤함구	국통구
1938	62.4	37.6	66.8	33.2	76,067	27,404	73.5	26.5
1939	78.4	21.6	87.9	12.1	266,748	24,042	91.7	8.3
1940	87.5	12.5	86.9	13.1	339,871	52,184	86.7	13.3
1941	87.1	12.9	77.5	22.5	335,190	115,980	74.3	25.7
평균	78.8	21.2	79.8	20.2	254,469	54,902	81.6	18.4

출처: 辦公廳 編(2001, 128: 596); 辦公廳 編(2001, 136: 168, 171); 辦公廳 編(2001, 140: 192, 195).
주: 수출은 국폐를 시가 환율로 환산, 수입은 해관 금 단위를 달러로 환산

(〈표 5-5〉 참조).

윤함구 대외무역이 중국 대외무역 전체에서 차지하는 비중은 80% 정도로 절대적이었다. 따라서 중국 대외무역 통계의 일반적 추세는 윤함구의 상황을 대부분 반영하고 있다. 일본의 중국 점령이 확대될수록 윤함구의 무역 규모는 더 커졌다. 1938년 수입액은 1억 7,632만 달러에서 1941년 4억 6,954만 달러로 2.7배 증가했다. 윤함구 수출액은 국폐로는 5.3배 증가했지만, 시가 환율로는 1938년 1억 16만 달러에서 1941년 1억 3,434만 달러로 약간 증가했다(辦公廳 編 2001, 128: 596; 辦公廳 編 2001, 136: 168, 171; 辦公廳 編 2001, 140: 192, 195).

태평양전쟁 이후 윤함구 무역 상황을 정확히 서술하는 것은 불가능하다. 일본은 윤함구 해관을 장악하고, 연차 보고를 작성하기는 했지만 비밀로 하고 공개하지 않았다. 또한 작성된 연차 보고도 화폐 가치의 혼란으로 효용성은 매우 제한적이었다(辦公廳 編 2001, 146: 333).[9] 1942년까지 무역

9_태평양전쟁 이후 일본군은 상하이의 중국 海關總稅務司署를 접수하여 해관은 1850년대 이후

통계에서 수입은 해관 금 단위로 수출은 국폐로 표시했다. 하지만 은(銀) 수출은 법폐로 수입은 달러로 표시했다. 1943~1945년 8월 사이 화베이의 수출입은 연은권으로 표시되었고, 화중과 화난 지역의 수출입은 중저권으로 표시되었으며, 국통구는 법폐로 기록되어 환율의 환산도 복잡해서 이 시기 무역 통계는 신뢰할 수 없고 참고자료로 활용할 수 있다.

태평양전쟁 이후 윤함구 대외무역은 급속히 감소했다. 그 이유는 일본의 선박이 군사용으로 징발되어 손실과 침몰로 계속 감소했고, 윤함구와 서방 국가 사이의 무역이 중단되었기 때문이다. 이로 인해 윤함구 내 상품 수입은 매우 적었다. 1942년 윤함구의 달러 표시 수입액은 전년보다 26.3% 감소했고, 수출액은 33.0% 감소했다. 1944년의 수입액과 수출액은 모두 1941년의 13%에도 못 미쳤다. 1945년 8월 일본이 투항하기 전 몇 개월 동안 윤함구 대외무역은 사실상 중단되었다. 1945년 8월까지 윤함구 수입액은 1941년의 3.0%에 불과했고, 수출액은 5.4%에 불과했다(鄭友揆 1984, 183).

중일전쟁 시기 윤함구 대외무역은 전쟁의 피해와 영향으로 수입이 급증했다. 수출은 법폐 가치 하락으로 증가하기는 했지만 달러로 환산하면 실질적으로 감소하여, 중일전쟁 기간 동안 무역적자가 확대되었다. 태평양전쟁 발발 이후 일본을 제외한 제3국과의 무역이 단절되고 운송 수단이 감소되어 윤함구 대외무역은 급감했다. 윤함구 대외무역은 일용품 수입과 일

처음으로 전국 해관 사무 관리를 중단했다. 일본군은 자신들의 해관총서를 설립하고, 1945년 8월까지 윤함구 각 해관을 포괄한 대외무역 통계를 계속 출판했다. 「무역통계월보」는 여전히 월 단위로 편제되었지만, 연차 보고와 무역 통계는 1942년만 있고, 1943년은 불완전하고, 1944, 1945년은 전혀 없다. 편집한 보고는 월보와 연보 모두 일본군의 비밀 참고자료로 제공되어 공개되지 않았다.

본의 군수물자 이출만 유지되었다.

2. 일본의 대외 봉쇄와 무역 네트워크의 변화

중일전쟁은 한편으로 물자 쟁탈전이었다. 중일전쟁 이후 국통구의 경제적 목표는 부족한 물자를 확보하고, 일본과 전쟁 능력을 유지하는 것이었다.[10] 반면 윤함구에서 일본군의 목표는 국통구를 봉쇄하여 전쟁 능력을 저하시키고, 가능한 한 빨리 중국 경제자원을 확보하여, 윤함구·만주국·일본 사이의 경제 연계를 강화하는 것이었다.

통화 전쟁의 형태로 전개되었던 물자 쟁탈전 승패의 관건은 농촌 경제를 지배하는 근간이 되는 기존의 유통기구를 누가 장악하는가 하는 것이었다. 화베이에서 일본은 폐제 통일 사업과 병행해서 새로운 유통기구를 개설했지만, 기존 유통기구의 무력화는 신용 경제체제를 혼란에 빠뜨려 물자 수집을 현저히 곤란하게 했다. 화중에서는 법폐가 압도적인 힘을 발휘하고, 농촌 소매상에서 일본군의 군표(軍票)[11]가 통용되지 않아 농촌에서 대일 물자 반출량이 감소했다. 따라서 일본이 윤함구를 점령하기는 했지만 물자는 일본으로 흘러 들어가지 않았고, 거꾸로 국민정부 지배지역으로 흘러 들어갔다. 이에 일본은 윤함구 내 물자 이동을 제한하고, 윤함구와 국통

10_국민정부의 대외무역 정책에 대해서는 박정현(2011) 참조.

11_일본군이 발행한 군용 수표(軍用手票)로 화중에서 법폐의 기반이 확고하여 폐제 통일을 실시할 수 없게 되자 일본군은 군표를 유통시켜 법폐와 등가로 교환하게 했다.

구 사이의 밀수 루트를 단절시키는 데 전력을 기울였다(小林英夫 2006, 538).

일본의 봉쇄에도 불구하고 윤함구에서 국통구로 물자 이동은 일본의 봉쇄를 우회해서 계속되었다. 일본군이 창장(長江)을 폐쇄하자 윤함구의 물자는 광저우와 광둥 연해를 거쳐 제3국으로 유출되었다. 1938년 10월 일본군이 한커우·우한·광저우를 점령하고 이 루트를 단절시키자, 난창(南昌)-창사(長沙) 철도를 통해 선터우·샤먼·원저우(溫州)·닝뽀를 중심으로 동남아 국가로 물자가 유출되었다. 1939년 5월 일본군이 동남아 무역항을 점령하고 광동 연해 지역을 봉쇄한 뒤, 1940년 7월 「중국 연안 봉쇄 성명」을 발표했다. 이에 국민정부는 영국의 원조를 받아 인도차이나·미안마를 통해 물자 반출을 계속했다(小林英夫 2006, 539). 일본의 대외 봉쇄와 물자 통제로 윤함구의 기존 무역 네트워크가 파괴되자, 봉쇄와 통제를 우회하여 새로운 무역 네트워크가 계속 만들어지면서 물자 이동이 계속 유지되었다.

중일전쟁 이전 수출에서 상하이는 중국 대외무역 총액의 평균 52%를 차지했다. 하지만 전쟁의 피해를 입어 1938년 중국 대외무역에서 29%를 차지하는 데 그쳐 대외무역 중심의 지위를 일시적으로 상실했다.[12] 반면 톈진은 전쟁 초기 일본에 점령되어 대일본 수출입이 급증하면서 화베이 지역 윤함구의 중심 항구가 되었다. 윤함구 수출입에서 상하이와 톈진이 80% 정도를 차지했다. 중일전쟁 뒤 상하이가 대외무역 전체에서 차지하는 비중은 줄어들었지만, 윤함구 내에서는 여전히 가장 중요한 항구였다. 1938년 윤함구 수입 비중에서 상하이가 46.2%를 차지했고, 톈진이 39.4%를 차지했다. 1939년에는 상하이의 대외무역이 회복되면서 윤함구 수입의 50.6%

12_1938년 중국 대외무역의 중심은 광주를 중심으로 한 광동 연해 지역으로 이동했다(許滌新 1940, 244).

표 5-6 | 1938~1942년 윤함구 항구별 수입 비중

	톈진	화베이	상하이	광저우	서남 연해
1938	39.4	14.4	46.2	-	-
1939	29.7	19.4	50.6	0.3	-
1940	37.3	18.8	43.1	0.8	-
1941	38.3	17.1	42.3	2.3	-
1942	40.1	34.0	19.5	3.8	2.7

출처: 辦公廳 編(2001, 136: 172-173); 辦公廳 編(2001, 143: 163-165).

를 차지했고, 톈진은 29.7%를 차지했지만, 1941년까지 대체로 1938년의 비율에서 크게 변하지 않았다. 하지만 태평양전쟁 이후 톈진이 상하이를 추월하여 윤함구의 가장 중요한 수입 항구가 되었다. 1942년 톈진이 40.1%, 상하이가 19.5%를 차지해서 상하이의 수입무역이 극도로 위축되었다(〈표 5-6〉 참조). 이 시기 대외무역의 급격한 감소는 일본의 물자 통제와 일본의 선박이 군사용으로 징발되어 수송 선박이 부족했기 때문이다.

윤함구 수출의 경우 상하이가 가장 큰 비중을 차지했다. 상하이는 1938년 윤함구 수출의 46.7%를 차지했고, 그 뒤 계속 비중이 증가하여 1941년에는 81.3%를 차지했다. 태평양전쟁 이후 1942년에는 약간 감소해서 60.9%를 차지했다. 반면 톈진은 1938년에는 윤함구 수출의 36.9%를 차지했지만, 그 뒤 급감하여 1941년에는 7.1%를 차지했고, 태평양전쟁 뒤 약간 늘어 10.8%를 차지했다(〈표 5-7〉 참조).

주요 항구의 국가별 수출입 비중을 살펴보면, 중일전쟁 이후 톈진은 윤함구의 중심 항구가 되어 수출입액이 급증했다. 톈진의 수입 가운데 일본이 차지하는 비중이 압도적이었다. 일본의 비중은 중일전쟁 전 36.9%에서 1938년 59.9%로 높아졌고, 1940, 1941년에는 약간 낮아져 40%대를 유지했다. 1942년에는 수입액은 감소했지만, 일본에서 수입 비중은 88.6%

표 5-7 | 1938~1942년 윤함구 항구별 수출 비중

	텐진	화베이	상하이	광저우	서남 연해
1938	36.9	16.4	46.7	-	-
1939	11.9	13.1	74.3	0.7	-
1940	9.1	10.0	80.0	0.9	-
1941	7.1	8.4	81.3	3.3	-
1942	10.8	17.2	60.9	9.4	1.7

출처: 辦公廳 編(2001, 136: 169); 辦公廳 編(2001, 143: 163-164).

로 텐진 수입무역의 대부분을 차지했다(辦公廳 編 2001, 136: 169, 172~173; 辦公廳 編(2001, 143: 163~165). 이러한 양상은 화베이 각 항구에서도 마찬가지였다. 화베이 각 항구 수입무역에서 일본이 차지하는 비중은 1937년 48.6%에서 1938년 76.7%로 증가했고, 계속 50% 이상을 유지했다.

텐진 수출무역에서 일본은 1938년 55.8%로 절대적인 비중을 차지했지만, 이후 급감했다가 다시 증가하여 1941년 31.7%를 차지했고, 1942년에는 97.7%로 텐진의 거의 모든 수출품이 일본으로 수출되었다. 화베이 각 항구도 일본에 대한 수출 비중이 절대적이었다. 1938년 일본에 대한 수출이 61.1%를 차지했고, 1941년 84.3%까지 차지했지만, 태평양전쟁 뒤에는 감소해서 66.8%를 차지했다. 텐진의 수입무역에서 영국과 미국의 비중은 중일전쟁 뒤에 오히려 증가했다. 화베이에서는 영국과 미국의 비중이 약간 감소했다(辦公廳 編 2001, 136: 169, 172-173; 辦公廳 編 2001, 143: 163-165).

상하이는 원래 서구 열강의 대중국 침략 중심지였다. 복잡한 국제관계 때문에 중일전쟁으로 상하이가 함락된 뒤에도 일본군은 쑤저우허(河) 이남의 공공 조계(公共租界)와 프랑스 조계는 점령하지 않아 이 지역은 고립된 섬으로 남게 되었다. 일본군에 점령당하지 않았지만 국민정부의 지배력도

미치지 않는 특수한 상황으로 인해, 상하이의 대외무역은 국민정부가 내지에서 시행하고 있던 「무역 통제법령」이 적용되지 않아 수출입과 외환 거래가 자유로웠다. 1938~1941년 사이 상하이는 어떤 통제도 받지 않는 자유 상업도시가 되었고, 선박 왕래도 제한이 없었기 때문에 다른 항구에 비해 수출입에 유리한 조건을 갖추었다(上海社會科學院 編 1989, 1~2). 일본의 점령과 봉쇄에도 불구하고 외환시장의 자유, 무역 제한의 취소, 대규모 공업 활동, 거대한 소비가 상하이의 대외무역을 발전시켰다. 특히 제2차 세계대전 발발 이후 상하이는 중국 여타 항구에 비해 더욱 더 우월한 지위를 누렸다(中國現代史資料編輯委員會 1957, 250).

상하이의 수입무역에서 일본의 비중은 1938년 17.2%에서 계속 하락하여 1941년에는 10.6%로 하락했다. 화베이를 제외한 윤함구 지역에서 일본에 대한 수출과 수입 비중은 매우 낮았다(辦公廳 編 2001, 136: 169, 172-173; 辦公廳 編 2001, 143: 163~165). 그러나 태평양전쟁이 발발하고 상하이 조계가 일본에 점령된 뒤, 상하이의 수입무역에서 일본은 65.2%로 대부분을 차지했다(辦公廳 編 2001, 136: 169; 辦公廳 編 2001, 143: 163~164). 태평양전쟁 이전 상하이의 수입무역에서 일본의 비중이 미미한 데 비해 영국과 미국의 비중은 45~50% 정도를 차지했다. 영국의 비중은 1938년 21.9%에서 1939년에는 33.0%까지 증가했다가 1941년에는 28.3%로 약간 감소했다. 미국의 비중도 거의 비슷한 양상을 보여 1938년 23.2%에서 1940년 31.6%로 증가했다가 태평양전쟁 이후 1%대로 급감했다(辦公廳 編 2001, 136: 169; 辦公廳 編 2001, 143: 163~164). 영국과 미국은 상하이와 중국 연해 지역에 원료와 기계를 공급하는 주요 공급처였다. 상하이의 대미 수입품은 면화·담뱃잎·화학품 등 공업 원료와 기계 설비 등이었는데, 이 원료와 기계 설비로 상하이를 비롯한 중국 연해 지역 공장이 조업할 수 있었다(鄭友揆 1984, 159~160). 상하이 수입무역에서 독일의 비중은 전쟁 이전 16~19%를 차지했지만, 제2차 세계대전으로 수입이 급감해서 1941년 3.1%로 떨어졌다가, 1942년 이후에는 전쟁 전의 비중을 거의 회복했다(辦公廳 編 2001, 136: 169; 辦公廳 編 2001, 143: 163~164).

상하이 수출무역에서 일본의 비중은 1938~1939년 7~8%로 하락했다가 1941년 17.1%로 증가했다. 태평양전쟁 발발 이후 1942년에는 86.3%로 절대적인 비중을 차지했다. 미국의 비중은 1938년 일본의 상하이 봉쇄와 전쟁 피해로 크게 감소했다가, 1939년 32.6%로 전쟁 전의 비중을 회복했다(辦公廳 編 2001, 136: 169; 辦公廳 編 2001, 143: 163~164). 상하이의 대미 수출품은 생사·돼지털·식물유 등이었다. 1939년 9월 제2차 세계대전이 발발한 뒤, 유럽에서 중국 상품 수요가 급감하면서 이러한 상품은 수출시장이 갈수록 미국에 국한되었다(鄭友揆 1984, 159~160). 중일전쟁 뒤 상하이 수출무역에서 영국의 비중이 크게 증가했다. 1937년 24.3%에서 1938년 43.6%, 1941년에는 37.4%를 차지했다. 하지만 태평양전쟁 뒤에는 상하이에서 영국과 미국에 대한 수출이 거의 중단되었다(辦公廳 編 2001, 136: 169; 辦公廳 編 2001, 143: 163~164).

제2차 세계대전의 영향으로 1938~1941년 사이 윤함구 대외무역에서 동남아 국가와 인도의 중요성이 점차 증가했다. 1941년 윤함구 수입상품 가운데 1/3이 이들 국가에서 수입되었고, 수출상품 가운데 1/4이 이들 국가로 수출되었다. 동남아·인도로부터 수입은 주로 식량과 휘발유·고무·면화 등 공업 원료였다. 윤함구의 이들 국가에 대한 수출품은 상하이에서 생산된 공업 제품이나 식품이었는데, 동남아 국가 화교들의 생활필수품으로 공급되었다(鄭友揆 1984, 161). 상하이에서 홍콩으로 운송되는 화물은 대부분 국통구로 운송되었다. 홍콩에는 방직섬유·사(紗)·면(線)·편직품(編織

品)·침직품(針織品)·필두(疋頭) 등 섬유 의류가 주로 수출되었다(辦公廳 編 (146) 2001, 320). 중일전쟁 기간 동안 국통구로 화물을 운송했던 중심은 영파였다. 영파는 1945년 초까지 상하이와 교역이 이루어졌지만, 태평양전쟁 뒤 교통이 곤란해지면서 국통구로 운송하는 화물이 날로 감소했다(辦公廳 編 2001, 146: 318).

태평양전쟁 이후 친황다오, 텐진, 룽커우, 옌타이, 웨이하이웨이, 칭다오, 상하이, 샤먼, 선터우, 광저우, 장먼, 치옹저우에는 일본의 협력 정권이 해관 또는 분관을 설치했고, 나머지 항구는 해관이 폐쇄되거나 세국(稅局)으로 전환되었다(辦公廳 編 2001, 146: 332). 하지만 윤함구의 대외무역은 텐진과 상하이에서만 유지되었고 다른 항구에서는 거의 중단되었다. 따라서 윤함구의 대외무역은 전반적으로 위축되었다. 1941년부터 전쟁이 끝날 때까지 텐진의 대외무역은 엔 블록 국가에 한정되어 있었다. 1942년 텐진의 수입액과 수입량은 모두 감소했다. 수출의 경우 돼지털·알제품·가죽제품·양탄자 등과 같은 중요 수출상품은 국외 시장을 잃었지만, 면화·소금 등과 같은 상품은 수출량이 크게 증가하여 감소분을 보충했다. 1943년부터 해운에 장애가 발생하자 일본 협력 정권은 동북과 조선을 통하는 철도 교통에 주의를 기울여 텐진-만주-조선 사이에 보세화물 통운 제도가 실시되었다. 1943~1945년 사이 텐진의 수출입량은 대부분 일본의 수요에 따라 정해졌다(辦公廳 編 2001, 146: 329).

1941년 12월 8일 일본군이 상하이의 공공 조계와 프랑스 조계를 점령하여 상하이는 중국의 상업 중심지가 된 이래 가장 어려운 시기를 맞이했다. 1942년 초 상하이의 공장·상점은 다수가 휴업했고, 노동자가 실직했다. 이후 점차 안정되어 수입상품의 대체품을 만드는 공장이 계속 설립되었다. 상하이의 주요 수입상품은 잡량·잡량분·생사와 생사제품·설탕제품 등이었고, 주요 수출상품은 방직품이었다. 태평양전쟁이 길어지면서 원료 수입은 점차 감소했다(辦公廳 編 2001, 146: 320). 태평양전쟁 이후 하문·광주 등은 전쟁의 영향과 연합군의 봉쇄로 소형 선박에 의존한 소규모 무역만 이루어졌고, 무역은 거의 중단되었다(辦公廳 編 2001, 146: 314, 317).

태평양전쟁 이후 일본의 윤함구에 대한 제한과 통제로 중국의 대외무역 대상은 엔 블록이 절대적인 비중을 차지했다. 1942년~1945년 8월 사이 엔 블록으로부터 수입은 윤함구 수입총액의 76~85%에 이르렀고, 엔 블록에 대한 수출은 윤함구 수출총액에서 88~98%를 차지했다(鄭友揆 1984, 185). 1942년 서양 각국에서 수입한 상품은 거의 대부분 1941년 말 이전 중국에 운반되어 해관 창고에 보관되었다가 1942년 수입 관세를 납부하고 수입 수속을 밟은 것으로 서양 각국에서 새로 수입된 것은 매우 적었다(辦公廳 編 2001, 143: 166). 전쟁이 계속되면서 일본에서 윤함구로 이입되는 화물은 점차 감소했지만, 윤함구에서 일본으로 이출되는 화물은 운송 능력이 미치는 한도까지 모두 실어 나갔다. 상품 이출의 대가는 대부분 교환 가치가 없는 연은권·중저권·군용권(軍用券)으로 지불했다(辦公廳 編 2001, 146: 331). 이는 중국 대외무역 시스템이 완전히 붕괴되고 엔 블록에 포함되었다는 것을 의미했다(辦公廳 編 2001, 143: 166).

태평양전쟁 이후 윤함구 대외무역 네트워크는 완전히 변화되었다. 남태평양 전세가 날로 일본에 불리해지자 가용할 수 있는 일본 상선 수가 점점 줄어들어 윤함구와 동남아 각국, 인도와 홍콩 사이의 무역 비율과 절대액수가 모두 해마다 하락했다. 또한 윤함구에서 필요한 중요 공업 설비와 공업 원료를 수입했던 미국과 영국 등 서방 국가와도 무역 관계가 완전히 단절되었다. 윤함구의 대외무역은 엔 블록으로 한정되었다. 따라서 1942년 이전 동남아의 공장 역할을 했던 연해 통상 항구는 더 이상 그 역할을 하지 못했다(鄭友揆 1984, 186).

일본의 중국 침략은 경제적인 측면에서 원료 확보와 시장 확대라는 목표를 가지고 있었다. 일본은 윤함구의 물자를 획득하고 국민정부를 고립시키기 위해 물자 통제와 국민정부에 대한 봉쇄를 실시했다. 하지만 일본의 국통구에 대한 물자 반출입 루트 봉쇄에도 불구하고 국민정부는 끊임없이 새로운 루트를 개설하여 물자를 조달했다. 이러한 물자 쟁탈전은 일본군이 국민정부의 대외 접촉을 완전히 봉쇄하기 위해 전장을 동남아로 확대하게 만들었고, 이는 영국·미국과의 대립을 불가피하게 했다. 물자 쟁탈전에서 일본은 윤함구의 유통기구 장악에 실패하여 윤함구에서 식량·원료 등 필요한 물자를 효과적으로 획득하지 못했다(小林英夫 2006, 540). 결국 중국을 점령하여 엔 블록 확대를 통해 영국·미국에 대항하는 독자적인 경제 공동체를 창설하려고 시도했던 일본의 목표는 성공하지 못했다.

3. 일본의 물자 통제와 수출입 구조의 변화

중일전쟁 기간 일본은 윤함구의 원료를 효율적으로 확보하기 위해 윤함구에서 물자 통제정책과 경제개발계획을 실시했다. 일본은 윤함구를 서방 국가의 영향력에서 벗어나 엔 블록에 편입시켜 일본의 독점적 시장으로 만들기 위해, 중국에 있던 서방 국가의 기업에 대해 잡다한 규율과 조례를 만들고 송금을 통제했다. 또한 일본 기업에는 특혜 관세와 수륙 운송 독점 등 특혜를 제공하고 외국 기업에는 관세와 운송에서 각종 제한을 가했다. 이러한 통제와 제한은 중국에서 전통적인 문호 개방 정책을 중지시켜 미·

영·프 등 서방 국가의 항의를 불러 일으켰다. 하지만 일본 정부는 여러 가지 핑계로 외국 기업에 대한 통제와 제한의 시정을 거절했다(박정현 2011, 296-297).

중일전쟁 이전 화베이와 근접한 만주국은 이미 엔 블록 내에 편입되어 일본과 밀접한 경제 관계를 형성했다. 중일전쟁을 통해 일본은 중국의 중요 지역을 점령하고 화베이 지역을 엔 블록에 포함시키려고 시도했다. 먼저 화베이에서 법폐를 대신한 새로운 화폐로 통일하기 위해 1938년 연합준비은행(聯合準備銀行)을 설립하고, 일본 엔과 등가로 교환되는 연은권을 발행했다(金光淳 1939, 68). 이것은 화베이 통화의 통일, 외국 환 집중, 금융기구의 정비를 통해 화베이의 물자를 쉽게 이출하기 위한 것이었다. 하지만 화베이에서 실시한 화폐정책의 실패로 일본은 화중·화난 지역을 엔 블록에 통합시키지 못했다. 이에 화중·화난 지역에서는 국민정부의 법폐·중저권·달러 등이 서로 경쟁했다. 화폐정책 실패의 영향으로 1938~1941년 사이 일본과 기타 엔 블록 국가가 윤함구 대외무역에서 차지하는 비중은 하락했다(鄭友揆 1984, 158).

일본은 원활한 물자 수급을 위해 일본뿐만 아니라 윤함구에도 물자 통제정책을 실시했다. 중일전쟁 이후 일본은 수입 제한으로 인해 물자 수급이 불균형했고, 군사비를 충당하기 위한 공채 발행이 증가하여 물가가 상승했다. 이에 일본 정부는 1939년 6월 물가국을 설치하여 물가를 동결하는 강력한 억제 조치를 추진했다. 윤함구에서도 일본군의 점령 뒤 물자 수급이 불안했다. 하지만 물자 수입은 물론 일본으로부터 공급도 제한되었기 때문에 윤함구 물가상승이 일본 내지보다 훨씬 심했다. 이 결과 여러 통제 조치를 피해 일본 내지의 물자가 중국 또는 만주국으로 수출되었다. 일본에서 윤함구와 엔 블록으로 수출되었던 상품은 기계공구류·차량류·목재

등 경제개발용 자재뿐만 아니라 생활필수품·일용품도 포함되었다. 이 때문에 일본의 윤함구와 엔 블록에 대한 수출은 1937년 일본 수출총액의 25%에서 1939년에는 49%로 증가했다. 특히 일본에서 중국에 대한 수출이 더욱 증가했다. 일본의 만주국과 관동주에 대한 수출은 1938~1939년 2년 동안 2.1배 증가했지만, 중국에 대한 수출은 같은 기간 2.5배 증가했다(岩武照彦 1990, 568-569). 반면 화베이에서 엔 블록에 대한 수출은 가격 차이로 인해 급감했다.

일본의 윤함구와 엔 블록에 대한 수출 증가는 일본 경제에 도움이 되지 않았고, 영 파운드나 미 달러 등 외화를 획득하는 데 기여하지도 못했으며 국내 소비와 같이 탕진되었다. 그래서 물자 수급을 조정하지 못했고, 무역통제도 되지 않아 환 관리에도 문제를 일으켰다(岩武照彦 1990, 569). 이러한 문제를 해결하기 위해 1939년 9월 「관만지(關滿支)에 대한 수출 조정령」이 공포되어 일본에서 윤함구와 엔 블록으로 수출이 제한되었다. 그러나 「관만지에 대한 수출 조정령」에 의한 윤함구와 엔 블록에 대한 물자 공급 제한은 화베이·화중 지역에서 통화 남발과 물자 부족을 야기하여 윤함구에서 일본의 물자 수집을 더욱 곤란하게 했다. 이것은 일본의 공업 건설에 불가결한 식량과 노동력의 현지 조달을 압박하는 결과가 되었다(小林英夫 2006, 536).

일본의 윤함구에 대한 수출 통제와 함께 윤함구의 물자를 효율적으로 조달하기 위해 일본은 윤함구 수출 물자도 3종류로 통제했다. 먼저 ① 양식·면화 등 군수물자는 철저히 통제했다. ② 잠사 등 비군사용이지만 중요한 수출품은 일본이 통제하여 외환 획득의 수단으로 이용했다. ③ 돼지털, 장의(腸衣)·차·우모(羽毛)·초모(草帽)·레이스 등 비군사용 상품은 일본 상인 이외에 중국 상인도 자유롭게 수출을 허용했다(上海社會科學院 編 1989,

38). 하지만 일본의 물자 통제 계획은 일본과 윤함구의 물가 차이로 성공하지 못했다. 그 결과 윤함구를 엔 블록에 포함시켜 일본의 원료 공급지, 잉여 생산물의 수출지로 변모시키려 했던 일본의 계획도 실패했다.

일본이 윤함구에서 물자 조달을 위해 실시했던 또 다른 정책은 경제개발계획이었다. 1940년 일본은 윤함구에서 경제개발계획을 점진적으로 추진했다. 일본은 이러한 개발계획이 중국 민중에게 이익을 가져다준다고 선전했지만, 실제는 중국에서 생산한 물자를 대량으로 이출하여 일본과 만주의 물자 부족을 보충해 주기 위한 것이었다(辦公廳 編 2001, 136: 195). 이를 위해 일본군은 중국 공장을 접수·통제하는 것 외에 화베이와 화중에 각각 화베이개발회사(華北開發會社)·화중진흥회사(華中振興會社)를 설립했다. 화베이개발회사는 일본(만주)과 화베이의 경제 관계를 굳건히 한다는 것을 표방하며 자본금 3억 5,000만 엔으로 설립되었는데, 자본의 절반을 일본 정부에서 출자했다. 이 회사는 화베이에서 운송·교통·전력·광산·소금 생산 사업을 통해 화베이 경제 개발을 촉진시키는 역할을 했다. 화중진흥회사는 자본금 1억 엔(일본 정부가 절반을 출자)으로 설립되었는데, 운송·교통·전력·석탄·수력·광산 채굴·어업 등 다양한 사업을 진행했지만 성과는 미미했다(辦公廳 編 2001, 128: 708). 그 결과 석탄·제련·철강·전력·교통과 같은 윤함구 기초 공업은 모두 일본군의 직접 통제에 들어갔다. 나머지 공업은 일본의 사영 기업이 대신 경영하도록 위탁하고 일본 정부에서 감독했다(鄭友揆 1984, 145). 그래서 일본인들이 중국인 소유 공장을 중일 합작으로 바꾸려는 시도를 했다. 상하이에서는 제분공장 5개, 비누·주정 공장 수 곳, 면사 공장(紗廠), 생사 공장(絲廠)의 대부분, 룽화(龍華)·룽탄(龍潭) 시멘트 공장이 모두 일본인 관리 아래 들어갔다. 쑤저우·우시·항저우 등의 면사 공장과 생사 공장도 마찬가지였다(辦公廳 編 2001, 128: 708).

일본은 중국 경제권의 재편을 시도했지만 이는 기대했던 목표에 훨씬 못 미쳤다. 일본은 윤함구에 필요한 투자와 자본을 제공하지 못해 효과적으로 중국의 자원을 개발하고 이출하지 못했다. 화베이에서 연은권과 일본 엔의 연동은 엔 블록 경제권의 강화나 일본의 물자 획득에 이익을 가져다주지 못했고, 물자 통제 계획도 일본과 윤함구의 물가 차이로 성공하지 못했다. 또한 윤함구 경제개발계획도 성과를 거두지 못해 윤함구를 일본의 원료 공급지로 변모시키려 했던 원래의 계획은 수포로 돌아갔다.

중일전쟁 이후 일본의 수출입 물자 통제에 따라 윤함구 수출입 상품이 바뀌면서 수출입 구조도 변화했다. 윤함구 대외무역에서 전체 추이를 살펴보는 것은 가능하지만, 윤함구 수출입 상품의 정확한 내용을 파악하는 것은 어렵다. 다만 앞에서 살펴본 바와 같이 윤함구가 중국 대외무역 전체의 80% 정도를 차지했고 갈수록 비중이 높아졌기 때문에, 이 글에서는 중국 전체의 수출입 상품 변화 추이를 바탕으로 윤함구 수출입 구조의 전반적 추세를 살펴보려고 한다.

중일전쟁 시기 중국의 대외 수출입 구조는 전쟁과 일본의 윤함구 경제 정책에 영향을 크게 받았다. 대외무역의 분류별 상품 수입 비중을 살펴보면, 음식물의 비중은 전쟁 전의 14.5%에서 1938년 24.5%로 증가했고, 1941년에는 35.6%를 차지했다. 이는 전쟁과 자연 재해로 미곡 수입이 증가했기 때문이다. 원료 수입 비중도 증가했다. 이는 일본으로 원료가 대량 수출되어 중국산 원료가 부족해지자, 중국에서 공장 가동을 위해 거꾸로 원료를 수입했기 때문이다. 제조품의 경우 전쟁 전 수입 비중이 56.2%였지만, 계속 감소해서 1941년에는 38.5%를 차지했다. 반대로 제조품 수출은 전쟁 전 32.6%에서 계속 증가해서 1941년 53.8%로 비중이 증가했다. 이는 중국의 공업이 성숙했기 때문이 아니라 제2차 세계대전으로 인한 일시적 현상이었다. 전쟁으로 동남아 지역에서 필요한 제조품을 유럽에서 얻지 못하자, 윤함구 연해 지역 공장에서 생산한 제조품을 동남아 지역에서 수입했기 때문이다. 1942년 윤함구 대외무역 대상이 엔 블록으로 제한되고, 여타 지역으로 수출이 거의 중단되면서 제조품 수출 비중도 21.8%로 급감했다. 일본은 윤함구의 물자를 획득하기 위해 노력했지만, 별로 성공을 거두지 못해 중국의 원료 수출 비중은 1938년 37.6%에서 계속 감소 추세였다. 하지만 태평양전쟁 이후 물자 통제를 강화하면서 원료 수출의 비중은 급증했다(〈표 5-8〉 참조).

수입상품의 상품별 비중을 보면, 중일전쟁 이전에는 중국 내 면방직 공장이 발전하면서 면제품과 면사 수입은 꾸준히 감소했다. 하지만 고급 면제품과 면화는 여전히 수입상품 가운데 비중이 높았다. 또한 중국 내 공업이 발전하면서 공업 발전에 깊은 관련이 있는 생철·강철·기타 건축 자재·화학품·공업용 염료·안료 등도 주요 수입상품이었다(박정현 2009, 198).

중일전쟁이 발발하면서 윤함구 상품 수입에서 가장 큰 변화는 전쟁에 필요한 군수물자와 생활필수품의 수입이 증가했다는 점이다. 전쟁 발발 이후 수입상품 가운데 잡량과 잡량분이 수위를 차지했는데, 1938년 수입액에서 차지하는 비중이 14.7%에서 1941년 25.3%로 계속 증가 추세였다. 이는 전쟁으로 식량 조달에 어려움이 있어 윤함구에서 식량 수입이 계속 증가했기 때문이다. 잡량 가운데에는 미곡 수입이 가장 큰 비중을 차지했다. 미곡은 주로 베트남과 태국에서 수입했다. 밀가루는 오스트레일리아·미국·일본이 주요 수입국이었다(辦公廳 編 2001, 136; 155).

면화와 면제품은 1938년을 제외하고 1939~1941년 사이 중국 제2위의 수입상품이었다. 수입무역에서 차지하는 비중은 1939년 15.0%에서 1941년 25.1%로 계속 증가했다. 이 품목의 수입 증가는 면화 수입이 급

표 5-8 | 분류별 상품 수출입 비중(단위: %)

	수입				수출			
	음식물	원료	제조품	잡화	음식물	원료	제조품	잡화
1937	14.5	19.6	56.2	9.7	27.3	39.0	32.6	1.1
1938	24.5	16.7	47.4	11.5	27.1	37.6	33.8	1.5
1939	29.7	26.7	38.6	5.1	30.6	20.5	46.9	2.0
1940	31.5	26.7	37.4	4.4	28.4	17.7	51.4	2.5
1941	35.6	21.7	38.5	4.1	22.2	21.4	53.8	2.6
1942	30.1	11.8	50.9	7.3	25.7	51.4	21.8	1.1

출처 : 辦公廳 編(2001), 각 년 판.

증했기 때문이다(辦公廳 編 2001, 136: 155). 중일전쟁 초기 중국 면방직 공장이 전쟁 피해를 복구하지 못해 면화를 소비할 능력이 없어 중국 내 면화는 남아돌았다. 하지만 일본이 윤함구 물자 통제정책을 실시하면서 면화를 군수물자로 통제하여 일본 내 면방직 공장의 원료로 공급하기 위해 대량으로 이출했다. 그러나 1939년부터 이러한 상황에 변화가 발생했다. 전쟁 피해 복구와 제2차 세계전쟁으로 윤함구 면방직 공장의 면화 수요가 급증했다. 일본의 통제정책으로 면화가 일본으로 대량 이출되는 상황에서 중국 내 면화 공급 부족 현상이 발생하여 면화 수입이 급증했다. 1939~1941년 면화 수입액은 1938년에 비해 10여 배 증가했다. 동시에 이들 공장에서 생산한 면사와 각종 면제품의 수출이 매년 증가했다(鄭友揆 1984, 179~180).

면포와 기타 면제품은 원래 일본에서 가장 많이 수입했지만 중일전쟁 뒤 홍콩에서 가장 많이 수입했다. 이는 중일전쟁 발발 이후 중국인 면방직 공장들이 안전을 위해 홍콩으로 이주하여 영업했기 때문이다(辦公廳 編 2001, 136: 147~148). 수출 방면에서 돼지털·면사·직물·석탄·안티몬·텅스텐 등이 윤함구의 주요 수출상품이었다(辦公廳 編 2001, 136: 142~143).

태평양전쟁 이후 윤함구 수출입은 일본이 대부분을 차지했고, 수출입

그림 5-2 | 분류별 상품 수입 비중

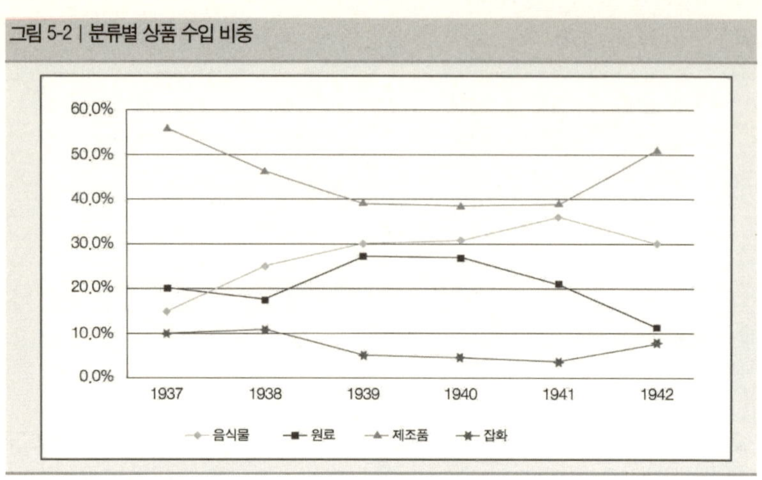

그림 5-3 | 분류별 상품 수출 비중

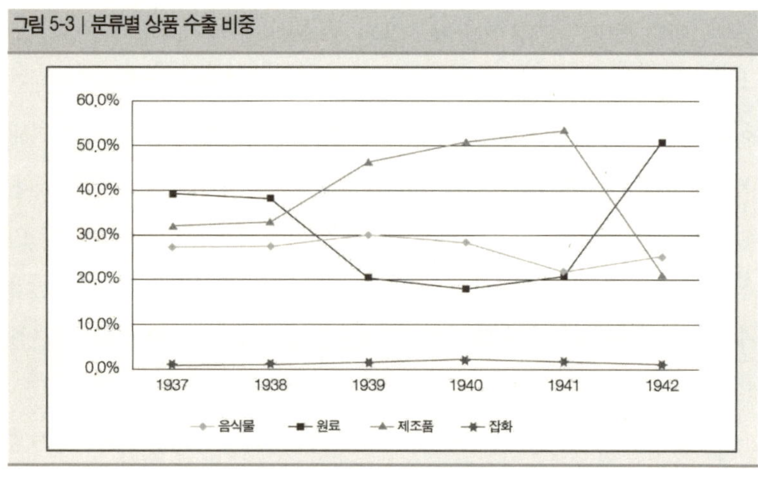

상품도 바뀌었다. 일본에서 인조사와 그 제품·종이·설탕·목재·각종 화학품과 같은 잉여 소비품이 윤함구 주요 수입품이 되었다. 한편 일본군은 각종 기구를 독점하여 윤함구에서 면화·석탄·소금·철광석 등 원료를 전력으로 수집하여 일본으로 이출했고, 일본에서는 이 원료로 각종 군수물자를 생산했다. 1941년 4개 원료 수출액은 윤함구 수출총액의 8.6%에 지나지 않았지만, 1942년에는 39.7%, 1943~1945년에는 44~51%에 달했다(鄭友揆 1984, 189).

태평양전쟁 이후 윤함구의 대외무역은 엔 블록에 한정되었고, 서구 국가와는 무역이 단절되었다. 1943년 이후에는 엔 블록 사이의 유대도 단절되었다. 엔 블록 사이 유대 단절의 직접적 계기는 선박 수송 문제 때문이었다. 중일전쟁 초기부터 선박 건조 량보다 상실 량이 많았는데, 1943년 과다카날 전투 이후 이것이 현저해졌다. 선박 상실 량의 증가와 함께 군수용으로 선박이 징발되면서 물자 수송용 선박은 더욱 부족해져 엔 블록 사이의 물자 수송을 곤란하게 했다. 선박 수송 능력의 감퇴는 물자 수송 능력을 감퇴시켰고, 이것이 선박 건조 능력을 더욱 저하시키는 악순환이 되풀이했다(小林英夫 2006, 519).

일본은 이를 극복하기 위해 목선을 건조하고, 현지에서 가능한 한 반제품을 제조하여 일본으로 수송하는 것으로 선박 수송 부담을 경감시키는 방법을 채용했다. 또한 해상 수송 대신 육상 철로로 대체하여 1943년 이후 화중-화베이-만주-조선으로 연결되는 철도를 이용하여 물자를 일본으로 운송했다. 하지만 이러한 노력에도 불구하고 일본과 엔 블록 사이의 수송은 철도 차량 부족과 연료 부족, 항만 하역 시설의 미비로 충분한 성과를 거둘 수 없었다. 또한 동남아시아에서 일본이 기대했던 공업 제품 수출과 쌀 수입이 제대로 이루어지지 않았다. 남방 지역에서 섬유 제품, 식량 부족으로 야기된 물가의 상승은 일본 군정의 기반을 흔들었고 사회 불안을 야기했다(小林英夫 2006, 529). 이러한 엔 블록 내 물자 보급의 실패로 인해 빈약한 공업국 일본의 대동아공영권 구상은 뿌리째 흔들렸다.[13]

4. 일본의 윤함구 대외무역 실패와 대동아공영권의 붕괴

일본의 중국 침략은 중국 전체 사회에 깊은 그림자를 드리웠다. 전쟁과 일본의 중국 점령은 중국 수출입 무역에도 큰 영향을 미쳤다. 중일전쟁 시기 윤함구 대외무역은 전쟁의 피해와 영향으로 수입이 급증하고 수출은 감소했다. 그러나 전쟁의 충격은 오래 가지 않았다. 1938년 중반 이후 윤함구 대외무역은 회복되기 시작했다. 하지만 태평양전쟁 발발 이후 윤함구의 대외무역은 급감했고, 일본이 윤함구 대외무역을 독점했다.

일본의 대외 봉쇄와 물자 통제로 윤함구의 기존 무역 네트워크가 파괴되자, 봉쇄와 통제를 우회하여 새로운 무역 네트워크가 계속 만들어지면서 물자 이동이 계속 유지되었다. 윤함구 대외무역의 중심 항구는 상하이와 톈진이었고, 주요 무역 대상 국가는 일본이었다. 하지만 일본이 화베이에서 실시했던 화폐정책이 실패하고, 물자 통제가 제대로 이루어지지 않아 윤함구 대외무역에서 일본의 비중은 계속 하락했다. 반면 일본이 배제하려고 했던 영국과 미국이 윤함구 대외무역에서 차지하는 비중은 증가했다. 이것은 일본의 윤함구 물자 이출정책으로 윤함구에서 원료와 식량이 부족하게 되자, 상하이를 비롯한 연해 지역 공장에서 필요한 원료와 식량을 이들 국가에서 수입했기 때문이다. 태평양전쟁 이후 윤함구 대외무역 네트워크는 일본과 엔 블록으로 제한되었고, 서양 각국·동남아 국가와는 단절되었다.

13_대동아공영권은 태평양전쟁 시기 구미의 식민지 지배 대신 일본을 중심으로 아시아 지역에 공존·공영(共存·共榮)의 신질서를 수립한다고 하며 침략전쟁을 정당화하려 했던 아시아 통합 구상이었다.

중일전쟁 이후 일본의 수출입 물자 통제에 따라 윤함구 수출입 상품이 바뀌면서 수출입 구조도 변화했다. 전쟁의 영향으로 군수물자와 생활필수품의 수입이 증가했고, 수출에서는 제2차 세계대전 이후 동남아에서 공업제품 수요가 증가하여 제조품의 수출이 증가했다. 태평양전쟁 이후 윤함구 수출입 구조는 일본의 잉여 소비품을 수입하고, 면화·석탄·소금·철광석 등 4대 원료를 일본에 수출하는 형태로 바뀌었다.

윤함구에서 일본군의 목표는 첫째, 국통구를 봉쇄하여 국민정부의 전쟁 능력을 저하시키는 것이었다. 일본은 국민정부를 고립시키기 위해 국민정부에 대한 봉쇄와 물자 통제를 실시했다. 하지만 일본의 국통구에 대한 봉쇄에도 불구하고 국민정부는 끊임없이 새로운 루트를 개설하여 외부에서 물자를 조달했다. 일본군은 국민정부의 대외 접촉을 완전히 봉쇄하기 위해 전장을 동남아로 확대했다.

윤함구에서 일본군의 두 번째 목표는 가능한 한 빨리 중국 경제자원을 확보하여 일본·윤함구와 만주국 사이의 경제적 연계를 강화하는 것이었다. 하지만 일본은 윤함구에 필요한 투자와 자본을 제공하지 못해 효과적으로 중국의 자원을 개발해서 일본으로 이출하지 못했다. 화베이에서 연은권과 일본 엔의 연동은 엔 블록 경제권의 강화나 일본의 물자 수급에 기여하지 못했고, 물자 통제 계획도 일본과 윤함구의 물가 차이로 성공하지 못했다. 결국 윤함구를 엔 블록에 포함시켜 일본의 원료 공급지, 잉여 생산물의 수출지로 변모시키려 했던 일본의 계획은 성공하지 못했다.

일본은 자신의 전쟁 능력을 높이고 국민정부를 경제적으로 고립시키기 위해 치열한 물자 쟁탈전을 벌였다. 일본군은 국민정부의 대외 교역 통로를 차단하고, 미국·영국과 연결되는 통로를 봉쇄했다. 더 나아가 물자 쟁탈전에서 승리하기 위해 진주만을 공습하고 동남아 지역을 점령함으로써 미국·영국과 직접 대립하게 되었다. 일본은 전쟁을 확대했지만 국민정부를 고립시키지 못하고 오히려 미국과 영국에게 봉쇄당했다. 또한 태평양전쟁 이후 선박의 침몰과 징발로 일본의 물자 공급 능력이 감소되어 엔 블록과 윤함구·동남아 점령지역에 대한 지배에 위기가 초래되었다. 일본은 이를 극복하기 위해 현지 생산의 확대와 육상 철로 이용을 증가시켰지만, 이것도 연료 부족과 항만 하역 시설의 미비로 충분한 성과를 거둘 수 없었다. 결국 일본은 윤함구의 물자의 효율적인 조달에 실패하여 엔 블록 내 물자를 제대로 보급하지 못해 엔 블록 사이의 유대가 단절되었다. 이것은 엔 블록을 중심으로 한 일본의 대동아공영권 붕괴로 이어졌다.

참고문헌

上海社會科學院經濟硏究所·上海市國際貿易學會學術委員會 編. 1989.『上海對外貿易』. 上海社會科學院出版社.

송규진 외. 2010.『통계로 본 근대 중국 대외무역』. 한외평(전자출판).

中國第二歷史檔案館 編. 1997.『中華民國史檔案資料滙編』 第5輯 第2編 財政經濟(9). 江蘇古籍出版社.

中國第二歷史檔案館 中國海關總署辦公廳 編. 2001.『中國舊海關史料』 124~147(1937~1946). 京華出版社.

中國現代史資料編輯委員會. 1957.『抗戰中的中國經濟』. 中國現代史資料編輯委員會.

卞奇譯. 1940. "自二十九年二月三日之上海密勒氏評論報: '1939年中國國際貿易之回顧'."『新華日報』 3月 21日(中國現代史資料編輯委員會 編. 1957.『抗戰中的中國經濟』. 中國現代史資料編輯委員會).

許滌新. 1940. "抗戰來兩個階段底中國經濟."『理論與現實』 1卷 4期(中國現代史資料編輯委員會 編. 1957.『抗戰中的中國經濟』. 中國現代史資料編輯委員會).

譚文熙. 1994.『中國物價史』. 湖北人民出版社.

譚熙鴻主 編. 1972.『十年來之中國經濟(1936~1945)』 中沈雲龍主 編,『近代中國史料叢刊續編』 第9輯. 文海出版社.

小林英夫. 2006. 增補版『「大東亞共榮圈」の形成と崩壞』. 御茶の水書房.

孫玉琴. 2004.『中國對外貿易史』(第2册). 對外經濟貿易大學出版社.

岩武照彦. 1990.『近代中國通貨統一史』 上·下. みすず書房.

鄭友揆. 1984.『中國的對外貿易和工業發展(1840~1948)』. 中國社會科學出版社.

淺田喬二 編. 1981.『日本帝國主義下の中國-中國占領地經濟の硏究』. 樂游書房.

杜秀娟. 2006. "抗日戰爭時期日僞對華北棉貨資源的統制與掠奪." 河北師範大學 碩士學位論文.

王昭榮. 2002. "日本侵華時期對中國蠶絲業的統制與資源掠奪." 浙江大學 碩士學位論文.

金光淳. 1939. "聯銀券과 法幣-北支幣制 確立과 北支經濟."『朝光』5-5(朝鮮日報社 出版部).

박정현. 2009. "제1차 세계대전 이후 중국 대외무역과 중국경제의 변화."『東洋史學硏究』 109.

______. 2011. "중일전쟁 시기 國統區 대외무역과 국민정부의 무역정책."『歷史教育論集』 46.

張賽群. 2005a. "論上海'孤島'與大后方的貿易."『玉林師範學院學報』(哲學社會科學) 第26卷 第4期.

______. 2005b. "抗戰前期上海'孤島'埠際貿易硏究."『華僑大學學報』(哲學社會科學) 第4期.

鄭起東. 2008. "1995~2005: 抗日戰爭時期經濟研究述評."『抗日戰爭研究』第3期.

齊春風. 2003. "抗戰時期大后方與淪陷區間的法幣流動."『近代史研究』第5期.

______. 2008. "抗戰時期大后方與淪陷區間的經濟關係."『中國經濟史研究』第4期.

王瑩先·徐永昭. 1996. "日本在中國淪陷區經濟掠奪的特點."『江漢學刊』11.

李占才·江明. 2005. "抗戰時期日本在華中淪陷區的植民統治及破産."『同濟大學學報』(社會科學版) 第16卷 第4期.

彭安玉. 2005. "日軍侵略對江蘇淪陷區經濟發展的摧殘及其影響."『軍事歷史研究』第3期.

黃美眞. 1999. "1937~1945: 日僞對以上解爲中心的華中淪陷區的物資統制."『抗日戰爭研究』第1期.

6장

전시기 식민지 조선 '재계'와 식민지 경제 지배 시스템

시국연구회를 중심으로

송병권

제국 일본 내에서 식민지 조선은 제국의 일부이면서 또한 일본 열도와는 구별되어 이른바 '내지연장'되지 않은 지역이었다. 따라서 제국 내 식민지 문제에 대한 연구에서 홋카이도나 오키나와와 같이 '내지'로 편입된 지역과는 다른 측면에서 지역 문제를 고려해야 할 필요가 있다. 식민지 조선은 일본 열도와는 다른 법역권에 속해 있었으며, 조선총독부가 '종합행정권'을 시행하는 지역이었다. 이러한 식민지 조선의 상황에서 식민지 조선의 지역적 이해관계가 또한 존재했다고 할 수 있다. 그러나 이러한 이해관계는 식민지 조선에 거주하는 재조 일본인을 중심으로 형성된 것이었고,

* 이 글은『아세아연구』56-4(2013)에 게재된 졸고 "전시기 식민지 조선 '재계'와 식민지 경제 지배 시스템: 시국연구회를 중심으로"를 일부 수정한 것이다.

여기에 일부의 상층 조선인 계층이 포함되었다. 재조 일본인 그룹을 리드한 주체는 조선총독부 식민지 관료였다. 이들은 조선과 일본 본국과의 이해관계가 대립할 때, 조선의 특수 사정과 조선총독의 '종합행정권'을 무기로 지역으로서의 조선을 대변했던 경우가 많았다(李炯植 2013, 5). 1931년 '만주사변'의 도발과 함께 시작된 제국 일본의 대륙 침략 전쟁은 1941년 진주만 공격으로 아시아 태평양 지역 전역에 걸친 전쟁으로 확대되었다. 이러한 전시 상황 속에서 제국 일본은 제국 내 정치·군사·경제적 자원 획득을 최대화하고자 전시체제를 편성하기에 이르렀고, 일국을 단위로 한 국토계획이라는 개념을 확장하여 제국 판도 전체에 걸쳐 계획적 운영을 이 국토 계획이라는 개념 속에서 고려하게 되었다. 이로 인해 식민지 조선에 기반을 둔 재조 일본인 그룹은 이러한 새로운 문제에 일정 정도 대응하지 않을 수 없었다. 이러한 변동 속에서 식민지 조선과 제국 일본 사이에 존재했던 이해관계의 충돌이 드러나게 되었고, 그 중심에 재조 일본인 그룹이 존재했던 것이다.

이형식은 식민지 총독부 관료 연구를 통해 조선총독부 식민지 관료들의 定住性 및 토착성에 주목하였다. 영국이나 프랑스와 달리 식민지 조선에서의 장기간 관료 생활을 통해 식민지 조선에서 자신의 이해관계를 확보한 일본인 식민지 토착 관료들은 일본 열도로 돌아가기보다는 식민지 조선에서 낙하산 인사(天降組)가 되어 재취업함으로써 식민지 조선의 재조 일본인 그룹의 최상층부를 구성하였으며, 내지연장주의를 주장하는 내무성 출신 관료들과는 다른 식민지 관료로서의 독특한 관료의식과 행동 패턴을 일본의 식민지 관료의 특징으로 한다고 지적하였다(李炯植 2013, 5-7). 방기중은 식민지 관료가 중심이 되어 조직된 조선총독부 산하 조선산업경제조사회, 시국대책준비위원회, 시국대책조사회, 기획위원회, 국토계획위원회 등 시국 관련 각종 위원회 조직 구성에 참여한 관료와 재계 인사를 분석하였고, 여기에 낙하산 인사 그룹(天降組)이 양자를 연결하는 역할을 했음을 각 위원회 구성원의 배경 분석을 통해 밝혔다. 즉, 조선총독부 관료 조직이 낙하산 인사를 중심으로 인적인 결합 관계를 재계와 형성하면서 식민지 경제 지배 시스템을 가동시켰다고 보았다(방기중 2007). 이들 연구는 분석 대상을 조선총독부 관료와 조선총독부 산하 각종 위원회에서 출발하였기 때문에 일본 본국과 다른 식민지 조선이라는 지역적 이해관계를 가진 또 하나의 세력으로서의 식민지 조선 재계[1]라는 부분을 부차적으로 다루었다는 한계를 지적할 수 있다. 식민지 경제 지배 시스템을 전체적으로 조망하기 위해서는 〈그림 6-1〉과 같이 관료 부분과 재계 부분을 모두 살펴보아야 하며 낙하산 인사는 그 교집합으로서의 의미를 가지고 있었다고 지적할 수 있다. 그러나 낙하산 인사가 갖는 관료 출신이라는 속성과 식민지 조선 경제 지배 시스템에 관료 부분이 갖는 중요성을 낮게 평가하자는 것은 아니고

1_'재계'라는 용어는 경제계의 정치적 영향력 행사라는 측면에서 이용하고 있는데, 재계인, 혹은 재계 수뇌의 자격은 특정 사업의 이해를 대변하는 실업가만으로는 불충분하고, 정계·관계와 교섭할 수 있는 어떠한 루트를 가지고, 또한 경제계의 총체적인 이해를 대표하여 활동하여, 또한 그러한 존재로서 인지되어 있을 필요가 있다(原朗 1983, 170-172). 하라 아키라의 이러한 개념에 따라 이 시기의 일본의 '재계'에 대한 기준으로 미야지마 히데아키는 대기업·경제단체의 횡단적 조직으로 日本經濟聯盟會의 執行組織·常務委員會와 이들을 중심으로 설립된 時局對策委員會에 주목하고 있다. 이 조직들은 중일전쟁 후 새로운 상황에 '근본적인 대책'을 입안하기 위해 설립된 것이었다(宮島英昭 1993, 314). 미야지마가 주목한 시국대책위원회는 그 명칭에서도 알 수 있듯이 시국에 대한 경제계의 대응이라는 측면에서 '재계'에 대한 일반론적 해석에 더해 역사적 상황에 대한 재계의 반응이라는 점에서 중요하다고 할 수 있다. 본 연구에서 다룰 시국연구회를 통한 조선의 '재계'에 대한 분석도 위와 같이 '시국'과 관련한 역사적 상황에 대한 구체적인 상황에 대한 이해를 통해 확보할 수 있을 것이라고 생각한다.

그림 6-1 | 관료와 재계, 그리고 낙하산 인사의 관계

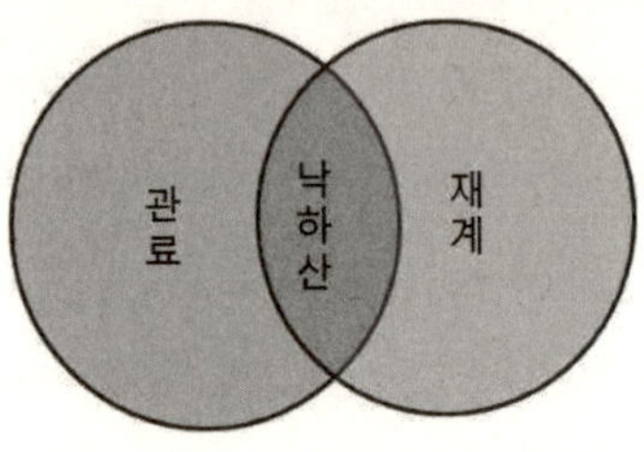

방기중의 그려낸 경제 지배 시스템의 전체적인 모습을 보완하는 데 본 연구의 가치가 있다고 하겠다.

송병권은 전시기에 들어와 식민지 재계가 조선 경제에 가지고 있었던 이해관계를 경성경제간화회 좌담회 분석을 통해 동아광역경제론에서 식민지 조선 경제가 가진 역할에 대한 재구성과 강조를 통해 제국 일본의 전시 정치경제 정책 속에서 자신들의 이해관계를 확보하고자 했던 논리를 분석하였다(송병권 2013). 그러나 식민지 재계의 구성원에 대한 본격적 연구는 이루어지지 않았다는 한계가 있었다. 이 글에서는 식민지 조선의 '재계'가 주체가 되어 결성한 시국단체인 시국연구회에 주목하여, 식민지 '재계'의 구성원에 대한 분석을 통해 조선총독부 식민지 관료 그룹에 대응할 식민지 경제 지배 시스템의 또 다른 한 축을 정리해 보고자 한다.

1. 시국연구회의 결성과 활동

우가키 가즈시게(宇垣一成) 총독 이래 미나미 지로(南次郎) 총독 초기에 걸쳐 추진된 농공병진 정책은 전시체제에 조응하여 병참기지 정책으로 재편되었다. 이 병참기지 정책은 미나미 총독 재임기를 통해 조선총독부 경제정책의 기본 성격을 규정하였다(방기중 2007, 97-98).

조선총독부는 조선산업경제조사회(1936.10.20~10.24)를 통해 결성한 이후 시국대책조사회(1938.9.6~9.9), 국토계획위원회(1940.10)를 조직하여 식민지 조선의 '재계'와의 관계 속에서 지역으로서의 조선의 이익을 강조하는 입장에 서 있었다. 우가키 가즈시게(宇垣一成) 총독이 농공병진 정책 추진 당시부터 보여 준 엔 블록에서의 조선의 위상과 조선의 산업 개발 문제, 특히 일본 중요 산업 통제법의 조선 적용 문제를 둘러싼 조선총독부와 일본 정부와의 사이에 나타난 갈등은 조선산업경제조사회를 개최하여 '자치 통제'를 제도화하는 방향에서 조선 개발에 대한 국책적 의의를 인정받음으로써 미봉적이나마 조정하고자 했다(방기중 2007, 105, 118). 조선 산업 개발 정책, 병참기지 정책 추진에 중요한 역할을 했던 조선산업경제조사회나 시국대책조사회 등이 日·鮮·滿 합동회의 형식의 상호 이해 조정, 상호 협조를 도모했던 임시특별자문기구였던 데 비해[2], 국토계획위원회는 조선총독부

2_미나미 지로(南次郎) 조선총독에 대한 자문기구인 조선산업경제조사회와 시국대책조사회는 정무총감 오노 로쿠이치로를 회장으로 하여 조선은 물론 大橋新太郎(만철 이사), 大藏公望(만철 이사), 竹下義晴(관동군 참모, 육군 대좌), 片倉衷(관동군 참모, 육군 중좌), 鮎川義介(닛산 콘체른, 만주중공업개발주식회사 총재), 河手捨二(미츠비시상사 이사), 岸信介(만주국 산업부 차장), 椎名悅三郎(만주국 실업부 광공사장) 등의 면면에서 알 수 있듯이 일본, 만주국, 관동군, 만철 관련 관료, 군인, 재계 인사 등으로 구성되었다(朝鮮總督府 1936; 朝鮮總督府 1938).

상설기구로 설치되어 조선총독부 스스로 조선 국토 계획의 독자적 기획/운영을 목적에 두고 병참기지 강화론을 주장하였는데, 이는 임의적이었고 비체계적인 운영에서 총독부 '관치주의' 경제 지배 시스템의 체계화를 의미했다(방기중 2007, 133). 이러한 총독부의 대응은 조선총독부의 '경제신체제'에 대한 대응 과정이기도 했다. 원래 '경제신체제' 구상은 국가 통제의 강화를 국가사회주의적 방향을 지향한 '혁신 관료'적 지향과, 어디까지나 이윤 원리를 기초에 둔 사적 자본의 자율적 통제를 지향한 '재계'의 의지가 대립·항쟁하여, 제도적 틀은 양자의 타협의 산물로서 나타났다. 관민 간의 상극 내지 타협이라는 문제는 이 시기의 구체적인 모습의 특수성이 무엇인가라는 문제를 제기하였다. '경제신체제'는 첫째, 전시경제의 폐색을 초래한 원인의 하나였던 관료 통제의 폐해를 타개하기 위해서는 민간경제 주체의 주체성을 발휘시켜, '관'에 대한 협조를 촉구해야 한다는 '관민 협조', 둘째, '민'의 주체성의 발휘는 단순한 사적 이익 원리에 의한 자유 경제로의 역행이어서는 안 되고, 국가 목적적 실현에 결부되어야 하는 것이어야 한다는 '공익 우선', 셋째, '고도 국방 국가'의 건설이라는 국가 목적은 전시경제 추진을 위한 생산의 증강이라는 '생산 중점주의', 넷째, 이러한 정책은 이 강력하고 효율적으로 실현되어야 하는 것이었다는 '지도자 원리'에 바탕을 둔 것이었다(柴原和夫 1979, 317-322). 그러나 '신체제'의 체제 혁신 논리는 조선총독부와 조선 '재계' 등 조선 지배층 내부에 심각한 위기의식을 초래하였다. 조선의 정치·경제 지배 시스템의 존재 양식과 병참기지 정책의 전망을 위협하는 것으로 인식되었다. 낙하산 인사를 통해 총독부 관료와 독점자본 사이의 정치적 계급적 이해관계가 밀접히 연관되어 있었던 조선총독부와 재계와의 관계는 이렇듯 시국에 대응하여 더욱 밀접한 결합 관계를 형성하기에 이르렀다. 그러나 경제산업조사회나 시국대책조사회, 국토계획위원회는 어디까지나 조선총독부가 주도하는 단체였으며, 조선 '재계'가 시국의 변화에 반응하여 주체적으로 조직한 단체는 아니었다고 할 수 있다. 재계 유력자 간에는 시국에 대처하고 관계자를 망라하여 조선총독부의 위원회 조직과 다른 식민지 조선 '재계' 단체를 조직하고자 하는 논의가 진행되었고, 그 결과 시국연구회가 결성되었던 것이다. 발기인은 아루가 미쓰토요(有賀光豊, 朝鮮殖産銀行 頭取), 야나베 에이자부로(矢鍋永三郎, 朝鮮金融組合聯合會 會長), 가다 나오지(賀田直治, 京城商工會議所 會頭) 등으로 구성되었다(時局硏究會 1942, 45). 야나베를 좌장으로 하여 1937년 9월 17일 오후 5시부터 창립총회가 조선호텔에서 열렸다. 고이소 구니아키(小磯国昭, 朝鮮軍 司令官), 오노 로쿠이치로(大野祿一郎, 朝鮮總督府 政務總監), 구노 세이이치(久納誠一, 朝鮮軍 參謀長), 호즈미 신로쿠로(穗積真六郎, 朝鮮總督府 殖産局長) 등 조선총독부와 조선군 고위 관계자들의 시국 강연이 곁들여 졌다. 창립총회에서 간사 11명[3]을 선출하였다. 시국연구회 회원은 조선은행(총재 加藤敬三郎), 동양척식주식회사(이사 山口重政), 조선식산은행(두취 有賀光豊), 조선금융조합연합회(회장 矢鍋永三郎) 등 국책회사와 조선석유주식회사(木村義雄 전무), 조선제련주식회사(松本誠 사장), 조선철도주식회사(新田留次郎 부사장) 등 국책회사 관계회사, 조선질소비료주식회사(野口遵 사장), 경성전기주식회사(武者鍊二 전무), 朝鮮油脂株式會社(松本伊織 사장) 등 조선에 진출한 일본

3_간사로 선임된 11명은 韓相龍(조선생명주식회사 사장), 谷多喜麿(조선신탁주식회사 사장), 武者練三(경성전기주식회사 전무), 富永文一(조선식산은행 이사), 金季洙(해동은행 회장), 横瀨守雄(조선은행 이사), 田川常次郎(용산공작소 사장), 矢鍋永三郎(조선금융조합연합회 회장), 松井房次郎(조선미곡창고주식회사 사장), 藤原喜藏(북선제지화학공업주식회사 전무), 佐方文次郎(동양척식주식회사 이사) 등이었다. 이중 谷多喜麿, 富永文一, 矢鍋永三郎, 松井房次郎, 藤原喜藏 등 5명은 관료 출신 낙하산 인사였다.

의 독점자본 계열회사 등의 경영진으로 구성되었다.[4] 이들은 조선총독부 철도국 관료 출신인 사와사키 오사무(澤崎修, 朝鮮京南鐵道株式會社 전무), 조선총독부 충남도지사를 역임한 오카자키 데쓰로(岡崎哲郞, 적십자사 조선지부 총재), 조선총독부 학무국장 출신의 와타나베 도요코(渡邊豊日子, 鮮滿拓植株式會社 이사) 등에서 알 수 있듯이 이들 경영진의 다수는 고등문관시험을 통해 조선총독부 관료 출신으로 조선 주재 대기업, 특히 조선식산은행 등의 국책회사나 그 관계회사 등의 경영진으로 입성한 인사였다. 마지막으로 일본인뿐만이 아니라 金季洙(海東銀行 회장), 閔奎植(東一銀行 회장), 金思演(朝鮮麵子株式會社 사장), 朴榮喆(조선상업은행 頭取), 朴興植(和信百貨店 사장) 등 조선인 경영인도 일부 포함되어 있었지만, 조선 '재계'의 이해관계에 배척되는 인물들은 아니었다. 회원은 창립 시 75명이었고 증감은 있었으나 1942년경에도 60명 선을 유지하였다고 한다. 시국연구회는 식민지 조선의 '재계'를 망라했다고 평가되었을 정도로 식민지 조선의 '재계'를 대표하는 중요한 시국 관련 경제단체였다.[5] 전시경제를 전제로 조선총독부의 병참기지 정책에 대응하면서, 조선총독부의 '자치 통제'가 이루어지는 부분에서 채산성을 확보하고자 했던 조선에 본점을 두거나 조선에 진출하여 지점을 둔 이들 국책회사 또는 국책회사적 성격이 농후한 기업체들로 구성되었던

4_국책회사는 조선의 산업 국책을 수행하는 것을 목적으로 하는 조선총독부 제령 및 일본 정부의 법령에 근거하여 설립된 특수회사를 가리킨다. 예를 들면 조선은행, 동양척식주식회사 등을 들 수 있다. 또한 여기에 국책회사로서의 체제를 갖추고 있지 않으나 '지방 개발'에 중요한 역할을 하고 있는 보통 법인회사도 넓은 의미의 국책회사 범주에 포함시킬 수 있다. 예를 들면 일본고주파주식회사, 조선상업은행 등이 여기에 속한다(野田經濟硏究所 1940, 254).

5_「特殊團體ノ動靜」, 『治安狀況(昭和12年) 第26報~第43報』 1937년 9월 24일, 일제 경성지방법원 편철자료, 국사편찬위원회 소장.

것이다. 이들은 일본 본국에 기반을 둔 국책회사 등이 식민지 조선의 경제 부문을 통제하려는 움직임에 대해서 일정 정도 저항감을 가지고 있었고, 식민지의 독자적인 정책 속에서 기업 활동을 수행하려는 움직임을 보이고 있었다.[6]

시국연구회는 조선총독부 조선산업경제조사회(1936. 10)보다 1년 늦은 1937년 9월에 조직되었지만, 시국대책조사회(1938. 9), 국민총력조선연맹(1940. 10), 국토계획위원회(1940. 10)가 구성된 이후인 1942년 7월까지는 그 활동을 확인할 수 있다. 조선총독부가 주도한 각종 단체에 '재계' 인사의 인력 풀이 되었다는 의미에서도 주목할 만한 가치가 있다고 할 수 있다. 실제로 조선산업경제조사회 위원 77명 중 15명이 시국연구회 회원으로 활동했고, 시국대책조사회 위원 97명 중 14명이 시국연구회 회원으로 활동 중이었다. 국토계획위원회에 참석한 재계 인사 20명 중 6명(30%)이 시국연구회 회원이었다. 국토위원회 소속될 '재계' 인사(관료 출신 낙하산 인사 포함) 중 8명이 조선산업경제조사회에 활동하고 있었고, 시국대책조사회 위원으로는 14명이 활동하고 있었다는 점을 고려할 때 시국연구회 회원들이 차지하는 비중은 무시할 수 없는 정도였다. 구체적인 분석을 위해 1937년 창립총회 당시 회원을 기준으로 시국연구회 회원 명부를 〈표 6-1〉과 같이 정리하였다.

이들을 중심으로 연구회의 목적으로 설정된 연구회와 강연회를 개최하고 팸플릿을 발행하기로 하였고, 그 외에 연구회의 목적을 달성하기 위한

6_이러한 조선을 포함한 외지 관계 국책회사의 움직임에 대한 일본 본국 측의 입장은 일본 본국 및 여타 식민지 산업정책과 원만한 협조를 유지하여 동아 경제 블록 확립에 솔선수범해야 한다는 것이었다(野田經濟硏究所 1940, 254).

표 6-1 | 시국연구회 명부(1937년 현재)

	이름(연령)	현직	학력·경력
1	加藤敬三郎(64) 1873년생	朝鮮銀行 총재	日本法律學校(1897), 체신성 福岡郵便電信局長(1898), 체신국장(1913), 日本勸業銀行 발행과장(1913), 조사과장, 이사(1915) 北海拓植銀行 두취(1924~1927), 조선은행 총재(1927), 경성상의특별회원, 조선공업협회 회장, 선만무역협회 회장, 조선대아세아협회 회장(1934~)
2	岡崎哲郎(52) 1885년생	赤十字社朝鮮本部 총재	東京帝國大學 법과대학(1912), 조선총독부 평남 제2부장(1919), 조선총독부 식산국 산림과장(1921), 관방회계과장(1923), 수산과장(1925), 식산국 상공과장(1926), 전남 내무부장(1928), 경북 내무부장(1929), 조선총독부 산림부장(1930), 충남지사(1931.9.23~1935.4.1), 경북지사(1935.4.1~1936.5.21)
3	高橋省三(55) 1882년생	日本高周波重工業 株式会社 전무	梨原鐵山, 일본마그네사이트화학공업주식회사, 國産自動車, 川口製鐵, 金剛特種鑛山, 漢江水力電氣 근무, 일본고주파중공업주식회사 전무(~1939현재)
4	谷多喜磨(53) 1884년생	朝鮮信託株式会社 사장	東京帝國大學 법과대학 독법과(1909), 조선통감부 판사(1909), 조선총독부 사무관 충북 재무부장, 황해 재무부장, 충남 재무부장(~1917?), 경성부윤(1923.2.24~1925.6.15), 평북지사(1925.6.15~1929.11.28), 경남지사(1929.11.28~1930.12.24), 조선총독부 직속 금융제도조사회 위원(1931), 저축장려위원회 위원(1938), 조선신탁주식회사 사장(1937,) 시국연구회 간사
5	公森太郎(55) 1882년생	朝鮮銀行 부총재	東京帝國大學 법과대학 정치학과(1908), 대장성 재무관_北支 방면 활동, 조선은행 입행(1937), 조선은행 부총재(1937~1939현재)
6	關水武(54) 1883년생	朝鮮石油주식회사 상무	東京帝國大學 법과(1911), 조선총독부 충남 경찰부장(1919), 평남, 경남, 경기 내무부장, 경성부윤, 함남지사(1930.11.12~1933.8.4), 경남지사(1933.8.4~1935.4.1), 조선석유회사 상무(1937~1939)
7	廣瀨博(52) 1885년생	朝鮮郵船주식회사 전무	早稻田大學 상과(1908), 조선우선회사 원산지점(1910), 부산지점 근무, 조선기선회사 사장(1925), 조선우선주식회사 전무(1939 현재)

8	菊池一徳(55) 1882년생	朝鮮殖産銀行 감사	東洋協會專門學校(1906), 漢湖農工銀行 철원지점 지배인(1912), 麻生광업합자회사 전직(1913), 함경농공은행 鏡城지점장(1914), 북청지점장(1916), 조선식산은행 司事(1918) 검사과 檢査役(1921), 심사과장, 평양지점장, 조선식산은행 감사
9	堀正一(47) 1890년생	朝鮮商業銀行 전무 (1934~)	東京帝國大學 법과대학 독법과(1916), 한성은행 입행(1917), 조선식산은행(1918), 상업금융부, 동경사무소, 전주지점장, 만주은행(1923) 비서역, 봉천지점 겸 서소문지점 지배인, 조선상업은행 조사과장, 전무(1934)
10	宮林泰司(48) 1889년생	朝鮮綿糸布商工聯合会 이사장	卸売聯合會, 綿布商組合, 朝鮮綿絲布木聯合會 회장, 이사 조선 南山町에 內外織物商 점포(1912) 本町 이전, 長谷川町 이전(1923), 조선직물주식회사 취체역부사장, 조선면사포상연합회 이사장, 경성卸売聯合會 회장, 조선산업경제조사회 위원, 조선면업협회 부회장, 조선피복협회 이사, 경성부 산업조사회 위원, 조선총독부 운수위원, 조선무역협회 이사 (1936)
11	金思演(41) 1896년생	朝鮮麵子株式会社 사장	慶應義塾大學 예과 중퇴, 한일은행 부지배인(1918~1924), 산업조사위원, 재원조사위원, 풍치위원, 교화사업위원, 부협의원, 부회의원, 도회의원, 조선공론사 사장, 동아전보통신 사장, 조선옹업주식회사 이사, 中樞院 參議(1934), 東一銀行 감사
12	金秊洙(41) 1896년생	海東銀行 전무취체역 은행장 (1929~1938)	京都帝國大學 경제학부(1921), 三水社 설립(1924, 三養社 개칭1931), 경성방직주식회사 사장(1935), 중앙상공업주식회사 설립, 해동은행 전무취체역 은행장(1929), 만주국명예총영사(1939), 중추원참의(1940), 조선항공공업주식회사 설립(1940), 시국연구회 간사
13	大島良士(47) 1890년생	協同油脂株式会社 사장 (~1939현재)	東京帝國大學 법과대학 정치학과(1915), 조선총독부시보 상공과(1916), 조선총독부 도사무관 강원(1918), 충북(1920), 충북 제1부 지방토목심사과장(1920), 함북 재무부장(1921); 경남 학무부장(1923); 경기 재무부장(1925) 겸 내무부장(1928); 전북 내무부장(1928); 평양부윤(1929); 부산부윤(1931); 경기내무부장(1934)
14	大島英吉	朝鮮窒素肥料株式会社 理事 取締役	朝鮮水電(주) 상무이사(1927~1929), 雄基電氣(주) 이사(1929~1935),

			조선마이트(주) 이사(1929~1937), 신흥철도(주) 이사(1931~1939), 조선질소비료(주) 이사(1931~1939), 장진강수전(주) 감사(1935~1937), 조선송전(주) 감사(1935~1942), 조선석탄공업(주) 감사 (1935~1937), 조선광업개발(주) 이사(1935~1939), 조선질소화약(주) 이사(1937), 상무이사(1939~1942), 조선석유(주) 감사(1937~1942), 조선인조석유(주) 감사(1942), 조선빌딩(주) 이사(1937~1942), 반도호텔(주) 이사(1937~1942)
15	大塚源次郎(45) 1892년생	朝鮮銀行 이사 (1936~1939?)	京都帝國大學 정치학과(1916), 조선은행 입행(1916), 조선은행 大阪지점 지배인대리(1920), 동경지점 부지배인(1925), 조선은행 神戶저점 지배인(1926), 동경지점 지배인, 조선은행본점 비서과장, 계산과장(1926)
16	渡邊弥幸(48) 1889년생	朝鮮殖産銀行 副頭取	東京帝國大學 법과대학(1915), 조선은행 경성본점 입행(1915), 조선은행 대련지점(1917), 조선식산은행 비서과장(1918), 조선식산은행 상업금융과장(1921), 조선식산은행 동경출장소장(1927/28?), 조선식산은행 이사(1929), 조서식산은행 부두취(1937?~1939)
17	渡邊豊日子(52) 1885년생	鮮満拓殖株式会社 이사 (1936?~)	東京帝國大學 법과대학 독법과(1912), 조선총독부 내무국 제1과장(1919) 겸 감찰관(1921), 조선총독부 내무국 지방과장(1921), 조선총독부 식산국 농무과장 겸 토지개량과장(1922), 조선총독부 산림부장(1929), 경남지사(1930.12.24~1933.8.4), 조선총독부 학무국장(1933.8.4~1936.5.21)
18	藤原喜蔵(49) 1888년생	北鮮製紙化学工業 株式会社 전무	東京帝國大學 법과대학(1914), 조선총독부 경무과(1919~1921), 함남 경찰부장, 평남 경찰부장, 경기 경찰부장, 조선총독부 비서관겸 사무관(1926), 조선총독부 도사무관, 평남 내무부장, 평남지사(1917.9.23~1921.4.1), 시국연구회 간사
19	林茂樹(52) 1885년생	漢城銀行 두취	東京帝國大學 법과대학 독법과(1912), 조선총독부 司計課 사무관(1913), 司計課長(1919), 조선총독부 전매국 제조과장(1921), 철도국 경리과장(1925), 경북지사(1929.12.11~1931.9.23),

			전북지사(1929.1.21~1929.12.11), 조선총독부 학무국장(1931.9.23~1933.8.4), 조선식산은행 이사(1933), 漢江水力電氣 전무
20	木村義雄	朝鮮石油 전무	조선석유주식회사 전무(1937), 사장(1942)
21	武者鍊三(54) 1883년생	京城電気 전무	東京高等商業學校(1905), 제일은행 부산지점 부지배인(1905), 경성지점 지배인(1906), 부산지점지배인(1909), 日韓瓦斯會社 창립(1909), 경리과장(1910), 영업과장(1913), 경성전기주식회사 회계과장(1916), 총무과장, 조사과장(1909~), 전무(1923~), 일본전기협회 이사, 조선철도협회 이사, 조선공업협회 이사, 조선전기사업조사회 위원(1930), 조선전기협회 부회장(1923~), 시국연구회 간사
22	米田甚太郎(62) 1875년생	南朝鮮水力電気会社 사장	東京法學院(1898), 충북지사(1921.2.12~1923.2.24), 경기지사(1926.3.8~1929.1.21), 평남지사(1923.2.24~1926.3.8), 남조선전기주식회사 이사(1936), 남조선수력전기주식회사 사장(1936)
23	閔奎植(49) 1888년생	東一銀行 회장 (~1940)	휘문의숙(1910); 케임브리지대학 경제학과(1918), 존스홉킨스대학 대학원 중퇴(1919), 한일은행 상무(1921~29), 동일은행 회장(1936~1942), 조선실업구락부 이사, 평의원(1937~1940), 중추원 참의(1945.6~8), 국민정신총동원조선연맹 발기인, 이사, 평의원(1938~1939)
24	閔大植(55) 1882년생	東一銀行 두취 (1920~)	한일은행이사(1920), 호서은행 합병 후 동일은행 두취(1931~), 조선금융제도조사회 위원(1928~1932), 조선토지개량주식회사 이사(1926), 경성전기주식회사 감사(1931), 조선신탁주식회사 이사(1932), 조선맥주주식회사 이사(1933), 경기도평의회원(1930), 상공회의소 부회장(1930), 조선대아세아협회 상담역(1934~)
25	朴榮喆(59) 1879년생	朝鮮商業銀行 두취 (1931~)	육군사관학교(1903), 익산군수(1912), 강원지사(1924.12.1~1926.8.14), 함북지사(1926.8.14~1927.5.18), 동양척식주식회사 감사(1927), 삼남은행 두취(1927), 조선상업은행 부두취(1928), 중추원 참의(1933), 조선대아세아협회 상담역(1934~)

26	朴興植(34) 1903년생	和信百貨店 사장	龍岡공립보통학교 졸업, 鮮一紙物株式會社(1926), 和信상회(1928); 주식회사 화신(1931), 大同興業株式會社(1934)
27	本田弘一(44) 1893년생	三和銀行京城支店 지점장 (1932~)	東京帝國大學 법과(1917), 山口銀行 코베지점차장(1924), 三和銀行 경성지점장(1933)
28	富永文一(46) 1891년	朝鮮殖產銀行 이사 (1937~)	東京帝國大學 법과대학(1916), 조선총독부 황해도사무관(1918), 조선총독부 사무관(1918), 감찰관(1923), 전북 경찰부장(1925), 조선총독부 경무국 보안과장(1926), 조선총독부 내무국 지방과장(1929), 함북지사(1931.10.7~1934.11.15), 경기지사(1934.9.11.15~1936.5.21.), 조선총독부 학무국장(1936.5.21~1937.7.3), 조선식산은행 이사(1937), 시국연구회 간사
29	山口重政(50) 1887년생	朝鮮殖產銀行 이사 (1936?~1939 현재)	東京帝國大學 법과대학 독법과(1916), 전주농공은행(1916), 조선식산은행(1918), 부산지점장대리(1919), 공주지점장(1921), 조선식산은행 본점 권업과 과장대리(1925), 군산지점장(1926), 조선식산은행 본점 공공금융과장(1927), 계산과장 겸 증권과장(1929), 산업금융과장(1930), 산업대부과장(1935)
30	山上欽三(53) 1884년생	朝鮮麥酒株式會社 지배인 (1935현재)	慶應義塾大學 理財科, 대일본맥주주식회사 입사(1912), 대일본맥주주식회사 경성출장소 주임(1920~1921현재), 조선맥주주식회사 입사(1933)
31	森辨治郎(69) 1868년생	朝鮮郵船주식회사 사장	東京專門學校 일본우선회사 취직, 일청기선주식회사 사장, 조선우선주식회사 사장(1930~1935)
32	石川登盛(52) 1885년생	朝鮮火災海上保険 株式会社 사장 (1932~1939현재)	東京帝國大學 법과대학 정치학과(1912), 전북 재무과장, 경무국장 (1919), 조선총독부 경무국 보안과장(1923), 조선총독부 경무국 위생과장(1926), 경무과장겸도서과장(1928), 조선총독부(1920~1932), 전북도사무관(1920), 평북지사(1929.11.28~1932.11.13)
33	小島誠	朝鮮銀行 감사	조선은행 감사(1931~1937현재), 조선철도주식회사 이사(1933~1939현재)

34	松本誠(54) 1883년생	朝鮮製錬株式会社 사장	開成中學(1902), 第1高等學校(1905), 東京帝國大學 법과대학 정치학과(1909), 대한제국 내무부(1910.4), 조선총독부 서무과장(1911), 평북 재무부장(1912), 경북, 경기 재무부장, 충남, 전북, 경기 내무부장, 조선총독부 재무부 이재과장, 철도국 이사, 조선총독부 금융제도조사회 위원(1931), 조선총독부 전매국장(1928.1.31~1931.9.23), 경기지사(1931.9.23~1934.11.5), 조선제련주식회사 사장(1935) 금 제련, 즉 산금, 조선금융조합연합회 회장(1939)
35	松本伊織(50) 1887년생	朝鮮油脂株式會社 사장 (1937~)	中央大學 법과(1915), 조선에 (1923), 조선총독부 경기도 학무과장, 임야조사위원회 사무관, 조선총독부 수산과장, 전남 내무부장, 조선총독부 내무국 사회과장, 식산국 수산과장(4년간), 중추원 서기관, 경남 내무부장(1935), 전남지사(1936.7.6~1937.7.3)
36	松井房次郎	朝鮮米穀倉庫株式会社 사장	경성부윤(1929.1.21~1912.12.11.), 함남지사(1929.12.11~1930.11.12), 시국연구회 간사
37	水口隆三(58) 1879년생	朝鮮金融組合聯合会 참여	東京帝國大學 법과대학 정치학과(1907), 조선통감부 서기관 대구재무감독국(1909), 평양재무감독국(1910), 조선총독부 평남재무부장(1910), 조선총독부 탁지부 관세과장(1916), 재무국 세무과장(1916), 재무국 이재과장(1922), 營林廠長, 전매국장(1925), 경남지사(1928.1.31~1929.1.21)
38	矢鍋永三郎(57) 1880년생	朝鮮金融組合聯合会 회장 (1934~)	東京帝國大學 법과대학(1907), 조선통감부 서기관(1908), 경남 재무부방(1910), 원산세관장(1914), 조선총독부 탁지부 세관과장(1917), 조선식산은행 감리관(1919), 조선총독부 재무국 이재과장 겸 참사관(1921~1923), 황해지사(1924.12.1~1925.8.11), 조선식산은행 이사(1925), 시국연구회 간사
39	時實秋穗(56) 1881년생	前京城日報 사장	東京帝國大學 법과대학 정치학과(1907), 충남지사(1919.9.26~1920.2.12), 조선총독부 감찰관(1921), 경기지사(1923.2.24~1926.3.8), 福岡市長(1926), 경성일보사장(1932~1935?)

40	新田留次郎(64) 1873년생	朝鮮鉄道 부사장 (1937~1939현재)	東京帝國大學 공과대학 도목공학과(1897), 조선통감부 철도관리국 기사(1906), 청진건설사무소장(1914), 朝鮮総督府 철도부, 철도국 공무과장, 조선철도회사 전무취체역
41	野口遵(64) 1873년생	朝鮮窒素 사장	東京帝國大學 공학부 전기과(1896), 군산견사방적 기사, 하불 글란 상회, 지멘스 슈츠켈트 전기회사 입사(1899), 조선송전주식회사 외 9사의 사장(1928), 함경남도 흥남읍장(~1935), 일본질소비료주식회사, 조선질소비료주식회사, 장진강수력전기주식회사, 조선광업주식회사, 웅기전기주식회사, 신흥철도주식회사, 旭벤베르크絹絲주식회사, 일본수전주식회사, 일본질소주식회사 각 사장(1935년 현재)
42	野田新吾(50) 1887년생	朝鮮殖産銀行 이사	神戸高等商業學校(1910), 평안농공은행 입사(1910), 신의주, 해주, 진남포 지점, 조선식산은행 전직(1918), 조선식산은행 본점 심사과장(1919), 상업금융과장, 권업금융과장, 공공금융과장, 오사카 지점장, 조선식산은행 이사(1934~1938), 한성은행 두취(1938)
43	牛島省三(54) 1883년생	京春鉄道 사장	東京帝國大學 법과대학 독법과(1910), 조선총독부 학무국장(1931.6.27~1931.9.23), 조선총독부 내무국장(1931.7.22~1931.9.23 대리), 조선총독부 내무국장(1931.9.23~1936.5.11.) 겸 중추원 서기관장, 경춘철도주식회사 사장(1936)
44	元悳常(54) 1883년생	朝鮮生命保険株式会社 전무	千葉醫學專門學校(1912), 경성에서 德濟醫院 개업(1912), 경성부협의회 의원, 경기도평의원, 경성상공회의소 특별평의원, 금융제도조사위원, 중추원 참의(1927~1935), 조선대아세아협회 상담역(1934~), 조선생명보험주식회사 전무취체역, 종로금융조합 조합장
45	有賀光豊(64) 1873년생	朝鮮殖産銀行 두취	東京法学院 영어법률학과(1894), 대한제국 진남포세관장(1906), 朝鮮統監府 재정감사관, 세무국 서기관, 관세국 감독부장(1910), 朝鮮総督府 서기관, 내무부장(1911), 도사무관, 세관과장(1917), 조선총독부 탁지부 이재과장(1916), 참사관, 조선식산은행 수석이사(1918), 두취(1919~1937), 일본고주파중공업사장, 조선제련이사회장,

			한강수력전기사장, 귀족원의원(1934), 조선잠사회 회두, 조선곡물상연합회 회장, 미곡통제조사회 위원, 조선금강산협회 부회장, 농림성 미곡국 고문, 조선방송협회 부총재, 경성상공회의소 특별평의원, 鮮米協會 회장, 미곡생산비조사회 위원, 朝鮮國防義會聯合會 회장, 조선경미협회 회장.
46	二宮治重(59) 1879년생	鮮満拓殖株式会社 총재 (1936~1940)	陸軍士官学校(1900); 육군대학(1910), 영국주재무관 소장(1925), 보병 제2족단장(1927), 중장 参謀次長(1930), 예편(1934), 선만척식회사 총재(1936), 만주척식공사 총재(1940), 문부대신(1944)
47	伊達四雄(51) 1886년생	京城土木建会 회장	東京帝國大學 법과대학(1913), 조선총독부 경기도 내무부 지방과 겸 심사과장(1921), 평남 재무부장(1922), 충남 경찰부장(1923), 평남 경찰부장(1925), 경남 경찰부장(1928), 평북 내무부장(1929), 강원 내무부장(1929), 경북 내무부장(1931), 경성부윤(1933.12.5~1936.5.21), 경북지사(1936.5.21~1936.9.5)
48	伊藤米治	三菱商社 京城支店長 (1939 현재)	조선총독부 물가위원회 위원(1939)
49	伊森明治(52) 1885년생	朝鮮貯蓄銀行 頭取 (1934~1939 현재)	神戸高等商業學校(1908), 경상농공은행서기(1909), 함흥농공은행 함흥지점장(1912), 조선식산은행 목포지점장(1918), 평양지점장(1920), 조선식산은행 상업금융과장(1926), 조선식산은행 권업금융과장(1929), 조선식산은행 이사(1930)
50	田淵勲(49) 1888년	東拓鉱業株式会社 사장 (1933~)	長崎高等商業學校(1911), 동양척식회사 경성지점 부지배인(1911), 경성지점 대부과장, 대련지점 지배인, 본점 금융과장, 본점 업무부 금융주임, 동양척식주식회사 이사(1935), 동척광업주식회사 사장(1933)
51	田川常治郎(53) 1884년생	龍山工作所 사장	향리(鳥取縣?) 보습학교, 부산에 철도용달상, 東京伊藤商會 出張所工場 주임(1903), 경성에 철공장 설립(1912), 용산공작주식회사 상무취체역(1919), 대표취체역(1925), 龍華製紙社, 昭和商事會社 사장, 東亞酸素會社 중역, 경성상공회의소 부회두, 造船工業協會 부회장, 시국연구회 간사

52	井口弘	住友京城販売店 지배인	
53	井上主計(54) 1883년생	朝鮮書籍印刷株式会社 사장 (1935)	東京帝國大學 법학부 정치학과(1910), 충북 제1부장, 경기 제2부장, 재무부장, 朝鮮総督府 사무관, 서무과장, 신의주세관장 朝鮮書籍印刷株式会社 전무취체역(1930)
54	井上清(52) 1885년생	朝鮮電力株式会社 전무 (1936?~)	東京帝國大學 법과대학 정치학과(1909), 조선총독부 임시토지조사국 감독관(1910.) 충남 제2부장(1913), 함북 제1부장(1920), 함북 내무부장(1921), 재무국 세무과장(1921), 함남 내무부장(1921), 경기도 내무부장(1926), 경성부윤(1931.9.23~1933.12.5), 朝鮮煙草元賣捌株式會社 전무취체역(1932), 조선총독부 체신국장(1933.12.5~1936.7.11)
55	堤永市(53) 1884년생	鮮満拓殖 이사	東京高等師範學校, 京都帝國大學 법과대학 정치학과(1914), 조선은행 입행, 원산, 오사카, 코베, 대련, 하얼빈, 장춘, 봉천, 부산 지점장(1923), 한성은행 전무취체역(1926~1936), 선만척식주식회사 이사(~1939 현재)
56	佐方文次郎(54) 1883년생	東洋拓殖柱式会社 이사	東京帝國大學 법과대학 경제학과(1913), 동양척식주식회사 경성지점 식산과(1913), 강경지점 사업계장(1918), 사리원지점 금융계장(1918~1919), 봉천지점 금융계장(1919), 원산지점장(1921~1923), 감사과장, 하얼빈지점장, 대련지점장, 경성지점장, 본점 대부과장, 동양척식주식회사 이사(1935), 시국연구회 간사
57	竹内健郎(49) 1888년	富寧水力電気株式会社 사장	東京帝國大學 법과대학 영법과(1914), 조선총독부 경찰관강습소 교수(1921), 황해 경찰부장(1922), 평북 경찰부장(1924), 조선총독부 식산국 林務課長(1926), 경남 내무부장(1928), 경기 내무부장(1931), 경기 경찰부장(1932), 함북지사(1934.11.5~1936.7.30.), 富寧水力電気株式会社 사장(1936~1939?)
58	竹内善造(53) 1884년생	第一銀行京城支店 지점장	神戸高等商業學校(1907), 제일은행 입사(1907) 후쿠오카 지점장, 혹카이도 지점장, 경성지점장 (1935 현재)
59	澤崎修(48) 1889년생	朝鮮京南鉄道 전무	東京帝國大學 법과대학 독법과(1915), 조선총독부 시보(1915), 조선총독부 철도국 부참사(1916), 감리과장(1920), 조선총독부 참사, 총독관방 철도부 감독과장(1925), 조선철도국 이사 서무과장(1932), 퇴직(1934), 경남철도주식회사 전무취체역(1935)

60	土師盛貞(49) 1888년생	朝鮮放送協会 회장(1937~)	東京帝國大學 법과대학 정치학과(1915), 조선총독부 사무관(1920), 전북 경찰부장, 체신국 해사과장, 식산국 상공과장(1929), 경기도 경찰부장(1927), 조선총독부 전매국장(1931.9.23~1932.12.13), 평북지사(1932.12.13~1935.4.1), 경남지사(1935.4.1~1937.5.26)
61	八坂宇三郎	昭和キリンビール 京城支店 지점장	
62	片岡勉	鐘紡京城工廠 工廠長	종연방직(주) 조선지점 공장장(1937), 경성공장장(1939), 조선지점장(1942)
63	河野節夫(47) 1890년생	朝鮮金融組合聯合会 이사	東京帝國大學 법과대학 정치학과(1917), 조선총독부 시보 농무과속, 충남 제1부심사계 주임(1918), 충남 지방과장(1919), 경찰관강습소장 겸 본부사무관(1921), 강원 경찰부장(1924), 전남 경찰부장(1926), 경북 경찰부장(1929), 조선총독부 관방심의실 사무관(1929), 평남 내무부장(1929~1932), 국세조사국장(1933), 조선금융조합연합회 사업부장(1936), 조선석탄조합연합회 이사장(1939)
64	賀田直治(60) 1877년생	京城商工会議所 會頭	東京帝國大學 농과대학(林學士, 1902), 臺灣總督府 식산국 기사(1906), 林務課長, 임야조사과장, 이리사적업소장, 임업시험장 등 칙임기사(1917), 조선피혁주식회사 사장(1917), 동양축산흥업주식회사 이사(1918), 서선철도주식회사 전무(1919), 조선권업주식회사 사장, 조선자동차주식회사 감사, 공영자동차주식회사 감사, 주식회사 賀田組 감사, 조선상공회의소 회장(1935), 경성상공회의소 회장(1932)
65	河合治三郎(63) 1874년생	朝鮮運送株式会社 전무	日本法律學校 3년 수학, 통감부 철도관리국 서기(1906), 조선총독부 철도국 주사보, 만철 평양운수사무소장(~1913), 국제운수주식회사 경성지점장(1913), 조선운수주식회사 전무(1930), 부사장(1939), 조선철도협회 이사
66	韓相龍(57) 1880년생	朝鮮生命保険株式会社 사장	관립영어학교(1896); 동경 成城學校 보통과(1899); 中橋義塾 영어과(1901), 대한제국 外部參事官(1902), 平式院 총무과장, 日本國報聘大使隨員, 궁내부 秘書監丞 한성은행 右摠裁(1903), 取締(1905), 동양척식회사 이사(1908~1916), 고문(1916), 조선생명보험주식회사 부사장(1921), 사장(1928), 중추원 참의(1939), 경기도회 부의장(1923), 의장(1933), 경성상공회의소 회장(1907), 특별회원,

			간이생명보험심사위원(1929), 경성도시계획연구회 경제부장, 조선방송협회 이사, 조선농회 고문, 조선신탁 이사 회장(1932), 조선화재해상보험 이사(1922), 조선맥주회사 감사(1933), 조선도시경영회사 감사, 금강산전기철도주식회사 감사(1919), 한성은행 고문, 조선대아세아협회 상담역(1934~), 시국연구회 간사
67	荒井初太郎(69) 1868년생	朝鮮取引所 이사장	北陸組 대표로 조선 경부철도공사 참여(1904), 토목건축청부업 荒井組 경부철도 등 철도, 압록강철교, 인천미두거래소 사장, 조선거래소 이사장, 조선토지경영주식회사 사장, 경성주식현물시장, 용산공작회사, 조선정미회사, 조선화약총포회사, 북륙기선회사, 화태임업회사, 조선토지신탁회사 중역
68	戸島祐次郎(54) 1883년생	京城卸商連盟会 회장	近江八幡商業學校, 東京嶋屋商店 京城出張所 주임(1906), 味噌醬油 제조업 독립(1908), 京城醬油釀造組合 副組長(1917), 京城漬物業組合長, 京城釀造業組合長, 京城商工聯合會長 등, 嶋屋釀造所(1936)
69	横瀬守雄(45) 1892년	朝鮮銀行 이사	長崎高等商業學校(1912) 京都帝國大學 법과대학 정치학과(1915), 조선은행 입행(1915), 대련지점 부지배인, 인천지점 부지배인, 나남출장소 지배인, 만주 四平街支店 지배인, 青島支店 지배인, 조선은행 검사과장(1932), 조선은행 이사(1935), 시국연구회 간사
70	黒木吉郎(53) 1884년생	朝鮮練炭 사장	東京帝國大學 법과대학(1912), 조선총독부 도이사관 경기도(1919), 조선총독부 사무관(1920), 조선총독부 식산국 鑛務課長(1923)

참고: 『京城日報』 1937. 9.18.; 국사편찬위원회 한국사데이터베이스, 한국민족문화대백과사전

방법들을 계획하고 입안하기로 결정하였다. 사무국은 조선금융조합연합회 건물에 설치되었다.[7] 시국연구회의 목적은 재계 제 문제에 대한 시국대책

7_『京城日報』 1937년 9월 18일; 『東亞日報』 1937년 9월 14일.

을 연구하고 나아가 이의 실행을 도모하는 것이라고 자기 규정하였다. 시국연구회는 1937년부터 1942년에 걸쳐 각종 例會나 강연을 통한 활동을 전개하였고 그 성과를 간행하였다. 〈표 6-2〉에서 정리한 바와 같이 간행물의 주요 내용은 중일전쟁 이후 시국에 관련한 재정, 금융 문제, 전시체제기 경제력 유지 문제, 조선 산업 동향, 무역 문제, 물가 문제 등으로 구성되어 시국연구회가 '日鮮滿支 경제 블록'이라는 일본이 당시에 설정한 경제정책의 기조에 따른 주요 쟁점들을 따라가며 짚어 나가고 있었음을 알 수 있다.

예를 들면 로야마 마사치미(蠟山政道)의 신동아 체제에 대한 강연, 대장성 정무차관 오타 마사타카(太田正孝)의 시국하 재정경제 문제에 대한 강연, 조선은행 지점과장 쓰보이 신이치(坪井信一)의 중국의 법폐 문제에 대한 소개, 호즈미 신로쿠로(穗積眞六郎) 식산국장과 이사카 게이이치로(井坂圭一良) 상공과장 등으로부터 물가정책에 관한 설명을 듣기도 했다.

이들의 조선 경제 인식은 제13집 『조선 산업의 동향과 자원』(1938)에 잘 나타나 있다. 최근에 일어난 조선 산업의 현저한 변모에 대한 이유로, 세계적 블록 경제화, 경제 전시체제화 라는 일반적 조류에서 찾을 수도 있지만, 조선 산업이 가진 고유한 기초 자원이 의외로 유망한 것으로 다시 인식되었다는 점에서 찾고, 그 이유를 산업별로 조선에 존재하는 주요 자원들을 설명하는 것을 목표로 하고 있었다(시국연구회 1938, 전문). 조선에서의 산업정책의 전환을 만주사변(1931)에서 찾아, 두 가지 방향에서 조선의 자원 개발과 공업화를 추진하고, '농광공 병진 정책'으로 급선회하였다고 인식했다. 하나는 일선만지 블록 경제를 긴급하게 확립하기 위해 광공업의 적극적 보조 장려 정책을 폈다는 점을 들었고, 다른 하나는 일본 '내지'의 활황에 따라 주로 '내지' 자본가 그룹이 조선 공업에 진출했다는 점을 들었다. 이 두 가지가 상호 인과관계를 이루어 만주사변 후 몇 년 되지 않아 조

표 6-2 | 시국연구회 간행물 일람

輯	제목	간행	비고
1	時局研究会規約其他	1937	
2	時局研究会に於ける臨時資金調整法に関する財務局長の説明及質疑応答	1937	
3	時局下の金融経済	1937	山崎靖順 강연 (1937. 10. 26)[1]
4	時局下の金融経済方面より見たる国力	1937?	
5	来春に於ける金融情勢		
6	時局に於ける正しき生活の消費節約		
7	耐戦経済力夜話：事変第二段階と我が経済力	1938	
8	事変公債に投資せよ	1938	
9	高橋亀吉氏に物を訊く	1938	
10	事変後の北支	1938	
11	時局下に於ける財政経済問題に就て	1938	太田正孝 대장성 정무차관 강연(1938.5.21.)
12	北支産業開発と半島経済の進路	1938	石川益次 산업경제정책 현상 공모 2등 당선작
13	朝鮮産業の動向と資源	1938	
14	物心両面より見たる新東亜体制	1938	蝋山政道 강연
15	日本人の思想哲学問題並に我が貿易及ブロック経済	1938	
16	時局の影響と其の見透	1938	
17	支那事変に関する政府声明並に総督訓示集：自昭和十二年七月至昭和十四年一月	1939	
18	支那の幣制と法幣について	1939	坪井信一 朝鮮銀行支店課長
19	物価問題の諸相	1940	穂積眞六郎 殖産局長, 井坂圭一良 商工課長, 鈴木·川合(1940.12.13.)
20	南方共栄圏と朝鮮経済	1942	京城経済懇話会 주최(1942.2.15.)

주 1: 『동아일보』 1937. 10. 23.

선 전역에 걸친 광업 발흥과 조선북부의 '경이적' 공업화가 나타나게 되었다는 것이었다. 일본 '내지'의 통제를 벗어나고자 '내지' 자본은 비교적 자유로운 확장을 실현하기 위해 조선으로 진출하였다. 이에 호응하여 조선총독부는 조선의 공업화를 촉진하고, 농촌 과잉 인구를 흡수하고자 일본 '내지'

에서 제시된 통제 요구를 의도적으로 무시하면서까지 내지 자본가를 유치하려는 정책적 입장을 가지고 있었다. 그 결과 식민지 조선은 '일선만을 통해 가장 자유로운 기업 활동이 가능한 지역'이 되었다는 것이다. 그러나 조선의 공업화 당시 상황에 대한 평가에 대해서는 좀 더 신중한 내용을 가지고 접근했다. 먼저 공업 총생산액 자체는 아직 일본의 3%에 불과하다는 점을 강조하였고, 신흥 기업들은 대부분 일본 '내지' 자본을 배경으로 설립된 대기업, 대공장들이었다는 점을 들어 식민지 조선을 배경으로 한 공업이 아직 발흥했다고 할 수 없다는 점을 강조했다. 따라서 조선 공업의 일반적 특징으로 구성상의 불균형 문제, 그리고 소수의 독점자본에 의한 공업 생산이 전체 생산의 증가를 이끌고 있는 상황을 지적하면서 공장 구성 및 노동력의 산업적 배분이 일반적인 공업 발전이란 측면에서 볼 때 문제가 발생할 수 있다는 점을 우려했다. 산업정책의 동향에 대한 분석에서 종래의 농업 일변도의 정책에서 농광공업 병진 정책으로 이행할 수 있었던 배경으로 먼저, 중일전쟁 이후 예상되었던 국제적 위기에 대응하여 일선만지를 관통하는 종합적 자원 사업 강화의 요구가 있었으며, 그러한 계획적 조정을 기조로 삼게 되었던 조선의 배경으로서 조선 농업정책이 막다른 골목을 만났다는 점과 이를 타개하기 위한 공업화라는 점에 더해서, 보다 중요한 것으로 군사 목적을 위한 다종다양한 산업의 총동원이라는 문제를 중심으로 각 산업이 유기적 입체적 강화 확충이 요구되었다는 점을 들었다. 즉, 한층 심각해질 정치적 위기라는 시국적 상황에서 '장기'적인 전시 및 전후 경영체제가 필요하게 되었고, 이에 대처하기 위해서는 방대한 군사비와 선만 개발 비용을 감당하면서도 악성 인플레이션에 의한 파탄을 방지하기 위한 균형 잡인 정치경제 체제의 유지가 필요하게 되었다는 것이었다. 조선에서는 '내선일체'를 시국적인 블록 강화라는 새로운 의의 속에서 재인식하고자 하였다. 조선 산업의 기본 동향으로 부문별로 정리하였다. 농업 부문에서는 현상 유지 속에서도 국부적으로는 미작 절대 중심주의에서 공업 원료 생산주의로 전향이 이루어지고 있다는 점을 확인했다. 광업 부분에서는 금, 철, 특수 광물을 중심을 정책적 원조와 광산 가격 앙등으로 획기적인 증산이 이루어지고 있었다. 공업 부분에서는 특히 중공업의 약진이 이루어지고 있으며, 조선북부의 전력 자원 개발에 힘입어 화학공업, 중공업이 비약적으로 창설되고 있었다. 요컨대, 조선 산업의 기조는 광공업의 정비와 발전이 주가 되고 있었는데, 농림어업의 경우에는 그 자체적인 발전보다는 공업 원료 공급이라는 측면에서 활로를 찾을 수 있다고 보았다. 주로 국가자본과 일련이 내지 대자본을 중심으로 이루어진 대기업 중심의 발전과 별도로 조선에 기반을 둔 중소기업의 발전 방향은 만주와 북지에 대한 수출사업으로 잡아야 할 것이라고 하였다. 향후에는 대기업과 중소기업 모두 '내지'와 다른 특수 지위를 더 이상 향유하기에 어렵게 될 것이므로 블록 경제를 기조로 한 군수 공업 및 국책적 자원 개발에 순응해야 할 것이라고 전망했다(시국연구회 1938, 2-7).

그러던 중에 새로운 변화로서 1941년 12월 일본의 진주만 공격과 함께 태평양전쟁이 발발하였고, 일본군의 동남아시아 침략이 본격적으로 전개되었다. 이 새로운 정세는 기존의 '日滿支 경제 블록'과는 다른 양상을 출현시키게 되었는데, '大東亞共榮圈'이 바로 그것이다. 그러던 와중에 시국연구회는 1942년 2월 15일에 개최된 京城經濟懇談會 그룹이 개최한 『남방공영권과 조선경제(南方共榮圈と朝鮮經濟)』라는 제목의 좌담회 기록을 간행하였다. 이 좌담회 기록에는 일본 제국의 영역으로 새롭게 편입될 것으로 인식한 동남아시아 지역을 남방공영권으로 파악하고, 남방공영권의 일본 제국 내 편입이 조선 경제에 미칠 경제적 영향에 대해 일본 재계의 인식이 드러나 있었다. 일본 경제가 '대동아전쟁 경제'와 '남방공영권' 개발에 집중하게 되어 북방대륙권을 돌아 볼 여유가 없어졌다는 인식에 더하여, 태평양 전쟁 발발 전에 일본과 직접 연결하여 조선을 건너뛰려는 태도를 보이고 있었던 '만주' 측도 일본 경제와 연결하기 위해서는 다시 조선을 거쳐야 한다는 점이 부각되었다. 이런 문맥에서 제시된 것이 대륙병참기지론이었다. 대동아공영권과의 맥락에서 공업 입지 면에서 정밀, 화학, 중공업 등은 열대 지역인 남방권보다는 북방권이 담당할 수밖에 없다는 점을 강조하였다. 일본 '내지'에서도 무한정 공업화를 확장하여 '대동아공영권'을 모두 커버할 수 없게 되었고, 그 일부를 북방권 특히 '대동아공영권' 내에서 일본 '내지'에 이은 공업의 제2 중심으로서 일정한 역할을 담당해야 한다는 논리를 제시했던 것이다(송병권 2013, 400-401).

2. 시국연구회와 조선총독부 경제 지배 기구

시국연구회 회원 중 조선총독부 관료 출신 낙하산 인사(B)는 29명으로 41.4%에 달했다.

반면 회사 출신은 일본인(EJ) 30명, 조선인(EK) 7명으로 각각 42.9%, 10.0%를 차지하여 이를 합하면 52.9%를 차지했다. 특히 일본인 회사 출신(EJ)과 총독부 일본인 관료 출신은 각각 30명, 28명으로 거의 차이가 나지 않았다. 조선 재계에 총독부 관료 출신 낙하산 인사의 비율이 상당히 높았다는 것을 알 수 있다. 이들 구체적인 인명을 정리해 보면 〈표 6-4〉와 같다.

다음으로 시국연구회에 참가한 재계 인사들 중 국책회사 출신자의 비

표 6-3 | 시국연구회 참가 재계 인사의 출신 분포

회사 출신(E)		관료 출신(B)		군 출신(S)	총계
일본인(EJ)	조선인(EK)	총독부(B)	비총독부(Bx)		
30	7	29	3	1	70
37		32			
42.9%	10.0%	41.4%	4.3%	1.4%	100.0%
52.9%		45.7%			

표 6-4 | 재계 인사의 출신 분포(인명)

	회사 출신		관료 출신		군 출신
	일본인	조선인	총독부	비총독부	
1	高橋省三	金思演	岡崎哲郎	加藤敬三郎	二宮治重
2	廣瀬博	金季洙	谷多喜麿	公森太郎	
3	菊池一徳	閔奎植	關水武	賀田直治	
4	堀正一	閔大植	大島良士		
5	宮林泰司	朴興植	渡邊豊日子		
6	大島英吉	元悳常	藤原喜蔵		
7	大塚原次郎	韓相龍	林茂樹		
8	渡邊弥幸		米田甚太郎		
9	木村義雄		朴榮喆		
10	武者錬三		富永文一		
11	本田弘一		石川登盛		
12	山口重政		松本誠		
13	山上欽三		松本伊織		
14	森辨治郎		松井房次郎		
15	小島誠		水口隆三		
16	野口遵		矢鍋永三郎		
17	野田新吾		時實秋穂		
18	伊藤栄治		新田留次郎		
19	伊森明治		牛島省三		
20	田淵勲		有賀光豊		
21	田川常治郎		伊達四雄		
22	井口弘		井上主計		
23	堤永市		井上清		
24	佐方文次郎		竹内健郎		
25	竹内善造		澤崎修		
26	八坂宇三郎		土師盛貞		
27	片岡勉		河野節夫		
28	荒井初太郎		河合治三郎		
29	戸島祐次郎		黒木吉郎		
30	横瀬守雄				

표 6-5 | 국책기관 출신 비율

국책회사 출신				총계
식은계(S)	조은계(C)	동척계(T)	금련계(K)	
9	6	3	1	70
18				
12.9%	8.6%	4.3%	1.4%	100.0%
27.1%				

표 6-6 | 국책회사 출신 비율(인명, 중복 허용)

	국책회사 출신			
	식은계(S)	조은계(C)	동척계(T)	금련계(K)
1	菊池一徳	加藤敬三郎	朴榮喆	水口隆三
2	堀正一	大塚源次郎	田淵勲	
3	渡邊弥幸	渡邊弥幸	佐方文次郎	
4	富永文一	小島誠		
5	山口重政	堤永市		
6	矢鍋永三郎	横瀬守雄		
7	野田新吾			
8	有賀光豊			
9	伊森明治			

비고: 관료 출신 낙하산 인사의 인명에 밑줄. 加藤敬三郎를 제외하고 모두 조선총독부 관료 출신.

율은 〈표 6-5〉와 같다.

시국연구회 재계 인사 총원의 27.1%를 차지하는 국책회사 출신 중 조선식산은행 계열(S)이 12.9%, 조선은행 계열(C)이 8.6%, 동양척식주식회사 계열(T)이 4.3% 순의 비중을 보였다. 이들 중 관료 출신과 겹치는 인물은 비총독부 출신을 합해서 6명으로 31.6%를 차지했다. 전체 재계 인사에서 관료 출신 낙하산 인사가 차지했던 41.4%에 비하면 9.8% 정도 낮았지만 여전히 높은 비율로 관료 출신이 자리를 잡고 있었다는 것을 알 수 있다. 구체적인 인명은 〈표 6-6〉과 같다.

관료 출신의 비중이 높은 상황은 조선식산은행과 조선은행 자체에서도 일어나고 있었다. 예를 들면 각 은행 중역 중 관료 출신 낙하산 인사가 조선은행의 경우 전체의 52.9%(34명 중 18명)를 차지했으며, 조선식산은행은 47.3%(19명 중 9명)를 차지했다. 그러나 관료 출신의 성분에 따라 조선은행과 조선식산은행은 다른 모습을 보이고 있었다. 조선은행의 중역은 총 8명 중 6명이 낙하산 인사인데, 대장성, 농상무성, 체신성 등 일본 정부 경제 관료 출신이 4명, 일본은행, 요코하마정금은행 등 특수은행 출신이 2명이었다. 이런 현상은 부총재와 이사에서도 마찬가지로 조선총독부 관료 출신은 부총재와 이사에 각각 1인에 불과하였다. 다만 이사진은 1/3~2/3 정도가 회사 내부 출신들로 채워졌다. 한편 조선식산은행의 경우에는 조선총독부 관료 출신이 6명으로 외부 영입 인사 중 67%의 비중을 보이고 있다. 이렇듯 조선은행과 조선식산은행은 외부 영입에서 큰 차이를 보였는데, 대장성의 절대적인 영향력 하에서 조선총독부의 영향력이 거의 발휘되지 못했던 조선은행과 달리 조선식산은행은 조선총독부의 통제 하에 있는 기관이었다는 점에서, 그리고 조선 이외 지역에서 더욱 활동적이었던 조선은행의 공백을 조선식산은행이 메워 주고 있었다는 점에서 조선총독부로서는 조선식산은행에 밀접한 관계를 가지게 되었다는 것이다(조명근 2013, 137-143).

식민지 조선에 기반을 둔 조선식산은행의 보유한 주식, 사채 등 유가증권에 대한 분석에 따르면 조선식산은행은 조선저축은행, 조선화재해상보험주식회사, 조선신탁주식회사를 방계 회사로 거느리고 있었다.

조선식산은행은 전시기에 들어가면서 광공업회사와 이를 지원하기 위한 교통·전기 회사에 대한 투자를 증대하였고, 전쟁 말기에는 특수회사, 통제회사에 대한 투자도 급증했다. 또한 조선식산은행이 가장 큰 폭으로 투자를 확대했던 교통·전기 부문과 광공업 부문에 서로 연결된 경우가 많았다. 예를 들면 경춘철도(주)가 한강수력전기(주)의 댐 공사 물자 수송을 담당했으며, 한강수력전기(주)는 일본고주파공업(주) 경인 지역 회사와 공장에 전력을 공급하기 위해 댐을 건설했다. 일본고주파공업(주)는 군용 자동차를 생산하는 국산자동차(주) 등에 금속 제력 제품을 판매했다. 이런 산업들은 군수 산업 육성과 관련된 것이었고, 조선식산은행의 투자는 궁극적으로 이를 지향한 것이었다고 할 수 있다(정병욱 2004, 183-187). 이들 기업들은 모두 조선식산은행 관계회사에 속해 있었다.

조선총독부 관료 출신이 낙하산 인사가 되어 주로 재취업[8]하는 곳에 대해서 분석해 보고자 한다. 시국연구회에 참가한 재계 인사들이 활동하였던 회사들의 대주주, 대표, 중역 등을 정리한 것이 〈표 6-7〉이고, 이를 시국연구회 회원만 남겨 놓고 다시 정리한 것이 〈표 6-8〉이다.

시국연구회 가입 재계 인사들의 출신과 기업 주주 구성을 살펴보기 위해 먼저 기업의 대주주 항목에서 국책회사인 조선식산은행(S), 조선은행(C), 동양척식주식회사(T)가 어느 정도 위치를 차지하고 있는가를 살펴보았다.[9] 대주주 항목에서 관계회사를 확인하여 이를 합산하여 대주주 중 가장 주식을 많이 보유한 주주에 밑줄을 그었다. 또한 각 인명 뒤에 이들의 출신을 표시하였다.

회사 총수 36개 중 조선식산은행 및 그 관계회사가 총 9개(25%), 조선은행이 1개(2.8%),동양척식주식회사 관계회사가 3개(8.3%), 조선식산은행

8_일본 근대사 속에서 재계는 항상 관료와 밀접한 관계를 유지하고자 하였는데, 官界, 政界, 財界에 널리 모습을 드러내고 있는 관료 출신자가 대기업에 낙하산으로 내려가는 것을 환영하여, 각종 수주와 정보 수집, 각종 거래 계약의 중개 등에 도움을 받고자 했다(原朗 1983, 189).

9_동양척식주식회사 관계회사로는 부령수력전기, 동척광업, 조선무연탄, 조선철도, 조선석유, 북선제지, 조선미곡창고, 선만척식 등이 거론되고 있었고(野田經濟硏究所 1940, 271-272), 조선식산은행 관계회사는 조선저축은행, 한성은행, 조선제련, 일본고주파공업 등이 거론되고 있었다(野田經濟硏究所 1940, 285-286). 이 글에서는 대주주 구성 부분을 중시하여 조선철도(동척+식은), 조선신탁(식은+조은), 선만척식(조은+만철+동척+식은)을 다르게 정리하였다.

표 6-7 | 시국연구회에 참가한 재계 인사 관련 회사 내역

회사	대주주	대표	중역	자본금 (천 원)	불입금 (천 원)	비고
京城電氣(株)	第一生保保險(36050), 大橋本店(15000), 西川武三郎(6000), 朝鮮商業銀行(7320), 朝鮮貯蓄銀行(5667), 朝鮮信託會社(5574), 仁壽生命保險(4315), 高津株式會社(5070), 贊尾德之助(4000), 大森國平(4275), 東一銀行(3575)	大橋新太郎	(전무이사)武者鍊三, (상무이사)見目德太, (이사)澁澤敬三, 石坂泰三, 福島甲子三, 吉谷專吉, (감사)福島行信, 木本倉二, 閔大植	15,000	15,000	1937
京春鐵道(株)	殖産銀行(30000), 貯蓄銀行, 朝鮮信託, 米穀倉庫(각6000), 村上九八郎(7000), 久武常次(6000), 有賀光豊, 淺野太三郎, 金季洙, 迫問房太郎, 池奎汶(각5000)	牛島省三	(전무이사)鹽川濟吉, (이사)菊池一德, 金季洙, 山中友太郎, 村上九八郎, 富田直次, 伊藤旺, (감사)迫問房太郎, 淺野太三郎, 朴晋陽	10,000	10,000	1937
南朝鮮水力電氣(株)	南朝鮮電氣(18000), 嶋谷武次(2050), 上林亥八(1926), 白銀朝則(1610), 倉重理良(1450), 社員親交會(1161), 樋口虎三(1150), 冲原久(1129), 白銀禮治(1100)	(사장)米田甚太郎 (회장)上林亥八	(전무이사)樋口虎三, (상무이사)小瀨守次郎, (이사)嶋谷武次, 吉木陽, (감사)倉重理良, 國光五郎, 中柴萬吉, (지배인)大杉晉一, (기사장)常盤軍治	2,500	1,125	1937
東一銀行(株)	桂成株式會社(12750), 東一銀行行友會(4830), 徽文義塾(2623), 金炯國(2500), 金相敬(2000), 金源喜(2000), 金鎭燮(1935), 湖南銀行(1870), 朴炳烈(1780), 閔圭植(1755)	閔奎植	(전무이사)市川眞次郎, (상무이사)成元慶, (이사)吳建泳, 閔奎植, (감사)白南復, 金思演	4,000	2,775	1937
東拓鑛業(株)	東洋拓殖會社(137800)	田淵勳	(상무이사)平山良吉, (이사지배인)高橋富藏, (이사)米澤喜久松, 熊谷保佐, (감사)鈴木三郎, 佐藤實	7,000	3,500	1937
龍山工作(株)	田川常治郎(84474), 東都商事會社(12400), 小林幹三(19800),	田川常治郎	(전무이사)甲斐久三郎, (이사)石原磯次郎, 陣內茂吉, 荒井初太郎,	10,000	2,763	1939

	山一證券(9830), 濱信證券(8100), 京春鐵道(6000), 大和田梅子(4790)		吉田秀次郎, 淺野太三郎, 山崎新, (감사)和田虎雄, 小林幹三, 田中三郎			
富寧水力電氣(株)	東拓(199000), 九名百株宛	竹內健郎	(이사)佐方文次郎, 森鼻至良, (지배인)江藤盛一, (감사)鈴木三郎, 渡邊浩哉	10,000	2,500	1937
北鮮製紙化學工業(株)	王子證券會社(207897), 趙炳甲(11700), 秋田秀穗(11200), 東拓, 朝鮮銀行, 殖產銀行(각5000), 朴興植(4050), 大川合名會社(4000), 漢城銀行(5500), 大昌興業(3182), 高居瀧三郎, 今村金三, 貯蓄銀行, 野間淸治, 淺野太三郎(각3000)	藤原銀次郎 (부사장)足立正	(전무이사)藤原喜藏, 橫井半三郎, (이사)大橋新太郎, 高島菊次郎, 田中治郎, 井上憲一, 朴興植, (감사)松本弘造, 韓相龍, 淺野太三郎, 朴榮喆, 田邊武次, 下津謙藏, (상담역)多田榮吉	20,000	5,000	1937
鮮滿拓殖(株)	東拓, 滿鐵(각100000), 殖產銀行(60000), 朝鮮銀行(40000), 三井, 三菱(각25000), 佳宇合資(16000), 第一生命(5000)	二宮治重	(이사)渡邊豊日子, 堤永市, 木村通, 岡田猛馬, (감사)渡邊得司郎, 高元勳	20,000	8,000	1937
昭和麒麟麥酒(株)	麒麟麥酒株式會社	伊丹二郎	(전무이사)磯野長藏, (이사)朴承稷, 金季洙, 平沼亮三, 松本新太郎, 淺野豫敏郎, 大河原太郎, (감사)濱口擔, 山岸慶之助, (공장장)坂口重治	3,000	1,200	1937
日本高周波重工業(株)	利原鐵山(68000), 砂田重政(49500), 菊池秀之(49000), 高橋省三, 小林長兵衛(각10000)	(사장)小林長兵衛, (회장)砂田重政	(전무이사)菊池秀之, 高橋省三, (상무이사)木村和水, 草野四郎, (이사)菊池麟平, (감사)立川平, 松宮清	10,000	5,000	1937
朝鮮京南鐵道(株)	朝鮮貯蓄銀行(17113), 秋本英吾(26970), 三同株式會社(12470), 朝鮮商業銀行(6770),	國澤新兵衛	(부사장)藤川利三郎, (전무이사)澤崎修, (이사)深川李三郎, 佐久問俊一, 松下榮,	10,000	10,000	1937

	金鐘翊(7090), 東一銀行(3520), 朝鮮信託會社(3340), 深川李三郞(3750), 古城憲治(3100), 織田信託會社, 田中久夫, 金玉順(각2000)		井上賢太郎, 伊東眞五郎, (상임감사)吉田道夫, (감사)韓翼敎, (지배인)寺田金司			
朝鮮麯子(株)	金思演(2816), 安田慶淳(3200), 朴疇明(1301), 李鍾惠(670), 洪川酒造會社(666), 大田酒造(691), 李熙俊(682), 江陵合同酒造(579)	金思演	(전무이사)安田慶淳, (이사)朴疇明, 李慶來, 朴弼秉, 韋京燮, 深澤貞, 李重和, 李鍾惠, 仁井田千秋, 崔準集, 張龍錫, 柳曾秀, 李熙俊, 石鎬均, (감사)張寅永, 林承說, 崔炳斗	3,000	750	1939
朝鮮金融組合聯合會		矢鍋永三郎(회장)	(이사서무부장)齊藤淸治, (이사금융부장)本田秀夫, (이사사업부장)河野節夫, (이사교육부장)山根譓, (감사)肥塚正太, 元悳常, 佐木木魁, (고문)朴泳孝, 李允用, 加藤敬三郞, (參與)水口隆三, 韓圭復		2,800	1937
朝鮮煉炭(株)	朝鮮無煙炭會社(17440), 東拓鑛業會社(16000), 山口彌五平(2930), 山口伊勢(650), 丸山理平(510)	黑木吉郎	(이사)鈴木智一郞, 山口彌五平(지배인), 吹野五郞, (감사)佐藤實	2,000	500	1937
朝鮮麥酒(株)	大日本麥酒株式會社(68950), 馬越恭平(1700), 服部玄三(1000), 朴榮喆(1000), 大橋新太郎(1000), 龜田利吉郞(1000), 辰馬悅藏(1000), 小柳商店(1000), 赤星鐵馬(1000)	大橋 新太郎	(상무이사)小林武彦, (이사)閔大植, 朴榮喆, 高橋龍太郞, 渡邊得男, (감사)大倉喜七郞, 韓相龍, 片岡隆起, (지배인)山上欽三, (공장장)靑井廉一郞	1,500		1937
朝鮮米穀倉庫(株)	朝鮮殖産銀行(15710), 朝鮮銀行(15960), 加藤平太郞(10180),	松井房治郎	(전무이사)立川六郎, (이사)朴榮喆, 林茂樹, 横賴守雄,	5,000	2,000	1937

	山內松平(6800), 東拓(7050), 內谷萬平(3000), 朝鮮貯蓄銀行(5990), 立川六郎(2260)		(이사지배인)倉原新, (감사)荒井初太郎, 森菊五郎, 佐方文次郎			
朝鮮商業銀行(株)	朝鮮總督(2679), 李王職長官(1010), 昭和證券株式會社(54593), 朝鮮商業銀行友會(5840), 大昌興業會社(25256), 朴榮喆(10470), 朝鮮取引所(6697), 朝鮮火災保險(2820), 中村イセ(4515), 古城憲治(2300), 古城貞(2000), 韓時殷(2094), 中村弘(2168), 內海仁造(2130), 朝鮮殖産銀行(1800), 今村覺次郎(1384), アレックス(1650)	朴榮喆	(전무이사)堀正一, (상무이사)金鎭玉, 井上淸, (이사)進辰馬, (감사)張斗鉉, 賀田直治	9,925	5,000	1937
朝鮮生命保險(株)	李達鎔(1000), 鶴城農場玄俊鎬(1535), 閔弘基, 韓相龍(각800), 元悳常(655), 漢城銀行(580), 山中通博(500), 玄俊鎬(500), 原田立之祐, 富田精一, 朴榮喆, 金鳳英, 元悳常, 任競享(각300)	韓相龍	(전무이사)元悳常, (이사)李達鎔, 韓翼教, 玄俊鎬, (이사지배인)小野敏雄, (감사)梁在昶, 戶島祐次郎	500	125	1937
朝鮮書籍印刷(株)	朝鮮殖産銀行(5940), 朝鮮火災海上保險(1365), 漢城銀行(1200), 朝鮮商業銀行(1090), 香椎源太郎(2000), 井上主計, 田中三郎(각500), 李柄學, 金季洙(각300)	井上主計	(상무이사)方台榮, (이사)香椎源太郎, 小杉謹八, 金季洙, 田中三郎, 李軫鎬, (감사)李柄學, 林茂樹, 金漢奎	2,000	500	1937
朝鮮石油(株)	朝鮮窒素肥料(39020), 日本石油(29000), 東拓(20000), 朴興植(15355), 三井物産(9800), 山口誠太郎(5000), 木村義雄(5000), 金季洙(3800), 住友合資(3000),	橋本圭三郎	(전무이사)木村義雄, (상무이사)關水武, (이사)野口遵, 朴興植, 小倉武之助, 大塚俊雄, 大坪太計雄, 佐方文次郎, 福島英朔, 金季洙, 森野多市, (감사)大島英吉, 賀田直治, 山口誠太郎	10,000	5,000	1937

	趙炳甲(2750), 杉野多市(2700), 吉田秀次郎(2265), 竹中イク(2050), 日本鑛業(2000)					
朝鮮殖産銀行(株)	宮內省內藏頭(9000), 朝鮮總督(6598), 朝鮮貯蓄銀行(46852), 行友會共助部(49483), 新潟縣小學教員互組合(13710), 第85銀行(8249), 朝鮮信託會社(13679), 漢城銀行(10000), 岡山縣農工銀行(10000), 滋賀縣農工銀行(7860), 第一生命保險相互會社(5100), 眞田尙治(7278), 徐丙朝(3450), 兵庫縣農工銀行(5000), 茨城農工銀行(3000), 福島縣農工銀行(2900), 金融組合聯合會(3000), 朝鮮火災保險會社(2420), 朝鮮商業銀行(4614), 帝國生命保險會社(3150), 日本勸業銀行(2700)	有賀光豊	(부은행장)渡邊彌幸, (이사)水間美繼, 野田新吾, 金子隆三, 富永文一, (감사)原邦造, (상임감사)菊池一德, (감사)進辰馬	30,000	25,000	1937
朝鮮信託(株)	朝鮮銀行(60000), 朝鮮殖産銀行(59800), 山村正夫(2400), 東一銀行(2033), 秋本英吾, 崔昌學(각2000), 日高千代吉(1945), 國司守(1550), 鮮生命(1410), 森菊五郎(1343), 湖南銀行(1480), 淺野太三郎, 方義錫, 大日本麥酒株式會社(각1000)	(사장)谷多喜磨, (회장)韓相龍	(전무이사)讚井源輔, (이사)朴榮喆, 閔大植, 張稷相, 森菊五郎, 杉村逸樓, 林茂樹, 三本淸一, (감사)金季洙, 金漢奎,	10,000	2,500	1937
朝鮮郵船(株)	朝鮮殖産銀行(80000), 日本郵船(56240), 大阪商船(43080), 大池源二(4000), 朝鮮米穀倉庫, 國際通運(각2000), 中村汽船(1600), 朝鮮運送, 右近權左衛門(각1000)	森辨治郎	(전무이사)廣瀨博, (이사)松井房治郎, 堀新, 櫟木幹雄, 林友作, (감사)岡田永太郎, 菊池一德	10,000	4,750	1937

朝鮮運送(株)	國際通運會社(43368), 荒川正(2000), 朝鮮信託(1795), 河合治三郎(1171), 竹井三郎(950), 東一銀行(798), 貯蓄銀行(782)	中野金次郎	(전무이사)河合治三郎, (이사)吉田秀次郎, 村尾伊勢松, 永井寬龍, 竹井三郎, 洪鍾熙, 增田平八, 高瀨陸朗, 姜昌熙, (감사)本岡卯之吉, 豊住輝日出	4,000	4,000	1937
朝鮮油脂(株)	日本油脂(192975), 岡田仁藏(1800), 田邊穰(400)	松本伊織	(이사)馬山福壽, 安久津庄右衛門, 巢籠種一, 二神駿吉, 村山威士, 久保田四郎, 飯山太平, 中谷繁三, (감사)長崎茂	10,000	5,395	1939
朝鮮銀行	朝鮮總督(15000), 滿洲銀行(12240), 伊藤紀合名會社(11470), 伊藤紀兵衛(3125), 朝鮮商業銀行(3622), 西川武三郎(4020), 渡邊捨吉(4500), 前川太郎兵衛(3000), 內藏頭(2600), 木村安次郎(2386), 寬喜三郎, 塚本合名會社, 酒井忠克(각2000), 朝鮮信託會社(2735), 秋本英吾(2487), 小松百太郎(2320), 中島伊平(1887)	加藤敬三郎	(부은행장)公森太郎, (이사)色部貢, 橫瀨守雄, 大塚源次郎, (감사)小島誠, 西脇濟三郎, 松平康春	40,000	25,000	1937
朝鮮貯蓄銀行(株)	朝鮮殖産銀行(49160), 西崎鶴太郎(2600), 第一生命保險(1500), 迫間房太郎(1891), 朝鮮火災海上保險會社(1212) , 長部德太郎(1200), 愛國生命保險會社, アレックス, 有賀光豊, 清水佐太郎, 矢鍋永三郎(각1000), 東一銀行(997)	伊森明治	(상무이사)白石甚吉, (이사)迫間房太郎, 辻本嘉三郎, 野田新吾, (감사)木村雄次, 金季洙, 淺野太三郎	5,000	2,500	1937
朝鮮電力(株)	南朝鮮水力電氣(200000), 南鮮合同電氣(192000), 東拓(149400),	小倉武之助	(전무이사)內藤熊喜, 井上清, 小倉武之助, (이사)林安繁,	30,000	30,000	1939

	小倉安之(16000), 池尾芳藏(9200), 日本電力(4600)		香椎源太郎, 上林亥人, 松永安左衛門, 佐久間權次郎, 增田次郎, 河西豊太郎, 古谷脩一, 佐方文次郎, 水野巖, (지배인)三木喜延, (감사)裏松友光, 樋口虎三, 靑柳八百造, 澤田豊丈			
朝鮮製錬(株)	朝鮮殖産銀行(50000), 有賀光豊(3000), 愛國生命, 高砂企業(각2000), 丸二商店(2190), 穗坂秀(1830)	松本誠	(전무이사)戶津學, (이사)菊池一德, 小杉謹八, 金台原, 宮原武五郞, (감사)木村雄次, 迫間房太郞, 金季洙	10,000	2,500	1937
朝鮮窒素肥料(株)	日本窒素肥料會社(1398000) 外 百株씩 15名	野口遵	(상무이사)白石宗城, (이사)桐島像一, 市川誠次, 榎並直三郞, 大島英吉, 永里高雄, 大石武雄, 古山治太郞, 田代三郞, (감사)堀啓次郞, 金田榮太郞, 荻生傳	70,000	62,500	1937
朝鮮鐵道(株)	東洋拓殖株式會社(112196), 大川合名(90296), 朝鮮貯蓄銀行(61580), 日本徵兵保險(48405), 朝鮮信託(40497), 三菱鑛業(38995), 朝鐵共濟組合(37055), 大正生命保險(30000), 久原本店(24850), 朝鮮商業銀行(37123), 東一銀行(19843), 漢城銀行(20600), 金鐘翊(16990), 齋藤久太郎(11477), 朝鮮實業會社(11280), 山野秀一(10472)	長谷川太郞吉	(부사장)新田留次郞, (전무이사)東條正平, (상무이사)野田董吉, (이사)小島誠, 朴榮喆, 賀田直治, 金光庸夫, (감사)井上周, 佐方文次郞, 村上伸雄	54,500	176,500	1937
朝鮮協同油脂(株)	大塚俊雄(29900), 大島良士(24800), 上山正樹(2000), 福島正雄(5000), 本田米市(4800), 安達誠三(4700)	大島良士	(상무이사)平山李明, 三好孝, (이사)安達誠三, 川本彰一, 飯澤淸, 幸良極, 韓職洙, 廉璟薰, 本田米市, 天野郡治, 三好佐太郞, 池潤祥次郞,	5,000	1,250	1937

			(상임감사)上山正樹, (감사)木村寬藏, 太田盛三, 黃運天, 加藤淺五郎, 相澤毅, 大塚俊雄, 福島正雄			
朝鮮火災海上保險(株)	殖產銀行(31445), 朝鮮信託(18395), 香椎源太郎(2500), 朝鮮商業銀行(3100), 森菊五郎(2600), 清水佐太郎(1200), 漢城銀行(1100), 金漢奎(1600), 谷多喜磨(1700)	石川登盛	(이사)香椎源太郎, 韓相龍, 徐丙朝, 林茂樹, 進辰馬, 田中三郎, (감사)森菊五郎, 金漢奎, 清水佐太郎, (지배인)吉村偉秀	5,000	1,250	1937
漢城銀行(株)	內藏頭(1000), 朝鮮殖產銀行(28094), 京城興產會社(4926), 蔚山同族株式會社(1000), 朝鮮信託會社(940), 淺野合名會社(825), 全昌祿(750), 李萬福(684), 秋本英吾(746)	林茂樹	(이사)張弘植, 野田新吾, 張友植, (감사)橫瀨守雄, 徐光世	3,000	1,875	1937
海東銀行(株)	金相敦(12000), 金鳳英(11771), 朴孝(3000), 高光表(1450), 李愛主(1245), 李應輝, 金性洙, 高在賢(각1000)	金季洙	(전무이사)文尙宇, (이사)金在洙, 李之松, (감사)金炳魯, 高光駿	2,000	800	1937
和信連鎖店(株)	朴興植(24000), 和信(8000), 大同興業會社(6000), 朴炳敎(800)	朴興植	(전무이사)朱輝翰, (이사)李基衍, 李奎載, (감사)林憲慶	2,000	500	1937

출처: 국사편찬위원회 한국사데이터베이스 http://db.history.go.kr. 비고는 朝鮮銀行會社組合要錄 출판년도임.

표 6-8 | 시국연구회 가입 재계 인사들의 출신과 기업 주주 구성

회사명	대주주	대표	중역	관료 출신	경영 출신	비고/ 중복 허용
京城電氣(株)	第一生保保險(36,050), 大橋本店(15,000), 西川武三郎(6,000), 【朝鮮商業銀行(7,320),朝鮮貯蓄銀行(5,667),朝鮮信託會社(5,574)=18,561】, 仁壽生命保險(4,315), 高津株式會社(5,070), 贊尾德之助(4,000), 大森國平(4,275), 東一銀行(3,575)		(전무이사)武者鍊三(EJ) (감사)閔大植(EK)		2	
京春鐵道(株)	【朝鮮殖產銀行(30,000), 貯蓄銀行, 朝鮮信託, 米穀倉庫(각6,000)=48,000】, 村上九八郎(7,000), 久武常次(6,000), 有賀光豊, 淺野太三郎, 金季洙, 迫問房太郎, 池奎汶(각5,000)	牛島省三(B)	(이사)菊池一德(S), 金季洙(EK)	1	2	식은 1
南朝鮮水力電氣(株)	南朝鮮電氣(18,000), 嶋谷武次(2,050), 上林亥八(1,926), 白銀朝則(1,610), 倉重理良(1,450), 社員親交會(1,161), 樋口虎三(1,150), 冲原久(1,129), 白銀禮治(1,100)	米田甚太郎(B)		1		
東一銀行(株)	桂成株式會社(12,750), 東一銀行行友會(4,830), 徽文義塾(2,623), 金炯國(2,500), 金相敬(2,000), 金源喜(2,000), 金鎭燮(1,935), 湖南銀行(1,870), 朴炳烈(1,780), 閔圭植(1,755)	閔奎植(EK)	(이사)閔奎植(EK)		2	
東拓鑛業(株)	東洋拓殖會社(137,800)	田淵勳(EJ/T)			1	동척1
龍山工作(株)	田川常治郎(84,474), 東都商事會社(12,400), 小林幹三(19,800), 山一證券(9,830), 濱信證券(8,100), 京春鐵道(6,000), 大和田梅子(4,790)	田川常治郎(EJ)	(이사)荒井初太郎(EJ)		2	

富寧水力電氣(株)	東洋拓殖會社(199,000), 九名百株宛	竹內健郞(B)	(이사)佐方文次郞(T)	1	1	동척1
北鮮製紙化學工業(株)	王子證券會社(207,897), 趙炳甲(11,700), 秋田秀穗(11,200), 東洋拓殖會社, 朝鮮銀行, 朝鮮殖産銀行(각5,000), 朴興植(4,050), 大川合名會社(4,000), 漢城銀行(5,500), 大昌興業(3,182), 高居瀧三郞, 今村金三, 貯蓄銀行, 野間清治, 淺野太三郞(각3,000)		(전무이사)藤原喜藏(B) (이사) 朴興植(EK) (감사) 韓相龍(EK), 朴榮喆(B/T)	2	2	동척1
鮮滿拓殖(株)	東洋拓殖會社, 滿鐵(각100,000), 朝鮮殖産銀行(60,000), 朝鮮銀行(40,000), 三井, 三菱(각25,000), 佳宇合資(16,000), 第一生命(5,000)	二宮治重(S)	(이사)渡邊豊日子(B), 堤永市(C)	1	2	식은1 조은1
昭和麒麟麥酒(株)	麒麟麥酒株式會社		(이사)金季洙(EK)		1	
日本高周波重工業(株)	利原鐵山(68,000), 砂田重政(49,500), 菊池秀之(49,000), 高橋省三, 小林長兵衛(각10,000)		(전무이사),高橋省三(EJ)		1	
朝鮮京南鐵道(株)	朝鮮貯蓄銀行(17,113), 秋本英吾(26,970), 三同株式會社(12,470), 朝鮮商業銀行(6,770), 金鐘翊(7,090), 東一銀行(3,520), 朝鮮信託會社(3,340), 深川李三郞(3,750), 古城憲治(3,100), 織田信託會社, 田中久夫, 金玉順(각2,000)		(전무이사)澤崎修(B)	1		
朝鮮麯子(株)	金思演(2,816), 安田慶淳(3,200), 朴曔明(1,301), 李鍾悳(670), 洪川酒造會社(666), 大田酒造(691), 李熙俊(682), 江陵合同酒造(579)	金思演(EK)			1	
朝鮮金融組合聯合會		矢鍋永三郞(B)	(이사사업부장) 河野節夫(B) (감사)元悳常(EK) (고문)加藤敬三郞(Bx) (參與)水口隆三(B)	4	1	

朝鮮煉炭(株)	朝鮮無煙炭會社(17,440), 東拓鑛業會社(16,000), 山口彌五平(2,930), 山口伊勢(650), 丸山理平(510)	黑木吉郎(B)		1		
朝鮮麥酒(株)	大日本麥酒株式會社(68,950), 馬越恭平(1,700), 服部玄三(1,000), 朴榮喆(1,000), 大橋新太郞(1,000), 龜田利吉郞(1,000), 辰馬悅藏(1,000), 小柳商店(1,000), 赤星鐵馬(1,000)		(이사)閔大植(EK), 朴榮喆(B/T) (감사)韓相龍(EK) (지배인)山上欽三(EJ)	1	3	동척1
朝鮮米穀倉庫(株)	【朝鮮殖産銀行(15,710),朝鮮貯蓄銀行(5,990)=21,700】, 朝鮮銀行(15,960), 加藤平太郞(10,180), 山內松平(6,800), 東洋拓殖會社(7,050), 內谷萬平(3,000),, 立川六郞(2,260)	松井房治郞(B)	(이사)朴榮喆(B/T), 林茂樹(B), 橫賴守雄(EJ) (감사)荒井初太郞(EJ), 佐方文次郞(EJ)	2	3	동척1
朝鮮商業銀行(株)	朝鮮總督(2,679), 李王職長官(1,010), 昭和證券株式會社(54,593), 朝鮮商業銀行行友會(5,840), 大昌興業會社(25,256), 朴榮喆(10,470), 朝鮮取引所(6,697), 朝鮮火災保險(2,820), 中村イセ(4,515), 古城憲治(2,300), 古城貞(2,000), 韓時殷(2,094), 中村弘(2,168), 內海仁造(2,130), 朝鮮殖産銀行(1,800), 今村覺次郞(1,384), 알렉스(1,650)	朴榮喆(B/T)	(전무이사)堀正一(EJ/S) (상무이사)井上淸(B) (감사)賀田直治(Bx)	3	1	동척1 식은1
朝鮮生命保險(株)	李達鎔(1,000), 【鶴城農場玄俊鎬(1,535), 玄俊鎬(500)=2,035】, 閔弘基, 韓相龍(각800), 元悳常(655), 漢城銀行(580), 山中通博(500), 原田立之祐, 富田精一, 朴榮喆, 金鳳英, 元悳常, 任競享(각300)	韓相龍(EK)	(전무이사)元悳常(EK) (감사)戶島祐次郞(EJ)		3	
朝鮮書籍印刷(株)	朝鮮殖産銀行(5,940), 朝鮮火災海上保險(1,365), 漢城銀行(1,200), 朝鮮商業銀行(1,090),	井上主計(B)	(이사)金季洙(EK) (감사)林茂樹(B)	2	1	

	香椎源太郞(2,000), 井上主計, 田中三郞(각500), 李柄學, 金季洙(각300)					
朝鮮石油 (株)	朝鮮窒素肥料(39,020), 日本石油(29,000), 東洋拓殖會社(20,000), 興植(15,355), 三井物産(9,800), 山口誠太郞(5,000), 木村義雄(5,000), 金季洙(3,800), 住友合資(3,000), 趙炳甲(2,750), 杉野多市(2,700), 吉田秀次郞(2,265), 竹中イク(2,050), 日本鑛業(2,000)		(상무이사)關水武(B) (이사)野口遵(EJ), 朴興植(EK), 佐方文次郞(EJ), 金季洙(EK), (감사)大島英吉(EJ), 賀田直治(Bx)	2	5	
朝鮮殖産 銀行(株)	宮內省內藏頭(9,000), 朝鮮總督(6,598), 【朝鮮貯蓄銀行(46,852), 漢城銀行(10,000), 朝鮮火災保險會社(2,420) =59,272】, 行友會共助部(49,483), 新潟縣小學敎員互組合(13,710), 第85銀行(8,249), 朝鮮信託會社(13,679), 岡山縣農工銀行(10,000), 滋賀縣農工銀行(7,860), 第一生命保險相互會社(5,100), 眞田尙治(7,278), 徐丙朝(3,450), 兵庫縣農工銀行(5,000), 茨城農工銀行(3,000) ,福島縣農工銀行(2,900), 金融組合聯合會(3,000), 朝鮮商業銀行(4,614), 帝國生命保險會社(3,150), 日本勸業銀行(2,700)	有賀光豊(B)	(이사)富永文一(B) (상임감사)菊池一德(B)	3		
朝鮮信託 (株)	朝鮮銀行(60,000), 朝鮮殖産銀行(59,800), 山村正夫(2,400), 東一銀行(2,033), 秋本英吾, 崔昌學(각2,000), 日高千代吉(1,945), 國司守(1,550), 朝鮮生命(1,410), 森菊五郞(1,343), 湖南銀行(1,480), 淺野太三郞, 方義錫, 大 日本麥酒株式會社(각1,000)	(사장)谷多喜磨(B) (회장)韓相龍(EK)	(이사)朴榮喆(B), 閔大植(EK), 林茂樹(B) (감사)金季洙(EK)	3	3	

朝鮮郵船(株)	【朝鮮殖産銀行(80,000), 朝鮮米穀倉庫(2,000)=82,000】, 日本郵船(56,240), 大阪商船(43,080), 大池源二(4,000), 國際通運(2,000), 中村汽船(1,600), 朝鮮運送, 右近權左衛門(각1,000)	森辨治郎(EJ)	(전무이사)廣瀨博(EJ) (이사)松井房治郎(B) (감사)菊池一德(EJ)	1	3	
朝鮮運送(株)	國際通運會社(43,368), 荒川正(2,000), 朝鮮信託(1,795), 河合治三郎(1,171), 竹井三郎(950), 東一銀行(798), 朝鮮貯蓄銀行(782)		(전무이사)河合治三郎(B)	1		
朝鮮油脂(株)	日本油脂(192,975), 岡田仁藏(1,800), 田邊穰(400)	松本伊織(B)		1		
朝鮮銀行	朝鮮總督(15,000), 滿洲銀行(12,240), 伊藤紀合名會社(11,470), 伊藤紀兵衛(3,125), 朝鮮商業銀行(3,622), 西川武三郎(4,020), 渡邊捨吉(4,500), 前川太郎兵衛(3,000), 內藏頭(2,600), 木村安次郎(2,386), 寬喜三郎, 塚本合名會社, 酒井忠克(각2,000), 朝鮮信託會社(2,735), 秋本英吾(2,487), 小松百太郎(2,320), 中島伊平(1,887)	加藤敬三郎(Bx)	(부은행장)公森太郎(Bx/C) (이사)橫瀨守雄(EJ/C)	2	1	조은2
朝鮮貯蓄銀行(株)	【朝鮮殖産銀行(49,160), 朝鮮火災海上保險會社(1,212)=50,372】, 西崎鶴太郎(2,600), 第一生命保險(1,500), 迫間房太郎(1,891), 長部德太郎(1,200), 愛國生命保險會社, 알렉스, 有賀光豊, 淸水佐太郎, 矢鍋永三郎(각1,000), 東一銀行(997)	伊森明治(EJ/C)	(감사)金季洙(EK)		2	조은1
朝鮮電力(株)	南朝鮮水力電氣(200,000), 南鮮合同電氣(192,000), 東洋拓殖會社(149,400),		(전무이사)井上淸(B) (이사)佐方文次郎(EJ/T)	1	1	동척1

	小倉安之(16,000), 尾芳藏(9,200), 日本電力(4,600)					
朝鮮製鍊(株)	朝鮮殖産銀行(50,000), 有賀光豊(3,000), 愛國生命, 高砂企業(각2,000), 丸二商店(2,190), 穗坂秀(1,830)	松本誠(B)	(이사)菊池一德(EJ/S) (감사)金季洙(EK)	1	2	식은1
朝鮮窒素肥料(株)	日本窒素肥料會社(1,398,000) 外 百株씩 15名	野口遵(EJ)	(상무이사)大島英吉(EJ)		2	
朝鮮鐵道(株)	東洋拓殖株式會社(112,196), 大川合名(90,296), 朝鮮貯蓄銀行(61,580), 漢城銀行(20,600), 朝鮮信託(40,497), 日本徵兵保險(48,405), 三菱鐵業(38,995), 朝鐵共濟組合(37,055), 大正生命保險(30,000), 久原本店(24,850), 朝鮮商業銀行(37,123), 東一銀行(19,843), 金鐘翊(16,990), 齋藤久太郎(11,477), 朝鮮實業會社(11,280), 山野秀一(10,472)		(부사장)新田留次郎,(B) (이사)朴榮喆(B), 賀田直治(Bx) (감사)佐方文次郎(EJ)	3	1	
朝鮮協同油脂(株)	大塚俊雄(29,900), 大島良士(24,800), 上山正樹(2,000), 福島正雄(5,000), 本田米市(4,800), 安達誠三(4,700)	大島良士(B)		1		
朝鮮火災海上保險(株)	朝鮮殖産銀行(31,445), 漢城銀行(1,100), 朝鮮信託(18,395), 香椎源太郎(2,500), 朝鮮商業銀行(3,100), 森菊五郎(2,600), 清水佐太郎(1,200), , 金漢奎(1,600), 谷多喜磨(1,700)	石川登盛(B)	(이사), 韓相龍(EK), 林茂樹(B)	2	1	
漢城銀行(株)	內藏頭(1,000), 朝鮮殖産銀行(28,094), 京城興產會社(4,926), 蔚山同族株式會社(1,000), 朝鮮信託會社(940), 淺野合名會社(825), 全昌祿(750), 李萬福(684), 秋本英吾(746)	林茂樹(B)	(감사)橫瀨守雄(C)	1	1	조은1

海東銀行(株)	金相敦(12,000), 金鳳英(11,771), 朴孝(3,000), 高光表(1,450), 李愛主(1,245), 李應輝, 金性洙, 高在賢(각1,000)	金季洙(EK)			1	
和信連鎖店(株)	朴興植(24,000), 和信(8,000), 大同興業會社(6,000), 朴炳敎(800)	朴興植(EK)			1	

과 조선은행이 공동 출자한 회사, 조선식산은행과 동양척식주식회사가 공동 출자한 회사, 조선식산은행, 조선은행, 동양척식주식회사가 공동 출자한 회사가 각각 1개(가 2.8%)로 전체의 44.4%를 점하고 있었다. 이들 출신이 재취업한 회사도 12개(33.3%)로, 관계회사로 재취업하거나 여타 국책회사의 관계회사로 재취업하였다는 것을 알 수 있다.

한편 총독부 관료 출신 낙하산 인사가 재취업한 회사는 모두 25개(69.4%)에 달했다. 대표가 관료 출신 낙하산 인사인 회사는 16개(44.4%)에 달했는데, 그 중 국책회사 관련 회사가 11개(30.6%)를 점했고, 9개(25.0%)가 특히 조선식산은행과 깊은 관계를 가지고 있었다. 또한 이들은 복수의 회사에 이중 삼중으로 중역을 맡고 있어 유기적으로 연계되어 있었다. 특히 조선총독부 관료 출신이 많이 포진한 회사는 조선상업은행(2명)을 제외하면, 조선총독부의 통제를 받는 조선금융조합연합회(4명)을 포함하여 조선식산은행(3명)과 그 관계회사인 조선미곡창고(2명), 조선서적인쇄(2명), 조선화재해상보험(2명), 그리고 동양척식회사와 공동 출자한 조선철도주식회사(2명), 조선은행과 공동 출자한 조선신탁주식회사(3명)이었다.

표 6-9 | 국책회사/관계회사별 비중

국책회사/관계회사	회사 수	%
S	9	25.0%
C	1	2.8%
T	3	8.3%
S+C	1	2.8%
S+T	1	2.8%
S+C+T	1	2.8%
국책회사/관계회사 소계	16	44.4%
기타	20	55.6%
total	36	100.0%

3. 향후 연구를 전망하며

이상에서 살펴보았듯이, 시국연구회에는 조선총독부 식민지 관료 출신의 낙하산 인사가 다수 포진하고 있었고, 이들을 중심으로 식민지 조선의 '재계'는 식민지 관료들과 긴밀하게 연계되어 있었다. 또한 다수의 낙하산 인사는 조선식산은행 등 국책회사 등과 그 관계회사에 집중적으로 재취업하였다는 사실도 확인할 수 있었다. 이런 의미에서 시국연구회 회원을 중심으로 식민지 '재계'가 조선총독부 경제 지배 시스템[10]과 긴밀한 연계가

10_조선총독부 경제 지배 시스템에 대한 분석에서 조선총독부의 '관치주의' 경제 지배 시스템에 주목한 것은 방기중이었다. 그는 경제 규모가 일본에 비해 상대적으로 작은 조선에서 조선총독부 관료의 경제 지배와 통제는 결정적인 힘을 가진 것이었다고 평가하였다. 총독부 국장 회의에 주목하여 여기에서 일상적인 최고 정책이 결정되었다는 의미에서 병참기지 정책 수립 단계에서 총독을 정점으로 한 중앙부서의 경제 관련 국/과장 관료에 의해 경제 지배 시스템이 운영되었다는 사실을 밝혔다. 이러한 '관치주의' 경제 지배는 '자치 통제'로 표상된 총독 정치의 특수성에 의해 제도적 정당성을 확보하였으며, 이를 기반으로 총독부 관료는 병참기지 정책의 기획 주체이자 경제 지배 시스템의 권력 주체로 군림하였다고 분석하였다(방기중 2007, 107-109).

되어 있었다는 사실을 확인할 수 있었다. 이런 성과를 바탕으로 총독부 관료가 주도한 시국 경제 관련 조직에 '재계'를 대표하는 시국연구회 회원의 활동을 더욱 입체적으로 분석할 수 있을 것으로 보인다. 즉 먼저, 관업적 성격으로서 제국 일본의 제국 시국 정책에 순응하는 측면과 함께 조선총독부 시국 정책에 순응하는 측면이 존재한다는 두 가지 점을 들 수 있다. 또 하나는 재계적 성격으로서의 영리 확보라는 측면이 존재한다. 이 관업적 성격과 재계적 성격의 접점으로서 시국연구회의 활동을 생각해 볼 수 있을 것이다. 이 부분에 대한 연구는 향후 연구 과제로 남기고자 한다.

참고문헌

『京城日報』

『東亞日報』

「特殊團體ノ動靜」『治安狀況 (昭和12年) 第26報~第43報』 1937년 9월 24일. 일제 경성지방법원 편철자료, 국사편찬위원회 소장.

時局硏究會. 1938.『第13輯 朝鮮産業の動向と資源』. 京城: 時局硏究會.

時局硏究會. 1942.『京城經濟懇話會座談會 南方共榮圈と朝鮮經濟』. 京城: 時局硏究會.

朝鮮總督府 편. 1936.『朝鮮産業經濟調査會會議錄』. 京城: 朝鮮總督府.

朝鮮總督府 편. 1938.『朝鮮總督府時局對策調査會會議錄』. 京城: 朝鮮總督府.

野田經濟硏究所. 1940.『戰時下の國策會社』. 東京: 野田經濟硏究所出版部.

방기중. 2007. "1940년 전후 조선총독부의 '신체제' 인식과 병참기지강화정책 - 총독부 경제지배시스템의 특질과 관련하여."『동방학지』138.

송병권. 2013. "1940년대 전반 일본의 동북아지역 정치경제 인식 - 동아광역경제론을 중심으로."『史叢』80.

정병욱. 2004.『한국근대금융연구 - 조선식산은행과 식민지 경제』. 역사비평사.

조명근. 2013. "조선은행 중역 인사의 실태와 중역진 구성의 특징."『한국근현대사연구』66.

柴原和夫. 1979. "'經濟新體制'と統制會 - その理念と現實."『ファシズム期の國家と社會 2: 戰時日本經濟』. 東京: 東京大學出版會.

原朗. 1983. "財界." 中村隆英·伊藤隆 편.『增補版 近代日本硏究入門』. 東京: 東京大學出版會.

宮島英昭. 1993. "戦時経済下の自由主義経済論と統制経済論—財界と経済官僚."『シリーズ日本近現代史 構造と変動 3: 現代社会への転形』. 東京: 岩波書店.

李炯植. 2013.『朝鮮總督府官僚の統治構想』. 東京: 吉川弘文館.

국사편찬위원회 한국사데이터베이스 http://db.history.go.kr/

한국학중앙연구원 한국민족문화대백과사전 http://encykorea.aks.ac.kr/

7장

총력전기 식민지 조선의 사회과학 비판

인정식의 비교에 관한 소고

김인수

지난 10여 년간 한국의 역사, 문학, 문화 학계는 총력전기 식민지 조선의 지식과 사상에 관해 비판적이고 반성적이며 수준 높은 연구 성과들을 생산해 왔다. '친일'이라는 가차 없는 폄하 속에 지식과 사상의 '암흑시대'로만 알려졌던 그 시대 속에서 지식인과 사상가들이 벌인 고투의 흔적을 발굴하려는 노고 어린 시도가 이어져 왔다. 탈냉전과 지구화의 새로운 질서(new order)가 지식 생산에 미친 파장, 그러니까 국민국가, 민족사회를 자연적 단위로 삼아 왔던 기존의 지식 생산이 갖는 자명한 한계가 가시화되는 지점에서 이러한 노고들은 새삼 그 존재 의의를 부여받았고 또 큰 주목을 받았다고 할 수 있다. 회고적 시선이기는 하지만, 이것은 어쩌면 연구자

---

* 이 글은 『아세아연구』 56-4(2013)에 실린 졸고 "총력전기 식민지 조선의 사회과학 비판: 인정식의 비교에 관한 소고"를 일부 수정·보완한 것이다.

집단 안에서 벌어진 일종의 '세대 투쟁'의 성격을 지녔던 것은 아니었을까 싶은 느낌마저 없지는 않다.

이러한 연구의 경향은 이미 많은 축적과 숙성을 거쳐 이제는 하나의 무게감 있는 연구사적 '전통'으로 자리 잡았다고 해도 과언이 아니다. 그 연구 영역은 연구자들의 눈이 저절로 돌려질 만큼 무척 매력적인 것으로 보였고, 사태를 새롭게 볼 수 있도록 개안(開眼)하게 해주는 능동적인 계기를 품고 있다고 간주되었다. 국책 선전과 일본어 창작이라는 '협력'의 대가로 문학장(場)에서 독점적인 발언권을 얻었던 최재서 편집의 『국민문학(國民文學)』은, 한때는 그 책장을 여는 것조차 비난을 사던 시대도 있었지만, 이제는 총력전기 문학을 연구하는 이라면 누구든 반드시 일독(一讀)을 마쳐야 하는 기초 사료로서 자리 잡았다(윤대석 2006; 문경연 외 번역 2010; 신지영 2012). 해방 이후 한반도에서 꾸준히 재생산된 '민족 도덕'의 시선 속에서 줄곧 비난받거나 외면당하기 일쑤였던 지식인 전향(轉向)의 문제는, 이제는 당시 동아협동체론(東亞協同體論), 동아연맹론(東亞聯盟論) 등 초국가적·초민족적 지역 구상으로 몰입하여 새로운 정치적 가능성을 발견하고자 했던 사상사적 흔적으로 회자되고 있다(趙寬子 2007; 洪宗郁 2011; 차승기 2007; 정종현 2011; 김경일 2011). '회색지대', '공공성'(윤해동 2003; 並木真人 2006) 등으로 표현된 혼종성(hybridity)의 영역에서 지성의 흔적을 찾아내는 것, 그러니까 해방 이후 한국 사회가 외면해 왔던 사상적 광맥(鑛脈)을 발굴하는 데에 연구자들은 온 심혈을 기울여 온 것이다.

그러나 이렇듯 비판적이고도 성찰적인 취지에서 출발한 연구의 기획들이 결과적으로는 자신이 비판 대상으로 삼았던 기존 연구들과 마찬가지의 문제점을 안고 있다는 것은, 무척 애석하고 안타까운 일이기는 하지만, 부정하기 어려운 사실이다. 그것은 첫째, '혼종성 이후 민족의 재래(再來)'라

불릴 만한 사태로 인한 것이다. 다음과 같은 권나영의 지적은 시사하는 바가 크다. "친일 문학의 표찰을 붙여 민족문학사의 바깥으로 추방해 버린 저작들을 재고의 대상으로 삼는 연구들이 요즘 제출되고 있으나, 이 재고 역시 그 저작들이 보여 주는 보다 복잡한 뉘앙스를 외면한 채 이 텍스트로부터 민족국가를 위한 '저항'과 '협력'의 흔적을 추적하려는 민족주의의 열망에 지배되고 있다는 것"이다(권나영 2010, 225). 이것은 최근의 연구들이 당시 동아협동체론의 핵심적인 대상이자 문제였던 '중국'의 존재를 충실히 확인하지 않으면서 식민지 지식인의 지식 실천을 오로지 제국-식민지 간의 질문/응답의 구조 안에서만 해석하는 오류에 빠지고 있다는 이석원의 비판(이석원 2011, 451)과도 일맥상통한 것이라고 할 수 있다. 일종의 금기(禁忌)였던 혼종성의 영역을 찾아 분석함으로써 한국 '민족주의'를 상대화했다고 믿고 있는 연구자의 자부와 안심 속에도 여전히 민족주의의 시선이 남아 있다는 지적인 셈인데, 연구자의 권력 의지에 내포된 모순성을 잘 드러낸 언급이라고 생각된다.

둘째, 식민지 조선의 정치적 지형에 대한 인식이 철저하지 못하다는 점을 들 수 있다. 이것은 식민지 담론 생산을 규정하고 있었던 지식장(場)의 정치적 성격에 대한 인식의 부재와도 연관된다. 총력전기 식민지 지식장을 규정한 외부적 조건으로서는 검열의 형태가 소극적 검열(negative censorship)에서 필진 선정, 용지 통제, 출판 통제(이종호 2010)를 통한 적극적 검열(positive censorship)로 바뀌었다는 점을 눈여겨봐야 할 것이다. 또, 그 내부적 조건으로서는 식민지 조선판 '내선일체'(內鮮一體), '국체명징'(國體明徵) 논의가 갖는 질문 구조의 폭력성을 당시 조선 지식인들이 감내해야 했다는 점을 보다 적극적으로 의식해야 할 것이다. 이런 점에서 일본에서의 동아협동체론과 식민지 조선의 동아협동체론 간의 대립, 갈등, 전유 등을 적극적으로 해석해 온, 이른바 '현해탄적 문제 설정'은 담론의 정치성을 복원하기보다는 오히려 이를 희석시킬 우려가 크다고 생각된다(김인수 2012a). 식민지 조선인의 지식 생산은, '국책'(國策)을 매개로 가령 녹기연맹(綠旗聯盟)이나 경성제국대학(京城帝國大學) 등 재조 일본인 지식 집단의 '국체명징론'에 대응해 가는 포즈를 취하고 있었고, 인정식(印貞植)이 말한 '경제적 내선일체론'[1]에서와 같이 식민지적 초과 착취의 근절을 위해 오히려 일본 '내지'의 통제경제를 조선에서도 그대로 시행하라는 주장의 형태로 제기되고 있었음을 기억해 둘 필요가 있다.[2]

셋째, 연구자의 차원에서 보면 그 동안 총력전기 지식 생산과 관련해서는 문학과 문화 연구의 분과에서의 연구가 지배적이었고, 사회과학 측에서의 연구는 매우 부족한 상황이다. 그런데 당시 동아협동체론은, 비록 전향

1_"重要産業統制法의 회피는 日滿 경제 블록의 지도 원리인 統制經濟政策과 정면으로 충돌할 수밖에 없다. 통제법을 둘러싸고 상공성과 총독부 간에 충돌이 일어났던 것인데 결국 총독부 측의 조선 특수 사정 존중론이 용인되어 상공성이 후퇴하여 생겨난 결과이다. 공장법의 조선 내 실시 회피에 관해서는 하등 충돌할 일도 없이 '조선 특수성'이 인정되었다. … 공장법은 조선 내에서도 실시되어야 한다. 內地의 노동 조건에서 자본가에 대해 여러 종류의 법적 제한을 실시하면서 조선에 한해서는 하등의 제한을 실시하지 않는 것은 진정한 의미의 內鮮一體의 입장과 모순된 것이다."(강조는 인용자. 「戰時下の朝鮮經濟(2)」, 『東洋之光』 1-6, 1939.6; 『印貞植全集』, 2: 60-61)

2_식민지 조선에서는 후진성(後進性)으로 인식될법한 것이 실용적 차원에서 동원에 더 적합하고 우수한 것으로 재평가되는 '전도된 시간성'의 정치가 강력하게 작동하고 있었다. 예를 들어, 조선에서 모든 것을 관할하는 총독 정치는 내각의 혼란에서 보이듯 정당과 군부의 분열과 갈등에 시달리는 일본 '내지'의 그것에 비해 훨씬 우월한 것으로 평가되었다(「卷頭言: 治鮮制度の長 - 內地は朝鮮に学ぶ」, 『朝鮮公論』 1937.7). 또, 개인주의가 철저히 발전하지 못한 조선은, 국가주의가 새롭게 발흥하는 정세에 즈음하여 오히려 세계정세가 역(逆)방향으로 진전되고 있기 때문에 국가주의 시대를 선취(先取)할 수 있다고 평가되었다(尾高朝雄, 「国家と個人」, 『綠旗』, 1937.4: 16-18). '미완'이 '첨단'으로 둔갑하는 세태였던 것이다.

(轉向)을 하기는 했지만 마르크스주의 정치경제학과 아시아사회론에 정통했던 소위 '사회과학' 지식인들이 주축을 이뤄 펴낸 정치적 기획이었다. 물론, 오늘날의 분화된 분과 학문의 시선으로 그 시대의 지식 생산의 의미를 모두 환원할 수는 없는 일이고 또 자칫 시대착오적인 일이 될 수도 있지만, 총력전기 '제국 일본의 사회과학'으로서의 동아협동체론(米谷匡史 2010: 46) —이때 요네타니는, 이 동아협동체론이 갖는 '새로운 식민주의'의 문제성을 비판하고 있다—을 계통을 달리하는 특정 학문 분과에서 독점적으로 연구해 온 것에는 나름의 장점만큼의 한계도 있다고 해야 할 것이다.[3] 무릇 사회과학(social science)은 '사회에 관한 과학'으로서, 연구 대상인 사회를 포착하는 동시에 그 신뢰성을 높여 줄 수 있는 방법론적 도구의 고안을 그 핵심적인 특징으로 한다. 사회에 대한 지표(index)의 추출과 그 방법론적 가공을 통해 자신의 입론을 세우는 것이 사회과학이 갖는 독특한 속성이라고 할 수 있다. 따라서 그 지표의 확보와 방법론적 가공이 어떻게 이루어졌는지를 유심히 살펴보면서 당시의 지식 생산의 성격을 특정(特定)할 필요가 있다.

이 글은 이상의 문제의식에 기초하여 총력전기 조선의 사회과학의 의미를 비판적으로 해석, 음미해 보고자 한다. 저자는 이론가로서 입이 두 개가 되어 버리는 딜레마적 상황에 빠진, 그래서 '조선'의 역사적 지위를 확정하지 못하고 웅얼거리면서 뭉개 버릴 수밖에 없었던, 전향(1938) 이후의 인정식(印貞植)의 모습을 소개한 바 있는데(김인수 2012b), 이 글은 그 연구의 후속편으로서 그 지식 생산의 구조적 조건을 보다 선명하게 드러내는 것을

3_예를 들어 『국민문학』 연구의 경우, 통상 국문학계에서 진행된 연구들과는 달리, '영문학자'로서의 최재서(崔載瑞)와 그가 기댄 영문학 이론을 새롭게 발굴하여 이를 통해 그의 '전향'을 분석한 미하라의 연구(三原芳秋 2008)는 시사하는 바가 크다.

목표로 삼고자 한다.

1. 총력전기 조선의 지식장(知識場)의 구조 변동

1) 지식 생산의 대상

앞에서 요네타니 마사후미의 표현을 소개했거니와, 동아협동체론은 아시아에 관한 제국 일본의 사회과학적 분석을 자극하고 또 그 결과를 활용하면서 과학성을 구축해 갔다. 하나의 지식 형태로서의 동아협동체론은 일본과 중국의 문제를, 또는 중일전쟁 이후 아시아의 문제를 주권의 문제 설정이 아니라 사회의 문제 설정에서 관찰한다는 것을 의미했다. 1937년 중일전쟁 개전에 즈음하여 제출된 야나이하라 다다오(矢內原忠雄)의 논문이 불을 지폈던 「중국통일화논쟁」, 국책연구소인 동아연구소(東亞硏究所)와 만철조사부(滿鐵調査部) 합작으로 1940년에 한창 전쟁이 진행 중이던 북중국(당시 '華北') 지역 농촌을 종군(從軍)해 가며 조사했던 「중국농촌관행조사」 등의 지적 결과물들은 동아협동체론에 주요한 사회과학적 전거(典據)를 제공했다고 할 수 있다(原覚天 1984). 이러한 지식 축적의 성과가 당시 식민지 조선에 얼마나 알려져 있었는가의 문제는 비교적 상세한 검토를 요하는 것이지만, 현재로서는 확인되는 자료 안에 담긴 여러 언급들을 통해 그 영향 관계를 추론해 볼밖에 다른 방법은 없어 보인다. 이 글의 경우, 인정식의 글에서 산견(散見)되는 관련 논의를 정리해 보는 것이 그나마 유효한 연구 방법이라고 할 수 있겠다.

다만, 사회과학이 연구의 대상으로 삼는 '사회'라고 했을 때, 그 '사회'의 범위가 무엇인지는 재고를 요청한다. 통상 사회과학은 일국적(一國的) 체계 안에서 성립한다는 인식이 일반적이다. 서구적 의미에서 '사회'라는 것이 결국은 '시민사회'이고, 그렇다면 국가-시민사회의 틀 안에서 포착하는 것은 지극히 당연한 일이라고 간주되는 것이다. 그러나 사회과학에는 명시적이든 암시적이든 '인식의 규준'과 '비교의 지표'가 존재한다. 이런 점에서, 자기 사회에 대한 분석은 필연적으로 다른 사회에 대한 분석과 맞물려 있다. 미야지마 히로시 교수는 최근 연구에서, 메이지(明治) 이래의 일본 지식 사회에서 아시아를 정체사회(停滯社會)로 보는 편견에는 실은 일본을 역사 유물론에 근거하여 '봉건사회론'으로 분석하고자 하는 권력 의지가 마치 동전의 양면처럼 딱 달라붙어 있었다는 점을 집중 부각했는데(미야지마 히로시 2013), 이 주장이 시사하는 바는 매우 크다. 나에 관한 이야기는 남에 관한 이야기를 (명시적이든 암시적이든) 전제하고 바로 그 위에서 '비교'와 '대조'를 통해 구축되는 것이다. 이 점에서 '일국적(一國的) 사회과학'이라는 신화는 폐기되어야 옳다. 이 글은 이런 관점에서, 식민지 조선 사회에 대한 자기 인식이 그 거울상으로서 아시아(중국과 동남아시아)에 관한 인식과 어떻게 연동되고 있었는지를 확인하는 작업이 될 것이다.

2) 지식 생산의 방법

다음으로, 방법으로서의 '과학'의 문제를 살펴보자. 사회과학이 '과학'일 수 있는 이유는, 실체(reality, 또는 실재)로서의 사회를 그대로 묘사하는 것이 아니라, 사회 현상을 특정한 지표와 방법적 매개를 통해 '추출'해 내고 이를 가공해 감으로써 사회를 인식할 수 있다는 독특한 믿음에 기초한다. 다른 모든 곳에서가 아니라 바로 이곳에서, 다른 모든 방법이 아니라 바로 이 방법을 통해 같은 연구 대상을 분석한다면, 그 결과는 언제나 동일하다는 것이 증명되어야 한다. 이것이 아카데미즘으로서 사회과학이 구현해야 할 속성 가운데 하나인 이른바 '신뢰성'이다. 이 신뢰성은 지식장 안에서의 토론과 협의를 통해 정당화되며, 지표(index)와 방법론(methodology)은 연구의 신뢰성을 확보하는 도구이자 다시 신뢰성을 강화시킬 수 있는 훌륭한 수단이 된다.

총력전기 제국 일본의 지식 형태를 볼 때, 종전과 다른 특징은 제국–식민지 지표의 결합(結合)과 일원화 양상이 목격된다는 점이다. 식민지 조선에서의 지식 형태에서도 '조선'(朝鮮)이 '반도'(半島)로 기입되고 호명된다는 사소한 에피소드는 말할 것도 없고, 제국 규모에서 집계된 지표들이 조선 지식인에 의해 빈번히 활용되는 새로운 현상이 나타난다. 이와 동시에, 지표 생산 단위가 세분화되는 현상도 함께 목격된다. 예를 들어 인정식의 경우, 조선 일반의 지표에서 그치는 것이 아니라 도별(道別)로 토지생산성 지표를 새롭게 만들어 내기도 한다. 자세한 내용은 후술하겠지만, 이 도별 지표의 생산은 그 자체로 대단히 정치적인 의미를 가진다. 여하튼 이상의 논의를 조금 거칠게 표현하면, 종전의 국가·민족 경계에서의 지표 생산에서 아시아·로컬 경계에서의 지표 생산으로 그 단위가 변화되는 양상을 보인다고 할 수 있다. 물론, 이러한 변화는 제국 일본이 추구한 총력전동원의 목표에 종속된 것이었다.

3) 지식 생산의 주체와 집단

마지막으로, 총력전기 조선의 지식 생산에서 특징적인 점은 '내선일체'(內鮮一體)가 각 사회 집단에 기계적으로 적용되고 있었다는 것과 관련된다. 국책이자 동원의 슬로건인 이 '내선일체'는, 예를 들어 '조선문인협회'(朝鮮文人協會)에서와 같이(김인수 2006), 이전에는 서로 분리된 채 각자 활동에 전념해 온 일본인과 조선인의 민족별 학술 조직을 폐기하고 이를 하나의 단체로 통합할 것을 요구했다. 이를 지식 생산의 민족 간 협업체제(協業體制)라고 표현할 수 있겠다.

다만, 이것으로 동원의 외양은 갖추어졌으되 그것이 원활히 작동하여 효율적인 동원으로 이어졌는지는 별개의 문제이다. 지배 측에 가까워질수록, 권력과 많은 것을 공유할수록, '조선'이라는 표식은 종종 더 잘 드러나고 가시화되기도 하기 때문이다. 격리되었을 때는 서로 모르고 지내면 될 일도 자꾸 만나게 되면서 더 많이 부딪히게 되고 더 많이 실감하게 되며, 이로 인해 이전에는 느끼지 못했던 차별의식을 새삼 더 절실히 느끼게 되는 역설이랄까, 이런 일들도 곧잘 일어나곤 하는 것이다. 조선인은 자신이 조선인이라는 사실을 일본인과 만나 서로 무언가를 함께 도모하는 가운데 비로소 더 처절히 느끼게 되는 것인지도 모른다(岡本真希子 2008). 내선일체의 외침은 내선부동(內鮮不同)이라는 '부스럼'을 구태여 긁어내는 일이 될 수도 있다.

1930년대 중반 재조 일본인 지식 집단(주로 지식 관료와 경성제국대학의 교수진)과 조선 지식인 간의 교섭 속에서 이러한 현상은 이미 부분적으로 목격되고 있었다(金仁洙 2013). 이것이 보다 명시화되고 구조화된 것이 총력전기 지식 생산체제의 특징이라고 할 수 있다. 이때 연구 질문의 주도권(initiatives) 문제가 새삼 중요해진다. 민족 간 협업은 정당성의 확보를 위한 것인 동시에, 식민지 지식인 사회의 실질적인 조직화와 정향(定向)으로 이어지는 것이기도 했다.[4] 이때 중요해지는 것이 질문을 구성하는 방식(problematization)에 관한 문제이다. 질문을 구성하는 것은 권력 의지이고, 질문이 던져진 순간 거기에 대응하여 답이 구성된다는 점에서 질문하는 자는 이미 답을 제약하는 권력을 갖게 되는 것이다. 이후의 논의를 통해, 재조 일본인 지식 집단으로부터 난문(難問)을 받아 들고 좁은 틈에서 고투해 가는 조선 지식인의 모습이 인정식의 사례를 통해 드러날 것이다.

2. 자기 인식과 타자 인식: 정치적 실천으로서의 '비교'

1) 스즈키 다케오와 인정식: "조선은 식민지인가?"

인정식은 전향 이전의 경우 조선이 식민지인 이유를 일본 제국주의가

4_예를 들어, 『국민문학』 좌담회가 바로 그런 자리였다. 민족적 경계가 분명한 상태에서 발화의 포지션이 확정되었을 때, 이 속에서 어떤 담론 효과가 생겨나는가를 유심히 살펴봐야 할 것이다. 그곳은 동상이몽(同床異夢)의 민족별 주체들이 객관적으로 실재하는 갈등을 회피하고 조화를 억지로 '연출'해 내는 공간이었다. 또, 식민지의 '일급' 지식인들이 기민한 지혜로 일본 제국주의가 유포하는 '보편'이 결코 보편이 아님을 폭로하는 공간이기도 했다. 그렇지만, 근본적인 차원에서 보면, 이곳은 조선인의 충성 동원과 그 확인이 이루어지는 장소, 즉 일종의 심문장(審問場)이자 검열장(檢閱場)이었다. 그것은 좌담회를 이끌어 가는 전체적인 질문을 누가 제출했고, 또 최종적인 결론을 누가 틀어쥐고 있었는지를 관찰해 보면 너무도 쉽게 알 수 있는 일이다(김인수 2006; 신지영 2012).

조선 구래(舊來)의 봉건적 지주제와 결탁하여 농촌의 '경작 규모의 영세성'을 심화시키고 있다는 점에서 찾고 있었다.[5] 이것은 일본 강좌파(講座派)의 거두 야마다 모리타로(山田盛太郎)의 논리를 조선의 현실에 맞게 응용해 낸 것이라고 할 수 있다. 그런데 '경작 규모의 영세성' 문제에 관한 인정식의 인식에는, 일본 강좌파와는 조금 다른 맥락에서, 식민지 조선에서 목격되는 '공업화의 부재'라는 현실이 매우 강력한 근거로 작용했던 것으로 보인다. 비록 군사적 형태이기는 하지만 전쟁을 통해 공업화가 급속히 진행되었던 일본과는 달리, 식민지 조선에서는 '공업화의 부재'로 인해 토지로부터 유리된 인구가 도시나 공장으로 흡수되지 못하고 농촌사회 안에 그대로 체적(滯積)되었고, 이것이 '영세성'이라는 식민지적 성격을 더욱 심화시킨다고 보았던 것이다. 이 '식민지 공업화' 지표가 당시에 지녔던 정치적 의미와 관련하여 코민테른에서의 논쟁을 잠시 살펴보기로 하자.

1928년 코민테른 제6차 대회는 레닌과 인도의 로이 간에 벌어진 다년간의 식민지 공업화를 둘러싼 이론 논쟁의 귀결로서 레닌의 주장이 승리하여 '식민지 문제 = 민족 문제 = 토지 문제 = 봉건성'을 핵심적인 인식 축으로 하는 테제가 제출된 것으로 알려져 있다. 쟁점은 이미 1920년 제2회 대회에서 시작되었던 것인데, 그 개략적인 내용은 인도(印度) 사회가 영국에 의해 공업화되고 있는가의 문제였다. 제1차 세계대전이 장기전, 총력전(total war)으로 진행되면서 식민지인 인도 사회에서 인력과 자원 동원의 필요가 가중되었고, 이 과정에서 인도에 공업화의 흔적들이 나타나고 있다는 진단이 이 논쟁을 촉발한 계기였다. 나아가 시장의 창출 = 식민지의 구매

5_인정식, 「농업자본의 諸型과 조선토지조사사업의 의의」, 『批判』 1937.4: 68-69(『印貞植全集』, 1: 219-220).

력 확대를 위해 일정 정도 공업화를 진척시키는 것이 제국주의의 속성이며, 사회주의 혁명운동 역시 이에 대비해야 한다는 의견으로 나아가기까지 했다. 총력전이 제국-식민지 간 관계에 가져 온 경제적인 영향을 신중히 검토할 필요성이 제기되었으나, 이러한 식민지탈화론(植民地脫化論)은 최종적으로는 레닌의 비판을 받고 수면 아래로 사라졌다. 그리고 식민지에 대해 소비에트의 건설을 통해 비(非)자본주의적 발전의 길을 걷는 것으로 논의가 낙착되었다(동녘 편집부 1989; 洪宗郁 2011, 145).

전향 이전의 인정식은 철저히 이 원칙에 따랐다. 무엇보다 영국과 인도의 사례는 일본과 조선의 관계에서는 실감을 얻기 어려웠다. 제국의 자본주의의 규모와 위상과 관련된 문제이기도 했고, 무엇보다 일본은 제1차 세계대전에서 식민지의 도움 없이도 전쟁을 수행할 수 있었기 때문이다. 게다가 조선 사회는 여전히 농업사회의 틀을 벗지 못하고 있었다. 독점자본주의 시대에 외부에서 진출해 들어오는 자본은 유기적 구성이 높기 때문에 인력을 충분히 흡수할 수 없다는 판단도 있었다.

그런데, 전향 이후 인정식의 관점은 극명하게 달라진다.[6] 그는 "전시체제를 통해 조선 경제는 현저한 발전의 코스를 달리고 있다. … 단순한 농업 조선(農業朝鮮)에서 공업 조선(工業朝鮮)으로 변하고 있다. 조선 농업은 점

6_전향 이후 인정식이 통계치를 구비하여 처음으로 자신의 전향을 옹호하는 과학적 근거(=알리바이)를 제시한 것은 다음의 논문에서였다. 「戰時體制下の朝鮮經濟(1)」, 『東洋之光』 1-2, 1939.2(『印貞植全集』, 2: 24-32). 이 논문에 따르면, 조선에서 전체 인구 대비 농업인구 비율이 줄었고(1919년 83.36% → 1935년 76.06%), 전체 생산 대비 농업생산액 비율이 감소(1910년 89.32% → 1935년 54.87%)하는 경향임에도 불구하고, 농업 인구와 생산액의 절대 수치는 증가했다는 것이다. 인상적인 점은 식민지 공업화와 관련된 사항인데, 인정식은 공업 인구와 공산물의 비중(1914년 대비 1935년에 약 3배로 증가)이 절대적으로나 상대적으로나 모두 크게 증가했다는 것을 표로 예시하고 있다.

차 공업에 종속되어 가고 있다(여기서 '종속'은 부정적인 뉘앙스가 아니라, 공업 자원으로 사용되는 농산품 생산이 늘었다는 점에 대한 긍정적인 평가이다; 인용자)"고 하면서 "그렇다면 조선은 과연 식민지인가"를 묻고 있다.[7] 이때 인정식은 대단히 감정적인 언사까지도 동원하는데,[8] 그것은 이 문제가 그에게 정말 절박했고, 또 이 논점을 제기함으로써 듣게 될 안팎의 비난을 충분히 의식하고 있었다는 것을 의미한다.[9]

인정식은 조선에 강제되는 병참기지화(兵站基地化)의 문제에 대해서도, "그것이 조선 사회 내부의 모순을 변화시킬 것이고, … 조선에 진출할 자본은 공업 생산에서 내지에 비해 오히려 고도 구성을 가진 독점자본이 지배적이지만, 최근 함남 지방의 노동력 부족 현상에서 알 수 있듯이 그 방대한 발전의 방향은 조선의 농촌 과잉 인구를 도시로, 공장으로 흡수할 수 있을 것"이며 "병참기지화를 위해 추진되는 공업이 경공업이 아니라 중공업이기 때문에 조선인의 손으로 운영되는 중소상공업과 충돌되지 않고 오히려 후자의

7_「戰時體制下の朝鮮經濟(1)」, 『東洋之光』 1-2, 1939.2(『印貞植全集』, 2: 31).

8_위의 글 가운데 이런 대목이 있다. "내가 오늘날 조선은 식민지가 아니라고 단언했을 때, 여전히 마르크스주의적 입장을 고집하는 몇몇 학도들은 나에게 매우 비열한 비방을 가할 것이다. … 스탈린의 주구만이 아직도 조선 문제는 식민지 문제이고 따라서 농업 문제라는 매우 진부한 염불을 계속할 것이다."(『印貞植全集』, 2: 28).

9_이것은 인정식으로서는 중요한 입장 수정에 해당한다. 그는 전향 이전에는 조선민족주의자의 대표 안창호의 "복심인 이광수가 조선의 상공업이 가장 유리한 발전상의 조건으로 인도(印度) 이하의 '저렴한 노동력'의 행운을 가졌다."고 말한 점을 맹렬히 비판했지만(「안창호론」, 『조선중앙일보』 1936.5.28~6.9: 『印貞植全集』, 1: 139), 「戰時體制下の朝鮮經濟(1)」에서는 "조선인 직공의 임금은 내지인 직공의 임금의 절반이다. 조선인 노동력은 저렴하다. 물론 滿洲國이나 北支에서의 만주인인 지나인의 노동력은 조선보다 저렴하다. 그러나 이들은 근대적 교육의 세례를 받지 못했고, 초등교육을 받은 일본적 훈련을 받은 것은 조선이 유일하다. 20년의 차이가 있다."고 주장했다.

발전을 적극적으로 조장하는 동기가 될 것"이라고 긍정적으로 평가했다.[10] 조선의 '미발달', '미성숙'한 자본과 노동이 일본의 독점자본의 진출에 의해 (쇠멸하는 것이 아니라) 그 하청(下請)과 고용의 형태로 통합, 발전할 것이라는 기획으로 읽을 수 있다. 이것은 코민테른 대회에서 레닌에게 이의를 제기했던, '전쟁-투자-공업화'의 연쇄를 '식민지 탈화(脫化)'로 읽었던 전형적인 로이의 입장이자, 인정식이 전향 이전에는 부정하고 있었던 입론이었다.

그렇다면 이렇듯 조선 경제의 분석을 통해 조선이 더 이상 '식민지가 아니'라고 보는 관점, 즉 일본에서 진출해 온 자본의 역할에 대한 일종의 '시각 교정'은 그의 대외 인식과는 어떻게 연관되어 있었을까? 인정식이 조선의 농장경영(農場經營)에 대해 취한 시각의 전환을 통해 그 대외 인식의 양상을 확인할 수 있다. 그런데 이에 앞서, 이 "조선은 식민지가 아니다."라는 선언은 동시대의 재조 일본인 지식 집단에서 울려 나오고 있었다는 점에 유의할 필요가 있다. 이를 단도직입적으로 제기한 이는 경성제국대학 교수 스즈키 다케오(鈴木武雄)[11]였다. 그는 "조선은 과연 식민지인가"라고 묻고는, 그 '선택'을 식민지인에게 요청하는 다음과 같은 서사를 생산해 냈다.

> 반도동포(半島同胞)는 구미인(歐米人)의 식민지 지배를 잘 알지 못한다. 조선은 지나(支那)나 태국과 같은 구미인의 소위 '반(半)식민지'의 지위에도 있어 본 일이 없다. … 청일전쟁과 러일전쟁은 조선이 서양적 세력의 식민지 내지 반식민지가 되려던 것을 구한 것이다. 대동강에서 미국 선박 샤먼호를 격멸하고 강화도에서 프랑스군을 타파한 조선의 명예는 일본에 의해 완전히 유지되었던 것이다. 이처

10_「東亞의 재편성과 조선인」, 『三千里』 131, 1939.4(『印貞植全集』, 2: 42-43).

11_스즈키 다케오(鈴木武雄, 1901~1975)의 이력 등에 관한 상세한 정보는 송병권(2002)을 참고할 것.

럼 서양적 세력의 식민지, 반식민지의 역사가 없는 조선이야말로 일한병합이 없었더라도 일본과 손을 잡고 아시아 민족해방운동의 지도자가 될 훌륭한 자격을 가졌다고 할 수 있다. 하물며 일한병합의 대업이 이루어졌고 곳곳에서 구미의 식민지 내지 반식민지가 되고 마는 아시아의 동쪽에서 내선(內鮮)이 일체가 되고 모두 일본인이 된 이래로는 더욱 더 그렇다고 해야 할 것이다. 따라서 반도 2400만 동포는 대동아전쟁 하에서 아시아의 민족해방운동의 지도자이자 주체의 명예를 얻는 것이지, 지나인이나 태국인이나 말레이인, 필리핀인처럼 해방되어야 할 객체는 결단코 아닌 것이다. 이 해방운동의 방향으로의 고원한 위치를 부정하고 피압박 민족이 되어 반도가 일본 제국주의의 식민지여서 해방되는 것이 반도 민중의 행복이라고 말할 이는 아마 없을 것이다(강조는 인용자, 鈴木武雄 1942, 87-88).[12]

조선은 일본과 대업(大業)을 나눌 동반자인가, 아니면 중국이나 태국, 말레이, 필리핀처럼 압박받는 식민지로 불릴 것인가, 이런 양자택일을 제기한 셈이다. 인정식은 이 질문, 그러니까 고모리 요이치(小森陽一)의 말을 빌면 '식민주의적 의식의 권유'라고 할 법한 이 질문에 대해 적극적으로 화답하고 있었던 것이다. 그렇다면 그것은 어떤 논리를 매개로 한 것이었을까?

인정식은 종전에는 외래의 거대 자본이면서도 반(半)봉건적 소작 관계를 이용, 유지, 강화시키면서 식민지 초과이윤을 착취하고 있다고 비판했던 조선의 농장경영—동양척식주식회사, 내지인 소유 대농장 등—에 대해 전향 이후 재평가를 시도했다. 그런데 이 재평가에는 동남아시아 국가 및 사회와의 '비교'라는 시선이 새롭게 개입된다. 인정식은 "남방공영권(南方共

12_참고로, 인정식은 스즈키 다케오의 글이 실린 『大東亞戰爭と半島』에 공저자로서 「東亞共榮圈の食糧問題と半島の農業」이라는 제목의 논문을 싣고 있다.

榮圈) 여러 나라에서 세워진 에스테이트 기업과 조선의 농장농업을 형태적으로 또는 구조적으로 비교, 검토하여 양자의 특징을 검출, 규명해 보는 것은 많은 점에서 우리에게 유익한 일이 될 것"[13]이라면서 그 비교의 취지를 밝혔다. 당시 동남아시아 지역의 국가 및 사회들에서는 구미 제국주의 열강의 에스테이트(estate), 플랜테이션(plantation), 콘세션(concessions. 拂下) 등 재식기업(裁植企業)에 의한 농업경영이 이루어지고 있었는데, 이를 조선의 농장경영과 비교하고 그 차이를 밝히겠다는 것이다.

인정식은 프랑스령 인도차이나나 영국령 말레이, 버마, 필리핀, 태국 등 '남방공영권'의 나라들은 모두 조선과 마찬가지로 몬순(계절풍) 지대의 쌀농사(稻作) 위주의 영세농적이고 동양적인 농촌사회이기는 하지만, "한쪽은 구미(歐米)의 자본주의가 이를 착취적으로 이용하고, 다른 한쪽은 내지(內地)의 자본이 이를 개발하고 있다."고 그 차이를 제시했다. 동남아 지역의 경우, 농업 생산에서 선진 자본주의 국가들의 우수한 기술과 과학적 기술이 전혀 이입되지 않고 있고, 쌀농사 역시 일본과 중국, 만주에서 통용되는 한인농법(漢人農法)에도 훨씬 못 미치는 토인농법(土人農法, 散播式)에 여전히 의존하고 있어, 반당(反當) 쌀 수확고가 프랑스령 인도의 경우 조선의 1/3~1/4에 불과하다는 점을 적극 부각했다. 그렇지만 다른 한편, "영국인이나 프랑스인 자신이 이들 지역에서 직접 경영하고 있는 이른바 근대적/식민지적 농업 기업의 형태로서, … 프랑스령 인도에는 수출 생산을 목적으로 고무, 차, 커피 등을 재배하는 근대적 재식기업이 있고, 타이와 말레이, 버마, 영국령 인도 등에서는 주로 영국인이 플랜테이션 기업 또는 에스

13_桐生一雄(인정식의 창씨명), 「南方の栽植農業と朝鮮の農場農業」, 『朝鮮總督府調査月報』 13-3, 1942.3(『印貞植全集』, 2: 487).

테이트 농업을 경영하고 있다. 그러한 재식기업은 네덜란드령 인도나 필리핀에도 발전하고 있다."고 하면서, 거기에 고용된 원주민들이 노예와 가까운 강제적 고역 노동(苦役勞動)에 시달리고 있다고 분석했다. 그리고 그와 대조적으로, 조선에서의 농장농업에서는 조선 농촌을 개발, 향상시키려는 노력이 지배적인 의의를 갖는다고 평가했다. 즉, "구래의 (조선의) 대지주제는 오로지 자연경제의 기초 위에 서서 지주는 어디까지나 생산물의 형태로 고율 지대를 부과하여 생산물을 모두 소비하는 것이었지만, (한일병합 이후) 오늘날의 농장제는 개발적 역할과 자금 수익의 취득이 큰 동기가 되고 또 목적이 된다."는 것이다. 그리고는 "남방공영권의 농업정책의 수립과 기존의 에스테이트 기업의 재편성에 이 조선형(型) 농장제 농업의 경험이 중요한 참고가 될 것"이라고 덧붙였다.[14]

요컨대, 이 글은 동일한 몬순기후대에 자리한 지역들이 식민 모국(영국, 프랑스, 미국, 네덜란드 vs 일본)의 정책에 따라 어떻게 상이한 모습으로 재편되었는가를 '비교'한다는 인정식의 야심찬 포부 하에 집필된 것으로, 이 속에서 서구와 일본의 식민정책의 차이가 극명하게 대조되고 있다. 이때 인정식에게 '조선'은, 외래 자본이 들어와 낡은 봉건세력과 결탁하여 착취함으로써 봉건질서를 온존·강화시키는 '식민지'의 전형(典型)과는 거리가 먼 것으로 그 위상이 바뀌어 있었다. 그렇다면 "조선은 식민지가 아니"라는 인정식의 이 '허위의식'은 과연 충실한 내실을 갖고 온전히 인정받을 수 있는 것이었을까?

14_이상의 인용 출처는, 桐生一雄(인정식의 창씨명), 「南方の栽植農業と朝鮮の農場農業」, 『朝鮮總督府調査月報』 13-3, 1942.3(『印貞植全集』, 2: 487-496).

2) 모리타니 가쓰미와 인정식: “조선에 아시아적 생산양식론이 적용되는가?”[15]

인정식은 식민지 공업화 지표를 적극적으로 활용하고 외래 자본의 성격을 재평가함으로써 조선은 식민지가 아니라는 서사를 구축하고자 했지만, 이것은 새로운 난문(難問)의 시작이었다. 앞서 스즈키 다케오가 던진 질문은 오로지 식민지 총동원을 위한 협력의 요청(/협박)에 불과한 것이었다. 즉, 그것은 스즈키가 '조선'의 내실을 확인하면서 얻어 낸 답이 아니라, 총력전 하에서 조선이 나아가야 할 길은 응당 그것이어야 한다는 당위(當爲)를 강제한 것이었다. 인정식은 이 당위의 질문에 대해 조선의 내실로써 응답해야 하는 처지에 있었고, 이것은 곧 조선의 역사적 지위를 확정해야 한다는 복잡한 문제를 야기했다.

그런데 마침 이때, 또 다른 질문자 모리타니 가쓰미(森谷克己)의 출현은 인정식으로서는 대단히 압박감을 느끼게 하는 것이었다. 스즈키와 마찬가지로 경성제국대학 교수로서 '동양농업경제론', '동양사회론'을 전공으로 삼고 있었던 모리타니는, 도쿄제국대학 교수이자 강좌파였던 히라노 요시타로(平野義太郎)를 스승으로 둔 이였다. 히라노 요시타로는 독일 체재 기간 중에 알게 된 칼 비트포겔(Karl Wittfogel)[16]과 지속적으로 교우관계를 유지

15_이 부분은 김인수(2012b)에 의거하면서 내용을 추가, 보완하여 서술하는 것으로 한다.

16_Karl August Wittfogel(1896~1988): 독일공산당의 중국 문제 전문가였으나 당의 정책에 반대하여 제명당했다. 1928년 프랑크푸르트대학에서 박사학위를 받았다. 1933년 나치를 피해 스위스로 망명하려 했으나 구금, 1934년 영국으로 탈출하여 이후 미국에 정착했다. 히틀러와 스탈린의 독소동맹 결성(1939)에 실망하여 레닌에서 마오쩌둥에 이르는 전체주의적이고 '아시아적'인 소련공산당, 중국공산당의 속성을 혐오하기 시작했다. 비트포겔의 대표 개

하면서, 그의 '중국사회론'을 일본에 번역하여 소개하는 일에 무척 적극적이었다.[17] 비트포겔은 『중국의 경제와 사회(*Wirtschaft und Gesellschaft Chinas*)』(1931)를 독일 프랑크푸르트대학 사회과학연구소에서 펴내면서 아시아적 생산양식론(Asiatic Mode of Production, AMP)에 관한 논쟁적 장에 등장했고, 1957년에는 그 이론을 정식화한 『동양적 전제주의(*Oriental Despotism*)』을 펴낸 바 있다. 비트포겔은 1938년에 집필한 한 글에서 AMP론의 핵심적인 논리를 제시한 바 있다. 그 요지는, 천수농경사회인 서양과 달리, 동양/중국은 기본적으로 인공관개농경사회(수력통제사회: hydraulic society)이고,[18] 따라서 초지방적인 대규모 수리시설의 건설과 유지가 중요하며 도구나 가축의 고도화된 사용은 그다지 필요하지 않으며, 노예보다는 자유농민으로 구성되고 대규모 공공사업을 위해 중앙집권적 권력—동양적 전제군주제—을 요청한다는 것이다. 또, 토지 사유제도는 발달하지 못하여 지대가 곧 세금이고(地代=稅金), 공공 토목사업의 약화로 인한 농업의 위기는 왕조의 위기를 불러 오며, 다시금 공공사업을 활성화할 수 있는 권력이 등장하면 다시 안정화된다는 것이다(신용하 편 1986, 193-210).[19] 이 체제는 발전 없이 계속 순환되며, 따라서 헤겔의 역사변증법이나 마

념인 '아시아적 생산양식'은 *Oriental Despotism: A Comparative Study of Total Power*(1957)에서 확정되었다. 이 이론은 막스 베버의 중국/인도 인식과 마르크스의 아시아적 생산양식론을 종합한 결과물이다.

17_『解体過程にある支那の経済と社会』(平野義太郎翻 訳, 1936); 『東洋的社会の理論』(平野義太郎/森谷克己 共訳).

18_여기서 수력통제사회(hydraulic society)가 단순한 수리사회(water supply society)가 아니라는 점은 중요하다. 사회의 구조와 권력의 성격을 규정하는 결정론적 요소를 내포하고 있는 개념이다(湯浅赳男 2011, 102-104).

19_"Die Theorie der Orientalischen Gesellschaft"(1938).

르크스의 역사유물론은 이 사회에는 적용될 수 없다. 비트포겔은 요컨대 '순환적 정체성'이야말로 이들 사회의 특성이라고 단언했다. 단, 비트포겔은 AMP론의 적용 범위가 될 '동양'을 근동 오리엔트 지역, 이집트, 인도, 중국 등으로 설정했다. 특기할만한 점은, 일본은 이 '동양'에서 제외되었고 조선에 대해서는 아무런 언질이 없었다는 점이다. 일본이 제외된 이유는 중국과 같은 거대 하천을 발견할 수 없다는 것이 그 근거였다.

모리타니는 이러한 비트포겔의 논의를 히라노와 함께 번역, 소개한 인물이기도 했지만, 그 스스로도 이 이론에 근거하여 중국과 조선을 직접 분석하였다.[20] 이때, 모리타니의 조선론은 다음과 같은 것이었다.

> 조선은 비트포겔의 관점에서 보면 '관개농경지역'에 들고 실제로 오늘날 반도 농업은 확실히 관개농경에 중심을 두고 또 구래에 대체로 그러했다. … 실은 우리 내지(內地)와 취지를 크게 달리하고 있고, … 조선 농업은 일본 내지 등에 비해 관개의 기초가 매우 부족하고 시정(施政) 이래 개선이 이루어져 큰 발달을 이룬 지금도 여전히 부족하다고 할 수밖에 없다. … 조선의 치수 과제는 대륙에 비해 소규모이지만 하천 체계는 내지와 비교하여 오히려 대륙적이고 초지방적 연장을 갖고 있는데, … 반도의 역대 정부는 이것이 그들 자신의 직무이고 이를 통해 정치적 지배의 기초가 굳건해진다는 사실을 충분히 인식하지 못하고 태만했다(강조

20_중국에 관해서는, 「중국사회경제사의 문제들(支那社会経済史の諸問題)」(1933), 『중국사회경제사(支那社会経済史)』(1934), 『아시아적 생산양식론(アジア的生産様式論)』(1937), 『동양적 생활권(東洋的生活圏)』(1942) 등을 집필했다(「座談会: アジア社会経済史研究」, 旗田巍 編, 『シンポジウム日本と朝鮮』, 勁草書房(1969), pp. 105-107). 그리고 조선에 관해서는, 「종래의 조선농업사회의 연구를 위하여(従來の朝鮮農業社會の研究の為に)」, 「동아농업에서의 조선농업의 지위(東亜農業に於ける朝鮮農業の地位)」(『朝鮮及満洲』, 1939.5) 등의 논문을 발표했다. 모리타니에 대한 국내의 연구로는 노용필(2010)의 연구가 있다.

는 인용자, 森谷克己 1939, 14-17).

여기서 모리타니는 중국을 분석했던 비트포겔의 논지를 응용하여, 비트포겔이 자신의 책에서 논의하지 않았던 조선을 대상으로 AMP 이론을 적용했던 것이다. 요컨대, 조선 역시 '순환적 정체'라는 '동양 사회의 그늘'에서 자유롭지 않은 존재로 그려 낸 것이다.

인정식은 이런 모리타니와 학술적으로만이 아니라 보다 직접적인 대면적 접촉 관계를 유지했던 것으로 보인다.[21] 또, 인정식은 이전에도 사회민주주의자들의 민족 관념을 다룬 모리타니의 글을 그대로 인용하면서 조선 민족주의자를 비판한 적이 있었다.[22] 그런 모리타니가 인정식에게 이렇듯 조선의 역사적 지위에 관한 난문을 제기했던 것이다. 이 질문에 대한 인정식의 대답은 다음과 같은 것이었다.

> **지나(支那)에서 이 운하란 것은 광대한 영역을 지배하기 위해 권력자가 이용하는 정치적 동맥이 될 수도 있었다.** 이 운하는 교통의 편리와 함께 조세의 징수, 물자의 운수, 병력의 동원 등에서도 또한 중요한 기관이었다. 그런데 **우리 조선에서는 이러한 대규모의 운하는 그리 볼 수가 없다.** 조선에서는 관개의 시설이 대운하를 요구치 않았다는 것은 조선의 각 평야를 관류하는 대하천이 모두 지류를 많이 분

21_모리타니의 증언에 따르면, "조선인으로서 때때로 연구실에 와서 함께 논의했던 이는 인정식 군이라는 『조선의 농업기구』 등을 썼던 사람, 그걸 쓸 때는 일본에 있었고 귀국 후에 왔던 것인데, 내(모리타니) 연구실에 종종 들러 조선의 농업에 대해 논의를 했다."(「座談会: アジア社会経済史研究」, 旗田巍 編 1969, 121.)."

22_「전쟁과 민족 개념」, 『中央』 27(1936.1); 『印貞植全集 第1卷』, pp. 71-76. 인정식은 이 글에서 민족 이론의 출처를 명기하지 않았는데, 민족과 관련된 그의 입론은 森谷克己, 「社會民主主義者の民族理論斷片」, 『朝鮮經濟の硏究』(1929)에서의에서의 논의를 그대로 답습하고 있다.

류(分流)하고 있다는 점에서 설명될 수 있다. … 이것은 확실히 조선의 천혜(天惠)였다. **관개를 위해서 비교적 소규모의 댐과 제방이면 족했던 것이다**(강조는 인용자).[23]

조선은 중국과 같은 대운하를 건설할 필요가 없었기 때문에, 거대한 치수 사업으로 구조화되는 수력통제사회 역시 조선의 역사에서는 찾아볼 수 없고 따라서 조선은 중국과는 달리 '순환적 정체의 그늘' 외부에 있다는 주장인 셈이다.[24] 바꿔 말해, 거대 하천이 없다는 이유로 AMP론의 적용 대상에서 '열외'되었던 일본의 사례를 응용하여, 거대 운하가 없기 때문에 조선 역시 AMP론의 적용 대상이 아니라는 주장이었다.

그렇다면 조선과 중국의 역사적 지위는 과연 그렇게 명확하게 구별될 수 있었던 것일까? 비트포겔이 애초 '동양'의 범주에서 일본을 제외한 것은, 충실한 논거에 입각한 것이었다기보다는, 당시 서구 열강과 나란히 어깨를 겨루고 있었던 '고도(高度) 자본주의 국가' 일본을 자신의 AMP론 안에 넣

23_「물(水) 이야기」, 『太陽』 1-2(1940.2); 『印貞植全集』, 2: 163. 이 논의는 다음의 글에서도 반복되고 있다. 「亞細亞의 封建社會」, 『農業朝鮮』 3-7, 1940.7(『印貞植全集』, 2: 258-260).

24_AMP론에서 말하는 '순환적 정체성(停滯性)'은 헤겔(Hegel)적 의미에서의 '역사'의 부재를 의미한다. 바꿔 말해, 사회구성체 내적으로 보편적 세계사로 진전될 계기를 갖지 못한 사회라는 것이다. 이것은 정치적으로 꽤 중요한 문제를 불러 온다. 중일전쟁(中日戰爭)이라는 구체적인 정치적 맥락 속에서 중국이 AMP론의 적용을 받는다는 주장은 곧, "이 '아시아적 정체성'의 원인에 관해서 支那의 左翼理論家들은 그 일차적인 책임을 外來資本主義의 侵入에 돌리는 것이 일반적인 傾向이다. … (그러나) 보다 본질적인 문제는 이러한 외래의 침략적 영향이 없이도 支那社會는 이미 4천여 년의 유구한 역사를 통하여 永遠한 停滯狀態에 結氷되어 있었다는 점에 있다"(강조는 인용자. 「아시아的 停滯性의 問題: 支那社會에 對한 分析的 硏究의 必要」, 『靑色地』 2-3, 1939.12; 『印貞植全集』, 2: 122-123)는 논리로 이어지고, 결국 '침략자'인 일본은 자력 구제가 불가능한 중국을 '계몽'시켜 세계 보편사의 장으로 이끌어 내는 '문명전달자'로 정당화되는 것이다.

을 경우 이론적 설명력을 온전히 유지할 수 없다는 인식에 따른 것이었다고 보아야 할 것이다. 그렇다면, 조선을 AMP론에서 구출할 수 있는 대안은, 혹시라도 그런 것이 존재한다면, 발전의 가능성 또는 발전의 정도를 근거로 중국과의 차별성을 확실히 해두는 것일 수밖에 없을 것이다. 아무래도 이러한 서사 전략이 조선이 일본과 동일하다고 말하는 것보다는 덜 부담스러울 것이다. 그러나 인정식에게서 이 방면의 노력의 흔적을 발견하기란 쉬운 일이 아니다. 오히려 '반(半)봉건성'의 기준 하에서 중국과 조선을 동일 범주 안에서 언급하는 것이 일반적이었다. 중국에 대한 인정식의 '거리화 의식'은 확실한 지표를 확보할 수 없는 것이었고, 늘 유령처럼 찾아드는 '동양농업'(東洋農業)의 중압감 속에서 부동(浮動)하는 것일 수밖에 없었던 것이다.

3) 농업지대론(農業地帶論)과 '조선 vs. 만주'

인정식의 시선은 이제 중국 일반에서 만주(滿洲)를 떼어 내어 이를 조선과 비교하는 것으로 향한다. 전향 이후 인정식은 이전에 조선의 토지생산성을 전국적 지표를 통해 서술하던 것에서 도별(道別) 지표를 통해 세밀하게 분석하는 것으로 논의를 진전시키고 있다. 인정식은 '조선 농정의 권위' 히사마 겐이치(久間健一)로부터 확보한 자료를 기초로,[25] 자신이 1937년에 펴냈던 『조선의 농업기구(朝鮮の農業機構)』에 부록을 더해 1940년에

25_「朝鮮農業の地帶的區分に就いて」, 『金融組合』 141, 1940.6(『印貞植全集』, 2: 254).

그림 7-1 | 도별(道別) 토지생산성 지표(토지이용률, 조(租) 수익률, 경영 규모, 전북 vs. 함북)

農業經營地帶調査票 (調査地) 全北道 部

耕地利用率 租收益	區別	面積(町)	%		作付延面積(町)	生產總價額
畓	一毛作	106632	61		237031	52115 千圓
	二毛作	67627	39			
	合計	173659	100	72	利用率 136	租收益 30.00
田	田	67945	92		139069	18371 千圓
	火田	1168	2			
	合計	69113	100	28	利用率 201	租收益 26.58
耕地總面積		242772		100	376100 利用率 155	70486 千圓 租收益 29.03

農家	自作	兼小作	小作	合計	被傭者	總戶數
	10892	47541	165526	217959	17937	235896
	5.0	19.1		100.00		

規模	過小經營 0.0—1.0	小經營 1.0—3.0	中經營 3.0—5.0	大經營 5.0 以上	總計
	167508	41032	4214	1309	214063
	95.4	2.0	2.0	0.6	100.00

區別		飼育量 生產量	一戶當	生產價額(千円)	耕地比率	基準面積	作付方式
養畜 畜產	牛	52901頭	0.2頭	723			
	豚	132359頭	0.6頭	484			
	鷄	522231羽	2.4羽	471	二八二	五四四九	
	計			1678			
	養蠶	69579枚	0.3枚	259			
副業	繩	6632828貫	30.4貫	510			
	叺	7650404枚	35.4枚	913			
	莚	611055枚	2.8枚	175			
	小計			1598			

生產比率	耕種生產	畜產生產	養蠶生產	副業生產	生產總額
	70486 千圓	1678 千圓	259 千圓	1598 千圓	74021 千圓
	95.2	2.3	0.3	2.2	100.00

農業經營地帶調査表 (調査地) 咸北道 部

耕地利用率 租收益	區別	面積(町)	%		作付延面積(町)	生產總價額
畓	一毛作	18308	100		16995	4572 千圓
	二毛作	14	0.0			
	合計	18322	100	7	利用率 93.	租收益 24.95
田	田	208205	92		249547	19129 千圓
	火田	20027	8			
	合計	228232	100	93	利用率 109	租收益 8.38
耕地總面積		246554		100	266542 利用率 108	23701 千圓 租收益 9.62

農家	自作	兼小作	小作	合計	被傭者	總戶數
	43299	19366	13056	75721	770	76491
	57.0	25.6	17.4	100.00		

規模	過小經營 0.0—1.0	小經營 1.0—3.0	中經營 3.0—5.0	大經營 5.0 以上	總計
	14791	44384	12480	2937	74592
	19.9	59.5	16.7	3.7	100.00

區別		飼育量 生產量	一戶當	生產價額(千円)	耕地比率	基準面積	作付方式
養畜 畜產	牛	83357頭	1.1頭	858			
	豚	103509頭	1.4頭	603			
	鷄	251442羽	3.3羽	387	一二・〇	一八九五	
	計			1848			
	養蠶	6397枚	0.1枚	26			
副業	繩	920111貫	12.1貫	1272			
	叺	16563枚	0.2枚	2			
	莚	54023枚	0.7枚	9			
	小計						

生產比率	耕種生產	畜產生產	養蠶生產	副業生產	生產總額
	23701 千圓	1848 千圓	26 千圓	1283 千圓	26858 千圓
	88.3	6.9	1.0	4.8	100.00

출전: 『印貞植全集』, 1: 514, 520.

그 3판이자 증보판을 펴내게 되는데, 부록의 내용이 바로 토지이용률의 도별 지표였다. 이 가운데 일부를 소개하면 다음과 같다.

〈그림 7-1〉의 자료는 인정식의 토지이용률 자료에서 크게 대조되는 두 도(道)의 사례를 저자가 임의적으로 뽑아 예시해 본 것인데, 이를 통해 인정식이 내리는 결론은 "(南鮮地方의) 畓作地帶의 1反步는 (西北鮮地方의) 田作地帶의 거의 4배와 동일한 생산 규모를 代表할 수 있다."[26]는 것이었다. 이것은 '조선' 전체에 사회적인 조건이 동일하다고 가정했을 때, 지대(地帶) 즉 자연적인 조건에 의해 토지이용률에 어떤 차이가 발생하는지를 확인해

26_위의 논문, 『印貞植全集』, 2: 254.

둔 것이었다.[27] 이것은 인정식 자신으로서는 전향 이전에 조선 전체에 대해 일률적으로 적용했던 '경작 규모의 영세성' 지표를 상대화하고 생산성 지표를 강조하여, 종전의 강좌파의 논리에서 벗어나는 '이론적 전회(轉回)'의 흔적이기도 했다. 그렇다면 이것은 조선과 만주를 구별한다는 의식과는 어떤 관련성을 맺고 있는 것이었을까?

인정식은, 물론 히사마의 조사표에 근거하여 이 통계표를 만들었지만, 그에게 이 농업지대 구분의 필요성을 상기시킨 것은 로싱 벅과 야마다였다.[28] 로싱 벅은 중국 농촌조사를 통해 중국의 토지 이용을 남과 북으로 양분(兩分)하여 설명했고,[29] 야마다 역시 전향(1937) 이후 농림성 촉탁으로 만주와 중국을 돌아보고 나서 '회하'(淮河)를 경계로 만주와 북중국 등 한전(旱田) 지대와 중부중국 이남의 수전(水田) 지대(=몬순 지대)로 나눠 설명할 필요성을 제안했다. 인정식은 이 회하를 기준으로 남과 북으로 거리가 멀어짐에 따라 그 한전농업과 수전농업이 각각 '농도'를 심화해 간다고 하면서, 조선의 경우 지대별 차이는 있지만 전반적으로 수전농업에 해당한다고 보았다. 중국의 회하에 해당하는 조선의 경계는 압록강이고, 이로써 조선 농

27_위의 논문, 『印貞植全集』, 2: 249. 지대별 토지이용률 지표에 대한 상세한 소개와 해설을 덧붙인 것으로는, 「朝鮮の農業地帯と土地利用率」, 『朝鮮總督府調査月報』 11-6, 1940.6(『印貞植全集』, 2: 230-244).

28_「朝鮮農業の地帶的區分に就いて」, 『金融組合』 141, 1940.6(『印貞植全集』, 2: 247); 「東亞圈의 경제적 성격과 조선의 지위」, 『三千里』 140, 1941.1(『印貞植全集』, 2: 303).

29_John Lossing Buck, *Chinese Farm Economy*(1930, the first footnote); *Land utilization in China: a study of 16,786 farms in 168 localities, and 38,256 farm families in twenty-two provinces in China, 1929~1933*(University of Chicago Press, 1937). 그의 이 보고서는 미국 록펠러재단의 재정적 원조 하에 태평양문제조사회(Institute of Pacific Relations, IPR)의 지침에 의거하여 조사한 결과물이다.

업은 만주 농업과 뚜렷한 경계를 갖는다고 말했다.[30] 이것은 미곡 등을 포함한 농작물의 생산성 격차를 야기하는 자연(自然)상의 경계선으로 간주되는 한편, 수전 지대에서는 집약적인 농법이 이루어진다는 점에서 문명(文明)상의 경계선으로 의미화 되는 것이기도 했다.

4) 젠쇼 에이스케, 시카타 히로시, 김두헌, 인정식: "조선은 대가족사회인가?"

홍미로운 점은 이 농업 지대를 기준으로 한 조선과 만주 간의 구분이 가족제도와 관련된 구분과도 서로 연동되어 있었다는 사실이다. 인정식의 이러한 인식은, 전향 이후 야마다의 행보와 깊은 관련성을 맺고 있다. 야마다는 1936년 콤-아카데미 사건으로 치안유지법 위반 혐의로 검거되었고 이후 전향을 선언, 1937년 기소유예 처분으로 석방되었다. 1939년 10월에는 동아연구소(東亞硏究所) 제5조사위원회의 전문위원에 취임하여 '일만지'(日滿支)의 식량 수급에 관한 종합적 조사를 담당했다. 야마다는 이 조사에서, 북만주의 농가가 외견상 큰 면적과 많은 가축, 또 대규모 노동력을 포함하고 있지만, '혈연적 연대'가 농가 경영의 종합 원리가 된다고 판단하였다. 즉, 이들 북만주의 대농(大農) 경영은 교통 등 경영 조건의 향상에 의해 규모가 확대된 것이 아니라, 오히려 반대로 대가족제도(大家族制度)가 강하게 존재하여 혈연적 연대가 파괴되지 않아 결국 소가족인 호(戶)로 분해되

30_「東亞圈의 경제적 성격과 조선의 지위」, 『三千里』 140, 1941.1(『印貞植全集』, 2: 304).

지 않았기 때문에 가능한 것으로 보았다. 그리고 중국이 일본처럼 근대적, 전 국민적 통일을 이루려면, 내부적인 힘에 의해 분화되고 다시 정치적, 경제적 원리에 의해 하나로 조직화되어야 한다고 보았다(武藤秀太郎 2009: 177-205; 岡部牧夫 2009: 190-193).

인정식은 이 야마다의 행적을 따라 그의 여행의 궤적 그대로 '북만주' 지역의 농촌을 방문하고 글을 쓰기도 했다.[31] 그가 만주에 가서 '발견'한 것은 실은 야마다의 논의를 그대로 확인하는 것이었다. 인정식은 만주인의 촌락을 보며 말한다. "한 가족의 식구가 245명이나 되는 대가족이 東亞의 한 모퉁이에 아직도 잔존해 있다고 하면 조선에서 자라 온 우리 독자들은 우선 그 사실의 眞否를 의심할 만큼 놀라지 않을 수 없을 것이다."[32] 그러나 대가족주의의 문제는 조선에서도 충분히 제기될 수 있는 문제이다. 인정식은 이를 염두에 둔 듯 다른 글에서 이런 '방어 논리'를 편다.

> **조선에는 아직 대가족제가 지배적으로 잔존하고 있지만, 그렇다하더라도 대가족의 原型은 이미 붕괴해 버리고 다만 그 잔해만이 남아 있는 것에 불과하다.** … 李朝 때부터 分家와 分財가 매우 일찍부터 시행되었고 소작권의 분할도 진행되었다. … 이조 시대 말기조차 조선의 대가족제는 특수한 양반계급에 한정된 속성이었을 뿐, 조선의 농촌사회 일반의 특징은 아니었다. … **대가족제도의 잔존 여부는 결국 양반이나 지주 등 비(非)생활적 사회군의 내부의 문제이지 조선 농촌사회 전반의 문제는 아니다. 대가족제의 전형이라고까지 볼만한 北滿의 대농가 등을 보면 내부는 모두 불결하고 문화가 극도로 낮다.** … **호적상 기록을 통해 보더라도 조선의 대가족제는 결코 北滿처럼 대규모는 아니다.** … 本家를 대표하는 최고의 家長은

31_「北滿의 農村」, 『朝光』 8-7, 1942.7(『印貞植全集』, 2: 537-543).
32_위의 글, 『印貞植全集』, 2: 539.

근근이 전통적인 관념의 타성에 지배되어 分財를 방해하고 있는 것에 불과하다. 그 가장마저 사망하면 본가의 가족공동의 재산은 홀연히 분할되며 이것은 … 이미 화폐경제에 의해 거세되었음을 보여 주는 것에 불과하다. … **조선에는 대가족제가 마치 농후하게 존속하고 있다는 식으로 논단하는 것은 사태의 실상을 왜곡하는 것이다**(강조는 인용자).[33]

인정식의 뇌리에서 대가족제도는 자본주의의 영향 하에서 가족의 분화가 급격히 진행되는 세계사의 일반 법칙에 어긋나는 구시대의 유물이다. 그것은 사회구성체의 역사적 위치를 표현하는 지표가 되는 것이다. 그렇다면 이러한 인정식의 주장은 과연 어떤 토대 위에서 가능했던 것일까? 조선의 가족제도를 둘러싼 논쟁의 장 위에서 인정식은 말하고 있었다는 사실을 염두에 둘 필요가 있다.

조선의 가족제도가 갖는 성격과 관련해서 당시 조선의 학계에서 권위를 인정받은 이로는, 조선총독부 촉탁 젠쇼 에이스케(善生永助), 경성제국대학 교수 시카타 히로시(四方博), 불교전문학교 교수 김두헌(金斗憲), 연희전문학교 교수 노동규(盧東奎) 등을 들 수 있다. 논쟁의 포문은 젠쇼가 열었다. 젠쇼는 현주호구조사(現住戶口調査) 자료와 1930년 국세조사(國勢調査) 자료를 분석하여 "10~30인으로 이루어진 세대의 수가 매우 많고 31인 이상의 대세대도 93호를 헤아린다."고 하면서 조선이 여전히 대가족 사회라는 결론을 이끌어 냈다. 또, 사용인과 동거자를 모두 포함하면 경제가 발달하고 인구 밀도가 높은 남선(南鮮) 지방에서 대세대가 많이 보이지만, 이들

33_「朝鮮農村二題」, 『金融組合』 166, 1942.8(『印貞植全集』, 2: 550-554). 이 글에서 인정식은 창씨명 桐生一雄이라는 필명을 쓰고 있고, 소속은 조선전기협회 조사과로 되어 있다.

을 제외한 순수 가족 수로 보면 대세대는 서북선(西北鮮) 지방, 특히 함경남북도와 평안북도, 강원도 등에 많고, 이는 대가족제도의 유풍이 잔존하고 있음을 말해 준다고 설명했다(善生永助 1935, 49-57).

이에 김두헌은 가족구성원의 수(가족의 크기)와 호주(戶主, 가장의 권한)를 파악함으로써, 조선에서 전통적 의미에서 대가족제도라 불릴 만한 것이 매우 드문 형편이고, 설사 있었다손 치더라도 이제는 완연한 해체 경향에 들어섰다고 분석했다(金斗憲 1935). 김두헌은 대가족제도라는 것이 중국과 일본의 전통 사회에서도 찾아볼 수 있는 일반적인 형태라는 점을 미리 언급해 두고, 조선의 경우 자료의 미비로 인원을 확정하기가 곤란하지만 대체로 1777~1789년 조사에서는 호구당 평균 4.2명—물론, 조세와 병역을 위한 자료여서 아동, 노인, 여성의 파악에는 탈루(脫漏)가 많았을 것이라고 덧붙였다—정도로 특정할 수 있다고 분석했다. 이와 대조적으로, 1648년 경오부(京五部)는 평균 9.4명, 1864년 제주목(濟州牧)은 평균 7.2명—물론, 노비가 포함되어 있었기 때문에 혈족의 가족구성원 수는 정확히 파악할 수 없다는 점을 덧붙였다—정도로 특정할 수 있다고 분석했다. 김두헌은 이러한 역사적 고찰을 마친 이후, 1930년 국세 조사 자료에 근거하여 1911~1932년 평균치를 잡아 보면 1호당 평균 5인 남짓이라는 점을 확인했다. 김두헌의 주장은 조선의 가족제도를 대가족제도라고 규정할 수 없다는 것이었다. 이러한 역사적 검토 위에 김두헌은 자신이 직접 조사한 자료를 소개하고 그 내용을 분석했다.

김두헌의 이 논문은 1934년도 제국학사원(帝國學士院)의 학술연구 보조비를 받아 수행한 연구의 일부로서, 1934년 6월 경성제국대학 사회학연구실 아키바 다카시(秋葉隆) 등의 조력으로 이루어진 「조선중등학교생도가족상황 조사」에 기초하고 있다. 생도들의 가정에 관한 조사로서, 총

9,933가족에 대해 조사가 수행되었다. 김두헌은 조선에서의 대가족제도의 부재 또는 한정적 존재를 증명하기 위해 여러 분석 전략을 선택한다. 예를 들어, 축첩(蓄妾)과 분가·별거(別居) 여부에 관한 조사를 근거로 당시 조선에는 전통 시대의 축첩과는 달리 자본주의 시대의 경제력에 따른 축첩이 새로운 사회 현상으로 나타나고 있다고 설명했다. 전반적으로 지역별로 호당 가족 수 평균을 내보면, 경성(8.19), 북선(7.28), 중선(6.96), 남선(7.23), 전 조선 평균(7.55) 등의 수치를 보이는데, 1930년 국세 조사의 전국 평균 5.2명에 비하면 꽤 다수이다. 김두헌은 이를 조사 대상이 중류 이상의 가정이기 때문에 경제적 사정과 밀접한 관계가 있을 것이라고 설명했다. 그리고는 노동규가 조사한 자료[34]를 인용하여 그 근거를 보강했다. 나아가 김두헌은 호주를 분석하여 '父戶主'로 구성된 2世 동거 가족이 전체의 71.4%의 압도적인 수를 보인다는 점을 근거로, 소가족제도가 조선에 일반화되어 있음을 증명했다. 마지막으로, 1930년의 국세 조사 자료에서 14개 대도시(府)의 평균수가 4.8명에 불과하다는 점을 들어, 도시를 중심으로 소가족제도가 급속히 확산되고 있음을 확인했다.

이에 대해, 만철(滿鐵) 산업부로 옮겨 간 젠쇼는, "인구 밀도가 높고 경지 면적이 적으며 경제와 교통과 문화가 발달한 南鮮 지방에서는 대가족 세대가 붕괴하고 있는데, 양반 유림의 세력이 강한 지방(경상남북도, 전라남도)에서는 同族部落의 분포가 많다. 원시적인 사회경제 형태를 다분히 보유한, 산업이

34_김두헌에 따르면, 노동규가 전 조선 각지의 농가 1,256호에 대해 조사한 것으로, 총 인구수는 7,267명, 평균수는 5.78인으로 되어 있다고 한다(출전: 『東方評論』 1-3). 노동규의 조사에서 인상적인 점은 이를 농가 계급구조에 따라 세부화하여 조사했다는 것인데, 그 결과는 지주(7.51), 자작농(6.97), 자소작농(6.00), 소작농(5.55), 窮農(4.54), 非農(4.46)의 순이었다. 이들 수치는 가족의 크기와 경제력 간의 상관관계를 암시한다.

幼稚하고 문화가 遲滯된 산간 지대가 많은 서북선 지방은 동족부락도 많지만 특히 대가족제도를 유지하고 있는 곳이 많다."[35]고 주장했다. 대가족제도의 존재 여부와 관련하여 동족부락의 문제를 새롭게 제기한 것이다.

이 동족부락의 문제를 보다 더 심화시켜 김두헌의 연구를 보다 직접적으로 비판한 이는 시카타 히로시였다. 시카타는 우선, 김두헌이 조사한 경성(8.19명)의 사례는 결코 작은 수가 아니라고 평가하면서, 거기에 사용인 등을 함께 포함하면 훨씬 더 수가 늘어날 것이라는 점을 들어, 경제적으로 윤택한 가구에서 대가족제도가 오히려 발달하고 있다고 해야 하는 것은 아니냐고 반문하고 있다(四方博 1937). 그런데 시카타 히로시는 경성제국대학 도서과 규장각 도서 중 호적원부(戶籍原簿)에서 대구부(大邱府) 1部 10面의 숙종 16년(1690), 영조 5년(1729)/영조 8년(1732), 철종 9년(1858) 시대의 자료를 발굴하여, 각각 4.4명, 4.9명, 4.4명의 수치를 얻어 냈다. 그는 조선 시대의 인원 파악의 누락(漏落)을 고려하더라도 4명 안팎의 수는 대단히 작은 것이라고 언급하고, 조선에서 대가족이라는 것이 오히려 예외적인 현상이었을 것이라고 추론해 냈다. 그러나 시카타는 곧이어 동족부락(同族部落)의 존재를 언급한다. 동족 관념, 종족 제사, 족보 간행, 종중 재산의 활성화를 그 근거로 들고 있다. 시카타는 1930년 국세 조사 자료와 함께 각종 조사 자료—『朝鮮の聚落』, 『朝鮮の姓』 등—를 교차 분석하여, 대구부에서 동족 집단이 후세로 갈수록 발달해 오고 있다는 점, 소수 성씨는 유력 성씨에 의해 점차 밀려 나가고 있다는 점 등을 증명했다. 조선의 대가족제도의 문제는 이 '연장된 대가족'으로서의 동족부락까지 고려할 때 비로소 응시될

35_善生永助(滿鐵産業部囑託), 「朝鮮の大家族制度」, 『朝鮮總督府調査月報』 8-2, 1937.2, p. 16.

수 있는 것으로, 시카타는 조선에서 대가족제도가 발전 양상을 보이고 있다고 최종 결론을 내린다.

이에 대해 김두헌은 1940년에 묵직한 논문 한 편을 펴냄으로써 논란을 종식시키려 했다(金斗憲 1940). 김두헌은 대가족제도의 해체를 추동하는 외부적 조건으로서, ① 경제기구의 변동 ② 법률상의 변화 ③ 부녀(婦女)의 지위 향상 ④ 기독교 등 외래 서양 사상의 보급 등을 들었다. 구체적으로, 직업별 인구표(『統計年報』), 농가 전업자(轉業者)의 수(『朝鮮の小作慣行』, 1932), 일본 도항자의 수(『統計年報』), 만주국의 조선인 인구표(『施政25年史』), 府 인구증감표(『統計年報』. 도시화 지표), 府 및 郡의 연령별 인구표(『國勢調査報告』, 1935), 여학생의 수, 여성 직업 진출 현황표, 예기·창기·작부·여급 누년표(여성 정조 관념 지표) 등 다양한 지표들을 들어 이를 증명하고자 했다. 최종적으로, "원래 조선에서의 족장 또는 가장의 권한은 강대한 것은 아니었고, 하물며 로마의 가장권 같은 것에 비할 수는 없는 것이었다. 그래도 동족 一門의 사이에서는 尊幼의 序가 엄중하게 지켜졌고, 특히 동족부락에서의 門長의 권한은 꽤 컸다. 가족에 대한 가장, 즉 尊族의 통제권도 또한 경시할 수 없는 것이었다. **그러나 오늘날에는 가족에 대한 제재권은 오히려 國權에 있다고 보아야 할 것이다.** 가족의 私有權에 대해서도 마찬가지이다. 직업의 자유, 이주의 자유, 결혼의 자유 등 기타의 많은 경우에서 이미 家長權이 절대시된다고는 할 수 없게 되었다. 가족이라 하더라도 그 개인적 행위에 관한 한 國家의 통제 하에 있게 되었다."(강조는 인용자)는 결론을 도출하여, 조선에서 대가족제도는 거의 찾아볼 수 없고, 또 해체 경향에 있음을 다시 한 번 주장했다.

인정식이 조선은 만주와 달리 대가족제의 유제로부터 벗어나 있다고 말한 근거는 바로 이러한 논쟁 위에서 구해진 것이었다. 인정식의 자리는 확정적인 자리였다기보다는, 여러 논자들이 다양한 자료와 지표를 통해 계속 논쟁을 벌이는 아슬아슬한 논란의 한복판이었던 것이고, 그만큼이나 그 주장의 근거는 상당히 유동적인 것이었음을 알 수 있다. 인정식은 이 속에서 겨우겨우 만주와의 비교를 수행하고 있었던 셈이다.

3. 식민지 지식인들의 실패를 돌아보며

총력전기 식민지 조선에서 사회과학이 자리했던 곳은 사정이 썩 좋은 편은 아니었다. 그곳은 그리 안정적이지도 또 폭넓지도 못했다. 식민국가에 의한 적극적 검열과 재조 일본인 지식 집단에 의한 압박 속에서 연구의 형식과 내용 그 자체가 이미 심각하게 제약되어 있었고, 쏟아지는 질문과 날선 공격에 식민지 지식인의 지식 실천은 이미 정향(定向)되어 있었다.[36] 그 전형적 존재에 해당하는 인정식은 전향을 대가로 왜소하게나마 근근이 자신의 자리를 버텨 내고 있었을 따름이다. 다만, 전향 이후 인정식의 사회과학적 실천을 논하기에 앞서, 1930년대 중반 이후 식민지 조선에서 마르크

36_마지막으로 한 가지 확인해 둘 사항은 이들 재조 일본인 지식 집단으로부터의 질문의 성격에 다소 간의 차이도 있다는 점이다. 스즈키 다케오의 질문은 동화(同化) 지향적인데 반해, 모리타니 가쓰미, 젠쇼 에이스케, 시카타 히로시의 질문은 이화(異化) 지향적이다. 재조 일본인 지식 집단 역시 동질적인 집단이라기보다는 내부적으로 다양한 차이를 갖는 집단이라는 점을 확인해 둘 필요가 있다. 이런 사정은 조선 지식인들 안에서도 마찬가지였을 것이다. 인정식의 자리는 조선 지식인들 내부의 논쟁, 경쟁의 구도를 전제로 하여 성립된 것임을 추측해 볼 수 있다. 이 점은 향후 이들 각각의 내부적 차이를 확인하면서 질문-응답 구조를 보다 세밀하게 그려 내는 후속 연구가 필요함을 시사한다.

스주의 이론을 필두로 '사회과학의 르네상스'가 열렸다는 점, 그 안에서 제국(帝國)이 제공하는 이론과 자료와 방법론을 두루 섭렵한 '강한 조선인'이 등장했다는 점을 감안할 때, 총력전기 사회과학의 실체는 그것과의 관련성 속에서 깊이 음미되어야 할 필요가 있을 것이다. 바꿔 말해, '강한 조선인'의 출현이란 제국이 구축한 과학주의와 전문주의의 벽을 조선인도 뛰어 넘을 수 있었다는 것으로, 이때 문제는 그 대단한 성취가 과연 어떤 방향으로 나아갔는가, 하는 문제를 다시 응시해야 한다는 점이다. 결국, 질문은 누가 만들 수 있었는가, 질문 구성의 주도권(initiatives)이 과연 누구에게 있었는가가 지식 실천의 성격을 규정하는 결정적인 변수였다고 할 수 있다.

앞에서 살펴본 바와 같이, 일국적 사회과학이란 아무래도 존재할 수 없는 것이다. 비교의 지표와 기준, 범주, 대상 등을 정하는 과정을 통해, 사회과학은 어떤 하나의 사례, 일국적 사례를 다룬다고 자임하는 그 순간조차도 이미 의식적이든 무의식적이든 타자의 존재를 전제할 수밖에 없는 것이다. 아니, 명시적으로 비교의 과제를 수행하지 않고 단일 사례를 연구하겠다고 연구자가 선언한다 하더라도, 이론과 해석 체계 안에는 이미 비교의 시선이 전제되어 있는 것이다. 사회과학자 인정식 역시 타자와의 비교를 수행하고 있었다. 그런데, 그의 비교는, 무척 안타까운 일이지만, 그리 공정하지도 또 성공적이지도 못한 것이었다. 그는 '조선'의 역사적 지위를 캐물으며 육박해 들어오는 재조 일본인 지식인들에게 적확(的確)한 답을 제시할 수 없었다. 물론, 그 대부분의 이유는 식민자(colonizer)가 갖는 압도적 위세(威勢) 때문이고, 그 위세로써 은폐해 버린 '오도(誤導)된 질문' 그 자체로 인한 것이었다. 하지만, 인정식이 그 '심문장'에서 침묵하기를 포기하고, 중국과 동남아시아와 만주를 거론해 가며 질문을 회피하고 도망쳤다는 점 역시 부정할 수 없는 사실이다. 인정식의 사례는 식민지 지식인들이 왜 정확하고 공정하며 철저한 대외 인식과 타자 인식에 실패하게 되는지, 혹은 그 성공이 얼마나 힘든 일인지를 보여 주는 사례이다. 이와 동시에, 인식 체계에 작용하는 제국주의 지식 권력의 힘, 근본적인 의미에서 말한다면 '인식 폭력'(epistemological violence)을 여실히 보여 주는 대표적인 사례로서 기억되어야 할 것이다.

인정식이 실패한 바로 그곳은, 오늘날까지 한국 사회에서 '타자로서의 아시아'에 대한 철저한 인식이 부재하게 된 기원(origin), 그러니까 진정한 아시아주의도 반(反)아시아주의도 전혀 실감(實感)되지 않은 채 타자 인식에 실패하고야마는 오늘을 낳은 하나의 기원적 장소로서 다시 자리매김 될 필요가 있고, 따라서 바로 그곳에서부터 본격적인 논의를 다시 시작해야 하는 원점으로서 부단히 환기되어야 할 필요가 있는 것이다.

참고문헌

권나영. 2010. "제국, 민족, 그리고 소수자작가." 『전쟁하는 신민, 식민지의 국민문화』. 소명.

김경일. 2011. 『제국의 시대와 동아시아 연대』. 창비.

김인수. 2006. "총력전기 일본어 글쓰기의 사상공간과 언어검열." 공제욱·정근식 편. 『식민지의 일상 지배와 균열』. 문화과학사.

김인수. 2012a. "(서평) '동양'에 비춰본 식민지 지식인의 초상." 『역사비평』 98.

김인수. 2012b. "이론연쇄와 전향." 『사회와역사』 96.

노용필. 2010. "森谷克己의 植民主義 社會經濟史學 批判." 한국사학사학회. 『한국사학사학보』 22.

동녘 편집부 편역. 1989. 『코민테른 자료선집(3)』. 동녘.

문경연 외 번역. 2010. 『좌담회로 읽는 〈국민문학〉』. 소명.

미야지마 히로시(宮島博史). 2013. 『일본의 역사관을 비판한다』. 창비.

송병권. 2002. "1940년대 스즈키 다케오의 식민지조선 정치경제 인식." 『민족문화연구』 37.

신용하 편. 1986. 『아시아적 생산양식론』. 까치.

신지영. 2012. 『부(不)/재(在)의 시대: 근대계몽기 및 식민지기 조선의 연설·좌담회』. 소명.

윤대석. 2006. 『식민지 국민문학론』. 역락.

윤해동. 2003. 『식민지의 회색지대』. 역사비평사.

이석원. 2011. "식민지-제국 사상사 다시 쓰기의 새로움과 한계." 『역사비평』 97.

이종호. 2010. "출판신체제의 성립과 조선문단의 사정." 『전쟁하는 신민, 식민지의 국민문화』. 소명.

印貞植. 1992. 『印貞植全集』 第1~2卷(복각판, 인정식전집간행위원회 편, 한울아카데미).

정종현. 2011. 『동양론과 식민지 조선문학: 제국적 주체를 향한 욕망과 분열』. 창비.

차승기. 2007. "추상과 과잉: 중일전쟁기 제국/식민지의 사상연쇄와 담론정치학." 『상허학보』 21.

최정운. 2013. 『한국인의 탄생』. 미지북스.

岡本真希子. 2008. 『植民地官僚の政治史: 朝鮮·台湾総督府と帝国日本』. 三原社.

岡部牧夫. 최혜주 번역. 2009. 『만주국의 탄생과 유산: 제국 일본의 교두보』. 어문학사.

旗田巍 編. 1969. 『シンポジウム日本と朝鮮』. 勁草書房.

金斗憲. 1935. "朝鮮の家族構成." 『朝鮮』 238.

金斗憲. 1940. "朝鮮に於ける大家族制度崩壞の傾向" (1)~(2). 『朝鮮總督府調査月報』(1940.

1~2).

金仁洙. 2013. "'植民地の知識国家'論: 1930年代の'朝鮮社会性格論争'再考." 『思想』 1067.

武藤秀太郎. 2009. 『近代日本の社会科学と東アジア』. 藤原書店.

米谷匡史, 2010, "尾崎秀実の'東亜協同体'批判: 日中戦争期の'社会'問題." 石井知章, 小林英夫, 米谷匡史 編. 『一九三〇年代のアジア社会論: '東亜協同体'論を中心とする言説空間の諸相』, 社会評論社.

並木真人. 2006. "'植民地公共性'と朝鮮社会: 植民地後半期を中心に." 渡辺浩 編. 『'文明' '開花' '平和'』. 慶應義塾大学出版会.

四方博. 1937. "朝鮮に於ける大家族制と同族部落." 『朝鮮』 270.

森谷克己. 1939. "東亞農業に於ける朝鮮農業の地位." 『朝鮮及滿洲』(1939. 5).

三原芳秋. 2008. "崔載瑞のOrder." 『사이間SAI』 4.

善生永助. 1935. "朝鮮の人口問題." 『朝鮮』 236.

善生永助(滿鐵産業部囑託). 1937. "朝鮮の大家族制度." 『朝鮮總督府調査月報』 8-2.

鈴木武雄. 1942. "兵站基地としての朝鮮." 『大東亞戰爭と半島』. 人文社.

原覚天. 1984. 『現代アジア研究成立史論: 満鉄調査部・東亜研究所・IPRの研究』. 勁草書房.

趙寛子. 2007. 『植民地朝鮮, 帝国日本の文化連環: ナショナリズムと反復する植民地主義』. 有志舎.

湯浅赳男, 임채성 번역. 2011. 『문명 속의 물』. 푸른길.

洪宗郁. 2011. 『戦時期朝鮮の転向者たち: 帝国/植民地の統合と亀裂』. 有志舎.

8장

일제 말 전시체제하 '국민생활'의 강제와 그 실태

일상적 소비생활을 중심으로

이송순

1. 일제의 침략전쟁과 식민지 조선인 통제

전쟁, 그 공간과 시간 속에서 보통의 사람들은 일상을 어떻게 살아갈 수 있었을까, '일상적일 수 없을 것 같은' 전쟁하의 일상적 삶의 모습을 살펴보려는 것은 근대 사회의 전쟁이 가진 성격에서 기인한다. 제1차 세계대전을 계기로 인류의 역사에 새롭게 등장한 '총력전'이라는 전쟁 형태는 전방의 전투뿐만 아니라 후방의 일상까지도 전쟁의 일부분으로 포함시켰다. 인간의 과학기술이 발명한 각종 대량 살육 병기로 인해 전쟁은 장기화, 지구전화 하였다. 이러한 전쟁을 끝까지 수행하여 승리하기 위해서는 정치,

* 이 글은 『韓國史學報』 44(2011)에 게재된 졸고 "일제 말 전시체제하 '국민생활'의 강제와 그 실태"를 일부 수정한 것이다.

경제, 사회, 문화 등 국가의 모든 분야의 총력을 전쟁 수행에 맞추어 결집하기 위한 '총력전체제'를 구축하는 것이 중요하다. 일제는 세계대공황 이후 서구 제국주의 열강의 블록 경제화에 대응하며 제국주의적 팽창 전략을 취하여 중일전쟁을 일으켰고, 일본을 중심으로 조선, 대만, 남양군도, 가라후토를 포함한 '일본 제국 영토' 전 지역의 인적, 물적 자원을 동원하여 戰力化하였다. 그러나 중일전쟁이 장기화되고, 나아가 제2차 세계대전이 발발하면서 일본은 미국을 상대로 태평양전쟁을 일으키며 추락하기 시작했다. 일제의 1937년 중일전쟁으로부터 1945년 패전까지 8년 전쟁은 그야말로 총력전이었고, 식민지도 그러한 전쟁 동원에서 한 치도 벗어날 수 없었다. 군수 동원이 평시의 민간 수요를 넘어서는 생산력 증강으로 만들어진 잉여 생산물을 대상으로 한다면 일상의 삶은 별다른 영향을 받지 않을 것이다. 그러나 그것은 곧 한계에 부딪치게 되고, 결국 민수 부분을 침범하여 국민 모두의 희생을 강요하게 된다. 총력전체제로 진행된 8년간의 전쟁 동안 식민지 조선인들은 내선일체 이데올로기 하에서 '총후(銃後)의 국민(皇國臣民)'이라는 정체성을 강요받으며 '일본주의적 전시생활'로서의 '국민생활'을 살아가야 했다.

이 글에서는 일제의 침략전쟁 와중에 놓인 식민지 조선인의 일상적 삶을 들여다보려 한다. 일제는 노동력과 물자의 강제 동원을 통해 생산력 확충, 증강을 꾀해 전쟁을 수행해 나가는 한편, 기존의 민수용으로 생산되어 유통, 소비되어 온 물자를 군수물자로 전환하여 활용하였다. 이 과정에서 대다수 민중들의 일상적 삶은 피폐해져 갔다. 의식주의 기본생활을 영위하는데 필요한 생필품에 대해서도 강력한 통제와 내핍을 강요하여 삶의 질은 곤두박질 칠 수밖에 없었다.

이러한 전시체제기 조선인의 일상생활을 규정했던 생필품에 대한 유통과 소비를 통제하는 정책과 시스템에 대해 연구가 진행되었다. 허영란, 김인호의 연구는 경성부 등 도시지역에서 군수 동원에 따른 생필품 부족에 대한 총독부의 통제정책(법령 및 기구)과 그 실태를 분석하였다(허영란 2000; 김인호 2006). 이종민은 경성부 주민의 일상을 통제하는 조직인 애국반 활동을 중심으로 먹고사는 기초적인 생활 부분의 통제 실태를 살펴보았다(이종민 2004). 소현숙은 일제가 생활개선운동을 통해 조선인의 일상을 통제하고 변용시켜 결국 전쟁 동원에 활용하려 했으며, 그 과정에서 젠더(여성)를 활용하고 정치화(협력)하였다고 평가했다(소현숙 2006). 이러한 일상생활에 대한 통제 일반을 살펴본 연구와 함께 좀 더 세부적으로 식생활과 의생활에 대한 각각의 통제정책 및 시스템, 그 실태를 살펴본 연구가 있다(이송순 2001; 공제욱 2006).

이 글은 이상의 연구를 토대로 일제가 도시지역에 거주하고 있는 조선인의 일상적 삶을 통제하기 위해 내세운 선전(캠페인) 논리와 戰況에 따른 통제의 변화 양상을 추적해 보고자 한다. 연구의 주 자료는 『매일신보(每日新報)』[1]이다. 『매일신보』는 전시체제기 언론 통제에 따라 1940년 이후 유일한 일간지였다. 그 성격은 총독부의 기관지라 할 만큼 어용적이지만, 언론이 갖는 속성상 사회적 이슈나 문제를 드러내지 않을 수 없다. 일간지로서의 시의성이 있어 사회와 정국의 미묘한 변화를 살펴보는 데 적합하다. 또한 취재원의 생생함이 반영되어 일방적인 정책 자료와는 구별되는 사실의 풍부함을 취할 수 있다.

1_1938년 4월 29일자부터 『每日申報』에서 『每日新報』로 제호 변경.

2. 서민의 일상적 소비생활에 대한 통제 논리: '국민생활'로의 재편성

1) '국민생활'론의 형성

중일전쟁을 계기로 '일본 제국 영토'에 성립된 전시체제는 총력전하의 국가 총동원 체제였으며, 사상적으로는 군국주의·전체주의적 천황제 이데올로기 하에 정치, 사회, 경제, 문화 모든 면이 통제된 파시즘적 체제였다. 중일전쟁의 장기화, 제2차 세계대전의 발발에 따라 '대동아공영권' 건설이라는 미명하에 태평양전쟁을 일으켰고, 이런 침략 과정에 따라 조선인과 조선 경제를 전쟁 수행에 동원하기 위해 조선총독부의 지배정책도 한층 강화되었다.

1936년 조선총독으로 부임한 미나미 지로(南次郞)는 1937년 중일전쟁을 계기로 "半島人[조선인]을 忠良한 皇國臣民"으로 만들기 위한 '내선일체'(內鮮一體)를 제창하면서 '황국신민화 정책'[2]을 전개했다. 이를 실행할 단위로서 일본에서 이미 추진되고 있던 국민정신총동원운동(이하 정동운동)을 조선에서도 실시키로 하고 중일전쟁 1주년을 기념하여 1938년 7월 7일 '국민정신총동원조선연맹'(이하 정동조선연맹)이 결성되었다. 조선의 정동운동

2_'皇國臣民'이라는 말은 '반도의 히틀러'라 불린 황도주의자 學務局長 시오바라 도키자부로(塩原時三郞)가 만든 신조어라고 한다. 그가 회장으로 있던 조선교육회가 그린 '황국신민'상은 자기를 無로 하고 천황을 위해 "웃으면서 순국하는 인간"형이었다(미야다 세쯔코 1997, 104-106).

은 일시동인(一視同仁)에 기초하여 내선일체 통치 방침의 철저 및 조선인의 급속한 황국신민화를 도모하는 것을 목표로 하였다(朝鮮總督府 1940, 31).

근대 사회의 전쟁은 국가를 단위로 전개되면서 전쟁의 승패는 국가의 전 구성원인 '국민'의 삶에 직결되었다. 따라서 전시에는 개인적 생활보다 국가 전체의 필요와 이익을 위해 이른바 전시적 생활을 하게 된다. 중일전쟁 이후 일본에서는 이러한 전시적 생활을 '국민생활'이라 명명하고 논리를 만들어 일상생활에 대한 통제를 실시해 갔다. 국민생활이란 근대 국가 구성원(국민)의 일상적 생활이라는 보통명사적 의미를 가질 수 있지만, "일제가 도발한 침략전쟁으로 형성된 전시체제하 서민의 일상생활"이라는 역사적 개념으로 사용된다.

전시체제기 '국민생활'이라는 개념은 전시기 사회정책론을 확립한 것으로 유명한 오코우치 가즈오(大河內一男)[3]에 의해 주창되었다. 오코우치는 고노에 후미마로(近衛文麿)[4]의 브레인 집단이자 정책연구 기관인 쇼와연구

3_오코우치 가즈오(1905~1984)는 사회정책학, 노동경제학자로서 전시체제하 노동 문제 해결의 계기를 적극 발견해 내고자 한 전시사회정책론의 기수였다. 1930년대 후반 도쿄제국대학 조교수, 패전 이후 도쿄대학 교수, 도쿄대학 총장 총장(1962~1968)을 역임했다.

4_고노에 후미마로는 제34·38·39대 일본 내각총리대신을 지냈다. 고노에는 25세가 되던 해에 세습 公爵으로서 상원의원격인 귀족원 의원이 되어 정계에 진출한 이후 대중적 인기를 얻으며 1933년 귀족원 의장에 선출되며 정계 거물이 되었다. 1937년 6월 원로였던 사이온지 긴모치(西園寺公望)의 추천으로 수상에 취임하였다. 곧 중일전쟁이 발발하였고 12월에는 난징대학살이 자행되었다. 이후 일본은 점점 파시즘화, 전체주의화로 치달았고, 1939년 1월 5일, 제1차 고노에 내각은 총사퇴하였다. 다시 고노에는 '동아시아의 신질서'를 내각의 기치로 하여 전면에 나서 1940년 7월 수상에 취임하였다. 고노에 내각은 이때부터 대동아공영권의 건설을 모토로 신체제운동을 전개하였다. 그리하여 모든 정당을 해산시키고 의회민주주의를 폐지하였다. 10월 12일 일당 국가를 모토로 하는 독재정당인 大政翼贊會가 창당되어 고노에가 당수에 취임하였다. 일본은 소일 개전, 미일 개전을 둘러싼 내각 내부의 갈등으로

회(昭和硏究會)[5]의 멤버로서 1940년 대정익찬회(大政翼贊會)에 참여하며 '신체제운동'의 흐름 속에 있었고, 태평양전쟁 이후에도 정책 집단에 소속되어 일익을 담당했다. 그의 논리는 '혁신 관료'라 불리는 관료층의 정책 방향과도 조응하여 총력전을 위한 전시 총동원 파시즘 체제에서 '국민'들의 일상생활을 통제하는 논리로 활용되었다.

먼저 오코우치의 '국민생활' 개념을 살펴보자. 전시의 생활 문제는 전쟁의 원활한 수행과 연관되는 문제이므로 개별적 생활 일반이 아닌 국민생활이 문제의 초점이 되어야 한다. 이처럼 전시생활을 국민생활로 보면 경제생활의 중요성이 부상되는데, 서구적 계급 분화가 진행되지 않고, 방대한 중간계급이 존재하는 일본의 상황에서는 경제생활은 서민적 존재[6]의 성격

1941년 7월 18일 고노에 내각은 총사퇴하였고, 다음날 제3차 고노에 내각이 조직되어 미일 개전을 준비했다. 그러나 고노에는 미국을 상대로 한 전쟁에는 본인은 자신이 없다고 말하며 수상을 사임하여 10월 18일 내각은 총사직하였다. 그리하여 육군 대신이었던 도조 히데키(東條英機)가 후임 수상에 취임하여 태평양전쟁의 개전을 이끌었다.

5_쇼와연구회는 고노에(近衛文麿)의 정책연구 단체이자 브레인 집단으로 1933년 12월 27일 설립되어 1940년 11월 19일 폐지되었다. 이 연구회의 주도자는 고노에의 브레인이었던 고토 류노스케(後藤隆之助)였다. 고토는 昭和공황 중에 궁핍한 농촌구제를 고노에에 호소하며 1933年 8月 1日 時事問題懇談会를 주최하고 後藤事務所를 창설하였다. 12월 27일 이것을 '昭和研究会'라 명명하고 '헌법 범위 내 개혁', '기성 정당 반대', '파쇼 반대'를 내걸었다. 당초는 고노에 주변인 중심의 정치·경제·사회에 관한 사적 연구회의 색채가 강했으나, 1936년에 들어 고노에가 수상 후보로 부상하면서 정식 단체로 결성되었다. 쇼와연구회는 동아협동체론이나 신체제운동 촉진 등을 주장하였고, 이것은 고노에의 수상 취임 후 '동아신질서'·'대정익찬회'에 큰 영향을 주었다. 그러나 한편으로는 히라누마 기이치로(平沼騏一郎) 등 국수주의를 내건 정치가·관료·우익으로부터 '빨갱이(좌익)'라는 비판과 공격을 받기도 했다. 쇼와연구회는 대정익찬회로 발전적으로 해소한다는 명목 하에 1940년 11월 해산했다.

6_서민(庶民)이란 개념은 통상적으로 한 국가나 사회 내에서 상류층(계급이나 사회적 지위를 아우른 범주) 내지 정치적 지배층을 제외한 정치, 사회경제적 지위가 중산층 이하의 구성원을 지칭한다. 즉 국민 범주 내에 서민이 부분집합으로 포함되는 것이다. 일제는 전시 '국민생

이 강하여 국민생활=서민생활이라 규정할 수 있다(大河內一男 1943, 5-14). 또한 전시하의 일상생활은 각각의 자유와 개성에 따른 개인의 일(私事)이 아니며 사회적 질서로서 공익(公益)을 우선으로 하는 국민생활이 되어야 한다는 것이다.

한편 국민생활은 생활의 道義나 각오의 문제, 즉 윤리 도덕적 문제로서 단순한 도의론이나 진부한 教說로 끝나서는 안 되고, 생활의 理法 또는 논리로 생활의 실태를 규명하고 국민생활의 냉철한 논리를 만들어야 한다는 것이다(大河內一男 1943, 5-6). 국민생활을 도덕적 애국심에 호소하거나 서구적 근대화에 입각한 생활 개선과 같은 논리에만 치중하게 되면 오히려 국민생활의 합리성을 깨뜨리고 훼손할 수 있다고 보았다(大河內一男 1943, 18).

그렇다면 국민생활의 메커니즘은 어떻게 형성되는가. 전시 하 서민의 일상생활(국민생활)은 소비생활과 근로생활로 구성되는데, 전시 하에서는 근로생활에 비해 소비생활이 더 문제시된다. 근로생활은 자본주의체제 성립 이후 노무관리나 노동과학의 지원 하에 합리화되고 조직화(집단화)되어 행해지는 것에 비해 소비생활은 가정의 사사(私事)로서 행해지고 오랜 전통 하에 주부들의 가사노동의 타성 속에 방임되고 있기 때문이다. 따라서 국민생활의 2가지 구성 요소 간에 커다란 간극이 있는데, 전시 하에서는 이를 극복해야 한다는 것이다. 즉 소비생활에 있어 근로와 소비의 상관관계를 인식하고 대처해야 한다. 전시 하 소비생활이 문제가 되는 것은 사회의

활'의 주체로 '서민'을 설정했다. 이들은 수적으로 다수이며, 생산·노동의 주체이자 생필품 소비 위주의 소비자이므로 전쟁 수행을 위한 동원과 협력의 주력부대였던 것이다. 또한 일제는 '서민'이 계급의식이나 정치적 의견을 갖는 주체이기 보다는 국민의 일원으로 국가(사회)에 헌신하는 주체가 될 것을 강요했다.

불안정과 치안 유지라는 문제뿐만 아니라 소비생활의 능동적 근로배양적 기능 때문이라는 것이다(大河內一男 1943, 26).

인간의 근로 능력은 소비와 보급의 끊이지 않는 운동으로 어떤 이유에 의해 소비생활이 중단되거나 중대한 장애를 받으면 바로 다음 근로생활에 영향을 준다. 소비생활을 근로생활의 기초 배양과 확보라는 관점에서 본다면 생활물자 내지 소비물자 중에서 근로생활의 재생산에 절대불가결한 것(의식주 기초생필품)과 긴급하지 않은 것의 차이를 두어야 한다. 일상의 소비생활은 생활 필수물자와 사치적 물자가 모두 소비되지만 근로 에네르기를 날마다 회복, 축적하기 위한 소비라는 점에서 보면 생필품 소비만이 근로생활과 바른 연관을 가지고 있다. 생활 필수물자는 근로생활을 계속하는데 필요한 물자라는 의미로 해석할 수 있고 그 한도를 넘는 소비물자는 不用한 것은 아니지만 不急한 것이다(大河內一男 1943, 26-30).

전시경제는 한정된 생산력으로 국민의 소비생활을 조달하는 위에 대량의 군수품 증산을 확보해야 하므로 먼저 사치적 소비가 사라지는 것은 당연하지만, 반대로 생필품 소비는 최저한도—단순히 동물적으로 살아간다는 의미가 아닌 근로 능력을 날마다 발휘할 수 있는 최저한이라는 의미—에서 유지되어야 한다. 전시경제 하에서 국민생활 내지는 소비생활의 절하, 소비 규정, 생활 쇄신을 주창하면서 동시에 다른 한편으로 국민생활 안정과 최저생활 확보가 주장되어야 한다. 전자는 사치적 소비이고 후자는 생필품 소비이다(大河內一男 1943, 31). 사치적 소비를 잘라 버리고 최저생활의 확보 내지 보증이라는 것은 경제 윤리—사회 정의나 치안 유지 관점—로 주장되는 것 같지만, 다른 한편으로 훨씬 깊은 근저에는 생산력 확충을 지향하는 근로 에네르기의 국민적 회복과 축적에 있어 주어진 국민경제적 소비자금과 생활물자의 한정된 생산량 하에서 연구되고 창출되어야 하는 가장 합리적 소비생활의 문제라는 것이다(大河內一男 1943, 32).

오코우치의 이러한 국민생활 논리는 전시체제기 일본과 조선에서 시행된 전시생활 및 소비 통제정책을 대변해 주는 것이었다. 소비생활에 있어 생활물자의 부족으로 물질적 측면에서 서민의 일상생활이 저하되는 것은 어떠한 전시경제에서도 공통된 현상이다. 그럼에도 불구하고 중요한 것은 국민생활을 '안정'시킬 수 있는 최저한의 확보, 즉 최저생활의 보장 여부이다. 결과적으로 일제는 자신의 국력으로 지탱할 수 있는 한도를 넘어 침략전쟁을 확대해 가면서 국민들의 최저생활도 보장할 수 없는 지경에 이르렀다. 결국 '국민생활'마저 파탄에 이른 것이다.

2) 식민지 조선의 '국민생활' 형성 및 전개 과정

조선에서는 전시체제 성립과 함께 '황국신민'이라는 말이 한 시대의 상징어가 되어 사회적으로 맹위를 떨쳤다. 일본 본토의 국민과 식민지 조선의 황국신민, 이들은 모두 '국민'이라 불렸지만 일본 본토의 '국민생활'과 식민지 조선의 '국민생활'은 과연 어떠했을까. 국민으로서의 道義를 말할 수 있는 제국의 국민과 강요된 판타지로서의 식민지 황국신민의 전시 '국민생활'에 대한 이해와 체감도가 같을 수 있었을까.

1937년 7월 7일 중일전쟁 발발과 동시에 가장 먼저 서민들의 일상생활에 영향을 미친 것은 생필품의 가격 폭등이었다. 먼저 일본에서 1937년 7월 14일 「폭리취체령」을 개정 공포하였고, 조선에서도 8월 3일 「폭리를 목적으로 하는 매매의 취체의 관한 건」[7]을 개정하여 26종의 물품에 대해 폭리를 목적으로 한 매점매석 단속, 정찰제 실시에 의한 물가 감시를 하도록 하였다. 이어 1937년 9월 10일 「수출입품 등에 관한 임시조치에 관한 법률」을 공포하여 수출입 제한과 수급 관계 조정이 필요한 물품 및 원료로 만든 제품에 대해 통제를 가할 수 있도록 하였고, 9월 22일부로 조선 및 기타 식민지에도 적용하였다.[8] 이와 함께 총독부에서는 관공리를 중심으로 우선 소비 절약을 명령하고, 나아가 전시체제하 광범위한 소비 절약 실행안을 강구하겠다고 밝혔다.[9]

이러한 분위기 속에서 1937년 말 도시지역의 구매력은 감소하고 있었다.[10] 그러나 이 시기까지는 절대적인 물자 부족이라기보다는 관공리나 상층 계급이 총독부의 캠페인(물자절약)에 따라 '눈치보기식' 소비심리 위축에 따른 것이라 할 수 있다. 한편 향후 수입 금지와 제한에 따른 물가 등귀가 서민들의 가정생활에 큰 영향을 미칠 것으로, 양모제품, 광목 옥양목 등의 면제품처럼 생활 필수물자도 수입 제한으로 인해 가격이 등귀할 것이므로 국산대용품 사용과 소비 절약을 각오해야 한다고 전망했고,[11] 실제 생필품

7_「暴利ヲ目的トスル賣買ノ取締ニ關スル件」(부령 제98호, 1937.8.3.), 『조선총독부관보』 호외(1937.8.3.).

8_「昭和十二年法律第92號ヲ朝鮮,臺灣及樺太ニ施行スルノ件」(칙령 제515호, 1937.9.21), 『조선총독부관보』 3212(1937.9.28.).

9_「朝鮮內 八萬 官公吏에 物資節約을 命令, 무엇이나 앗기고 절약하는게 非常時 國民의 義務」, 『每日申報』 1937.9.8.; 「戰時體制下 廣範圍 消費節約을 斷行乎, 이런 제한이 실시되는 날이면 外來品이 騰貴된다」, 『每日申報』 1937.10.9.

10_「물건이 반박에 팔리지 안어, 總賣上高 五割減少, 米穀 柴炭等 必須品은 增加하고 洋服과 奢品等은 一律로 半減, 鐘路에 投影된 事變, 商街의 時局色」, 『每日申報』 1937.11.10.; 「事變影響속年末商街, 購買力 顯著히 減少, 그러나 일용필수품 수요는 의구, 銃後節約의 堅實相」, 『每日申報』 1937.12.19.; 「商街에 비친 非常色, 奢侈品과 料理業은 極히 閑散, 玩具와 慰問用品은 도려 增加, 全體론 一二割 減少」, 『每日申報』 1937.12.21.

11_「명년三월 전후하여 물가는 폭등할 듯 - 수입제한이 가정경제에 미치는 영향」, 『每日申報』 1937.12.17.

가격이 폭등하고 있었다.[12]

승승장구할 것 같던 일본군의 중국 침략은 1937년 12월 난징 함락을 앞두고 발목이 잡혀 40만 명의 인명을 살상한 '난징대학살'을 감행하고도 중국군의 강력한 저항에 직면하며 장기전 태세로 돌입하기 시작했다. 이에 1938년 이후 후방의 국민생활 역시 보다 강력한 소비 통제와 근로 동원이 이루어졌다. 일본에서 이미 정동운동이 시작되고 있었는데, 총독부는 각 일선 기관을 통해 그 활동을 조선에서도 따라 시행토록 하였다. 정동운동은 정신적 방면에만 치중하지 말고 물적 방면으로 실천하지 않으면 실효가 없다고 하며 국민 전체 일상생활의 모든 방면에서 소비 절약, 저축 장려, 자원 애호를 실천할 것을 지시하였고, 구체적인 생활 실천항목을 제시하며 이를 실행할 것을 요구했다.[13]

1938년 7월 7일 정동조선연맹이 발족하면서, 관민 합동 각종 전시 캠페인은 보다 격렬해졌다. 정동조선연맹은 1938년 10월 '비상시국민생활개선위원회'를 개최하여 전시생활 개선안을 마련했다. 의식주, 의례와 사회 풍조, 부인 문제 등의 3부문으로 나누어 개선안을 결정한 후 정동조선연맹을 통해 각계각층이 실천토록 한다는 것이다.[14] 그 개선안의 골자는 다음과 같다.

12_「野菜類 二割을 筆頭로 日用品 價格 昻騰, 前年 同期에 比해 九品種이 騰貴, 厨房經濟 크게 恐慌」, 『每日申報』 1938.2.6.

13_「節約·貯蓄·資源愛護로 生活의 合理化 企圖, 京畿의 各 郡守와 署長이 總動, 指導의 第一線 擔當」, 『每日新報』 1938.5.26.; 「經濟戰에 對處할 生活實踐項目, 動員法의 影響深大」, 『每日新報』 1938.7.5.

14_「菜食奬勵 白米禁食 大門안 行廊을 廢止, 國體明徵 高調하야 戰時生活規範 確立을 企圖한, 生活改善의 答申案內容」, 『每日新報』 1938.10.25.; 「非常時國民生活을 爲한 生活改善委員會, 各界의 權威를 網羅, 具體案을 協議決定」, 『每日新報』 1938.10.26.

一. 매일 아침 황거 요배를 하여 국체명징에 대한 관념을 굳게 할 것

一. 남자나 여자나 새로 옷을 지어 입지 말고 될 수 있는 대로 헌옷을 고쳐 입을 것

一. 남자나 여자나 국민복을 입을 것이며 가정부인들도 국상복을 입을 것

一. 음식은 간결하고 영양 있는 것을 주로 하고 채식을 할 것이며 백미를 식용치 말 것

一. 부득이 술을 사올 때에는 국산으로 할 것이며 양주를 금할 것

一. 연회는 열한 시까지로 할 것이고 연회석상에서 술잔을 주고받고 하지 말 것

一. 각 가정에서는 될 수 있는 대로 부업을 깨끗이 할 것

一. 총후를 지키는 집안에는 반드시 방공실로 쓸 수 있는 지하실 같은 것을 만들 것

一. 종래 대문 안에 두는 행랑을 없이 할 것

一. 연말연시의 贈答品은 전폐할 것

一. 찾아온 손님에게는 간단한 차를 대접할 것이며 술 같은 것으로 대접치 말 것

一. 대단하지 않은 見送과 出迎을 폐지할 것

一. 음력을 폐지하고 양력을 사용할 것

一. 경제와 또는 풍교상 畜妾은 유해한 것이니 이를 전폐할 것[15]

이러한 생활 쇄신, 소비 절약, 저축 장려를 모토로 하는 일상생활에 대한 통제는 연말연시를 맞아 '총후 보국 강조 주간'을 설정하며 실행을 강제하였다.[16] 전쟁이 1년 이상 지속되면서 물자 부족과 그에 따른 통제는 강화될 수밖에 없었다. 그러나 이것은 시작에 불과했다. 일제는 1920년대 산미증식계획으로 조선에서 미곡 증산을 추진한 결과, 대공황을 거치며 1930

15_「菜食奬勵 白米禁食 大門안 行廊을 廢止, 國體明徵 高調하야 戰時生活規範 確立을 企圖한, 生活改善의 答申案內容」, 『每日新報』 1938.10.25.

16_「年末年始의 生活改善策, 貯蓄奬勵 消費節約, 情報委員會 民衆에 呼訴」, 『每日新報』 1938.11.9.; 「年末年始의 官民一致 生活刷新 積極斷行, 生活改善, 物資節約, 貯蓄奬勵, 十五日부터 一週間實施要綱」, 『每日新報』 1938.12.14.

년대는 오히려 미곡 과잉 문제에 대처해야 했다. 그런 만큼 군수식량 조달과 제국권 내의 식량 자급은 가능하다고 보았던 상황에서 1939년 조선의 대한해는 결정타가 되었다. 1939년 봄부터 가뭄이 계속되며 흉작이 예상되자 이미 수입 제한으로 어려움을 겪던 의류품과 더불어 식량가격이 폭등하기 시작했다.[17]

1939년 7월 일본 정동중앙연맹에서는 '국민생활 개선안'을 채택하고 총독부를 통해 조선에서도 이를 실행토록 했다. 정동조선연맹에서는 "개인 자유주의를 배격하고 국민적 봉공적으로 생활 태도를 각오하자."는 생활 개선안을 마련하여 실시하도록 하였다. 주요 내용은 1. 매월 일정일을 '국민생활일'[18]로 설정, 2. '국민생활 제창 요강'을 마련하였는데, 그 실천 항목은 ① 早起勵行, ② 보국감사, ③ 大和協力, ④ 근로봉공, ⑤ 시간엄수, ⑥ 절약저축, ⑦ 심신단련이었다.[19] 개선안의 실천 방안을 제시하고 이를 운동으로 전개해 나가도록 하였다. 결정된 실천 사항은 다음과 같다.

> 一. 국민생활일은 현재 조선에서 실시하고 있는 매월 초하루 날의 애국일로 하고 이 날에는 戰線의 황군장병을 생각하여 질소 검박한 생활을 하도록 적극 실시할 것
>
> 一. 음식점, 요리점 '마찌아이'의 영업시간은 좀 더 자숙 자제하는 의미에서 단축시킬 필요가 있으며 또한 '네온사인'은 영업시간 외에는 절대 켜지 않도록 경무국

17_「한가마에 十七圓 二三十錢, 쌀갑 暴騰 大衆을 危脅, 卄五日부터 公設市場에서도 小賣價를 또 올렸다, 한달동안에 畢竟이모양!」, 『每日新報』 1939.5.26.; 「엄청나게도 올랏다, 平均 都賣 五割四分 小賣는 四割三分, 事變前後 都小賣價 比較」, 『每日新報』 1939.6.21.

18_매월 1일로 지정한 후, 1939년 9월 1일부터는 '興亞奉公日'로 개칭되었다. 1942년 1월 기존 '홍아봉공일'을 폐지하고, 매월 8일을 '大詔奉戴日'로 지정하였다.

19 「公私生活을 刷新 戰時態勢化」, 『每日新報』 1939.7.27.

에서 적당한 방법을 세워 취체할 것

一. 여자들의 '파마넨트, 웨이브'(電髮)는 시국에 비추어 도저히 용납할 수 없은즉, 총독부 사회교육과 안에 있는 부인문제연구회를 통하여 일반 여성 사회에 이것을 통지하여 스스로 절제하도록 하며 電髮 영업을 하는 사람에게는 적당한 전업을 시키도록 할 것

一. 연회석상에서나 어떠한 장소를 불문하고 부득이 술을 사용할 때에는 절대로 勸酒를 하지 않도록 할 것[20]

1939년 대한해로 인한 흉작은 일본 제국주의권 전체에 큰 타격이 되었고, 그에 따라 군수 부족은 물론 민간 생필품 부족도 더욱 가시화되었다. 1939년 10월 18일 「가격 등 통제령」이 공포되어 물가는 1939년 9월 18일 가격으로 강제 정지시키는 조치를 취했고,[21] 조선에서는 10월 27일부로 실시되었다.[22] 이 시기 이후 캠페인의 모토도 '경제전', '전시생활' 등 전쟁 분위기를 돋우며 절박함을 강조하였다.[23]

식량 부족이 가시화되고, 장기전에 따른 물자 부족이 더욱 심해지면서 총독부는 1940년 7월 「사치품 등 제조판매 제한 규칙」[24]을 공포하여 사치

20_「生活改善의 巨彈, 時間外 "네온"消燈 "電髮"은 自戒 勸酒는 不要, 初一日을 "國民生活日"로」, 『每日新報』 1939.7.28.

21_'9·18정지령'으로 불리는 「가격 등 통제령」은 공정가격제에 의한 물가 통제만이 아니고 운송업, 보관료, 손해보험료, 임대료, 가공임에 까지 미치는 통제로 동시에 지대, 家賃, 임금, 급여도 통제하였다. 경제법칙에 위배되는 통제로는 전시하 인플레에 의한 물가등귀를 억제할 수 없었고, 암가격과 암시장을 발생시키는 결과를 낳았다(昭和史研究會 編 1984, 249).

22_「價格統制令 明日부터 實施, 今日 施行細則 發表」, 『每日新報』 1939.10.27.

23_「"經濟戰 强調運動", 年末 한달동안 두고 實施한다」, 『每日新報』 1939.11.18.; 「經濟戰 强調週間에 殖産局長 通牒, 物價가 못 올르도록 全民衆이 協力할 일, 家庭과 業者가 徹底히 알라!」, 『每日新報』 1939.11.28.

24_「奢侈品等製造販賣制限規則」(부령 제179호, 1940.7.24.), 『조선총독부관보』 4052(1940.

품 제조는 7월 24일부터, 판매는 10월 7일부터 금지되었다. 이 규칙을 공포한 목적에 대해 "① 전쟁에 필요한 자재, 노력, 동력, 연료 같은 것은 전쟁과 국민생활에 필요한 것에만 충당하기로 하고, 기타 생활과 거리가 먼 사치품 제조에는 쓰지 못하도록 할 것, ② 국민생활에 불필요하고 급하지 않은 물건, 즉 사치품을 사지 못하게 하여 남는 구매력을 저축과 공채 소비에 쓰도록 할 것, ③ 국민생활을 쇄신 긴장케 하여 질소 간결한 전시 국민생활을 새로 꾸미도록 할 것, ④ 규격 외품의 판매를 금지하고 저물가정책으로 공정가격 제도를 철저히 유지 단행케 할 것"이라 하였다.[25] 1940년 초부터 실시된 미곡 및 생필품, 의류품(면포, 신발류)에 대한 배급제와 사치품 제한은 오코우치의 '국민생활'론—사치품 소비는 절하하고, 생필품 소비는 최저한도를 확보—과 연결되는 것이다. 그러나 문제는 생필품의 최저한도 확보에 있었다.

1940년에 들어 유럽 전선에서 독일의 총공세와 승리에 고무되어 일본 군부는 일본·독일·이태리 삼국동맹을 체결하고 그 세력을 강화시켜 가고 있었다. 이런 군부의 움직임은 민간 우익세력이 적극 호응하면서 전 정당의 해산을 전제로 하는 신당운동 더 나아가 신체제운동으로 확대되어 갔다. 그 결과 만들어진 조직이 1940년 10월 12일 대정익찬회였다. 이로 인해 기존 모든 정당은 해산되어 천황제 이데올로기에 의한 일국일당 체제가 만들어졌고, 국민정신총동원운동 조직 또한 대정익찬회에 편입되었다.

일본의 이러한 변화는 식민지 조선에도 직접적인 영향을 주었다. 조선에서도 1940년 10월 16일 국민정신총동원조선연맹을 국민총력조선연맹

7.24.).

25_「사치품 금지령, 제조판매제한규칙 전모」, 『삼천리』 12-8(1940.9.1.).

으로 전환시키면서 국민총력운동(이하 총력운동)이 시작되었다. 총력운동은 "행정 조직과 국민운동 조직을 완전히 일체화"하는 것으로서 기존 종래 각종 단체들의 하부조직은 정동리부락연맹 및 애국반에 통합시켰다. 총독부 및 각도에 총력운동과를 설치하고, 국민총력운동지도위원회를 총독부 내에 조직했다. 정무총감을 위원장으로 관계국과장, 조선군관계관, 총력연맹 전무이사, 기타 위원으로 구성되었다(國民總力朝鮮聯盟 編 1945, 45). 이처럼 총독부 주도로 전시생활 및 각종 조직에 대한 통제가 강화되었다.

1941년부터 국민생활 통제에서 새롭게 제기된 것은 '개로(皆勞)운동'이었다. 모든 국민은 무조건 일을 해야 하며, 무위도식하는 자는 '비국민'으로 낙인찍어 명부를 작성하고, 경찰의 손을 빌어 강제노동을 시킨다는 것이다.[26] 원료나 생산도구가 부족한 상황에서 인간의 노동력을 극도로 활용하여 생산력을 증강시키려는 것이었다. 국민총력연맹은 「국민개로운동 실시 요강」(1941.9.4)을 결정하여 9월 21일부터 11월 20일까지 2개월간을 개로운동 강조 기간으로 정하고[27] 「국민개로운동 실시 방법」을 발표했다.[28] 그러나 노동력 재생산에 지장을 줄 정도로 생필품 소비는 열악했고, 그에 반해 과도한 노동이 강제되는 모순적 상황이 만들어지고 있었다.

26_「無爲徒食은 非國民, 就職도 실타면 强制勞働에 徵發, 平南聯盟의 新生活運動」, 『每日新報』 1941.8.5.; 「不勞면 皇民아니다, 無爲徒食의 有閑者들 名簿作成」, 『每日新報』 1941.10.10.

27_上瀧 內務局長, 「國民皆勞運動の展開に就て」, 『通報』 101(1941.9.17.), 4-5.

28_개로운동에서 실시할 근로 작업 내용 중 도회지에서는 "① 各戶의 內外 및 도로 청소, ② 하수 및 소하천 준설, ③ 관공서, 학교, 각종 사무소, 각종 공장 內外 청소 정돈, ④ 神社, 神祠, 寺院의 境內, 公園, 공동묘지 등의 미화 작업, ⑤ 井戶 준설, ⑥ 各 職場의 勤勞 倍加, ⑦ 防空壕 構築, ⑧ 軍部內에서 근로 작업의 助力, ⑨ 근처 군수공장 작업의 助力, ⑩ 官業作業의 助力, ⑪ 근처 농촌에의 助力, ⑫ 기타 생산에 협력하는 작업"이었다(朝鮮總督府 情報課, 「國民皆勞運動の實施方法」, 『通報』 102(1941.10.6.), 9-10).

이에 앞서 총독부는 '전시국민훈'을 만들어 국민총력연맹(애국반)을 통해 실천토록 하였다. 그 내용은 "① 시국의 재인식과 전시의식 앙양, ② 간결 생활의 강화, ③ 전시경제의 협력 강화, ④ 체위 향상"이었다. 총력연맹 川岸 사무총장은 "생활필수품 중에는 질이 나빠진 것도 있고 물자의 편재 경향도 없지 않아 일반생활이 명랑하지 못한 터이다. 이것은 국민 각자의 자각이 부족하여 종래의 인습과 허영심이며 개인주의적 자유사상을 단호히 박차고 나서지 못하는 때문이다."라며 자각을 촉구했다.[29] 조선인이 황국신민으로서 전쟁 인식이 부족하다는 총독부의 인식은 '신상도'(新常道)운동에서도 볼 수 있다.[30] 절대적인 물자 부족 하에서 강제적인 통제는 서민들의 최저생활마저 힘들게 하여 '불법적' 행위도 불사하는 상황이었고, 자본주의적 상품경제의 전령사였던 상인층은 정상적인 이윤 추구가 불가능해지면서 야미(闇)와 다양한 경제 범죄에 노출되었다. 전시 국민생활을 윤리, 도덕만으로 제어할 수 없다는 오코우치의 주장이 이런 상황을 말하는 것이 아닐까.

1941년 말 일제는 태평양전쟁을 일으키며 확전하였고, 이후 증가하는 군수물자 조달에 치여 민간의 생필품 공급은 더욱 어려워질 수밖에 없었다. 1942년을 넘기며 전황은 계속 악화되어갔지만, 군부와 내각, 총독부는 이를 은폐, 호도하면서 '생활의 결전 태세', '결전 생활', '총후도 전장', '항상 전장에 있다'는 각오로 비상한 상황을 돌파해 갈 것을 선전했다.[31]

29_「戰時意識 昂揚하라, 生活體制 强化 實踐 要項, 聯盟에서 徹底的 實行을 通達」, 『每日新報』 1941.7.20.

30_「新商道를 神前盟誓, 오늘부터 商業道德 强調週間 實施」, 『每日新報』 1941.8.20.; 「數量과 配給에 "良心", 府內 三萬 商人 新商道昂揚週間」, 『每日新報』 1941.9.28.

31_「反省과 自肅을 指標로 戰爭生活 强調運動, 年末年始의 實踐에 加鞭」, 『每日新報』 1942.12.21.;

한편, 일상 소비생활의 주체는 여성(주부)이었다. 여성의 교육 수준이나 사회활동이 제약되어 있던 당시 상황에서 이들은 계몽 대상임과 동시에 그 과정에서 정치화하여 전쟁 수행에 협력할 수 있는 집단으로 여겨졌다.[32] 조선에서도 1942년 2월 '부인계발운동'을 전개하며 그 운동 목표를 "부덕 함양, 자녀 육성, 생활 쇄신"에 두고 실천하도록 하였다.[33] 총력운동과 같이 전시 동원을 위한 기층사회의 조직화는 강력하게 추진되었지만, 일반국민에게 제공되는 보편적 복리후생, 기초생활이 제대로 이루어지지 못하는 총력전 체제의 내부 모순이 사회적으로 가장 취약한 가부장제하 여성에게 전가되고 있었다. 한편 중산계급의 지식인 여성들은 전쟁의식을 고취하고 생활 개선을 호소하는 시국강연 연사로 변신하며 사회적 지위를 상승시켜 갔다. 1941년 12월 조선임전보국단 주최 '결전부인대회'에 저명한 여성인사들이 나서 '결전 보국'의 사자후를 토했다.[34] 이어 1942년 5월 조선임전보국단부인회 주최 '군국의 어머니 좌담회'에도 노천명, 박인덕, 박마리아, 차

「戰場生活을 徹底化, 아직도 緊張이 不足하다, 決戰生活協議會서 强調」, 『每日新報』 1943.6.9.; 「銃後에도 決戰은 왓다! 衣, 食, 住에 大刷新, 必勝戰時生活實踐要綱 近日 發表」, 『每日新報』 1943.7.5.; 「'常在戰場' 精神을 昂揚 決戰生活實踐 强調, 廿五日부터 全鮮的 運動 展開」, 『每日新報』 1943.7.18.

32_전시하 일본 및 조선의 여성에 대한 계몽과 협력화의 실태와 의미에 대해서는 소현숙(2006)과 후지이 다다토시(2008) 참고.

33_「戰時 家庭體制 整備, 三月부터 全鮮에 婦人啓發運動 展開」, 『每日新報』 1942.2.7.; 「婦德涵養과 子女育成 戰時下의 生活刷新, 一千二百萬 婦人啓發運動을 展開」, 『每日新報』 1942.2.18.

34_참여 인사와 강연 제목은 다음과 같다 1. 김활란(이화여전 교장) "여성의 무장" 2. 임효정(가정주부) "미몽에서 깨자" 3. 임숙재(숙명여전 교수) "가정이 신질서" 4. 박순천 "국방가정" 5. 허하백(숙명고녀 교원) "총후부인의 각오" 6. 모윤숙(시인) "여성도 전사다" 7. 최정희(소설가) "군국의 어머니"(「반도지도층부인의 결전보국의 대사자후!」, 『대동아』 14-3(1942.3.1.).

사백, 고황경, 모윤숙, 임효정, 임숙재, 최정희, 허하백 등이 참여하여 징병제 실시를 기원하였다.[35] '자각된' 여성의 사회화, 정치화가 친일 협력과 연관될 수밖에 없는 것이 식민지적 상황이었다.

전시체제하 조선의 국민생활—서민의 일상적 소비생활—은 일본 본토와 표면적, 형식적으로는 유사하게 진행되었다. 근로 애호, 사치적 소비 근절, 물자 절약, 생활 개선, 준법과 도의 확립 등으로 표현되는 것이었다. 그럼에도 최저생활 확보라는 대전제를 지키지 못하는 가혹한 전쟁 수행은 '국민'되기를 거부하는 결과를 낳게 된다. 그나마 일본의 국민은 국가의 운명과 자신을 동일시 할 수 있는 조건이 있었으나, 식민지 조선인은 '왜' 라는 질문을 끊임없이 던지지 않을 수 없었을 것이다.

3. 일상적 소비생활의 통제 실태

1) '절미'(節米)의 시대

1920년대 이후 일본 제국주의권의 식량 수급 사정은 양호한 편이었다. 조선의 산미증식계획으로 미곡 증산과 많은 양의 이출로 일본은 미곡 부족을 벗어나 오히려 과잉 상태가 되어 그에 대한 대책을 수립하기에 이르렀

35_『每日新報』 1942.5.26.

다. 일본 역사상 미곡 소비량이 가장 많았던 것은 1921~1925년간이었다. 영양학 지식을 설파한 식생활 개선운동 등의 결과, 1920년대 후반 들어 1인당 소비량은 감소하였지만 인구 증가에 따라 총 소비량은 계속 증가하여 1940년경이 피크였다. "하루 세 번 끼니마다 흰쌀밥을 먹고 싶다."는 일본인의 소망이 실현되었던 시기로 소위 '백미 붐'의 시대였다(齋藤美奈子 2002, 65-67). 반면 조선에서는 미곡 증산 량을 초과하는 이출로 오히려 소비량이 감소하는 식민지적 상황을 겪어야 했지만, 1930년대 후반 공황의 여파가 진정되고, '조선 공업화' 정책에 따른 노동자와 도시인구 증가, 만주 붐에 따른 오버된 사회 분위기 등으로 미곡 소비가 증가하였다. 이러한 경향은 중일전쟁 발발 초기에도 지속되었다.

그러나 전쟁 장기화가 예상되자, 일본 정부와 총독부는 군수식량 확보를 위한 식량 절약 방안을 제기하였다. 전쟁 과정에 식량 부족이 초래하는 참담한 현상을 제1차 세계대전 당시 전쟁국 국민들의 경험을 통해 알 수 있으므로 미리 이에 대비해야 하고, 값싼 대용식을 이용하더라도 영양소를 생각하는 과학적이고 합리적인 소비를 해야 한다는 주장이었다.[36] 이러한 여유는 그리 오래가지 못했다.

1939년 미증유의 조선 대한해는 일제의 전쟁 수행에 치명적인 결과를 가져 왔다. 천만 석 이상의 감수로 일본 제국주의권 내의 식량 수급 상황은 혼란에 빠지게 된 것이다. 이후 패전까지 일본과 조선은 어떤 상황에서도 節米를 외치는 '절미의 시대'가 되었다. 1939년 8월 이후 대한해로 인한 식량 감소가 가시화되면서 절미운동이 본격적으로 전개되었다. 정동조선연

36_「조선음식의 영양분과 대용식문제」, 『每日新報』 1939.1.3., 1939.1.4.; 「朝鮮飮食에 試驗管, 成分 營養 特徵을 調査, 國策線上에 登場!, "맛"本位에서"戰時 活力素"로」, 『每日新報』 1939.1.27.

맹과 총독부가 나서 혼식과 대용식을 장려하는 전국적인 국민운동을 벌여 나갔다. 정백미가 아닌 6분도미를 섭취하고, 잡곡밥, 밀가루 떡, 수제비 등의 대용식을 이용하여 미곡 소비를 줄이자는 것이다. 각 가정이 하루에 1합(150g)[37]을 줄이면 년 50만 석을 절약할 수 있다는 것이다.[38]

이러한 캠페인은 강제성이 없어 실제 소비 감소를 확신하기 어려웠다. 총독부는 미곡 소비 절약의 법적 강제를 부여하기 위해 1939년 10월 「조선 백미 취체 규칙」을 제정하였다.[39] 총독부는 미나미 총독까지 나서 총독부 구내식당에서 7분도미 밥과 고구마 밥을 먹는 퍼포먼스도 연출했다.[40] 절미운동과 절미에 대한 강제는 국책으로서 이후 더욱 강도를 높이며 진행되었다.

총독부의 주요 절미 대책은 무조건 식사량을 줄이도록 강제할 수는 없었으므로, 1인당 식량 소비량은 일정 정도로 유지하면서, 미곡 사용량을 줄이는 방향으로 진행되었다. '거친 밥'을 먹도록 한 것이다. 그 방법은 미곡 도정 제한, 혼식, 대용식이었다. 먼저 도정 제한 실태를 살펴보자. 1939년 10월 「조선 백미 취체 규칙」을 통해 7분도 이하의 백미는 판매치 못하도록

37_당시 쌀의 단위 환산을 보면 쌀 1합=150g(기타 물품은 1합=180g), 그러나 배급량은 환산 수량을 정하는 경우 일반적 환산율과는 약간 차이가 있었다. 예) 쌀 2합3작=330g.

38_「混植과 代用食, 一大國民運動으로 實踐, 精動聯盟이 具體方策 講究」, 『每日新報』 1939.7.31.; 「쌀을 六分程度 全國的 節米運動, 昨日 精動理事會에서 協議」, 『每日新報』 1939.8.17.; 「一日一合식 節約하면 年五十萬石 엇는다, 生活改善과 節米運動」, 『每日新報』 1939.8.17.; 「쌀밥을 덜 지어먹고 밀까루떡도 해먹자, 쌀밥보다 이롭고 손쉽다」, 『每日新報』 1939.9.9.; 「쌀을 절약합시다, 점심에는 수제비를 뜨는 것도 조흔 한 방법」, 『每日新報』 1939.9.21.; 「全鮮的으로 節米運動展開」, 『每日新報』 1939.9.23.

39_「朝鮮白米取締規則」(부령 제175호, 1939.10.4.), 『조선총독부관보』 3814(1939.10.4.).

40_「"그 밥맛 참 조타!", 白堊舘의 三千名 職員 總協力, 고구마밥으로 節米運動」, 『每日新報』 1939.10.11.

하여 흰쌀밥을 먹을 수 없게 되었다.[41] 이에 대해 정백미는 전시에는 '사치스러운' 것으로 오히려 7분도미가 영양학적으로 좋은 것이나, 상인들이 농간으로 7분도가 아닌 6분도, 5분도미가 유통될 수도 있다는 우려가 있었다. 7분도미 보다 더 질 낮은 쌀이 나올 경우 국민 건강에 해롭다는 것이다.

> 7부 찌은 쌀을 국민에게 먹도록 하자고 주창한 후생성의 쌀 문제의 권위인 杉本好一 기사는 5부 찌은 쌀이 좋으냐? 7부 찌은 쌀이 좋으냐? 하는 것을 엄밀하게 연구한 결과 5부 찌은 쌀은 '비타민'B가 풍부하고 영양이 많으나 그 대신 소화와 흡수가 되지를 않아 영양은 그대로 배설되고 말아 버리므로 소화기 병이 많이 생기고 영양도 전혀 섭취할 수 없으나 7부 찌은 쌀은 영양이나 소화되는 품이 만점이라는 결론을 얻은 것이다. 그런 고로 완전히 7부 찌은 쌀이 아니면 보건 상으로 보아 막대한 지장이 생길 것으로 정미업자들의 지금까지의 태도로 보아 이러한 염려가 없지 않은데 반드시 7부까지를 정확하게 찧도록 당국의 철저한 취체가 요망되고 있다.[42]

식량 소비의 지나친 질적 악화를 우려하는 논의가 있었지만, 결국 총독부는 1942년에 이르러 5분도미를 배급토록 하였다. 7분도 이하면 건강에 오히려 문제가 될 수 있다고 했던 것과는 달리 5분도미는 밥 빛은 좀 검어지나 영양에는 100% 효과가 있다고 선전하였다.[43] 그러나 5분도미도 사치

41_「흰쌀밥의 食用禁止는 精米所서부터 斷行, 違反하면 一年以下懲役 或은 五千圓以下罰金, 府令으로 白米取締規則 今日公布」, 『每日新報』 1939.10.5.

42_「七分搗米 뒤에 오는 것은?, 警戒할 精米業者 七分 以下내면 큰일, 五分·六分搗米는 身體에 有害」, 『每日新報』 1939.10.31.

43_「白米는 五分搗로, 配給에는 斗量制를 重量制로, 忠南에서 改正 實施」, 『每日新報』 1942.1.23.; 「銃後의 "食"奉公, 오늘부터 밥빛이 거머진다, 節米·保健·廉價의 五分搗 配給 開始」, 『每日新報』

였다. 1년 후인 1943년에는 아예 도정하지 않은 현미식을 강요했다. 현미에는 영양분이 많으니 오래 씹어 먹으면 보건 위생상 좋으며, 다소 맛이 적은 것은 전시이니 참아야 한다는 논리였다.[44]

쌀 자체 도정비율을 낮추는 것과 함께 혼식을 강제했다. 1940년부터 식량 배급 시 쌀과 잡곡의 비율을 6:4 → 5:5 → 4:6으로 낮추어 갔고, 배급받은 쌀과 보리를 분리하여 쌀만 먹고 보리는 모았다가 싼값에 팔아넘기는 경우가 있다고 아예 쌀과 보리를 섞어 배급토록 하였다.[45] 쌀과 함께 밥을 지을 잡곡도 조선인들이 상용해 왔던 보리 대신 조, 콩(만주산), 고구마, 감자, 심지어 다시마(해초)까지 제공되었다.[46] 이러한 잡곡 사용은 캠페인으로 선전한 후, 배급을 통해 강제로 소비하게 하였다.

1939년 대한해로 악화된 식량 사정 때문에 강력한 '절미' 운동을 벌였지만, 아직은 조금의 여유만 있다면 지나치게 질이 낮은 식생활을 피하려 하였다. 총독부는 백미 사용 금지와 혼식 장려를 강하게 밀어붙였지만, 효

1942.3.26.

44_「節米運動의 方法으로 玄米食을 勵行하자, 榮養으론 白米보다 훨신 조타」, 『每日新報』 1943.3.25.; 「玄米食 常用 運動, 國民總力 黃海道聯盟에서 提唱」, 『每日新報』 1943.3.25.

45_「米六割, 雜穀 四割로 混食을 積極 奬勵, 大田서 兒童의 點心도 調査」, 『每日新報』 1940.2.4.; 「米四割에 雜穀六割, 平南道서 混食比率을 引上」, 『每日新報』 1940.7.3; 「府民의 混食率 强化, 三日부터 쌀 四割, 보리 六割」, 『每日新報』 1940.8.4.; 「팔 때부터 보리석거, 白飯食 防止 徹底 對策」, 『每日新報』 1940.8.19.

46_「麥混食 代身에, 甘藷混食論이 擡頭」, 『每日新報』 1940.11.2.; 「無盡藏의 滿州콩을, 混食하면 米穀難 解決, 朝鮮서 먼저 實施해 볼 듯」, 『每日新報』 1940.11.16.; 「混食에 "조" "콩"도 登場, 그런데 먹는 方法은? 平南道硏究」, 『每日新報』 1940.12.17.; 「훌륭한 절미식 잡곡대신 다시마」, 『每日新報』 1942.6.10.; 「主食物로 海草 登場, 百五十萬貫은 쌀 四萬가마니에 該當하다, 咸北서 積極 採取 計劃」, 『每日新報』 1942.6.30.; 「감자밥 쌀이 三할은 절약, 양분 보충은 부식물로」, 『每日新報』 1943.2.26.

과가 높지 않다고 판단하여 학교를 통한 통제에 들어갔다.[47] 경기도 학무과에서 51교에 2만 4,707명의 도시락을 검사한 결과, 백미 밥이 2,685명으로 약 10% 정도였는데, 이들 학생의 집 주소를 조사하여 경찰이 직접 집에 찾아가 엄중 경고하고 소유하고 있는 쌀의 양을 조사하였다. 평남도에서는 혼식을 하지 않는 학생은 등교치 못하도록 하였다.[48] 이처럼 절미운동은 캠페인 수준에 그치는 것이 아니라 경찰력까지 동원된 강제적인 것이었다. '백반(白飯) 계급', '백미당'이란 말로 혼식 등 절미운동에 참여하지 않는 층을 비난하며, 백미를 상용하는 것은 '비국민'이라며 배급에서도 제외시켰다.[49] 매일의 식사를 거의 도정되지 않은 쌀과 열악한 잡곡을 섞어 지은 밥으로 해결해야 하는 것은 그야말로 고역이었을 것이다. 생활의 질은 논할 수 없고 기본적인 노동력을 재생산할 수 있을 정도의 양적인 확보만이 어느 정도 가능했던 상황이었다.

이러한 상황도 1942년을 넘어서면서 아! 옛날이여를 외치는 '사치스러운' 것이었다. 제대로 된 쌀과 잡곡을 구하는 것이 어렵고, 배급되는 식량은 소위 대용식이라는 것으로 채워지고 있었다.[50] 1939년 말부터 밥 대신 죽

47_「學童을 通하야 混食을 奬勵, 各家庭에 極力 宣傳」, 『每日新報』 1939.10.28.; 「生徒들 點心調査, 大邱서 混食奬勵策으로」, 『每日新報』 1940.2.1.; 「生徒點心에 監視眼, 仁川府內 卄個初中校를 一齊調査」, 『每日新報』 1940.9.28.

48_「中學生點心에 白米飯 多數, 學父兄의 住所 調査, 經警과 協力嚴重 警告」, 『每日新報』 1940.4.20.; 「混食안는 學徒들을 웨 登校시키는가?, 平南 山路學務課長 學校長會議에서 嚴達」, 『每日新報』 1940.7.20.

49_「容恕못 할 白飯階層, 京畿道서 嚴罰策 協議」, 『每日新報』 1940.8.10.; 「食糧對策 攪亂하는 白飯階級 摘發, 京城部 嚴重調査 開始」, 『每日新報』 1940.8.13.; 「白米常用은 非國民 無時로 家庭調査, 發見되면 配給을 中止」, 『每日新報』 1942.2.2.; 「白米黨업나? 仁川府에서 電擊 調査」, 『每日新報』 1942.4.15.

50_전시체제기 조선인의 대용식 실태에 대해서는 이송순(2008, 378-386) 참고.

으로 한 끼를 해결하자는 선전이 시작되었고,[51] 밥 대신 대용식으로 끼니를 해결하라는 것이었다. 여름철에는 참외도 대용식이 되었고,[52] 콩가루, 밀가루로 만든 건빵이나 국수, 도토리묵이 대용식으로 활용되었다.[53] 농촌에서는 보릿고개에 초근목피도 식량이 되었는데, 이제는 모든 국민이 먹어야 할 대용식에 野草를 활용하도록 하였다.[54] 이처럼 예전부터 흉년이 들거나 춘궁기에 활용하던 것들이 일상의 식사를 대신하게 된 것이다.

이와 함께 일제는 기존 먹거리를 대신하여 과학적, 영양학적으로 뒷받침되는 새로운 먹거리를 개발하기도 하였다. 콩, 밀·메밀, 옥수수, 감자를 가공하여 만든 대두미(大豆米), 면미(麵米), 보미(寶米), 감자 쌀이 제공되었고,[55] 사료로 사용되던 정어리 부산물로 만든 핏쉬밀(fishmeal)[56], 홍아빵[57] 등을 영양식이라는 명목으로 제조하여 대용식으로 사용하도록 하였지만, 실제로는 먹을 수 없는 수준의 것이었다. 이처럼 먹을 수 없는 수준의 대용

51_「節米運動에 "죽" 登場, 精動朝鮮聯盟에서 四百萬 愛國班에 混食·代用食을 大大的 奬勵」, 『每日新報』 1939.10.12.; 「節米四訓! 粥食과 二食實行, 徹底히 咀嚼하고 飮酒 自制하라, 新義州府에서 提唱」, 『每日新報』 1940.10.17.

52_「참외로 代用食, 食糧對策으로 積極奬勵」, 『每日新報』 1940.4.17.; 「참외 代用食運動, 京畿道서 一般에 奬勵」, 『每日新報』 1942.8.8.

53_「生大豆粉과 乾빵, 代用食으로 登場, 黃海道서 共購斡旋」, 『每日新報』 1940.7.29.; 「먹자·代用食, 麥粉은 購入·積極 奬勵」, 『每日新報』 1941.7.31.; 「代用食의 寵兒로"도토리"한목, 食糧 確保에 주스라」, 『每日新報』 1941.9.25.

54_「食奉公에 野草를, 意義깁흔 食用 摘草會」, 『每日新報』 1942.4.21.; 「代用植物 採取 奬勵, 聯盟서 二千四百萬 愛國班員에 飛檄」, 『每日新報』 1942.8.19.

55_이에 대한 자세한 설명은 이송순(2008, 382-384) 참고.

56_「戰時의 食糧에 一役, 飼料를 食糧으로 鍾紡서 핏쉬밀 活用의 大工場」, 『每日新報』 1941.12.8.

57_홍아빵은 "홍아봉공일에 먹는 빵"이란 뜻으로 재료는 밀가루, 콩가루, 海藻粉, 魚粉, 채소찌꺼기 등을 넣어 베이킹파우더도 넣지 않고 요상하게 쪄낸 것으로, 맛은 무시하고 영양 본위로 만든 것이라지만 가축 먹이에 가까웠다. 인간용 배합사료라 할 수 있다(齋藤美奈子 2002, 57).

식을 한 달에 세 번(10일, 20일, 30일) '대용식 일'을 정하여 강제로 먹도록 하였다.[58]

이러한 절미 대책-식량 절약이 경찰력까지 동원하여 강제적으로 실시되었지만, 식량을 자유 시장에 맡기면 수급 불균형으로 가격 폭등, 매점매석 등으로 식량난이 심화될 수밖에 없었다. 이에 전쟁 동원과 협력을 위해서 국민들의 최저생활 확보는 필요했고, 이에 식량과 주요 식료품에 대한 배급 제도가 실시되었다. 이는 사치적 소비는 줄이고, 생필품 소비에서는 최저생활을 확보하는 '균등'한 분배라는 '국민생활' 논리에 부응하는 것이었다. 그러나 배급의 긍정성이 최대한 발휘되기 위해서는 제도의 완벽한 운영이 전제되어야 한다. 전쟁이 장기화되고 확대되면서 물자 부족이 심화되어 배급량이 점차 감소되었고, 배급 과정에서 담당자들의 부정부패, '정실 배급', '이중 배급' 등의 제도적 문제를 드러냈으며, 암거래도 막을 수 없었다.

2) '국민복'의 탄생

조선 시대 이후 한국인의 가장 대중적인 옷은 면직물로 만든 白衣의 한복이었다. 이러한 한국인의 의복 문화에 대한 일제 시기 총독부의 통제는 ① 백의에 대한 통제, ② 학생 교복이나 교원 및 공무원의 제복 등에 대한 통제, ③ 국민복과 근로복의 장려였다.[59] 특히 백의에 대한 탄압과 색의 장려는 근대화 과정에서 효율성을 중시하는 경제적 이유로 을미개혁 이후부

58_「府民에 節米를 强調, 한달에 세번의 節米日 設定」, 『每日新報』 1940.11.28.

59_일제 시기 의복 통제에 대해서는 공제욱(2006) 참고.

터 시작되었고, 강점 이후 총독부 역시 근대의 시각에서 백의를 비효율적, 비경제적인 것으로 치부하고, 나아가 조선인의 오랜 관습적 생활방식을 깨트려 근대적 인간(국민)으로 포섭하고자 하는 의도가 맞물려 백의에 대한 탄압은 계속되었다. 1930년대 들어 생활개선운동이 활발해지면서 백의 폐지는 농촌진흥운동과 자력갱생운동의 주요 목표로 설정되어 더욱 강제적으로 진행되었다.[60]

1937년 중일전쟁으로 전시체제가 성립되면서 군수물자 확보를 위해 우선적으로 수출입품에 대한 통제를 실시하였다(1937.9.10. 「수출입품 등에 관한 임시조치에 관한 법률」 공포).

"정부는 지나사변에 관련하여 국민경제 운행을 확보하기 위해 필요하다고 인정될 때는 명령이 정하는 바에 의한 물품을 지정하여 수출 또는 수입 제한 또는 금지할 수 있다."라고 규정하였다.[61] 의복의 주원료인 원면과 양모는 주요한 수입물품으로 그 물량이 매우 많았으므로 수입 제한 품목에 해당했다. 이에 수입 대체물로서 스테이플 파이버(staple fiber, 스프)[62] 혼방 직물 사용이 적극 장려되었다. 면, 모직물과 스프사를 혼직한 직물이 각계 각층의 의복에 사용되고 있는 상황을 다음과 같이 풍자하고 있다.

> 서대문에서 동대문으로 향하여가는 저 찻간! 승객은 50명가량인데 그 가운데서 승객들이 하는 이야기가 우리들 생활에 직접영향이 크기에 적어본다. 광화문에서

60_일제 시기 백의 폐지, 색복 장려에 대해서는 공제욱(2006, 142-165) 참고.

61_「昭和十二年 法律 第92號」 제1조.

62_스테이플 파이버(staple fiber)는 인조섬유를 짧게 잘라 양털이나 솜과 같은 모양으로 정제(精製)·방사(紡絲)한 섬유 또는 그 섬유로 짠 옷감이나 실로서 모직물 대신으로 쓴다. 줄여서 스프(스프사, 스프 직물)라 한다.

어느 공장소녀 직공 같은 소녀가 내린다.

◉...A 저것보게. 요새 인조견이 어찌나 흔한지 저런 직공소녀들까지 모두 비단옷을 입게 되었네 그려.

◉...B 이사람! 자네가 입은 양복과 외투 그리고 털샤쓰! 그것이 다 인조견일세. "스테풀, 파이버-"로 교직한 것이야. 말하자면 인조견 양복이야. 알고 그러나.

◉...C 그저 우리처럼 광목으로 튼튼하게 입는게 제일이야. 털양복을 입었다고 자랑하는 A군도 인조견 신세로 그 모양일세 그려.

◉...B 이사람 봐. 지금 자네가 입은 옷이 광목이라고 인조견이 안든 줄 아나. 말마라. 자네가 입은 옷이 인조광목이라는 거야. 그 역시 "스테풀, 파이버-" 가 교직되었다는 거야. 이건 알지도 못하고 야단이야.

◉...C 그러면 이 전차 안 사람이 모두, 아니 장안사람이 모두 인조견 옷을 입었고 종로통 포목상점에 산더미같이 쌓인 물건이 거의 인조견이구려! 그것참 아뿔사 - 이사람! 동대문일세 내리세.[63]

그러나 스프 혼직물은 광목 등 천연섬유에 비해 "물건 값은 비싸고 질기지는 못하겠고 다만 보기에 윤택이 날 것 뿐"이라는 우려를 낳았다.[64] 이 때문에 시내 각 포목점에는 광목과 옥양목을 사가기 시작하여 광목 값이 많이 올랐다. 스프 혼직물을 꺼리는 주요 이유는 양잿물을 이용하는 세탁 방법에서는 스프 직물이 견뎌 낼 수 없기 때문이었다.[65] 이처럼 조선인 의생활의 전통적 관습이 광목 등 천연 면직물의 소비를 더욱 부추긴다고 보

63_「織物界 新時代의 寵兒, 털샤쓰·廣木·洋服까지, 人造絹 交織時代來, 면화부족으로 "스테풀파이버-"로 교직, 外來棉 防止對策의 現像」, 『每日申報』 1937.12.21.

64_위의 기사.

65_「덥허노코 미리 사두는 바람에 비싸지는 광목, 二주일 동안에 一원八十전이 올나」, 『每日申報』 1938.2.17.; 「宛然 廣木恐慌時代!, 一個月間 九十圓 暴騰, 紡織會社는 賞與金이 百割! 商街에는 小猝富 頗多, 大衆의 주머니만 가벼워저」, 『每日新報』 1938.5.29.

아 총독부는 양잿물과 돌에 대고 몹시 두드리는 세탁 방법은 옷감을 손상시키고 귀한 약품을 많이 쓰는 것은 국책에 어긋나므로 사용 금지령을 내린다는 것이다.[66]

총독부의 스프 혼방 장려에도 불구하고 면직물(광목 등)에 대한 수요는 계속 증가하여 옷감의 부족 현상이 심화되고 사회적 혼란이 가중되자 1940년 6월부터 면포, 광목에 대한 배급제를 실시하였다.[67] 7월부터 강원도, 황해도 등 각 도별로 구입 전표를 발행하여 당목, 광목, 색광목, 옥당목 등 면포 배급을 실시했고,[68] 경성부도 7월 20일부터 生粗布, 色粗布, 生細布, 옥양목 등에 대해 1년에 1인당 4마씩 구입 전표를 통해 배급하기로 하였다.[69] 하지만 광목 부족에 대한 일반인들의 불안은 커서 배급 전표를 받은 즉시 상점으로 몰려 가 각자 살 수 있는 최대치를 구입하여 순식간에 매진되는 상황이 이어졌다. 이에 구입 전표가 있어도 구할 수 없는 일이 많아 불안은 더욱 커졌다.[70] 인천부에서는 각 정회에서 정회비나 위생비를 내지

66_「洗濯物과 絶緣되는 "양잿물"」, 『每日新報』 1940.5.25.

67_조선산 면포는 「잠정 통제 규칙」(1940.6)에 따라 행정 조직을 통한 할당을 시작하였지만, 배급이 원활하지 않다는 이유로 1940년 7월 시장권 단위 배급을 수정하였다. 그것은 지방별 수급 실정을 상세하게 파악하기 어렵고 일부 물자는 지방별로 과잉 배급되어 공정가격제를 위협하고 일부 지역에서는 과소 배급으로 암거래나 물가 폭등이 일어났기 때문이었다(김인호 2006, 90).

68_「綿布一人當 四碼, 江原道서도 配給統制」, 『每日新報』 1940.7.16 ; 「綿布配給網 健在, 七月中에 萬九百餘反, 黃海道에서 購入證明書 發給」, 『每日新報』1940.7.17.

69_「待望의 綿布 傳票制, 來卄日에 實施決定, 種類는 五種, 手續은 町總代에」, 『每日新報』 1940.7.17.

70_「서두르는 消費者들, 綿布配給 傳票가지고 各 商店으로 一時에 殺到, 買占은 그릇된 생각」, 『每日新報』 1940.7.25.; 「購入票는 잇스나, 求할 수 없는 廣木, 一部에서 買藏하는 것이 原因」, 『每日新報』 1940.12.12.

않은 주민에게 전표를 발부하지 않아 특히 가난한 노동자들이 정회비 체납을 이유로 전표를 받지 못해 추운 겨울이 다가와도 여름철 고의적삼으로 지내야 하는 상황으로 불만이 커져 갔다.[71] 물자 부족과 배급 과정의 농간이 겹쳐 면포 부족에 대한 우려와 불만은 확대되었다.

1년분 구입 전표는 일시적인 수요 과다를 초래하여, 수급을 맞추기 어렵다는 비판이 제기되자 총독부는 1941년 6월부터 년 단위가 아닌 매월 구입 전표를 발행하기로 하였다.[72] 면포뿐만 아니라 수건(타올)과 고무신에 대해서도 배급 전표제를 실시하기로 하였다.[73] 1942년 1월 일본에서는 모든 옷감과 옷에 대해 '점수 전표제'를 실시하기로 결정하였다. 그러나 조선에서는 이를 적용하기 쉽지 않고, 가장 많이 쓰이고 있는 무명과 타올에 대해서는 이미 전표제를 사용하고 있어 종합점수제는 실시할 필요가 없었기에 실시하지 않기로 하였다.[74]

그러나 조선에서도 모든 옷감과 옷에 대해 전표제가 실시될 수 있다는 우려가 커지면서 옷감에 대한 매점 현상이 발생하였고, 점점 물자 부족이 심각해지면서 이러한 현상은 가라앉을 줄 몰랐다.[75] 물자 부족 하에서 최저

71_「町會費 滯納者엔, 綿布 購買票을 안주어, 仁川 各町會에 非難이 藉藉」, 『每日新報』 1940. 11.28.

72_「配給制度에 大修正, 每月 購入證을 發行, 六月부터 사기 쉽게 되는 廣木」, 『每日新報』 1941. 4.15.

73_「고무신, 타올, 廣木도 傳票로 配給을 統制, 情實과 權力의 不當買占 一掃」, 『每日新報』 1941. 3.28.; 「家庭用의 綿布, 手巾과 고무靴에 配給票制 實施」, 『每日新報』 1941.4.10.

74_「衣服의 點數傳票制 朝鮮서는 實施안할 方針, 井坂 物資調整第二課長과의 一問一答記」, 『每日新報』 1942.1.21.

75_「옷감 買占하지 말자, 二月常會에서 徹底히 鼓吹」, 『每日新報』 1942.2.3.; 「傳票制 實施는 浪說, 一般의 옷감 買占에 當局서 警告」, 『每日新報』 1943.2.13.; 「配給系統만 調整, 옷감傳票制 實施 안는다」, 『每日新報』 1944.5.23.

필요 수량에 대한 균등한 분배를 위해 실시한 배급 제도가 제대로 시행되지 못하면서 오히려 물자 구입의 어려움을 가중시키고, 암거래를 조장하는 것으로 인식되고, 나아가 총독부 정책에 대한 불신을 키우는 효과를 낳고 있었다.

총독부는 의류품의 절대 부족에 대해 배급을 통한 최저 수량의 확보를 꾀하는 동시에 '사치품' 배격과 전시생활 확립을 이유로 일상복에 대한 통제를 실시하였다. 그것은 '국민복' 제정과 여성의 '몸뻬' 장려였다. 일본에서 국민복은 1936년 제정된 만주협화복을 참고로 내각 정보부에 의해 1937년 제안되었다. 그러나 국민복이 정식으로 채택되기까지는 여러 혼란이 있었고, 1940년 11월 칙령 제725호 「국민복령」의 공포로 갑호, 을호의 두 종류로 결정되었다(공제욱 2006, 168-169).

식민지 조선에서는 어떠하였을까. 일본에서 국민복 제정을 둘러싸고 여러 혼란이 있었을 때 조선총독부는 먼저 국민복(제복) 제정을 시작하였다. 1938년 2월 총독부는 2,500명 총독부 관리의 제복과 전조선 15만 청년단원 제복, 20만 명의 사회사업 단체원과 80만 명의 전조선 남녀 학생복의 개조 통일을 단행하고자 연구 중이라고 밝혔다.[76] 1938년 8월 4일 미나미 총독은 '국민복'을 입고 출근하였다. 총독의 결단으로 총독부의 제복이 결정되었는데, 그것이 국민복이라는 것이다.[77] 이로 볼 때 일본보다 앞서 조선에서 먼저 국민복이 제정되었음을 알 수 있다. 이렇게 제정된 조선의 국민복은 일본 「국민복령」에서 채택된 국민복 갑호, 을호 중 을호와 같은 모양으로 문제가 없다는 것이다.[78] 국민복은 공무원, 교원, 학생, 사회단체원 등에 대

76_「被服에 非常時一色, 本府 當局 具體案 硏究 中」, 『每日申報』 1938.2.23.

77_「새 制服의 南總督, 十六圓짜리 國民服을 着用」, 『每日新報』 1938.8.5.

해 반드시 입도록 강제하였고, 일반인들에게도 착용이 장려되었다.

한편 여성복에서도 일본에서는 1942년 2월 부인 국민복 6종을 결정하였고[79], 조선에서는 '피복협회 조선지부'가 앞장서 이 부인 표준복을 입도록 장려하기로 하였다. 화복과 양복의 장점을 취한 표준복은 조선 부인이 입는 의복과 비슷한 점이 많아 무리 없이 입을 수 있다는 것이다.[80] 그러나 이러한 표준복은 조선은 물론 일본에서도 널리 입지 않았으며, 그를 대신한 것이 '몸뻬'[81]였다. 조선에서는 1941년 8월 방공 연습 시 비상복으로 '몸뻬'를 착용하자는 기사[82]에서 그 용어가 처음 등장하였고, 이후 몸뻬는 조선 여성들의 일상 노동복으로 보급되었다.[83] 몸뻬는 바지형으로 치마저고리를 입었던 조선 여성들에게 외관상 어색하였지만 일하기 편리하고 저렴하여 농촌이나 도시의 서민 여성들에게 노동복으로는 보급되어 갔던 것으로 보인다.

그런데 부유한 중산층 여성들은 몸뻬도 자신의 재력과 외모를 뽐내는

78_"칙령으로 발표되면 조선서도 실시될 것은 물론인데, 이 국민복령에 의하면 남자의 제복은 전부 국방식으로 하고 그 형식은 현재 조선서 입고 있는 국민복의 표준형과 같게 하여 여기에 갑호와 을호의 두 가지를 둔다는 것이다. 갑호는 현재 국민복은 '오리에리'처럼 접어 제치는 것이고 특히 의례장을 걸고 지정된 모자를 쓰기만 하면 궁중에 참내할 수도 있게 된 것이다. 그리고 을호는 현재 조선서 입고 있는 국민복 그대로이나 다만 허리띠만을 두르지 않는 것이 특징이니까 현재 이 옷을 입고 있는 사람은 그냥 국민복령에 의한 제복을 착용한 것으로 볼 수 있다."(「衣服부터 新體制運動, 國民服着用의 勅令, 不遠 公布되면 朝鮮도 適用」, 『每日新報』 1940.10.26.).

79_「婦人國民服 六種을 決定」, 『每日新報』 1942.2.22.

80_「婦人標準服을 입자, 陸軍倉庫被服協會서 奬勵指導」, 『每日新報』 1942.6.13.

81_몸뻬는 에도 시대 일본 동북 지방 농촌에서 입던 노동복으로 전시 하에서 일본의 여성 표준복의 '活動衣'로 지정되었다(공제욱 2006, 181).

82_「일제히 '몸페'를 입으시오」, 『每日新報』 1941.8.10.

83_「"몸페"차림도 凜凜히 婦人屋外 勞働 徹底, 高知事 視察談」, 『每日新報』 1943.6.23.

‘사치품’으로 활용하였다. 이들은 몸뻬를 빛깔도 호화스럽고 옷감도 사치스러운 것으로 모양도 변형하여 입고 다니고, 한 벌에 70~80원 하는 고가의 몸뻬를 만들어 입었다.[84] 일부에서는 노동복으로 또는 시국에 순응하면서도 자신을 과시하는 사치품으로 몸뻬를 착용하였지만, 일본에 비해 조선 여성들의 몸뻬 착용은 많지 않았다. 이에 총독부는 1944년 들어 본격적으로 몸뻬 착용을 강제하기 시작했다. 착용치 않으면 관공서, 집회장 출입을 금지하고 전차나 버스도 승차 거절, 관혼상제 등 경조 의식에도 꼭 몸뻬를 착용하도록 하였다.[85] 이제 몸뻬 착용은 “싸우는 황국 부인의 기개”를 보여주는 것으로 ‘국민’ 여부의 시금석이 되었다.

조선인들이 가장 많이 사용하는 면직물은 전쟁 수요와 원료의 수입 제한으로 우선적 통제 물자가 되어 절대적 소비 절하와 배급이 실시되었다. 대용 직물로 스프를 활용토록 했지만 그것은 조선인의 의생활 습관과 맞지 않아 거부감이 컸다. 총독부는 스프 직물을 이용한 국민복을 일본보다도 앞서 제작하여 관공리, 학생, 사회단체원을 중심으로 필착하게 하였고, 여성들에게도 일본식 국민생활복인 몸뻬를 착용토록 하였다. 옷은 가시적인 것으로 전시라는 ‘時局色’을 드러내고 사회적 통일성을 강조하기 위해서 매우 유용한 기제였다. 국민복과 몸뻬는 물자 부족을 만회하기 위한 목적과 함께 군국주의적 전시체제 형성의 분위기 조장과 이데올로기적 통제에 활용되었다.

84_「“몸페” 實戰型을 입자, 奢侈스러운 것은 本義에 어그러진다」, 『每日新報』 1943.7.23.; 「‘몸페’ 規格을 統一, 知覺업는 婦女들 奢侈에 鐵槌 準備」, 『每日新報』 1943.7.28.; 「사치스러운 “몸페”, 江華郡聯盟서 一掃 방침」, 『每日新報』 1943.9.1.

85_「婦人“몸페”必着運動, 안입으면 官公署, 集會場 出入禁止, 電車, 버스도 乘車謝絶」, 『每日新報』 1944.8.5.; 「“몸페”는 家庭에서도, 必着運動, 全鮮에 展開, 聯盟서 推進」, 『每日新報』 1944.8.11.

3) '건전'한 국민문화의 강요 : 사치와 향락의 일소

1920년대 조선 사회에 본격적으로 유입된 서구 문화는 도시의 고학력자 층에서 '모던 보이', '모던 걸'을 등장시켰고, 1930년대에 이르러 숙성되면서 저변을 확대해 갔다. 당시에는 모든 유행에 '모던'이란 수식어를 붙이는 경향이 있었다. 그러나 이들은 "지적 허위에 가득 찬 지식인의 자기 고뇌에 가려 현대를 향한 한 푼 어치의 당위성도 인정받지 못하였다."(김진송 1999, 11), 또한 영화, 대중가요, 대중잡지 등이 활성화되면서 대중 오락문화도 급속히 발전했고, '모던' 바람을 타고 커피와 다방·카페의 확산[86], 댄스홀이 등장했다. 특히 카페는 20~30대 남성이 주 고객층으로 "모던 보이, 모던 걸들은 레코드와 활동사진에서 보고 들은 재즈를 카페에서 마음껏 즐길 수 있었다. 그들에게 카페는 극장과 더불어 일상에서 탈출해 이국적 정취를 물씬 느낄 수 있는 안식처이자 교양과 문화를 체험할 수 있는 공간이었다."(소래섭 2005, 45-46). 이처럼 1930년대는 서구식 혹은 일본식 요리점, 카페, 다방, 술집이 화려한 네온사인을 앞세워 도시의 거리를 장악해 가고 있었다.

1937년 중일전쟁 발발 이후 총독부는 이러한 분위기를 허용하지 않았고 '황국신민'으로서 황군에게 감사하며 경건한 자세로 하루하루를 살아가야 한다고 했지만, 비전을 상실한 식민지민들은 전쟁으로 인한 불안과 공포, 말세적 우울함으로 유흥과 향락에서 벗어나지 못했다.

이에 총독부는 유흥 소비문화에 대한 단속과 통제를 가하였다. 전시하

86_1930년대 경성에는 카페가 1,000여 개나 되었으며, 낙원카페의 경우 카페 걸만 70여 명에 이르렀다고 한다(김정동 2001, 93).

의 문화는 '국민생활'과 밀접한 연결을 갖는 것이 올바른 것이며, 문화는 생활에서 분리되면 원천이 고갈되고, 생활도 또한 문화성을 결여하면 윤택하지 않다. 그러나 문화를 오락이라고 보는 견해는 항상 비판받으면서도 여전히 대두되고 있다. 그러한 견해는 국민생활과 문화를 처음부터 대립시켜 보는 것으로, 이러한 입장에 서 있는 한 국민생활 밖에 있는 것으로서의 문화가 아무리 존중되어진다 해도 국민생활은 결코 문화적이지 않다. 따라서 문화도 언제까지라도 국민생활에 뿌리를 내리지 못하는 것이다(船山信一 1943, 73)라는 논리로 오락성의 유흥, 향락, 사치 문화는 국민생활과 어울리지 않는 문화로서 배격되어야 한다는 것이다.

총독부는 1938년 7월 중일전쟁 발발 1주년을 맞아 총후를 지키는 민중은 항상 경건한 기분으로 긴장된 생활을 해야 하는데, "민중생활의 질소검박한 것을 좀먹어 들어가는 '네온'의 밤거리에서 피어나는 청등홍주(青燈紅酒)의 웃음은 비상시에 있을 법한 일이 아니"라며 이에 대한 대책을 강구하도록 하였다.[87] 1939년에는 일본 정동중앙연맹에서 유흥 향락 사치 문화 근절을 내용으로 하는 '전시생활양식'을 발표하여 철저히 시행토록 하였으며, 조선에서도 이를 토대로 보다 강력한 전시생활 개선안을 마련하기로 하였다.[88]

1930년대 새로운 향락문화의 주 소비층은 학생들이었다.[89] 전시 학생

87_「銃後民衆生活에서 遊興的 氣分을 排擊, 料理店·'카페'의 營業方針 改善코저 警務當局이 對策을 講究中」, 『每日新報』 1938.7.13.

88_「"네온싸인" 全廢하고, 술집카페 밤 十時限, 總動員中央聯盟 生活刷新案」, 『每日新報』 1939.6.5.

89_"조선 사회의 장래를 두 어깨에 짊어진 조선의 젊은이들이 현실의 모든 것을 도피하려는 듯이 '카페'의 푸른 등 아래에서 '웨이트리스'의 웃음에 싸여 귀한 시간을 낭비하며 아까운 돈

들의 기풍 진작을 위해 학생들이 바-, 찻집 등을 드나드는 것과 사치스런 몸치장 등을 금지하였다.[90] 우선 유흥가에 대한 통제는 增稅, 폭리 단속 등의 경제적 압박으로 진행되었다.[91] 이어 1940년 7월 사치품 금지령(「사치품 등 제조판매 제한 규칙」)이 공포되면서 사치생활에 대한 본격적인 통제와 단속에 들어갔다. 정동조선연맹에서는 다음과 같은 '전시생활의 재편성' 방침을 마련하여 사치와 향락의 일소를 주장했다.

> 一. 첫째로 향락기관을 숙청하자는 것이 으뜸으로 되어 있는데 카페, 요릿집, 바, 찻집 같은 것은 그 영업시간을 훨씬 단축시켜 여기에 드나드는 사람의 수효를 줄이도록 한다.
>
> 一. 영화관, 연극장, 음악, 무용의 밤 같은 것에도 상당한 제한을 해서 그 시간을 단축시키며 더욱이 그 문전에 장사의 열을 지어 서는 것 같은 비전시적 추태를 없이 하고자 적극적으로 취체를 할 터이요, 특별 흥행이니 유료 시사회니 하여 비싼 요금을 받는 것은 일체로 엄금할 방침이다.
>
> 一. 요릿집, 카페, 바 같은 곳의 영업시간을 줄인다고 하는 방침에 따라 이러한 건축물은 새로 허가를 안 한다.
>
> 一. 전쟁에 제일 많이 들고 일반 산업 진흥에 많이 쓰는 '가솔린'을 절약하고자 일반 자동차는 환자, 의사, 관청 가튼 곳에서만 시급한 경우에 쓰게 하고 유흥, 환락을 위하여 쓰는 것은 일체로 응하지 않도록 자동차 운전수를 단속한다.

을 뿌리고 있고 … 더구나 修學에 열중하여야 할 학생의 몸으로 정복 정모채로 '카페'를 거리낌없이 출입하는 사람이 늘어감에는 실로 언어도단의 감이 없지 않다."(「歡樂境인 카페-와 카페-출입의 학생문제」, 『실생활』 3-7(1932.7.).

90_「學生들아 奢侈말라, 술집 茶집 出入과 와이샤쓰 兩依도 嚴禁, 事變記念日 學務局 各校에 嚴命」, 『每日新報』 1939.7.9.

91_「遊興飮食稅 引上으로 歡樂街에도 自肅風」, 『每日新報』 1940.4.9.; 「暴利 貪하는 紅燈街, 鍾路署에서 今日 一齊 檢索, 傳票 百餘枚도 押收」, 『每日新報』 1940.4.17.

一. 연회 같은 것도 부득이한 것 외에는 절대로 금지시킬 터이며, 일정한 금액을 정하여 그 범위에서 하도록 하며 또는 요리의 가짓수도 훨씬 줄이게 한다.

一. 서화, 골동품에는 비싼 세금을 물리며, 되도록 금지를 시킬 방침이다.

一. 학생 생도들의 풍기를 단속하여 총후 학생의 본분을 지키도록 하며, 대낮부터 찻집 같은 곳에 출입하는 일이 없도록 한다.[92]

이것은 캠페인에 그치지 않고 1940년 8월 1일부로 총독부 경무국은 각도에 통첩을 발하여 유흥 향락 단속의 지침을 전하였고, '풍속 경찰'을 발동시켜 본격적인 단속에 나섰다.[93] 전쟁 분위기와 경찰력을 동원한 단속에도 불구하고 향락 산업은 그다지 수그러들지 않았다. 1941년에도 "유한층의 청년들은 여전히 향락기관에서 개심의 빛과 긴장한 태도를 조금도 보이지 않고" 있으며,[94] "일억일심 물샐 틈 없는 긴장으로 나아가는 이때에 일부 청년, 더욱이 '인텔리' 청년 중에 제 집이 먹을 만큼 사는 것만을 믿고 아무런 하는 일도 없이 빈둥빈둥 찻집이나 환락가로 돌아다니며 허송세월하기에 일을 삼는 자가 많은데, 이러한 자들은 대개 패를 지어 찻집 같은 데로 몰려다니며 별로 자신도 없으면서 가장 아는 체 유언비어를 하는 등 시국을 역행하는 수가 많다."는 것이다.[95]

1942년 9월 경성지법 검사국에서는 "모든 생활물자의 소비를 절약하고 있는 이때 한편 유흥 방면에 눈을 돌리면 아직도 정도를 넘을 향락이 계

92_「戰時生活을 再編成, 奢侈와 享樂에 大旋風,'7·7禁止令' 뒤에 오는 것」, 『每日新報』 1940.7.15.

93_「豫想되는 享樂禁令의 이모저모, 料理床 접시數도 制限, 妓生, 女給軍은 縮少, 戰時國民生活體制抑制事項取締方針 警務局서 立案中, 風俗警察 發動식혀 取締할 터」, 『每日新報』 1940.8.3.

94_「悠閑層 享樂街 出入에 霹靂, 徒食輩엔 傳票制? 이 機會에 反省·總力戰에 參加하라」, 『每日新報』 1941.7.31.

95_「享樂과 奢侈를 追放, 本町署의 取締陳 街頭로 總動員」, 『每日新報』 1941.8.1.

속되고 있는 현상이어서 이것은 국민의 세 때의 식탁에 오를 귀중한 물자가 이곳으로 흘러가는 것이며 생활물자의 더한층의 궁색과 이에 따르는 암거래를 조장하는 결과"가 되고 있다는 것이다. "황군이 조국의 흥망을 지고 생사를 초월하여 적의 격멸에 감투하고 있는 때 반도[조선] 향락 면은 날로 번성을 극하고 있는 것은 총후 인심의 이완을 여실히 보이고 있는 것으로 생각되어 참으로 유감된 바이다. 물론 장기전을 싸워가는 데 있어 영기 보급의 泉原으로써 때로는 어느 정도의 위안도 필요한 것을 부정하는 것은 아니지만 거기에는 한도가 있는 것이라고 생각한다. 단지 오락을 위한 오락 유흥을 위한 유흥을 허용될 것이 아니니다."라고 하였다.[96]

1943년 이후 소비문화 통제에서는 근대적 소비문화인 '모던' 문화의 원류라 할 수 있는 영미식 서구 문화에 대한 배격이 두드러진다. '鬼畜米英'이라는 말이 사용되기 시작했다.[97]

이는 태평양전쟁으로 미국이 적국이 되면서 양재점(洋裁店), 양발점(洋髮店), 카페, 바- 등의 간판과 장식물에 미영 색채가 잔존해 있다며 이를 일본색으로 바꾸어 미영 타도의 적개심을 앙양시켜야 한다는 것이었다.[98] 특히 '신식 결혼'이라는 서양식 혼례식은 '미영적 폐풍'으로 일소하고 전통 혼례식을 치를 것을 강제하였다.[99]

96_「홍청거리는 遊興輩, 檢事局에서 徹底 取締에 進出」, 『每日新報』 1942.9.10.

97_'鬼畜米英'이라는 말이 언제 누구에 의해 사용되기 시작했는지에 대해서는 명확히 확정할 수는 없으나 1942년 태평양전쟁 기념일(대조봉대일, 12월 8일)에 賀屋 대장대신이 라디오를 통해 "미국은 鬼畜이고, 영국은 惡魔다."라는 방송을 하였다는 개인기록(일기)이 제시되고 있다(川村湊 2006, 297).

98_「商街에 米英色 一掃, 屋號와 裝飾類를 整理」, 『每日新報』 1943.3.26.

99_「婚禮는 古來式으로, 古市 府尹 經學院 利用 要望」, 『每日新報』 1943.9.14.; 「敵性 結婚式에 "斷", 純全한 東洋式으로 하라」, 『每日新報』 1943.10.22.

총독부는 사치적이고 퇴폐적인 유흥, 향락의 대중문화를 일소하고 건전한 국민생활에 걸맞은 문화생활을 영위하라고 하였지만, 그 대안은 "신사 참배와 하이킹" 혹은 집단 야영 등 전시 군사력 동원에 필요한 체력 단련과 군국주의적 이데올로기 고취를 위한 것이었다. 근로보국대, 학도 근로 동원 등 일상에서 과도한 노동에 동원되고 있는 '국민'들에게 이러한 것은 절대로 휴식이나 오락이 될 수 없었다.

식민지기 유흥, 향락문화는 농가 경제 파탄으로 어린 여성들이 그 희생양이 되어 인신매매에 기반한 성 상품화를 바탕으로 번창하였다. 이들은 도시 유흥가의 기생, 여급, 창부 등으로 비참한 생활을 영위하고 있었다. 건전한 국민생활 문화를 위해 사치·퇴폐적이고 향락적인 유흥문화를 일소하겠다는 정책은 실효성을 거두지 못한 채 단속의 눈을 피해 음성적 유흥공간을 조장하였다. 유흥가에 머물 수밖에 없는 여성을 위한 자활이나 전업 등의 조치는 거의 없었다. 일제는 '건전'한 국민문화라는 깃발 아래서 국가권력이 나서 여성을 전쟁터의 성 노리개로 만드는 비열하고 반인륜적 범죄를 저질렀다.

4. 국민생활의 파탄과 일제의 패전

중일전쟁 이후 일본에서 통용되었던 전시 '국민생활'이란 "서민적 일상생활 = 소비생활 + 근로생활"로서 소비생활은 근로생활을 뒷받침할 수 있어야 하며, 그 필요에 따라 생활 필수물자 소비와 사치적 소비로 나뉜다. 사치적 소비는 전시 물자 부족 하에서 당연히 절하되어야 하고, 생활 필수물자 소비는 최저생활을 확보할 수 있는 수준으로 이루어져야 한다는 것이다.

이러한 논리는 조선의 전시생활 통제에도 적용되었다. 수입품이나 사치품은 법적으로 소비를 제한 또는 금지하였고, 식량 및 주요 식료품, 의류품 등 생필품에 대해서는 물자 부족이 심각해지는 1940년부터 배급 제도를 실시하였다. 이러한 법적, 제도적 장치에 앞서 총독부는 정동연맹(총력연맹)이라는 관제 단체를 동원하여 대대적인 캠페인을 벌이고, '황국신민'으로서 전쟁 동원에 협력할 것을 강요하고 이를 따르지 않으면 '비국민'이라 낙인찍어 이들에 대한 탄압과 제재를 합리화하였다.

총력전으로 전개되는 전쟁에서 사치 물자의 소비 절하는 피할 수 없다. 그러나 국민생활의 요체는 최저생활 확보를 위한 생필품 소비의 여하에 달려 있었다. 살펴본 바와 같이 의식주 기본생활에서 결국 최저생활의 확보가 이루어지지 못했다. 배급제도 자체가 갖는 효율성과 합리성은 있지만 그 성패는 결국 사람, 운영 주체에 달린 것이다. 아무리 황국신민으로서의 도의를 부르짖고 충성을 강요해도 최저생활도 영위할 수 없는 현실 하에서는 이를 따를 수 없었다.

일제는 제국주의적 대외 팽창과 이를 뒷받침하는 천황제 군국주의 파시즘 하에서 자국 국민을 보호할 수 있는 국력의 정도를 냉철히 판단하지 못하고 무모한 전쟁 도발과 확전으로 나아갔다. 제국과 식민지의 모든 총력을 전쟁에 쏟아 부었지만, 결과는 패전이었고 '국민생활' 역시 파탄되었다. 그 과정에서 겪어야 할 고통과 부담은 고스란히 일본 본국과 식민지의 민중에게 전가되었고, 그 내부의 계서적 구조에 따라 식민지 민중에게는 더욱 더 차별적이었다. 또한 역사, 문화, 민족적으로 조국(祖國)으로 받아들일 수 없는, 결코 운명공동체라는 동질감을 가질 수 없는 제국의 식민지민들에게 전쟁과 '국민생활'은 동의하기 힘든 것이었다.

참고문헌

『조선총독부관보』

『每日申報(新報)』(1937~1945)

『삼천리』『대동아』

『通報』

朝鮮總督府, 1940,『朝鮮に於ける國民精神總動員』.

國民總力朝鮮聯盟 編, 1945,『朝鮮に於ける國民總力運動史』.

공제욱. 2006. "의복통제와 '국민'만들기." 『식민지의 일상, 지배와 균열』. 문화과학사.

김인호. 2006. "태평양전쟁기 서울지역의 생필품 배급통제 실태." 『서울학연구』 26.

김정동. 2001. 『문학속 우리도시 기행』. 옛오늘.

김진송. 1999. 『서울에 딴스홀을 허(許)하라: 현대성의 형성』. 현실문화연구.

미야다세쯔코(宮田節子) 저. 이형랑 역. 1997. 『朝鮮民衆과 '皇民化'政策』. 일조각.

소래섭. 2005. 『에로 그로 넌센스: 근대적 자극의 탄생』. 살림.

소현숙. 2006. "'근대'에의 열망과 일상생활의 식민화." 『일상사로 보는 한국근현대사』. 책과함께.

이송순. 2001. "일제하 전시체제기 식량배급정책의 실시와 그 실태." 『사림』 제16호.

이송순. 2008. 『일제하 전시 농업정책과 농촌경제』. 도서출판 선인.

이종민. 2004. "도시의 일상을 통해 본 주민동원과 생활 통제 - 경성부의 애국반을 중심으로." 『일제 파시즘 지배정책과 민중생활』. 혜안.

허영란. 2000. "전시체제기(1937~1945) 생활필수품 통제 연구." 『국사관논총』 제88집.

후지이 다다토시 지음. 이종구 옮김. 2008. 『갓포기와 몸뻬, 전쟁 - 일본 국방부인회와 국가총동원체제』. 일조각.

大河內一男. 1943. "國民生活の構造." 『國民生活の課題』. 日本評論社.

船山信一. 1943. "國民生活と文化." 『國民生活の課題』. 日本評論社..

昭和史硏究會 編. 1984. 『昭和史事典』. 講談社.

齋藤美奈子. 2002. 『戰下のレシピ - 太平洋戰爭下の食を知る』. 岩波書店.

川村湊. 2006. "'鬼畜米英'論." 『岩波講座 アジア・太平洋戰爭 6 - 日常生活の中の總力戰』. 岩波書店.

9장

미나미 지로 조선총독 시대의 중앙조선협회

이형식

중앙조선협회는 조선총독부가 직면하고 있던 내외의 통치 환경이 악화되는 가운데 조선의 전 관료가 중심이 되어[1] 北海道協会를 모델로 해서 조선 개발[산미증식계획이나 철도망의 완성을 최우선 정책 과제로 했음, [ ] 안은 저자 주, 이하 동일]에 주안을 두고 1926년 동경에서 조직된 식민지협회였다. 그

1_1934년 5월 전무이사, 이사의 대폭적인 개편이 이루어졌다. 주요한 간부로는 회장: 사카타니 요시로(阪谷芳郎, 전 대장대신), 전무이사: 세키야 데자부로(関屋貞三郎, 귀족원 의원, 전 학무국장), 이쿠다 기요사부로(生田清三郎, 전 내무국장), 아사리 사부로(浅利三朗, 전 경무국장), 유게 고타로(弓削幸太郎, 전 철도부장), 와타나베 미유키(渡辺弥幸, 식사은행 이사), 이사: 이리에 가이헤이(入江海平, 척무차관, 전 총독부 사무관), 이케베 류이치(池辺龍一, 전 총독비서관), 이시이 미쓰오(石井光雄, 권업은행 부총재, 전 한국정부 고문), 바바 에이이치(馬場鍈一, 권업은행 총재, 전 한국재정 고문), 우사미 가쓰오(宇佐美勝夫, 귀족원 의원, 전 내무부 장관), 마루야마 쓰루키치(丸山鶴吉, 귀족원 의원, 전 경무국장), 모리야 에이후(守屋栄夫, 중의원 의원, 전 서무부장)가 취임했다. 그 외에 동양척식주식회사나 조선은행 수뇌부도 이사에 선임되었다.

후 협회는 '조선의 개발'이라는 기치 아래 조선총독부를 원조하는 활동이나 참정권이 없는 조선 거주자들을 대신하여 그들의 진청·청원을 일본의 내각이나 의회에 알선하는 역할을 일관해서 담당했다.[2]

이렇듯 중앙조선협회는 총독부의 통치정책에 직, 간접적으로 깊이 관여하며 큰 영향력을 행사했었고 회원 중에는 소위 '조선통'들이 많이 참여하던 단체였다. 이러한 협회가 조선군과 '만주조'(滿洲組, 이하 만주파)[3]가 주도했던 급진적인 황민화 정책에 대해 어떻게 인식했는지를 살피는 것은 일본의 전시체제하의 조선을 생각할 때 매우 중요한 과제라고 할 것이다.

하지만 기존 연구에서는 자료적 측면에서는 사료적 제약상 본격적인 분석이 거의 이루어지지 않았으며, 방법론적 측면에서는 총독부의 지배정책에 대한 조선인의 저항이라는 종래의 이분법적인 구도가 주를 이루었기 때문에, 중앙조선협회라고 하는 재조 일본인의 이익, 압력단체의 움직임을 식민지 정치사 연구에 도입하는 시도가 이루어지지 않았다.

이와 같은 문제의식을 바탕으로 이 글에서는 미나미 지로(南次郎) 조선총독 시기를 중심으로 중앙조선협회의 활동과 조선총독부와의 관계 및 일

2_중앙조선협회의 개요에 대해서는 Lynn Hyung Gu(2002); 李炯植(2007); Hyung Gu Lynn(2008); 金玄(2010) 참조.

3_山室信一(1998)는 '만주조'로서 미나미 지로(南次郎) 총독, 오노 로쿠이치로(大野緑一郎) 정무총감, 시오바라 도키사부로(塩原時三郎) 학무국장을 들고 있으나 이 외에도 곤도 기이치(近藤儀一) 비서관, 마쓰다 미치요시(増田道義) 사무관 등이 있다. 이 '만주조'에 대해서 총독부 안에서도 "미나미 씨의 측근자 한두 사람이 만주에서 구상했던 속성적인 정책을 끌어 모아 여기에 무턱대고 밀어 붙이려고 해도 그것은 단지 시대착오적인 것이고 모처럼의 질서를 흩트리게 되었다."라는 비판이 있었다(1940년 6월 13일자 関屋貞三郎 앞 中島司 서한에 들어 있는 「南総督政治の実状」, 『関屋貞三郎関係文書』 454-2에 첨부된 문서, 국회도서관 헌정자료실 소장).

본이 조선 통치를 행하는 데 수행한 역할을 밝히며, 그 전까지 본국의 전시 체제에 적극적으로 협력하고 있던 총독부와 중앙조선협회가 1940년이 되면서 황민화 정책을 둘러싸고 관계 설정이 달라지게 되는 원인도 구명하고자 한다.

이는 전전기 일본의 식민지 조선 지배정책의 중층성, 복잡성을 이해하는 데도 중요하고 새로운 시각을 제공할 것이다.

1. 황민화 정책과 중앙조선협회

1) 시오바라(塩原時三郎) 학무국장에 의한 학무 행정

미나미 총독에 의해 발탁된 시오바라 학무국장은 조선 교육이 근본적으로 지향하는 목표를 '국체명징', '내선일체'의 철저, '황국신민화'에 두었다. 이 때 '국체명징'이 불가능하다면 '내선일체'도 사상누각화될 것을 우려할 정도로 국체명징을 강조하면서 비일본적인 것에 대해서는 철저한 태도로 '교정'하려고 했다(塩原時三郎 1940, 3).

1937년 10월 시오바라는 '내선일체'·'황국신민화'를 위해 "우리들은 황국신민이다. 충성으로 국가에 보답한다."로 시작되는 황국신민의 서사를 제정하고 학교를 비롯하여 관공서·은행·회사·공장·상점 등 모든 직장에서의 조회, 그 밖의 회의에서 제창시켰다. 이 황국신민의 서사는 당시의 조선인에게 커다란 정신적 고충을 주었을 뿐만 아니라, 관리나 전 관리였던 재조 일본인이나 지식인 사이에서도 날림인데다가 형식주의로 흐른다는 비난이 당시부터 있었다.

1938년 시오바라는 조선군의 요청으로 조선교육령을 개정하고[4] 학제의 통일, '내선공학'을 도모함과 동시에 교육의 근본 방침으로 '국체명징', '내선일체', '忍苦鍛錬'의 삼대 강령을 내걸고 조선인의 황민화를 철저하게 추진하였다. 1938년 이후 일본어 보급운동이 대대적으로 전개되어 학교에서 조선어 사용이 금지되었다. 경성제국대학의 경우 1939년 가을 학생과장으로부터 "학내 및 통학 도상에서 학생 사이의 조선어 사용 금지"의 통달이 내려져, 많은 동요를 불러 일으켰다.[5] 특히 조선인 환자에 대해서 임상적인 진료를 하지 않으면 안 되었던 의학부에서는 분란이 빈발했다(京城帝国大学創立五十年記念誌編集委員会 1974, 434). 이와 같은 총독부의 조선어 사용 금지 정책에 대해서 사카타니 요시로(阪谷芳郎) 중앙조선협회 회장은 스위스의 민족어 보호의 예를 들며 "일본어 통일은 정치상, 경제상, 사회상, 교육상, 그 밖의 모든 방면에서 유리하지만, 민심을 존중하여 급격하지 않고 자연히 진행되어야 한다."고 우려를 나타냈다.[6]

조선교육령 및 각 학교 규정을 개정한 후 시오바라는 고등전문교육에 대한 황국신민 교육정책을 철저히 추진하여 공산주의는 물론 개인주의, 자유주의도 배격하고 사상 통제를 강화했다. 경성제국대학 법문학부 교수였던 아베 노리시게(安倍能成)가 1938년 1월 『文藝春秋』에 기고한 평론을 '自由主義이고 反軍的'이라고 문제 삼았다. 학무국은 경성제대 총장 하야미 아

4_조선군과 조선교육령 개정과의 관계에 대해서는 宮田節子(1995)가 상세하다.

5_『帝国大学新聞』 1940.5.27.

6_「阪谷芳郎日記」 1937.10.17.(일본국회도서관헌정자료실 『阪谷芳郎関係文書』).

키라(速水滉)에 대해서 '선처'를 요구했는데, 하야미는 학무국의 개입을 거절했다. 양자의 대립은 현재화되어 법문학부 교수회가 중심이 되어 '대학 자치'를 지키기 위해 시오바라를 배척하는 결의를 하려고 했지만, 태도를 누그러뜨리는 교원도 나왔기 때문에 최종적으로 흐지부지되고 말았다. 그러나 이 사건은 법문학부 교수 야스다 미키타(安田幹太)의 퇴직(1939년 10월)과 하야미 총장의 퇴진의 복선이 되었다.[7]

1939년이 되면 학무국은 고등전문학교에 대한 사상 통제, 개입을 한층 강화했다. 4월 학무국은 경성상업학교의 '교학 쇄신'을 주장하고 시국에서 불필요하다고 해서 영어의 교수 시간을 극단적으로 축소함과 동시에 '支那語'를 확대하고 일본학·일본사학 강좌를 신설했다(稲葉継雄 2005, 329). 6월에 천진 조계 봉쇄 문제를 계기로 排英思想이 고취되기 시작하자[8] 7월 학무국은 대학 예과 및 각 전문학교의 입학 과목에서 영어를 폐지하고 영어 수업 시간을 가능한 한 축소하고 대신에 전 조선의 대학, 전문학교, 중등학교에 각각 일본학, 국사, '支那語' 등의 수업 시간을 확대하는 방침을 결정했다. 이와 같은 학무국의 조치에 대해서 도키에다 모토키(時枝誠記)를 비롯한 경성제국대학 교수회는 격렬하게 저항하고 교수회 전원의 찬성으로 반대 결의와 성명서를 발표하려고 했으나 총독부에 의해서 저지되었다.[9]

7_시오바라 학무국장의 '경성제대 정벌'에 대해서는 安田敏朗(2001); 石川健治(2006); 정준영(2011)을 참조할 것.

8_1939년 4월 중화민국 임시정부에 의해 임명된 해관감독이 천진의 영국 조계 안에서 암살되는 사건이 발생했다. 영국이 그 범인의 인도를 거부했기 때문에 일본 현지군은 6월 14일부터 영국, 프랑스 조계를 폐쇄하는 사태가 발발했다. 천진 조계 폐쇄 문제에 대해서는 玉井清(2000)을 참조할 것.

9_앞의 「南総督政治の実状」.

나아가 1940년 4월 학무국은 대학 규정 및 전문학교 관계 규정을 개정하여 대학과 전문학교를 "황국의 道에 의거하여 국체 관념의 함양 및 인격의 도야에 유의해서 忠良 有爲의 황국신민을 연성"하는 기관으로 자리매김하여 국가주의적 통제를 강화했다. 전문학교 규정을 개정함과 동시에 시오바라 국장은 같은 달 경성법전 선임 교수로 교장 서리를 담당하고 있던 구루마다(車田篤)를 대신하여 전 관동청 사무관으로 교육 방면과 인연이 거의 없었던 경찰 계통 출신자인 마스다 미치요시(增田道義)를 파격적으로 발탁하는 인사를 감행했다. 시오바라는 이러한 '인적 쇄신'을 통해서 경성고등상업학교에 이어 경성법전에 대해서도 통제를 강화했던 것이다.[10] 나아가 종래는 대학 자치에 맡겨져 있던 대학 총장을 총독부가 결정하여 학무 행정과는 인연이 멀었던 전 이왕직장관 시노다 지사쿠(篠田治策)를 경성제국대학 총장에 임명했다.

이처럼 시오바라는 황국신민의 서사의 제정, 조선어 폐지, 상급학교 입학시험에서의 영어 폐지, 전문학교장, 중등학교장의 대대적인 경질(임이랑 2013, 29), 경성제대 문제 등의 교육에의 통제 강화책을 전개했다. 재조 일본인들은 이러한 학무국장의 방침에 대해서 "국가주의적, 단독전행적이고 난폭하다."고 반발했다.[11]

10_참고로 마스다는 철저한 황민화 교육의 신봉자로 학생들에게 "일본 정신과 함께 검도를 수련"시키고, "국가를 위해 자신을 버리고 無心이 되어 적을 쓰러뜨리는 것을 체득"시켜 특별 지원병에 지원시켰다(增田道義 1978) .

11_앞의 「南総督政治の実状」. 참고로 신설 중등학교에서 '내선공학'에 대해서는 재조 일본인의 반발을 샀다고 한다(鈴木武雄 1950, 9-12).

2) 신사 참배

1936년 9월 미나미 총독은 도지사 회의에서 역대 총독 중 처음으로 신사 숭배에 대해서 구체적으로 훈시했다. 같은 해 10월 24일 도미나가 분이치(富永文一) 학무국장은 "국체 관념을 명징하고 국민정신의 함양을 유감없이 기"하기 위해 신사의 例祭에서도 각 학교도 교원, 학생, 아동의 참배를 통첩했다.[12] 중일전쟁이 발발하자 조선군, 그리고 그 의향에 동조한 조선총독부 관료와 재향군인회 등은 기독교도에 대해서 신사 참배를 강제하였다(駒込武 2006, 60). 37년 9월부터 학교 학생들을 신사 참배에 동원하기 시작했는데, 신사 참배를 거부한 학교에 대해서는 폐교 명령을 내리는 등 기독교 학교와의 마찰을 불러 일으켰다. 이러한 상황에 대응해서 총독부는 1938년도에 들어서서 한층 탄압을 강화하는 한편, 유력 지도자들을 회유하여 '내선 기독교 일체 운동'을 추진하였다(韓晳曦 1988, 184-190).

이러한 상황에서 사카타니 중앙조선협회 회장은 1937년 11월 조선 출장에서 돌아온 나카지마 쓰카사(中島司) 주사로부터 "단발령, 신사 참배, 神棚, 조선어의 폐지, 白衣 금지 시행이 지나치지 않는가라는 불평이 있었다."라는 보고를 받았다.[13] 사카타니는 세키야 데자부로(関屋貞三郎) 전문이사, 그 외 이사들과 협의한 후에 총독 이하의 책임자에게 조선인의 불만을 內申하도록 나카지마에게 지시하는 등 '米国耶蘇教学校' 폐지 문제나 신사 참배 강제 문제에 대해서 민감하게 반응했다. 세키야도 1938년 6월 일본YMCA와 조선YMCA의 합동을 위해 조선에 출장했던 동경YMCA 총무 사이토

12_『京城日報』 1936.10.25.

13_앞의 「阪谷芳郎日記」 1937.11.16.

소이치(斎藤惣一)로부터 조선 사정을 들은 후 "미나미 총독의 신사 숭배는 강제가 지나친 경향"이 있는데, 그에 대해서 "기독교를 옹호할 필요"가 있다고 사카타니에게 이야기하는 등 사태를 주시하고 있었다.[14] 이어 7월 26일 세키야는 일본, 조선 기독교 합동을 위해 조선에 건너간 일본기독교회 대회 의장 도미타 미쓰루(富田満), 일본기독교연맹 주사 에비사와 아키라(海老澤亮)로부터 조선의 기독교에 대해서 "하급의 경찰관 등은 신사를 종교라고 하고, 게다가 일반 종교 위에 선다는 견해를 가지고 이를 대중에게 강요하는 자가 있다."라는 내용을 청취했다.[15]

이와 같은 총독부의 강권적인 신사 참배 강요 정책에 대해서 조선의 기독교도는 집단적인 저항운동을 전개하는 한편, 합법적인 운동, 즉 중앙조선협회를 비롯하여 일본 주요 인사를 적극적으로 움직임으로써 참배 강요를 막으려고 했다. 예를 들면, 1940년 4월에는 김교신이, 8월에는 金善斗가 세키야와 면담하고 신사 참배 강요의 부당함을 호소하고 강요를 저지시켜 주도록 간청했다.

이처럼 태평양문제조사회에서 활동했던 국제파로서 열려진 사카타니나 기독교 신자였던 세키야는 신사 참배 문제나 미국 기독교 학교 폐지 문제에 주시하면서 참배 강요에 대해서는 비판적인 태도를 취하고 있었다.

14_앞의 「阪谷芳郎日記」 1938.6.21.

15_앞의 「関屋貞三郎日記」 1938.7.26.

2. 전시 통제와 중앙조선협회

1) 언론 통제

『동아일보』는 1936년에 열린 베를린 올림픽의 마라톤 우승자인 손기정의 사진을 지면에 게재할 때에 가슴의 일장기를 말소했다. 이전보다 언론 통제를 강화하고 있던 총독부는 이 사건에 신속히 반응하고 이것을 계기로 『동아일보』에 대해서 무기 정간 처분을 내렸다. 『동아일보』 사장 송진우는 책임을 지고 사직했지만 그것만으로는 사태가 수습되지 않고 정간 처분은 장기화되었다. 사임한 송진우는 사카타니에게 『동아일보』의 정간 처분 해제를 의뢰했다. 다음해 2월 21일 사카타니는 나카지마 주사에게 "요지를 확인하기 위해 서면을 보낼 것", "세키야 씨나 나카지마 쓰카사 씨가 경성에 가서 사정을 들을 필요가 있는 것", "그런 후에 미나미 총독, 오노 정무총감에게 말할 것", "미리 척무차관 이리에 가이헤이(入江海平) 씨에게 면회하여 양해를 구할 것" 등을 지시하였다.[16] 나카지마는 2월 23일 이리에 척무차관과 면담하고 차관으로부터 "일단 대신(結城豊太郎, 저자 주)과 만나보고 잠시 기다려 달라는 대답"을 얻었다.[17] 사카타니는 3월 25일 이리에 척무차관에게 편지를 보내고, 『동아일보』 정간 문제에 대해 주의를 환기했다. 이어 사카타니는 6월 3일 『동아일보』 발행 정지에 대해 오노 로쿠이치로(大野緑一郎) 정무총감에 대해서 "문제 해결을 희망한다."[18]라는

16_앞의 「阪谷芳郎日記」 1937.2.21.

17_앞의 「阪谷芳郎日記」 1937.2.21.

전보를 보내는 등 정간 해제를 위해 총독부와 척무성에 암암리에 협력을 요청했다. 사카타니의 교섭이 효과를 발휘했는지 『동아일보』는 6월 무기 정간이 풀리게 되었다.

이 때 총독부는 조선어 신문뿐 아니라 재조 일본인이 경영하는 신문에 대해서도 통제를 강화하려고 하였다. 조선군 사령부도 1937년 10월 신문반(반장 深堀游亀)을 신설하고 애국심 강화와 비상시국에 대응하는 태도를 강화했다.[19] 『朝鮮新聞』 사장으로 중의원 의원인 마키야마 고조(牧山耕蔵, 民政党)는 같은 해 11월부터 12월에 걸쳐 『朝鮮新聞』에 「조선신문과 나, 감추어진 그 20년간을 말한다」라는 회고담을 게재하는데 이것이 필화 사건으로 발전했다. 민정당 고문인 사쿠라우치 유키오(桜内幸雄)는 미나미 총독에 대해서 마키야마의 선처를 의뢰하였다. 미나미는 "사법권이 발동하게 되었고, 특히 당시 군부 방면의 公憤이 치열합니다. 그 밖의 언론계 및 관민 각 단체의 대세도 거국일치, 특히 반도 특수 사정에서 마키야마 씨의 언동에 분개하는 이가 많은 상태입니다."[20]라고 해서 강경 방침을 굽히지 않았다. 또한 고니소 구니아키(小磯国昭) 조선군 사령관은 『朝鮮新聞』에 실린 마키야마의 회고담에 대해서 "조선 통치를 저해하는 것은 물론, 거국일치의 체제 결속을 어지럽히는 것이 매우 심해 단호하게 배격하지 않으면 안 된다. 그들의 안중에는 단지 자기의 영리만 도모하는 것만 있을 뿐이고 한 치의 국가 관념도 없어 그 언사 참으로 증오 받아야 한다."라고 신랄하게 비

18_앞의 「阪谷芳郎日記」 1937.6.3.

19_『大阪毎日新聞』 朝鮮版 1937.10.21.

20_「大野緑一郎 앞 南次郎 서한」 1938.3.28.(国立国会図書館憲政資料室 所蔵, 「大野緑一郎関係文書」, 81-149). 이하 「大野文書」로 약기한다.

판했다.[21]

그 후 경성지방검사국은 풍속 파괴 및 치안 방해의 명목으로 마키야마를 조사하고 앞으로는 일절 신문에 관여하지 않을 것을 약속받았다.[22] 그 후 『朝鮮新聞』은 그 때까지 조선총독부의 어용지인 『京城日報』에 대항하는 지위를 상실하게 되었다. 이러한 사태에 대해서 『朝鮮新聞』 取締役会長 곤도 시로스케(権藤四郎介)는 『京城日報』 고문을 역임했던 도쿠토미 소호(徳富蘇峰)에게 "저는 현대 신문이 통제 기사 하에서 관보를 읽는 것 같은 기분이어서 삭막합니다. 오히려 이를 읽기 어렵습니다."라고 전하였다.[23]

일본에서는 1938년 가을부터 보도의 통일과 자원 고갈의 방지라는 명목으로 '一県一紙'의 원칙으로 신문을 통제하였는데, 조선에서도 '一道一紙'의 원칙하에 신문 통폐합이 진행되고 있었다. 1940년 1월 그 때까지 평양에서 발행되고 있었던 『西鮮日報』이 폐간되고, 『平壌毎日新報』에 통합되었다. 11월에는 『北鮮日日新聞』과 『北鮮新聞』가 통합되어 『清津新聞』이 창간되었고, 다음해 2월에는 『朝鮮日日新聞』가 폐지되었다. 이처럼 일본보다 빠른 속도로 신문 통제가 진행되었던 것이다.[24] 후술하는 『동아일보』 폐간 문제에 『朝鮮新聞』 관계자가 깊숙이 관여하는 배경에는 이러한 총독부의 철저한 신문 통제책이 있었다.

21_『朝鮮日日新聞』 1938.3.15.

22_「新聞記者筆禍事件概要 朝鮮新聞牧山耕蔵筆禍一件」(앞의 「大野文書」 1288).

23_「徳富蘇峰 앞 権藤四郎介 서한」 1939.4.1.(徳富蘇峰記念館所蔵, 「徳富蘇峰関係文書」).

24_1937년에서 41년까지의 『日本新聞年鑑』을 참조.

2) 금융 통제

식민지 조선의 중앙은행으로서 설립되었던 조선은행은 융자, 수표 할인 등의 보통은행의 업무도 하면서 조선총독부에 대해 자금도 대부했다. 뿐만 아니라 일본 국내기업에 대한 대부 사업을 비롯하여 만주와 중국에 진출하는 등 조선의 산업 육성이라는 설립 당초의 목적에서 일탈한 범위까지 업무를 확장하면서 제1차 세계대전 후 오래 계속된 불황 하에 융자한 자본을 회수할 수 없는 사태에 직면하게 되었다. 조선은행은 일본은행으로부터 긴급 융자를 받아서 이 사태를 극복했으나 1924년 감독권이 조선총독에서 대장대신으로 이양되었다.[25] 이로 인해 농공은행을 병합해서 조선의 산업금융기관으로 설립된 조선식산은행은 총독부의 정치적인 비호 아래에서 실질적으로 조선의 중앙은행의 위치를 점하게 되었다. 즉 조선에서는 대장성이 감독하는 조선은행과 총독부가 감독하는 식산은행의 두 은행이 대립하게 되었다. 이에 따라 조선의 금융기관도 조선은행 계통과 식산은행 계통의 두 계통으로 나뉘어져 조선은행 계통은 일본 단기자본 시장이, 식산은행 계열에는 일본 기채시장이 각각 결합되어 지배적인 영향을 조선 금융계에 미치고 있었다(鈴木武雄 1940, 151).

그런데 조선은행이 1937년 만주국 내의 지점, 영업소 모두를 철수해 조선에 힘을 쏟고, 또 동양척식주식회사가 만주, 남양, 대만에서 철퇴해 조선에 집중하게 되자 조선에서 조선은행, 동척, 식산은행 등 금융기관 간의 경쟁이 치열하게 되어 금융기관 정비 문제가 발생하였다(中野伊三郎 1937,

25_조선은행에 대해서는 조명근(2011) 참조.

12-15). 같은 해 7월 중일전쟁의 발발은 금융 정세를 한층 악화시켜 조선의 금융기구의 통제 강화는 긴급한 과제로 부상했다. 같은 해 10월 최초의 금융 통제 입법인 「臨時資金調整法」이 칙령으로 조선에도 시행되었다. 그와 동시에 미나미 총독은 금융 통제 강화, 서정쇄신을 목표로 특수은행, 회사의 수뇌부를 경질했다. 미나미는 같은 해 10월 17년간 조선식산은행 총재를 역임한 아루가 미쓰토요(有賀光豊)를 임기 도중에 사임시키고 재무국장 하야시 한조(林繁蔵)를 후임 총재로 임명했다. 하야시는 총재에 취임한 후 '하야시 인사'라 불리는 대폭적인 인사이동을 감행하였고, 그에 따라 아루가 전 총재에 가까웠던 주요 간부들이 식산은행을 떠났다. 하야시 총재의 개성도 작용하여 시국 협력적인 경향이 은행 안에서 급속히 강해졌다고 한다(堀和生 1983, 176). 참고로 미나미에 의해 쫓겨 난 아루가는 일본에 돌아가고 나서 중앙조선협회 전문이사에 취임했다.[26]

1938년에 들어서면서 생산 확충 및 물자 동원 계획, 물자 통제 및 배급 통제 및 금융 통제가 점점 강화되어 전시 통제경제도 본격화되었다. 대장성은 조선의 금융기관을 조선은행-일본은행-대장성으로 이어지는 루트를 확립함으로써 일원적인 금융 통제 체제로 재편성하려고 하였다. 일본은행은 1938년 3월 기타가와 노보루(北川昇) 考査部次長을 조선에 파견해서 조

26_덧붙이면 1937년 10월 조선방송협회 이사 保坂久松(전 체신부 사무관), 조선철도주식회사 전무 新田留次郎(전 조선총독부 철도국 기사), 조선금융조합연합회 사업부장 河野節夫(전 평남 내무부장), 조선개발주식회사 총재 三好豊太郎(전 조선은행 부산지점장), 조선금융조합연합회 금융부장 本田秀夫(전 식산은행 조사과장), 조선석유주식회사 상무 関水武(전 경남지사), 조선전력주식회사 전무 井上清(전 체신국장), 조선제련주식회사 사장 松本誠(전 경기지사), 조선방송협회장 長土師盛貞(전 경남지사), 朝倉昇(전 평양지방 전매지국장), 朝鮮油脂株式会 사장 松本伊織(전 全南知事) 등 전 조선총독부 관료나 재조선 재계인이 대거 중앙조선협회에 입회했다.

선 내의 금융 사정을 조사시켰다. 이와 같은 대장성의 금융 통제책에 대응해서 총독부는 조선은행이 중앙은행으로서 본래의 모습을 되찾는 방침을 정했다(水田直昌 1981, 68-69). 같은 해 12월 조선금융단이 결성되어 조선은행 주도의 금융 통제가 추진되는 것은 그 상징적인 예라고 할 수 있을 것이다.[27] 나아가 총독부는 은행 병합과 병행해서 저축은행, 신탁은행, 無尽会社(대부회사)의 一行 내지 1개 회사, 또는 一道一社主義를 관철하는 등 일본보다 훨씬 강력한 금융 통제 방침을 표방·시행했다. 지방은행은 1943년 일본인을 중심으로 하는 은행, 조선인을 중심으로 하는 은행 두 개로 합병되었고, 無尽業의 경우는 一道에 一社 존재했던 無尽이 朝鮮無尽会社의 한 개 회사로 통합되는 등 과도한 통제가 이루어졌다.

1940년에 들어서면 총독부는 조선은행의 중앙은행화, 식산은행의 부동산은행화, 금융조합의 자금을 식산은행에서 조선은행으로 의존의 전환, 지방은행의 합병이라는 금융 조정 방침에 의거하여 금융 통제를 한층 강화했다.[28] 이와 같이 조선은행을 중심으로 하는 강력한 통제 정책 하에서 식산은행은 그 세력이 쇠퇴할 수밖에 없었고, 전시 수행의 금융기관적 색채가 한층 농후하게 되었다. 군과 총독부가 지지하는 융자 대상에는 경제수지상 우려되는 것이 많았다. 예를 들면 기미지마 이치로(君島一郎) 조선은행 부총재는 재계 각 부문과 조선군(加藤鑰平参謀長, 山之内二郎企画部嘱託·陸軍御用掛)과의 세 번째 간담회의 모습을 다음과 같이 일기에 적고 있다.

군의 요망은 필요한 각 자원을 조선에서 전부 조달하려는 것으로 [이는 곧] 초등

27_조선금융단에 대해서는 木村健二(1991) 참조.

28_『京城日報』 1940.4.9.

학생을 군인으로 만들려는 이치인 셈이다. 그러나 실업계는 불가능하다고 할 수는 없다. 나아가 연구해서 소견을 개진하고 軍도, 官도 지도해야 한다.[29]

식산은행은 통제경제 안에 편입되어 말기로 갈수록 군수 산업에의 대출은 무조건에 가깝게 되었다고 한다(堀和生 1983, 179).[30] 이와 같은 과도한 통제정책에 대해서 재조선 금융업자들은 강력히 반발했다. 경성에 있는 일본인 고등관 경험자 중 특수회사 사장(식산운동 계열) 등에 취임한 자들이 식산은행 총재를 중심으로 해서 목요회라는 일본인만의 그룹을 조직하고 조선은행을 중심으로 하는 금융 통제에 반대하는 운동을 조직했다. 이 그룹은 중앙조선협회와 연락하면서 미나미 총독의 정책에 비판을 가하고 있었다.[31]

3) 경제 통제

중일전쟁 발발 후 임시 자금 조정법과 이출입품의 임시조치에 관한 소위 비상시 경제 입법이 공포되자 상공성은 일원적인 경제 통제를 한층 강고히 할 것을 총독부에 요구했다. 이에 대해서 조선총독부는 총독부 주도의 자치 통제를 주장했다.[32] 하지만 1938년 4월 국가총동원법이 공포되자

29_『君島一郎日記』 1940.12.4.(東京大学法学部附属近代日本法政史料センター原資料部 所蔵, 『君島一郎関係文書』에 所収).

30_전쟁 말기의 식산은행의 광공업 금융에 대해서는 정병욱(2004) 참조.

31_국민정신총동원 이사를 역임했던 曹秉相은 목요회가 "전 조선신문사 사장 権藤四郎介라는 인물을 식산은행 총재 촉탁으로 동경에 파견하여 우가키(宇垣)와 결속해서 미나미 정책을 공격했다."고 증언하고 있다(曹秉相手記 1993, 369-370).

32_전시기의 총독부 공업정책에 관한 연구는 다수 존재하지만, 대표적인 연구는 川北昭夫

총독부 내부에서는 종래의 유일한 간판이었던 '조선 특수성'에 대해서 재검토가 이루어지게 되어 '조선 특수성'을 대신하여 '제국 대륙 정책의 전진 거점', '대륙 병참기지', '대륙 배급기지'로서의 조선 등이 강조되기 시작했다.[33] 총독부로서는 산업 개발에 일본으로부터의 자금 획득은 필수 불가결했기 때문에 생산력 확충, 국방 및 국책을 수행하는 대신에 경제 통제를 한층 강화하는 선에서 타협했던 것이다. 그러한 타협의 표현으로 나타난 것이 '대륙 병참기지', '適地適業'이라는 슬로건이었다. 국가총동원법 시행 후 조선 경제는 무역, 자금, 물자 보급에서 소비에 이르는 광범위한 경제 통제를 받게 되었다.[34] 군수공업 중심의 무역, 물자 통제에 의한 민수공업 분야의 원료 공급과 수출 제한은 조선 공업의 중요 부분을 점하는 중소자본에 직접적인 타격을 주었다. 이러한 상황에 대해서 호즈미 신로쿠로(穗積真六郎) 식산국장은 軍需의 충족이 "국민생활을 파탄에 빠뜨려 국방의 배후인 산업을 파괴하는 것은 간접적으로 군의 전투력을 감쇄하게 된다."고 군사 일변도의 정책에 비판했다.[35] 이 과정에서 1938년 초부터 호즈미가 미나미 총독에게 사직서를 제출하는 등 정책 전환을 둘러싸고 총독부 내부에서의 의견 대립도 발생하게 되었다.[36]

총독부는 중소상공업 자금융통 손실보상제도나 조선공업조합령을 도입

(1996); 방기중(2004)을 손꼽을 수 있다.

33_社說「内鮮一体と所謂半島経済の特殊性」(『京城日報』 1938.4.13.).

34_전쟁 발발 후 1938년 단계에 이르는 전시경제 통제의 실상에 대해서는 김인호(1998, 48-58) 참조.

35_『京城日報』 1938.1.4.

36_미나미 총독은 오노 정무총감에게 1938년 3월 7일자 서한을 통해서 "호즈미 국장을 내 볼 수 없다. 현직에서 노력하기를 희망한다. 어떠한 문제도 본인에게 관여시키지 않기를 희망한다."고 전하고 있다(앞의 「大野文書」 81-37).

해서 중소상공업을 구제하려고 했다. 그러나 조선공업조합령은 일본의 공업조합법과 비교하면 총독부의 강력한 통제권과 감독권이 규정되어 있어서 기업 전반을 통제하기 위한 통제경제법이라는 성격이 보다 강한 법령이었다(배성준 2001, 380). 또한 1939년 12월 조선상공회의소는 전임이사제를 도입하고 히토미 지로(人見次郎, 전 조선총독부 철도부장) 신회장을 선임하는데 총독부의 종용에 의해 회의소 자체의 사업으로 경제통제협력회를 조직하는 등 총독부의 경제통제기구에 편입되었다. 이리하여 1920년대 재조 일본인 중소상공업자를 위해 중앙조선협회를 통해 의회나 내각에 대해서 활발한 진정 활동을 전개했던 상공회의소는 총독부의 통제대행기관으로 전락했다.[37]

1939년 12월 총독부는 경무국에 경제경찰과를 설치하고 경제 범죄에 대한 '엄벌주의'를 채택하고 경제경찰관의 증원, 폭리취체령의 강화 등에 의해서 경제 통제를 한층 강화했다(松田利彦 2003, 236). 후술하는 바와 같이 중앙조선협회 나카지마 쓰카사의 보고서 가운데 '경찰관권의 발호'라는 항목이 포함되어 있는 것은 경제 범죄 단속 강화에 대한 조선 사회의 불만이 표출된 것으로 생각된다. 또한 『朝鮮新聞』 고문이었던 이시모리 히사야(石森久弥)도 미쓰하시 고사부로(三橋孝一郎) 경무국장이 언론기관의 통제, 재계, 사상단체의 탄압 등 "물샐 틈 없는 소멸 작전으로 성공했다."라고 회고하고 있다.[38]

이처럼 전시경제 통제의 영향으로 중소상공업자는 타격을 입었다. 그러나 여기서 유의하지 않으면 안 되는 것은 중일전쟁 초기, 전기경제 하에서 재조 일본인 중 몰락한 자가 상당한 수에 이르렀던 반면, 만주에 진출한

37_1920년대 상업회의소의 내각과 제국의회에 대한 진정, 청원 활동에 대해서는, 전성현(2011); Uchida, Jun(2011) 참조.

38_石森久弥, 「仰臥告白の記」(『ジャーナル』 740, 1969.9.8.).

경성방직을 비롯하여 그 수는 결코 많지는 않지만 조선인 기업의 눈부신 성장이 있었다는 것은 확실하다(カーター・J.エッカート 2004, 163-167; 鈴木武雄 1950, 98-100; 김인호 2000, 67-73). 미나미 총독은 '內鮮人 差別撤廃'에 대해서 "실로 한탄스럽지만 반드시 실현할 테니 잠시 지켜봐 주시오."라고 친일적인 조선인에게 차별 철폐를 약속하자 경제면에서 그들의 차별 철폐 운동은 활발히 전개되었다(曹秉相手記 1993, 370). 총독부로서는 전쟁 수행을 위해 어느 정도 조선인 경영자의 경제적 대우를 고려할 필요가 있었던 것이다(近藤釼一 編 1963, 78). 그 결과 일본보다도 관료의 힘이 훨씬 강했던 조선에서 그 때까지 독점적인 이익을 올리고 있었던 일본인 상공업자 사이에서 총독부의 경제정책에 대한 불만이 고조되어 가고 있었다.

이렇듯 조선군·'만주파'의 지도하에 추진된 정신 총동원(황민화 정책)과 물자 총동원(경제 통제)은 조선 사회에 많은 모순과 대항관계를 불러 일으켰다. 황민화 정책을 둘러싸고 조선총독부와 일본인의 대립이 현저해진 한편, 경제 통제에 대해서는 재조 일본인의 불만이 높아졌다. 이러한 불만을 품은 다양한 정치 주체가 『동아일보』 폐간 문제[39]를 계기로 중앙조선협회를 매개로 조선총독부와 대립하게 되었다.

39_『동아일보』 강제 폐간 사건과 중앙조선협회에 대해서는 앞의 Lynn(2008)도 다루고 있는데, 사실관계의 오류가 적지 않고 『동아일보』 폐간을 둘러싼 조선총독부와 중앙조선협회의 대립을 단순한 인맥관계로 왜소화하여 『동아일보』 폐간 문제만이 아니라 미나미 총독에 의해 무리하게 추진된 황민화 정책과 전시 통제에 대한 중앙조선협회의 비판을 간과하고 있다.

3. 『동아일보』 강제 폐간 사건과 중앙조선협회

1) 『동아일보』 사건의 발단과 전개

1940년에 들어서면 조선총독부는 조선어 신문에 대해서 노골적인 압박을 가했다. 『동아일보』 고문 송진우는 1월 17일 전보로 미쓰하시 경무국장으로부터 2월 11일부로 조선어 신문에 대한 통제를 가한다는 內達이 있었다고 나카지마 주사에게 알렸다. 중앙조선협회에서는 "압박은 좋지 않다.", "세키야가 미나마 총독에게 협의할 것", "다나카 척무차관과도 협의" 할 것을 결정했다.[40] 세키야 전무이사는 미나미 총독에게 1월 20일 『동아일보』 폐지 통고에 대해서 자중을 요구하는 편지는 보냈는데, 1월 23일 미나미는 세키야에게 "사실무근입니다. 마치 자라 보고 놀란 가슴 솥뚜껑 보고도 놀라는 것입니다. 조선인 특유의 호소나 일본인에 대한 중상모략책을 너무 솔직히 받아들이지 않도록 조심하셔야 합니다. 오늘 오노 정무총감이 동경에 가는데, 자세한 것은 본인한테 물어보시기 바랍니다."라고 답장을 보냈다.[41] 이것은 이후 『동아일보』 폐간 문제를 둘러싸고 미나미와 세키야 사이에 오래도록 지속되는 격렬한 서한 응수의 서곡이었다. 그 후 폐간을 선고받았던 『동아일보』의 고문인 송진우는 1월 하순 일본에 건너갔다. 송진우는 사카타니(2월 12일), 세키야·우사미 가쓰오(宇佐美勝夫)(2월 12일), 마루야마 쓰루키치(丸山鶴吉)·모리야 에이후(守屋栄夫)(3월 21일) 등 중앙조

40_앞의 「阪谷芳郎日記」 1940.2.23.

41_「関屋 앞 南次郎 서한」 1940.1.2.(앞의 「関屋文書」 1043-10).

선협회 관계자와 우가키 가즈시게(宇垣一成) 전 총독(협회 고문)·고이소 구니아키(小磯国昭) 척무대신·다나카 다케오(田中武雄) 척무차관 등을 면회하고 총독부 당국에 의한 『동아일보』 폐간 방침의 부당함을 호소하고 『동아일보』의 연명을 중앙 정계에 진정했다(동아일보사 1975, 382-384; Lynn 2008, 326). 송진우의 도일을 계기로 협회는 적극적으로 『동아일보』 압박 문제에 착수했다. 사카타니·세키야·우사미·마루야마 등 협회의 수뇌부는 "압박은 좋지 않다.", "역시 하나 정도는 언론기관을 두지 않으면 안 된다."고 '문화통치'의 상징인 『동아일보』의 강제 폐간에 반대했다.[42]

『동아일보』 문제는 3월 9일 귀족원 예산위원회 제2분과에서 마루야마 쓰루키치의 질문에 의해서 일본 정계에 파문을 불러일으키게 되었다. 2월 11일부터 창씨개명이 시작되자 이 문제는 '황민화' 정책 전반에까지 확대하게 된다. 총독부의 고압적인 창씨개명 정책에 대해서 경성에 있는 전 총독부 관료는 창씨 문제가 "유능하고 숙달된 인사들이 호의를 가지고 하는 쓴 소리를 듣지 않고 다만 달콤한 말만을 섭렵한 결과", "일부 小人의 건책에 의거해 조치하려고 하기 때문에 큰일을 그르치는 듯한 위협을 느끼는 것이 적지 않다."라고 비판하면서, "동경의 적당한 인사가 총독부 간부에게 온건한 방법으로 주의를 환기시키도록 부탁"하게 세키야에게 의견서를 제출하고 있다.[43] 또한 나카지마 주사는 같은 해 3월 13일 세키야 전무이사에게 "조선인 유식자들 사이에 언문신문, '氏' 문제에 대한 심각한 반감이 조장되고 있다."고 전했다.[44] 3월 22일 송진우는 우가키 전 총독을 방문하

42_石森久弥, 『朝鮮近代史の裏面』(友邦協会所蔵聞き取りテープT－140, 1963.6.26. 録音).

43_「朝鮮人の氏創設に就いて」(앞의 「関屋文書」 937). 재조 일본인 가운데에는 창씨개명에 반대하는 자가 적지 않았다.

여 학교에서 조선어의 금지, 창씨개명, 황국신민서사의 '칙어'화(황국신민선서를 교육 칙어처럼 취급하는 것, 저자 주), 『每日申報』 이외 조선어 신문의 금지 등을 예로 들면서 "강압적으로 겉모양을 서둘러 정돈하려 경향은 [이 취지에] 영합하는 사람을 제외하고는 [대부분의 사람들에게는] 매우 불쾌하게 받아들인다."라고 전했다.[45]

2) 총독부의 대응

이러한 움직임에 대해서 총독부는 빠른 시기부터 정보를 수집하고 도일 운동에 대한 대책을 강구하고 있었다. 미나미 총독은 1월 28일 세키야에게 "장래 사실상 혹은 동아일보사의 경영이 자립할 여지가 없다고 판단되더라도 이것은 총독부가 관여할 바가 아닙니다. 총독부에서는 폐간 조치는 내리지 않을 작정입니다."라고 답변했다.[46] 미나미 총독은 제75호 제국의회 출석을 위해 상경한 오노 정무총감에게 『동아일보』 폐간 문제에 대해서 "조선통이라고 자부하는 사람들을 이해시키는 수단을 강구하시기 바랍니다. 송진우 등이 울며 매달려 우쭐거리지 않도록 지도해 주시기 바랍니다."라고 주문했다.[47] 오노 정무총감도 두 번에 걸쳐서 "강제 폐간을 할 뜻이 없음"을 세키야에게 알렸다.[48] 세키야가 창씨개명을 문제로 삼자 미나

44_「關屋貞三郎 앞 中島司 서한」 1940.3.13.(앞의 「關屋文書」 454).

45_『宇垣一成日記』 1940.3.22.

46_「關屋 앞 南次郎 서한」 1940.1.28.(앞의 「關屋文書」 1043-1).

47_「大野綠一郎 앞 南次郎 서한」 1940.2.8.(앞의 「大野文書」 81-158).

48_앞의 「關屋貞三郎日記」 1940.2.16.

미 총독은 일부 조선인 등이 '강제 운운'하는데, "氏의 창설은 (조선인에게) 광명의 길을 열어 준 것으로 물론 강제가 아니다."라고 주장했다.[49] 나아가 미나미 총독은 법무국장을 상경시켜 의회에 설명하도록 명령하고, 또 마쓰오카 도시조(松岡俊三) 척무성 정무차관과도 협력하여 '원만한 해결'을 도모하도록 했다.[50]

이처럼 미나미 총독을 비롯한 총독부 당국은 무리하게 조선어 신문을 정리하거나 창씨개명을 강제할 의사가 없다고 주장하면서도 한편으로는 다소의 반대는 당연하다는 인식 하에서 "내선일체의 銃後策에 대해서 만약 비평하는 것 같은 언사를 하는 자는 半島에 두지 않겠다."는 강경 방침을 조선은행 부총재로 3월에 협회 이사에 취임했던 기미지마 이치로(君島一郎)에게 밝히고 있었다.[51]

3)『동아일보』 중역 검속 이후의 전개

미나미 총독을 비롯한 총독부 당국은 무리하게 조선어 신문을 정리하거나 창씨개명을 강제할 의사가 없다는 것을 일단 세키야를 비롯한 중앙조선협회에 약속했음에도 불구하고 5월에는 동아일보 중역이 경제 통제 위반 및 횡령 혐의로 구속되는 사건이 발발했다. 세키야는 5월 15일 미나미 총독에게 주의를 환기시키는 전보를 보냈지만, 다음날 미나미로부터는 "聲明에

49_「関屋 앞 南次郎 서한」 1940.3.3.(앞의 「関屋文書」 1043-12).

50_「大野緑一郎 앞 南次郎 서한」 1940.3.23.(앞의 「大野文書」 81-29).

51_앞의 「君島一郎日記」 1940.2.17.

변경은 없습니다. 형사 사건과 발행 문제는 다른 문제입니다."[52]라는 답신이 도착했다. 5월 하순 미나미가 천황에 대한 조선 통치 상황의 상주와 주요 정무를 협의하기 위해 동경에 왔을 때 중앙조선협회는 미나미에게 "氏 문제도 그렇고, 신문 문제도 그렇고, 그 밖의 압박은 불가하다."[53]고 설득했다. 또한 사카타니 회장도 5월 24일 총독과 함께 상경한 미쓰하시 경무국장과 면담하고 "언문신문 통제에는 이의가 없지만 수단, 방법에 대해서는 무리가 없기를 희망한다는 취지"[54]를 전했다. 이에 대해서 미나미 총독은 "일본에 있는 조선 관계자와 이에 호응하여 책동하는 조선 내의 일본인, 조선인의 행동에 관해서는 조선에서도 분개하는 자가 적지 않습니다."라고 하며 협회 측의 '시누이 같은 태도'에 불쾌감을 적나라하게 표출했다.[55]

이러한 미나미의 고압적인 태도에 대해서 중앙조선협회는 총독부가 공약을 유린했다고 비판하면서 양자의 관계는 악화되기에 이르렀다. 중앙조선협회는 조선어 신문에 대한 강제적인 통제에 우려를 보이면서 나카지마 주사를 조선에 파견해서 실정을 조사시켰다. 나카지마는 5월 24일부터 6월 3일까지 조선에 체재하면서 경성법전 수석교수 구루마다 아쓰시(車田篤), 『朝鮮新聞』 사장 곤도 시로스케(権藤四郎介), 『朝鮮新聞』 고문 이시모리 히사야(石森久弥, 세 사람 모두 중앙조선협회 회원)로부터 정보를 수집했다. 나카지마는 귀국 후 구루마다와 곤도로부터 입수한 문서를 중앙조선협회 회원, 그 외 각 방면에 회람시키고, 조선에서 일어나고 있는 문제에 대해서

52_앞의 「関屋貞三郎日記」 1940.5.16.

53_学習院大学東洋文化研究所所蔵, 『理事会記録』.

54_앞의 「阪谷芳郎日記」 1940.5.24.

55_「関屋 앞 南次郎 서한」 1940.5.11.(앞의 「関屋文書」 393-12).

주의를 환기시켰다. 6월 24일 나카지마는 사카타니 회장에게 "神棚·創氏 問題 강제의 불평, 諺文新聞, 일본어 통일에 대해서 우사미는 분개하고 세키야도 근심"하고 있다는 것, "근래 도청·세관·학교·병원·산림 등 화재가 빈번하게 발생하는 것은 천벌이 아닌가? 일을 독단적으로 처리하는 자는 시오바라 학무국장(우익적인 인물로, 만주 시대 미나미의 비서관)이다. 오노 정무총감은 무력하고, 호즈미(호즈미 신로쿠로 식산국장), 오타케 국장(大竹十郎 내무국장)은 공평하다. 미쓰하시 경무국장은 시오바라를 추종한다."라고 하는 전 조선금융조합연합회 회장 야나베 나가사부로(矢鍋永三郎)의 이야기를 전달했다. 나카지마의 이야기를 들은 사카타니는 "다시 3·1운동이 일어나지 않을까 걱정된다."[56]고 하면서 고이소 척무대신, 다나카 차관에게 주의하도록 지시했다.

나카지마의 보고서로 추정되는 것이 『関屋貞三郎関係文書』에 남아 있는데, 그 내용은 창씨 문제, 조선어 신문 폐간 문제뿐만 아니라 총독부 내의 불통일·대립, 총독부 인사의 정폐·불공정, 시오바라 학무 행정 문제, 경성제대 문제, 경찰관헌의 발호, 조선 지원병의 강제, 경성에서의 구 관리로 하여금 민간에 있는 자 및 동경에 있는 전 관리를 대립시키는 사태 등 미나미 통치 전반에 대해 언급하고 있다.[57]

우사미의 제안에 의해 6월 27일 열린 중앙조선협회 유지회에는 사카타니, 마루야마, 아루가, 세키야, 우사미, 기무라, 유게, 나카지마 등이 참가했다. 이 긴급이사회에서는 '創氏', 神棚', 일본어 강요, 조선어 신문 폐간문제에 대해서 의견이 교환되었다. 신중하게 협의한 결과 우사미의 제안으로

56_앞의 「阪谷芳郎日記」 1940.6.24.

57_「関屋 앞 中島司 서한」 1940.6.13.(앞의 「関屋文書」 454-2).

"본회 관계자 수 명을 대표해서 고이소 척무대신에 대해서 중대 경고를 할 것", "요나이(米内光政) 총리대신에게 상세히 진정할 것"이 결정되어 대표로서 우사미, 세키야, 마루야마, 유게, 오자키가 선정되었다.[58] 나아가 7월 10일 시노다 경성제국대학 총장을 송별하는 茶話会에 참가한 다나카 척무차관은 우사미, 세키야, 아루가, 마루야마, 유게, 이쿠타 기요사부로(生田清三郎), 아사리 사부로(浅利三朗) 등의 협회 이사와 마스다 경성법전 교장 문제 등 조선 문제에 대해서 장시간 간담했다.[59] 이러한 움직임이 활발했던 배경에는 "모든 행정은 압박, 강요 일색으로 인심이 불안해져 지금이라도 만세운동의 전철을 밟지 않을까."[60]라고 미나미 총독의 황민화 정책을 비판하며 1919년 3·1운동의 재연을 걱정하는 중앙조선협회의 우려가 존재했기 때문인 것으로 보인다.

『동아일보』 중역이 검거된 5월 말 미나미 총독 사임설까지 나도는 등 사태가 심각해지자,[61] 총독부는 중앙조선협회에 대해서 강경한 태도를 취하기 시작했다. 미나미 총독은 7월 19일 세키야에게 서한을 보내어 "형사사건을 언문신문 위협이라고 간주하는 것은 시기가 시기인 만큼 누구나 당연히 생각할 수 있지만, 죄의 내용을 보면 납득하실 것이 명료합니다. 부디 깊이 관여하시지 않으시길 부탁드립니다."라고 경고했다.[62] 7월 영미 협조를 표방한 '현상유지파'인 요나이 내각이 붕괴되고 고노에(近衛文麿) 내각이 성립하자, 총독부는 한층 강경한 태도를 취하게 되었다. 요나이 내각에는

58_앞의 『理事会記録』.

59_「中央朝鮮協会理事中島司及同会書記真鍋庫太郎等の不穏策動状況」(앞의 「関屋文書」 941).

60_「関屋 앞 南次郎 서한」 1940.10.4.(앞의 「関屋文書」 1043-4).

61_『読売新聞』 1940.5.25.; 『尹致昊日記』, 1940.5.24.

62_「関屋 앞 南次郎 서한」 1940.7.19. (앞의 「関屋文書」 393-2).

고다마 히데오(児玉秀雄, 전 정무총감) 내무대신, 마쓰우라 진지로(松浦鎮次郎, 전 학무국장대리) 문부대신, 후지와라 긴지로(藤原銀次郎, 多獅島鐵道社長·北鮮製紙化學工業) 상공대신, 마쓰노 쓰루헤이(松野鶴平, 전 朝鮮紡績常務理事) 철도대신 등 중앙조선협회 회원이 포진해 있었고,[63] 협회는 4월 18일에 협회 회원인 대신들을 초대하는 등 요나이 내각에 기대를 걸고 있었다.[64] 하지만 내각이 교체되면서 지지기반을 상실했던 것이다. 이러한 변화에 대해서 중앙조선협회도 태도를 약화시켜 "결국 이 때 쓸 수 있는 방법이 없고, 침묵"하지 않을 수 없었다.[65]

그 배경으로서는 내각의 교체와 함께 우가키 전 총독과 고이소 척무대신이 육군 시절부터 친밀한 관계였던 미나미 총독을 지지하고 있었다는 것을 들 수 있다. 육군 안에 소위 우가키파였던 우가키, 미나미, 고이소가 조선 문제로 정치적으로 대립했다고 생각하기 어렵다.[66] 실제로 우가키는 조선 통치에 대한 우려를 보이면서도 미나미 총독을 비난하는 재조 일본인으

63_세키야는 1940년 4월 18일 일기에 "고다마, 마쓰우라 두 대신을 초대, 후지와라, 마쓰노 두 대신은 일이 있어서 결석, 모두 회원이다."라고 쓰고 있는 것처럼 회원 출신의 대신들에게 조선 문제를 협의하려고 하였다.

64_참고로, 조선신문 필화 사건으로 조선신문 경영에서 손을 뗀 마키야마 고조는 해군정무차관 시기 요나이 미쓰마사의 예비역 편입을 "러시아 및 폴란드의 사정에도 정통하고 장래 군정 방면에 진출하면 해군을 위해 국가를 위해 좋을 것이다."고 해군대신에게 진언해서 1년 연기시킨 것도 있고 요나이가 천황으로부터 내각을 조직하라는 명령을 받지 마키야마의 저택을 방문하여 옛 은혜에 감사하고 "반드시 귀하가 희망하는 지위를 골라서 입각해서 도와주기를 간청했다."고 한다(牧山耕蔵·蜷川新 1960, 48). 같은 책에서는 마키야마가 입각을 거절하는 대신에 각료 두 사람을 추천했다고 전하고 있다. 요나이로부터 각료 제안이 있었는지는 분명하지는 않지만, 적어도 마키야마가 요나이와 친밀한 관계였다는 것은 상상하기 어렵지 않다.

65_앞의 「関屋貞三郎日記」 1940.8.5.

66_이 시기의 우가키·미나미·고이소의 관계에 대해서는 照沼康孝(1993)을 참조.

로부터 받은 편지를 그대로 미나미 총독에게 보내어 주의를 환기시키는 행동을 취하기도 했다. 또한 미나미의 주요한 브레인으로 알려진 고이소는 4월 5일 열린 중앙조선협회 간담회에서 "외지 통지에 대해서 지장을 초래하는 결과를 야기한다는 것을 고려하지 않고 제멋대로 지껄이고 문서를 보내어 일시의 즐거움을 탐한다."[67]고 협회의 조선 통치에 대한 개입을 경고했다. 나아가 '내지연장주의'를 표방하고 있던 국민협회, 동민회나 마루야마, 다나카 척무차관과 가까운 조선 경찰관 등으로부터도 세키야에 대한 비판이 나온 것도 그 원인의 하나라고 생각된다.[68]

그 후 총독부는 9월 14일자로 구루마다를 징계, 면직하고, "총독 정치를 비방하고 이에 반대한 불온언동을 한 자"로서 곤도 시로스케를 경찰에서 조사한 후 "앞으로 두 번 다시 이러한 행동을 하지 않겠다."라는 약속을 받은 후 조선에서 추방했다.[69] 또 미나미는 조선의 관공서장에 대해서 강기숙정에 대한 통첩을 인사과장에게 명하고 통첩 가운데 "예를 들면 구루마다 아쓰시처럼"이라고 덧붙이려고 했는데, 야마구치(山口盛) 인사과장은 "총독의 依命通牒에 이러한 것을 적는 것은 총독이 일개 교장을 몹시 미워해서 다투고 있는 것 같은 인상을 주어, 총독의 위신을 손상시키는 것이므로 이 자구의 삭제를 바랍니다."라고 간언하여 결국 삭제되었다고 한다(山口盛, 182). 미나미가 구루마다에게 극심한 반감을 가지고 있었다는 것을 엿볼 수 있는 대목이다.

67_앞의 「君島一郎日記」 1940.4.5.

68_"실력도 없는 주제에 원조운동을 받아들여 오히려 송진우 등을 죽이는 것이 아닌가?"라고 비판했다고 한다(「関屋 앞 李覚鐘 서한」 1940.8.18, 앞의 「関屋文書」 862-5).

69_「関屋 앞 権藤四郎介 서한」 1940.9.26.(앞의 「関屋文書」 52-1).

나아가 미나미는 9월 15일부로 「중앙조선협회 이사 中島司 및 서기 真鍋庫太郎 등의 불온책동 상황(中央朝鮮協会理事中島司及同会書記真鍋庫太郎等の不穏策動状況)」이라는 문서를 세키야에게 보내는 한편, 총독부 현 수뇌부를 배격하고 통치를 방해하는 등 "중앙조선협회 설립 취지에 배치"되는 행동을 했다는 이유로 나카지마 주사와 마나베 서기를 경성지방법원 검사국에 소환하게 했다.[70] 한편 미나미 총독은 "협회와 본부의 意思疎隔은 절대로 피할 것", "처벌은 소규모로 하고 확대 항쟁이 되지 않도록 조처를 취했으면 한다."고 세키야에게 화해의 손을 내밀었다.[71]

협회는 긴급이사회를 소집하고 대책을 강구한 결과 총독부의 강경 방침에 굴복하지 않을 수 없다는 것을 인정했다. 나카지마 주사의 사임을 승인하고, 나카지마 주사는 경성에 가서 불구속으로 검사국의 조사를 받았다. 나카지마 주사, 마나베 서기의 사직으로 미나미 총독과 시오바라 국장의 태도는 누그러졌다. 미나미는 11월 2일 세키야에게 서한을 보내어 "나카지마, 곤도의 사건도 확대하지 말고 이 정도로 끝내고자 합니다?"라고 사태 수습을 도모했다.[72] 하지만 중앙조선협회 전무이사였던 와타나베 미유키(渡辺弥幸)가 나카지마에게 퇴직금을 주었다는 이유로 식산은행 부총재를 사임시키는 등 양자의 대립은 계속되었다.[73] 1941년 12월 제3대 중앙조선협회 회장에 취임했던 우가키 가즈시게(宇垣一成)에게 미나미가 "구태의연한 시누이 같은 간섭을 일소하기"를 바란다는 서신을 보낸 것을 보아도 중앙조선협

70_「関屋 앞 南次郎 서한」 1940.9.15.(앞의 「関屋文書」 1043-6).

71_「関屋 앞 南次郎 서한」 1940.9.13.(앞의 「関屋文書」 1043-5).

72_「関屋 앞 南次郎 서한」 1940.11.2.(앞의 「関屋文書」 393-1).

73_앞의 石森久弥, 『朝鮮近代史の裏面』.

회 문제가 얼마나 미나미를 골치 아프게 했는지 엿볼 수 있다.[74]

이처럼 중앙조선협회는 황민화 정책 등 조선 통치정책을 둘러싸고 조선총독부와 대립했다. 중앙조선협회 수뇌부는 언론 통제나 황민화 정책에 동의하면서도, 극단적인 내선일체 정책이 제2의 3·1운동이 되지 않을까 우려했고, 강제하지 않을 것, 점진적으로 추진할 것을 총독부에 요구했다. 오랜 기간 조선 통치에 간접, 직접적으로 관여하고 있던 '조선통'들은 급진적인 통치정책의 전환이 조선 지배에 악영향을 미치지 않을까 우려했던 것이다.

한편 재조 일본인은 언론 통제를 비롯하여 경제 통제 등 조선총독부가 주도하는 전시 통제정책에 반발했다. 그러나 조선군과 재향군인회가 주도한 기독교 신자에 대한 신사 참배 강요에 대해서는 비판이 없었던 것처럼, 황민화 정책 전반에 대해서 비판했던 것은 아니고, 재조 일본인에게는 창씨개명이나 '내선공학' 등 황민화 정책이 가져 오는 의사적인 차별 철폐에 의해서 식민자로서의 특권이 축소되는 것에 대한 초조감과 불만이 있었고 그것이 총독부에 대한 비판으로 나타났던 것이다.[75]

한편 조선에서 오랫동안 근무했던 조선총독부 관료들도 내선일체, 황민화 정책에 대해서 회의적이었다. 미나미 총독이 내선 차별 철폐를 훈시한 후 조선 각지에서 조선인의 차별 철폐 운동이 일어났는데, 경찰은 '차별 철폐'라는 말조차 할 수 없도록 압력을 가했다고 한다.[76] 또한 1942년 8월

74_「宇垣一成 앞 南次郎 서한」 1941.12.16.(宇垣一成文書研究会 編 1995, 449).

75_도쿄제국대학을 졸업한 후 문관고등시험에 합격한 조선인 관료 임문환은 재조 일본인에 대해서 "조선에 와서 통치 민족의 맛을 안 일본인의 대다수는 입으로는 조선인을 황국신민으로 삼는다고 하면서 마음속에서는 만약 진정한 천황의 신민이 되어, 자신들과 차별이 생기지 않는 인간이 된다면 큰일이 된다고 그것만을 두려워하고 있었다."고 회고하고 있다(任文桓 1975, 134).

내각총력전연구소에서 조선인의 동화가 가능한지에 대해 강연했던 총독부 기획부 계획과장 야마나 미키오(山名酒喜男)도 조선인은 이민족이고 "오랜 세월에 걸쳐 배양된 전통적, 민족적 잠재의식과 편견은 하루아침에 뿌리 뽑기 어렵다."고 인정한 후에, 바람직한 일본인과 조선인의 관계는 "항상 조선인이 다가와 일본인이 조선인보다도 二步 三步 먼저 앞서 가서 조선인을 지도하고, 조선인도 일본인에 대해서 감사의 마음을 가지고 본받아야 한다."고 말하고 있다(宮田節子 1995, 166-167). 미야타 세쓰코(宮田節子)가 이미 지적했듯이 조선총독부 관료에게서 동화는 비록 거리가 줄어든다고 해도 결코 어깨를 나란히 할 수 없는 차별을 내포하고 있었던 것이다.

이러한 대립은 조선군과 '만주파'의 주도하에 급진적으로 추진된 황민화 정책과 전시 통제에 대해 중앙조선협회로 대표되는 현상유지 세력의 이의제기였던 것이다. 이로 인해 재조 일본인의 이익, 압력단체로서 조선 사회에 이해관계를 가지고 있었던 중앙조선협회는 조선총독부의 지원이라는 본래의 취지에서 벗어나게 되었다.

4. 조선총독부와 중앙조선협회는 왜 대립했는가?

미나미 지로 총독의 부임과 중일전쟁 발발을 계기로 조선총독부는 소위 황민화 정책을 추진하면서 전시체제를 강화하는 등 조선 지배정책을 대

76_앞의 曹秉相手記, 369-370쪽.

폭 전환했다.

조선군과 만주파가 중심이 되어 추진한 정신 총동원과 물자 총동원은 조선 사회에 많은 모순과 대항관계를 불러 일으켰다. 황민화 정책을 둘러싸고 총독부와 조선인과의 대립이 격렬해지는 한편, 전시 통제에 대한 재조 일본인의 불만도 고조되어 갔다. 이처럼 조선 사회와 총독부 사이의 긴장 및 대립은 『동아일보』 폐간 문제를 계기로 중앙조선협회를 매개로 하여 표면화되었다.

중앙조선협회 수뇌부는 언론 통제나 황민화 정책을 기본적으로 인정하면서도 급진적인 내선일체화 정책이 제2의 3·1 독립운동을 초래할지도 모른다는 심각한 위기감을 가지고 강제적인 방법으로 추진하지 말고 점진적으로 추진할 것을 총독부에 강력히 요청하고 있었다. 한국 병합 이후 오랜 기간 조선 통치에 직접, 간접으로 관여했던 '조선통'들은 급진적인 통치정책의 전환이 조선 지배에 오히려 악영향을 미치고, 나아가서는 일본의 안정을 위험하게 한다고 우려했던 것이다. 이처럼 미나미 총독 시대에 들어서서 중앙조선협회의 조선 통치 인식은 조선총독부의 통치 인식과 반드시 일치하지 않았다.

이러한 대립은 조선군과 '만주파'의 주도하에 급속히 추진된 황민화 정책과 전시체제에 대한 중앙조선협회로 대표되는 현상유지 세력의 이의제기에 다름 아니었다. 이 글에서 다룬 시기에서 재조 일본인의 이익, 압력단체로서 그 때까지 조선 사회와 일본 사이의 두터운 채널을 가지고 있었던 중앙조선협회는 조선총독부를 지원한다는 설립 당초의 취지에서 벗어나게 되었다. 이 글에서 밝힌 조선총독부와 중앙조선협회의 대립은 일본이 대외전쟁을 계속해 가는 가운데 조선의 식민지 지배를 둘러싸고 그 정치 주체 사이에 얼마나 심각한 대립이 있었는지를 여실히 엿볼 수 있는 사례였다.

참고문헌

『大阪毎日新聞』朝鮮版

『京城日報』

『ジャーナル』

『朝鮮日日新聞』

『帝国大学新聞』

『大野緑一郎関係文書』

『君島一郎関係文書』

『関屋貞三郎関係文書』

『徳富蘇峰関係文書』

尹致昊. 1989.『尹致昊日記 11』. 国史編纂委員会.

宇垣一成 著・角田順 校訂. 1971.『宇垣一成日記』第三巻. みすず書房.

宇垣一成文書研究会 編, 1995,『宇垣一成関係文書』, 芙蓉書房出版.

塩原時三郎. 1940. "国民総訓練に就いて."『文教の朝鮮』174.

増田道義. 1978. "総督政治の種々相."『一億人の昭和史: 朝鮮』. 毎日新聞社.

京城帝国大学創立五十年記念誌編集委員会. 1974.『紺碧遥かに』. 京城帝国大学同窓会.

曹秉相手記. 1993.『反民特委裁判記録一四』. 다락방.

中野伊三郎. 1937. "朝鮮・殖銀・東拓の機構と監督権 -企業金融改善がひとつの中心課題-."『朝鮮公論』25-8.

牧山耕蔵・蜷川新 共著. 1960.『政界の秘話』. 国際観光興業.

山口盛. 1971.『わが七十七年の歩み』私家版.『大阪毎日新聞』朝鮮版.

김인호. 1998.『태평양전쟁기 조선공업연구』. 신서원.

김인호. 2000.『식민지 조선경제의 종말』. 신서원.

방기중. 2004. "1930년대 조선 농공병진 정책과 경제 통제." 방기중 編.『일제 파시즘 지배정책과 민중생활』. 혜안.

배성준. 2001. "일제말기 통제경제법과 기업통제."『한국문화』27.

임이랑. 2013. "전시체제기 鹽原時三郎의 황민화정책 구상과 추진(1937~1941)."『역사문제연구』29.

전성현. 2011.『일제시기 조선 상업회의소 연구』. 선인.

정병욱. 2004.『한국근대금융연구 -조선식산은행과 식민지경제-』. 歷史批評社.

정준영. 2011. “식민지 제국대학의 존재방식: 경성제대와 식민지의 ‘대학자치론’.” 『역사문제연구』 26.

조명근. 2011. 『日帝의 國策금융기관 朝鮮銀行 연구』. 고려대학교 대학원 한국사학과 박사논문.

石川健治. 2006. “コスモス一京城学派公法学の光芒一.” 酒井哲哉 編. 『帝国日本の学知』 第1巻. 岩波書店.

稲葉継雄. 2005. 『旧韓国~朝鮮の‘内地人’教育』. 九州大学出版会.

カーター・J. エッカート 著, 小谷まさ代 訳. 2004. 『日本帝国の申し子』. 草思社.

韓晳曦. 1988. 『日本の朝鮮支配と宗教政策』 未来社.

川北昭夫. 1996. “一九三〇年代朝鮮の工業化論議”. 川北昭夫・河合和男 編. 『論集朝鮮近現代史: 姜在彦先生古希記念論文集』 明石書店.

金玄. 2010. “戦前日本における中央朝鮮協会の基礎研究.” 『神戸大学史学年報』 25.

木村健二. 1991. “朝鮮の金融統制と朝鮮金融団.” 伊牟田敏充 編著. 『戦時体制下の金融構造』. 日本評論社.

駒込武. 2006. “朝鮮における神社参拝問題と日米関係 -植民地支配と『内部の敵』-.” 『岩波講座アジア・太平洋戦争』 四巻. 岩波書店.

近藤釼一 編. 1963. 『財政・金融政策から見た朝鮮統治とその終局』. 友邦協会朝鮮史料編纂会.

鈴木武雄. 1940. 『朝鮮金融論十講』. 帝国地方行政学会朝鮮本部.

鈴木武雄. 1950. “朝鮮統治の性格と実績 -反省と反批判-.” 大蔵省管理局 編. 『日本人の海外活動に関する歴史的調査』 通巻11冊.

玉井清. 2000. “日中戦争下の反英論 - 天津租界封鎖問題と新聞論調.” 『法学研究』 73.

照沼康孝. 1993. “昭和十年代の宇垣系軍人.” 有馬学・三谷博 編. 『近代日本の政治構造』 吉川弘文館.

Lynn, Hyung Gu. 2008. “中央朝鮮協会と政策決定過程 -東亜日報・朝鮮日報強制廃刊事件を中心に-.” 松田利彦 編. 『日本の朝鮮・台湾支配と植民地官僚』. 国際日本文化研究センター.

堀和生. 1983. “植民地産業金融と経済構造 -朝鮮殖産銀行の分析を通じて-.” 『朝鮮史研究会論文集』 第20号.

牧山耕蔵, 蜷川新 共著. 1960. 『政界の秘話』. 国際観光興業.

増田道義. 1978. “総督政治の種々相.” 『一億人の昭和史 : 朝鮮』. 毎日新聞社.

松田利彦. 2003. “総力戦期の植民地朝鮮における経済統制法令の整備と経済『犯罪』.” 『日本統治下の朝鮮: 研究の現状と課題』. 国際日本文化センター.

宮田節子. 1995. 『朝鮮民衆と‘皇民化’政策』. 未来社.

安田敏朗. 2001. 『植民地のなかの‘国語学’』. 三元社.

山室信一. 1998. “植民帝国・日本の構成と満州国.” ピーター・ドウス・小林英夫 編. 『帝国とい

う幻想』. 青木書店.
李炯植. 2007. "戦前期における中央朝鮮協会の軌跡 -その設立から宇垣総督時代まで-."『朝鮮学報』204.

Lynn, Hyung Gu. 2002. "Comparative Analysis of Japanese Interest Groups in Colonial Korea." 1st World Congress of Korean Studies.
Uchida, Jun. 2011. *Brokers of Empire: Japanese Settler Colonialism in Korea, 1876~1945*. Cambridge, Mass.: Harvard University Press.

| 영문 초록 Abstract |

East Asia: Perception and Historical Reality during the War 1931~1945

Edited by Park, Sang-Soo and Song, Byong Kwon

The objective of this book is to discover the ideological/introspective capacities of East Asia by reviewing Asian perceptions and reality during the war period that is most actively looked at in terms of modern East Asian history as well as transnational phenomena. The issue that East Asia is facing today is not only ideological issue of where East Asian transnationness lies, but also the dilemma of how to overcome or accept exclusive sovereignty at the nation level and power unbalance in East Asia. The war period was when (East) Asian perceptions were realized through the policies of the Japanese Empire after a time of simply remaining in civil and academic discussions. The new regional order in East Asia governed by the Japanese Empire was the product of the so-called 'East Asianism' debate that began in the mid-19th century. In the reality of international politics, this new order was the end result of a pursuit for the transformation of international order. The authors of this book believe that alternatives and solutions raised during the war period could be key reference points to solve the problems that East Asia is facing today.

The chapters in this book can be broadly categorized by perceptions and realities. The first half comprises of three papers that search for the conception of Asian perceptions and the regional order as focal points for the aspects of East Asian perceptions. They include: Park Sang-Soo's "East Asian Geneology", Baik Jiwoon's "Li Dazhao's East Asia", and Sohn Aelee's "East Asian Cooperation". The latter half consists of six writings including: Song Kue-Jin's "North Korean Route", Park Jung-Hyun's "Occupied Territory of the Japanese Empire and Chinese Economic Policy", Song Byung-kwon's "Economic Governance System in Colonial Korea", Kim In Soo's "Recognition of Colonial Social Science", Lee Song Soon's "Life in All-out War", and Lee Hyoung-Sik's "Japanese in Colonial Korea". These six writings concentrate on the reality of the imperial order during the war period in diverse aspects. By including both aspects, this book aims to surpass the decontextualized limits created by perceptions that ignore reality.

This book studies the hidden possibilities and clear limits that East Asia was bearing during the war period by focusing on numerous historical experiences. Efforts to discover East Asia's transnationality/transnationness is based on the presumption that the pursuit of these efforts is to find one alternative civilization or order that encompasses all civilizations and races into one common destiny. In the period observed in this book, thoughts that overcome the structure of conflict between the West and the East regarding regional and international relations were rare due to overwhelming regional level discussions in East Asia. This period was also when solutions for the imbalance of power between nation states were actively discussed. For example, Li Dazhao planned for an equal and free Asian Federation with no power relations and where democracy and a united social class prevail. Moreover, Kada Techji insisted on the reciprocal economic integration of East Asia based on independence of colonial states. However, most of conceptions of regional order was assumed upon the pivotal role and guidance of Japan. They could not liberated from the dwelling imbalance of power. As mentioned above, a foundation of East Asian perception lied upon absolute Japanese imperial order. As well as the fact that pursuit of reality and logic of justification of East Asian perception were derived from imperial order, resistance, discord and search for alternatives also were derived from the reality of the empire. Such a historical experience provide us with lessons that we, East Asia, should seek carefully in our present in order to prepare for the future.

ARI Monograph Series 18
East Asia: Perception and Historical Reality during the War 1931~1945

First Published 2014
by The Asiatic Research Institute at Korea University
145 Anam-ro, Seongbuk-gu, Seoul 136-701, Korea
www.asiaticresearch.org

Copyright © 2014 The Asiatic Research Institute(ARI)
All rights reserved.

아연동북아총서 18

동아시아, 인식과 역사적 실재

전시기(戰時期)에 대한 조명

1판1쇄 | 2014년 5월 29일

편저자 | 박상수·송병권
펴낸이 | 이종화
펴낸 곳 | 아연출판부
등록 | 2000년 5월 24일 제6-376호
주소 | 서울시 성북구 안암로 145 고려대학교 아세아문제연구소(136-701)
전화 | 02-3290-1600 팩스 | 02-923-4661
홈페이지 | www.asiaticresearch.org

값 15,000원

ISBN 978-89-90769-51-0 94300
ISBN 978-89-90769-29-9 (세트)

이 도서의 국립중앙도서관 출판시도서목록(CIP)은 e-CIP 홈페이지(http://www.nl.go.kr/ecip)에서
이용하실 수 있습니다(CIP제어번호: CIP2014016065).